भारत में महिलाओं के विरुद्ध साइबर अपराध

भारत में महिलाओं के विरुद्ध साइबर अपराध

देबारती हालदर • के. जयशंकर

SAGE | bhasha

Los Angeles | London | New Delhi
Singapore | Washington DC | Melbourne

Originally Published in 2017 in English by
SAGE Publications India Pvt Ltd as *Cyber Crimes against Women in India*

This edition published in 2019 by

SAGE Publications India Pvt Ltd
B1/I-1 Mohan Cooperative Industrial Area
Mathura Road, New Delhi 110 044, India
www.sagepub.in

Published by Vivek Mehra for SAGE Publications India Pvt Ltd, Translation Project Coordinated by TranslationPanacea, Pune.

ISBN: 978-93-532-8302-5 (PB)

Translator: Rajni Ranjan Jha
SAGE Team: Syed Husain Naqvi, Abhilash Dixit

भारत में साइबर अपराध की
महिला पीड़ितों को समर्पित

विषय-वस्तु

भूमिका

देबारती हालदर और के. जयशंकर की इस उत्कृष्ट रचना की भूमिका लिखना मेरे लिए अत्यंत सम्मान का विषय है और पाठकों के समक्ष इस पुस्तक को प्रस्तुत करने का सौभाग्य मिलना वास्तव में बहुत खुशी की बात है। हालांकि मैं लेखकों से व्यक्तिगत तौर पर मिला नहीं हूँ लेकिन मैंने उनके साथ ऑनलाइन बातचीत की है और इस क्षेत्र में उनके लगातार योगदान और *साइबर क्रिमिनोलॉजी* पर पहली पत्रिका के संपादन व प्रबंधन में अन्य गतिविधियों के बीच निर्देशित उनकी अपरिमित ऊर्जा को देखा है। पिछले कुछ वर्षों में लेखकों ने साइबर अपराधों से संबंधित विभिन्न मुद्दों के संबंध में हमें जानकारी दी है। अपने पूर्ववर्ती अध्ययनों में से एक में, उन्होंने भारत में महिलाओं और बच्चों को लक्षित करने वाले इंटरनेट से जुड़े अपराधों की कुछ प्रवृत्तियों पर चर्चा की है और इस तरह के अपराधों के संबंध में नीतिगत दिशानिर्देशों की आवश्यकता को चिन्हांकित किया है।

उनकी नवीनतम पुस्तक, *भारत में महिलाओ के विरुद्ध साइबर अपराध*, नितांत आवश्यक होने के साथ-साथ अति विशिष्ट एवं समेकित अनुवर्ती अध्ययन है और यह ज्वलंत मुद्दों के संकलन में रुचि रखने वाले विद्वानों एवं नीति निर्माताओं के लिए किसी ख़ज़ाने से कम नहीं है। ये मुद्दे महिलाओं के खिलाफ़ अपराधों एवं साइबर अपराध से संबंधित होने के साथ-साथ भारत के संदर्भ में उभर रहे अपराध-विज्ञान से भी संबंधित हैं। भारत दुनिया की सबसे तेजी से बढ़ रही अर्थव्यवस्थाओं में से एक है तथा सूचना एवं संचार प्रौद्योगिकी (ICT) को विकसित करने में सबसे आगे है। निश्चित तौर पर भविष्य में अपराध-विज्ञान से संबंधित उपक्रमों में देश को अधिक तवज्जो दी जाएगी। लिहाजा साइबर अपराध अध्ययन में हालदर एवं जयशंकर का योगदान अत्यंत मूल्यवान और समयोचित है। अनजाने में ही हालदर और जयशंकर ने अपनी रचनाओं के माध्यम से साइबर अपराध अध्ययन के अंतर्राष्ट्रीय समुदाय से आग्रह किया कि वे दुनिया के गैर-आंग्ल-अमेरिकी भाग से संबंधित रचनाओं पर अधिक ध्यान देना शुरू करें एवं अनुभूतिमूलक व सैद्धान्तिक आधार पर इनके संकलन का प्रयास करें, जो इस विषय के लिए बेहद फायदेमंद हो सकता है।

अत्यंत सरलता एवं स्पष्टता के साथ लिखी गई इस पुस्तक में परिचय (अध्याय 1) के साथ कुल 9 अध्याय शामिल हैं, जो त्रुटिरहित व बहु-फलकीय होने के साथ-साथ मेरे लिए लेखकों की विद्वत्ता का परिचायक है। अध्याय 2 में भारतीय दृष्टिकोण से इंटरनेट पर वाक् एवं अभिव्यक्ति की स्वतंत्रता पर चर्चा की गई है तथा इसमें महिलाओं के खिलाफ अपराधों का विशेष संदर्भ दिया गया है। अध्याय 3 में हालदर और जयशंकर ने भारत में महिलाओं को लक्षित करते साइबर अवपीड़न और ट्रॉलिंग पर ध्यान केंद्रित किया है, जबकि अध्याय 4 ऑनलाइन ग्रूमिंग से संबंधित है। अध्याय 5 साइबर जगत में गोपनीयता के उल्लंघन पर विचार-विमर्श किया गया है, जबकि अध्याय 6 इंटरनेट पर यौन अपराधों और 'नकली

अवतारों', 'सोशल मीडिया वेबसाइटों और वयस्क साइटों में महिलाओं की अश्लील प्रोफ़ाइल से संबंधित है जो विश्वव्यापी दर्शकों के सामने पीड़ित के बारे में झूठी धारणा पैदा करता है (पृष्ठ 13)। अध्याय 7 में लेखकों ने इंटरनेट और डिजिटल संचार प्रौद्योगिकी सेवा प्रदाताओं की ज़िम्मेदारी पर ध्यान केंद्रित किया है, जबकि अध्याय 8 में उन्होंने महिलाओं को लक्षित करने वाले इंटरनेट अपराधों की जांच और मुकदमा चलाने के लिए प्रक्रियात्मक प्रथाओं पर गहन शोध किया है। पुस्तक अध्याय 9 के साथ समाप्त होती है, जिसमें कानूनी और अपराध-संबंधी दृष्टिकोण से महिलाओं के खिलाफ साइबर अपराधों से निपटने के लिए कई उपाय बताए गए हैं।

यह कहना अनावश्यक है कि अध्यायों की यह मूलभूत प्रस्तुति पुस्तक की समृद्धि की अभिव्यक्ति है। साइबर जगत तथा इसके दायरे में होने वाले अपराधों और/या इसके जरिए होने वाले अपराधों के शोधकर्ताओं के लिए निश्चित तौर पर यह पुस्तक जानकारी एवं दृष्टांतों (ऐतिहासिक और समकालीन) का भंडार साबित होगी और उन्हें भारत में महिलाओं के खिलाफ साइबर अपराध से जुड़ी विषय-वस्तु से संतुष्टि होगी क्योंकि इसमें विभिन्न प्रकार के मुद्दों का स्पष्ट अन्वेषण किया गया है। जो मुद्दे आज अंतर्राष्ट्रीय स्तर पर गुंजायमान हैं उन्हें स्थानीय एवं राष्ट्रीय स्तर पर मौजूद निगरानी तंत्र के बावजूद नज़रअंदाज़ कर दिया जाता है। मैं इस बात के प्रति पूर्ण आश्वस्त हूँ कि हालदर एवं जयशंकर की यह रचना तुलनात्मक अपराध-विज्ञान के पाठ्यक्रम का अनिवार्य अंग बन जाएगी।

जॉर्जियस ए अंटोनोपोल्स

प्राध्यापक, अपराध-विज्ञान

स्कूल ऑफ़ सोशल साइंसेज़, बिजनेस एंड लॉ

टीससाइड यूनिवर्सिटी

यूनाइटेड किंगडम

प्रस्तावना

हालांकि भारत का संविधान पुरुषों और महिलाओं को समान अधिकार के प्रति आश्वस्त करता है, फिर भी पितृसत्तात्मक सामाजिक संरचना के कारण महिलाओं को दोयम दर्जे का नागरिक बना दिया गया है। पूर्व के अपने शोध अध्ययनों में, हमने पाया है कि इस अनोखी सामाजिक संरचना के कारण अक्सर पुरुष महिलाओं की शादी की संभावनाओं को खत्म करने के लिए इंटरनेट पर महिलाओं की प्रोफाइलों से छेड़छाड़ करते हैं। वर्तमान परिदृश्य अधिक खतरनाक है: इंटरनेट पर ट्रॉलिंग करने वाले अपने परपीड़क उद्देश्यों के लिए 'द्वेषपूर्ण लहर' चलाने हेतु महिला कार्यकर्ताओं, पत्रकारों, मशहूर हस्तियों, शिक्षाविदों, सार्वजनिक बुद्धिजीवियों आदि को लक्षित करने के लिए सोशल मीडिया वेबसाइटों और व्हाट्सएप जैसी इंस्टेंट मेसेजिंग सेवाओं का सहारा लेते हैं। एक प्रसिद्ध महिला अधिकार कार्यकर्ता, कविता कृष्णन या एक विद्रोही प्रवृत्ति की नारीवादी लेखिका, मीना कंदासमी या एक प्रसिद्ध पत्रकार, सागरिका घोष के मामलों पर विचार करें; इन सभी महिलाओं की उम्र एवं वैवाहिक स्थिति को नज़रअंदाज़ करते हुए इंटरनेट के माध्यम से उनपर अभद्र टिप्पणियां की गई। ट्रॉलिंग करने वालों ने इन महिलाओं में से कुछ के यौन आकर्षण और पुरुषों को यौन तरीके से संतुष्ट करने की क्षमता के स्तर का वर्णन करने के लिए अभद्र भाषा का उपयोग किया था। यह स्थिति पश्चिमी समाजों से अलग है, खासतौर पर रूढ़िवादी सामाजिक कायदों के कारण। (भारतीय दंड संहिता के S.509 पर विचार करें, जो महिलाओं के सतीत्व को नुकसान पहुंचाने वाले किसी भी शब्द, इशारे, आदि को दंडित करता है। स्पष्ट रूप से 'महिलाओं के सतीत्व' का स्तर बड़े पैमाने पर समाज पर निर्भर है तथा एक अधिवक्ता एवं अपने संगठन, सेंटर फॉर साइबर विक्टिम काउंसलिंग के प्रबंध निदेशक के तौर पर मुख्य लेखिका के संज्ञान में कई ऐसे मामले भी आए हैं, जिनमें पीड़ितों द्वारा इंटरनेट पर स्वयं अपनी तस्वीरें साझा किए जाने के कारण पुलिस अधिकारियों ने उन्हें ही दोषी ठहराया, क्योंकि पुलिसकर्मियों के अनुसार ऐसी तस्वीरें 'आपत्तिजनक' थीं। प्रत्यक्षतः, इंटरनेट ट्रॉल्स के कुछ मामले अभी भी अनसुलझे हैं और यह ऐसे कई लोगों के लिए प्रोत्साहक उदाहरण बन गया है, जो इंटरनेट पर या डिजिटल दूरसंचार प्रौद्योगिकियों के माध्यम से महिलाओं का उत्पीड़न करना चाहते हैं।

इसके अलावा, यह समझने की जरूरत है कि सूचना एवं संचार प्रौद्योगिकी के विकास के कारण पारंपरिक शारीरिक अपराधों, जैसे कि बलात्कार, यौन उत्पीड़न, ब्लैकमेलिंग, पीछा करना आदि ने नया महत्त्व प्राप्त कर लिया है। बलात्कार की घटनाओं और उसके बाद मोबाइल फोन में बलात्कार के दृश्यों व तस्वीरों को सहेजकर रखने, अंतरंग पलों की तस्वीरें प्रकाशित करने की धमकी देकर पैसे ऐंठने, महिलाओं का बाद में ऑनलाइन पोर्न बाजारों के लिए उपयोग करने के लिए ग्रूमिंग, शिक्षकों द्वारा परिपक्व किशोर लड़कियों को मोबाइल फ़ोन या कंप्यूटर उपकरणों में कामोत्तेजक तस्वीरें दिखाकर शारीरिक यौन शोषण की घटनाएं

भी होती हैं। डिजिटल दूरसंचार प्रणालियों के माध्यम से किए जाने वाले अपराधों के सैकड़ों उदाहरण भी मौजूद हैं जिनमें महिलाओं को अपमानजनक फोन कॉलों, SMS और MMS, इंस्टेंट मेसेजिंग सेवाओं आदि के जरिए बार-बार परेशान किया जाता है।

इसके अलावा, इंटरनेट पर सूचनाओं की उपलब्धता में बड़े पैमाने पर वृद्धि के कारण (भले ही इस प्रकार की अधिकांश सूचनाएं निजी व्यक्तियों द्वारा स्वयं सोशल नेटवर्किंग साइटों और विभिन्न ई-कॉमर्स साइटों के माध्यम से दी जाती हैं) आभासी दुनिया के साथ-साथ वास्तविक जीवन में भी गोपनीयता सचमुच कम होती जा रही है। इस संबंध में महिलाएं वास्तव में सबसे ज्यादा प्रभावित हैं। लेकिन क्या 'पीड़ित महिलाओं' की श्रेणी केवल इंटरनेट उपयोगकर्ताओं तक ही सीमित है? इसका उत्तर है- नहीं। परिपक्व किशोर लड़कियां, विश्वविद्यालय की छात्राएं, गृहिणियां, काम करने वाली महिलाएं, मशहूर हस्तियां, लेखिकाएं, कार्यकर्ताएं, किन्नर महिलाएं और अंडमान जरावा महिलाओं जैसी कबायली महिलाएं जो आधुनिक दूरसंचार प्रौद्योगिकी के संपर्क में नहीं आई हैं इन सभी को भारतीय साइबर जगत में विभिन्न तरीकों से पीड़ित किया गया है। ग्रामीण खाप पंचायतों द्वारा महिलाओं को डिजिटल संचार प्रौद्योगिकी और इंटरनेट का उपयोग करने से रोकने के उदाहरण भी मौजूद हैं और हमें लगता है कि इसे भी डिजिटल युग में महिलाओं के खिलाफ अपराधों की श्रेणी में लाया जाना चाहिए, खासकर जब महिलाओं द्वारा इंटरनेट या डिजिटल संचार तक पहुंच के अधिकार को अनैतिक नीतियों के कारण छीना गया है। यह धारणा काफी प्रचलित है कि, अपनी लैंगिक स्थिति तथा अश्लील सामग्री के रूप में भारतीय महिलाओं की तस्वीरें की अधिक मांग के कारण, इंटरनेट एवं डिजिटल संचार प्रौद्योगिकी के माध्यम से भारतीय महिलाओं का अत्यंत सहजता से उत्पीड़न किया जाता है। साथ ही, मौजूदा सामाजिक मानदंड डिजिटल स्पेस में महिलाओं को आसान लक्ष्य बनाने में प्रमुख भूमिका निभाते हैं। इस वास्तविकता पर विचार करना आवश्यक है कि देश की पितृसत्तात्मक सामाजिक संरचना में महिलाओं को परिवार की अच्छी या बुरी प्रतिष्ठा के लिए ज़िम्मेदार माना जाता है। अक्सर 'अच्छे चरित्र की शालीन महिला' के रूप में किसी महिला की प्रतिष्ठा को पूरे परिवार की इज़्ज़त की गारंटी माना जाता है, जिसे देखते हुए कई उत्पीड़नकर्ता महिला के साथ-साथ उसके पिता, भाइयों, बहनों, पति सहित परिवार के अन्य सदस्यों की प्रतिष्ठा को नष्ट करने के उद्देश्य से महिला पीड़ितों की प्रोफाइल को विरूपित कर देते हैं। लेकिन भारत में इस तरह के काफी कम मामले दर्ज हुए हैं जिनमें मुक़दमा दर्ज किया गया एवं कार्रवाई की गई है। सामाजिक मानदंड और रूढ़िवादी मान्यताएं भी प्रमुख भूमिका निभाती हैं। महिला पीड़ित और उनके परिवार के सदस्य अपनी सामाजिक प्रतिष्ठा को होने वाले नुक़सान के भय के कारण इन अपराधों की रिपोर्ट करने में अनिच्छुक महसूस करते हैं। इसके अलावा, ऐसे मुकदमों की कम संख्या के लिए कई तथ्यात्मक कारण हैं जिनके अंतर्गत इस विषय से संबंधित कानूनों की कमी, भारत में आपराधिक न्याय व्यवस्था में उचित बुनियादी सुविधाओं की कमी

तथा भारत के न्यायाधिकार क्षेत्र के भीतर सर्वर की अनुपस्थिति शामिल हैं। इसके अलावा इसमें क़ानूनों के बीच असामंजस्य, विशेष तौर पर भारतीय क़ानूनों और इंटरनेट कंपनियों की मेजबानी करने वाले देशों के क़ानूनों के बीच असामंजस्य भी शामिल है। भारत में, महिलाओं के खिलाफ साइबर अपराध की दर बढ़ रही है। 2013 के राष्ट्रीय अपराध रिकार्ड ब्यूरो की रिपोर्ट ने पहली बार पुलिस को रिपोर्ट किए गए महिलाओं के खिलाफ साइबर अपराध के मामलों की संख्या प्रकाशित की है; 1,203 मामलों में महिलाओं को लक्षित करती अश्लील पोस्टें शामिल थीं। पीड़ितों, आम जनता और साथ ही आपराधिक न्याय व्यवस्था के बीच इस विषय पर समझ का अभाव, इस समस्या के निरंतर विकसित होने के प्रमुख कारणों में से एक है। यह हमारे सेंटर फॉर साइबर विक्टिम काउंसलिंग द्वारा आयोजित प्रायोगिक सर्वेक्षण से स्पष्ट है जिसका शीर्षक 'भारत में अर्ध-शहरी और ग्रामीण युवाओं द्वारा इंटरनेट का उपयोग एवं दुरुपयोग: आधार-रेखा सर्वेक्षण रिपोर्ट' (2013) है। इसमें यह दिखाया गया था कि इंटरनेट पर गोपनीयता मानदंडों की समझ, उत्पीड़क संदेशों के संप्रेषण के बारे में समझ, सार्वजनिक स्थलों पर फोटोग्राफी के बारे में नीतिगत दिशानिर्देशों की समझ की कमी और अनधिकृत तरीके से या बिना अनुमति के ली गई तस्वीरों को साझा करके भौतिक स्थान में गोपनीयता का उल्लंघन आदि अर्ध-शहरी और ग्रामीण स्थानों में युवाओं के बीच बहुत कम प्रचलित है। इसे समझने की जरूरत है कि भारत में महिलाओं को लक्षित करते इंटरनेट या डिजिटल अपराधों को नियंत्रित करने के लिए कोई समान कानून नहीं है। ऐसे में, हमेशा अपराधों की वृद्धि दर और अपराधियों की सजा की दर का अनुपात असंतुलित होता है। समरूप क़ानून बनाए जाने तक पीड़ितों को न्याय प्रदान करने के लिए पुलिस, अभियोजकों और अदालतों को मौजूदा कानूनों पर निर्भर रहना होगा जो पारंपरिक आपराधिक कानूनों जैसे भारतीय दंड संहिता (IPC), साक्ष्य अधिनियम या हाल ही में बनाए कानूनों, जैसे कि सूचना प्रौद्योगिकी (IT) अधिनियम आदि में बिखरे हुए हैं। इसके अलावा, ऐसा कई शोधकर्ताओं, अदालत के मामलों और पुलिस रिपोर्टों द्वारा इस बात का उल्लेख किया गया है कि कई वेबसाइटों के सर्वर भारत के बाहर स्थित हैं और उत्पीड़नकर्ता इसका बड़ा फायदा उठाते हैं। हालांकि IT अधिनियम ऐसे मामलों में (2000, 2008 में संशोधित) अपने क्षेत्राधिकार को भारत की भौतिक सीमाओं से परे विस्तारित करता है जिसमें पीड़ित कोई भी भारतीय नागरिक, भारत का राज्य है या जहां अपराधी एक भारतीय है। इस प्रकार के सैंकड़ों प्रकरण, विशेष तौर पर महिलाओं के खिलाफ़ अपराध से संबंधित, मौजूद हैं जिनमें न्यायक्षेत्र संबंधी समस्याओं के कारण उत्पीड़नकर्ताओं को पकड़ा नहीं जा सका है। इसके साथ-साथ, इंटरनेट प्रोफाइल की अज्ञात प्रकृति भी उत्पीड़नकर्ताओं और पीछा करने वालों को बड़े पैमाने पर लाभ प्रदान करती है।

इंटरनेट और डिजिटल संचार प्रौद्योगिकी शहरी और ग्रामीण भारत में प्रवेश कर चुकी है, लेकिन कई शहरों और शहरी क्षेत्रों में पुलिस स्टेशनों में साइबर अपराध प्रकोष्ठों का

संचालन बहुत निराशाजनक रहा है। कई ग़ैर-महानगरीय शहरों तथा अर्ध-शहरी व ग्रामीण क्षेत्रों में साइबर अपराध प्रकोष्ठ का गठन ही नहीं किया गया है। इसके अलावा, यहां महिलाओं के ऑनलाइन उत्पीड़न से निपटने के लिए कार्यक्षम पुलिस बल तथा इंटरनेट एवं डिजिटल अपराधों से निपटने के लिए बुनियादी सुविधाओं का भी अभाव है। बाद के दो तथ्यों ने पुलिस समेत पूरी आपराधिक न्याय मशीनरी को महिलाओं के खिलाफ साइबर अपराधों के मामलों से निपटने के लिए बेहद अनिच्छुक बना दिया है। हमें इस बात को हमेशा ध्यान में रखना चाहिए कि हमारे पास यूरोपीय संघ या कनाडा की तरह डेटा के संदर्भ में अपरिवर्तनशील गोपनीयता कानून नहीं है; साथ ही हमारे पास संयुक्त राज्य अमेरिका में प्रोफेसर डैनियल सिट्रॉन द्वारा प्रस्तावित साइबर नागरिक अधिकारों की समेकित धारणा नहीं है जो विशेष रूप से इंटरनेट एवं डिजिटल अपराधों से पीड़ित उन महिलाओं से संबंधित है जिन्हें इनकी वजह से नौकरी से हाथ धोना पड़ा अथवा उनकी सामाजिक प्रतिष्ठा धूमिल हुई। पारंपरिक आपराधिक कानूनों और IT अधिनियम के साथ-साथ कुछ अन्य लिंग-संबंधी कानूनों से केवल कुछ प्रावधानों का उपयोग अब भारत में महिलाओं को लक्षित करने वाले साइबर अपराधों से निपटने के लिए किया जा रहा है।

पुलिस को अपराधों की रिपोर्ट करने या सीधे अदालतों से न्याय मांगने के लिए पीड़ितों की अनिच्छा अधिक निराशाजनक है। हमें लगता है कि यह काफी हद तक महिलाओं के खिलाफ साइबर अपराधों की मौजूदा प्रवृत्तियों, इस संबंध में सही और केंद्रित कानूनों के बारे में जागरूकता में कमी और बेख़बर पुलिस अधिकारियों, वकीलों और आम जनता के कारण है। इस पुस्तक का लक्ष्य इस कमी को पूरा करना है। यह पुस्तक विशेष रूप से भारत में महिलाओं के खिलाफ साइबर अपराधों, घृणित भाषण, ट्रॉलिंग और लैंगिक अवपीड़न, ऑनलाइन ग्रूमिंग, गोपनीयता का उल्लंघन और इंटरनेट पर यौन अपराध सहित ऑनलाइन अपराधों के विभिन्न रूपों पर चर्चा करती है। यह उन निवारक उपायों को भी प्रस्तुत करती है, जिनका उपयोग पुलिस और न्यायपालिका और पीड़ितों द्वारा अपराधों से निपटने के लिए किया जाना चाहिए। इस पुस्तक में भारतीय एवं अंतर्राष्ट्रीय संदर्भ में विस्मृति के अधिकार के परिप्रेक्ष्य से वेबसाइटों और सेवा प्रदाताओं के दायित्वों के साथ-साथ मौजूदा क़ानून एवं विधिक प्रक्रियाओं पर विचार-विमर्श किया गया है, जिसे भारत में अपराधों से निपटने के लिए अंगीकृत किया जाना चाहिए। इसके अलावा, इस पुस्तक में जागरूकता के प्रचार-प्रसार तथा भारतीय सामाजिक-विधिक संरचना के अनुरूप सामाजिक दायित्वों के माध्यम से इस प्रकार के अपराधों से निपटने के बारे में लेखकों की राय को भी शामिल किया गया है।

देबारती हालदर और
के. जयशंकर

आभारोक्ति

सर्वप्रथम हम विभिन्न प्रकार के साइबर अपराधों से प्रभावित उन सभी भारतीय महिलाओं के प्रति आभार व्यक्त करते हैं जिन्होंने इस पुस्तक की रचना हेतु हमें अपने प्रकरणों के अध्ययन के इस्तेमाल की अनुमति प्रदान की। साथ ही हम उन महिलाओं के भी आभारी हैं जिन्होंने अज्ञात रहते हुए भी अपनी आपबीती को साझा करते हुए इस पुस्तक की रचना में सहयोग दिया। उनके सहयोग के बिना इस पुस्तक की रचना संभव नहीं थी। इसके बाद, हम भारत के विभिन्न राज्यों के उन तमाम पुलिस अधिकारियों का शुक्रिया अदा करते हैं, जिन्होंने हमें मामलों को संभालने के तकनीकी पहलुओं और न्यायिक मुद्दों सहित कई कारणों से पुलिस विभागों के समक्ष आने वाली चुनौतियों को समझाया। हम किन्नर कार्यकर्ता, सुश्री कल्कि सुब्रमण्यम का भी भारत में किन्नर महिलाओं और साइबर अपराधों से संबंधित मुद्दों को समझने में मदद के लिए धन्यवाद करना चाहते हैं। इसके अलावा, हम इस पुस्तक की रूप-रेखा को तैयार करने में समर्थन के लिए प्रोफेसर डेविड वेक्सलर, वेस्ना, नट्टी रोनेल और मैरी एन फ्रैंक्स का भी तहे दिल से धन्यवाद करते हैं।

साइबर अपराधों से जुड़ी समस्याओं का सामना करने के संदर्भ में की गई संस्तुतियां इस पुस्तक की विशिष्टता है। ये संस्तुतियां उन परिस्थितियों में और भी विशिष्ट हो जाती हैं जब महिलाएं पुलिस के पास शिकायत दर्ज कराने अथवा निजी मुक़दमे के लिए वकीलों पर खर्च करने से परहेज करती हैं। इस संबंध में हम अपने सभी मित्रों और तमिलनाडु, केरल एवं पश्चिम बंगाल के ज़िला विधिक सेवा प्राधिकरण के सचिवों का शुक्रिया अदा करना चाहते हैं जिन्होंने हमें इस संबंध में मूल्यवान जानकारी प्रदान की है कि भारत में महिलाओं के खिलाफ साइबर अपराधों सहित अपराधों से संबंधित मुद्दों के लिए मुफ्त कानूनी सहायता सेवाओं को कैसे उपयोगी बनाया जा सकता है।

हम समर्थन देने और ऐसी समस्याओं का सामना करने के लिए विकसित तंत्रों के बारे में हमें जानकारी देने के लिए फेसबुक सहित विभिन्न सोशल मीडिया वेबसाइटों की सहायता का भी धन्यवाद करना चाहते हैं।

अंत में, हम अपने परिवार के सदस्यों: डी. जे. मृगनयनी, हमारी बेटी जिसने हमारे सभी उद्यमों में मुख्य समर्थन दिया है और श्रीमती दीपिका हालदर का शुक्रिया अदा करना चाहते हैं, जिनके सहयोग के बिना इस पुस्तक को निर्धारित समय पर पूरा कर पाना संभव नहीं था।

देबारती हालदर और
के. जयशंकर

1 परिचय

आज के युग में सूचना एवं संचार प्रौद्योगिकी (ICT) को प्रौद्योगिकी और विज्ञान के विकास के सबसे अच्छे उपहारों में से एक माना जाता है। ICT को इसकी परिभाषा विभिन्न स्रोतों से मिलती है; हालांकि, ICT की एक उपयुक्त परिभाषा निम्नलिखित हो सकती है:

> ICT (सूचना एवं संचार प्रौद्योगिकी या प्रौद्योगिकियां) अवधारणाओं की एक विस्तृत श्रृंखला को समाविष्ट करने वाला शब्द है जिसके अंतर्गत रेडियो, टेलीविजन, सेल्यूलर फ़ोन, कंप्यूटर एवं नेटवर्क हार्डवेयर व सॉफ्टवेयर, उपग्रह प्रणाली और इसी प्रकार के अन्य संचार उपकरण या अनुप्रयोग के साथ-साथ विभिन्न सेवाएं और उनके साथ जुड़े अनुप्रयोग, जैसे कि वीडियो कॉन्फ्रेंसिंग और दूरस्थ शिक्षा शामिल हैं। (Rahman, 2008, p. 741)

भारत में, वर्ष 2012 की विद्यालयी शिक्षा में सूचना एवं संचार प्रौद्योगिकी पर राष्ट्रीय नीति में ICT शब्द की विस्तृत परिभाषा दी गई है जो इस प्रकार है

> सभी उपकरण, साधन, सामग्री, संसाधन, मंच, और सेवाएं, जो डिजिटल एवं डिजिटल स्वरूपों में परिवर्तित या वितरित किये जाने योग्य हैं तथा जिन्हें शिक्षण प्रदान करने के लक्ष्यों को समझने, संसाधनों के विस्तार और उन तक पहुंच को बढ़ाने, क्षमता निर्माण के साथ-साथ शैक्षिक प्रणाली के प्रबंधन के लिए परिनियोजित किया जा सकता है। इनमें न केवल कंप्यूटर से जुड़े हार्डवेयर उपकरण और सॉफ्टवेयर के अनुप्रयोग शामिल हैं, बल्कि संवादात्मक डिजिटल सामग्री, इंटरनेट एवं अन्य उपग्रह संचार उपकरण, रेडियो एवं टेलीविजन सेवाएं, वेब-आधारित सामग्री भंडार, संवादात्मक फ़ोरम, शिक्षण प्रबंधन प्रणालियाँ और प्रबंधन सूचना प्रणालियाँ भी शामिल हैं। इनमें सामग्री के डिजिटलीकरण, परिनियोजन एवं प्रबंधन, प्लेटफार्मों के विकास और परिनियोजन के लिए प्रक्रियाएं और क्षमता विकास और बातचीत और विनिमय के लिए मंचों के निर्माण के लिए प्रक्रियाएं शामिल होंगी।[1]

हालांकि यह परिभाषा शिक्षा एवं प्रशिक्षण प्रदान करने की ओर केंद्रित है, लेकिन मोटे तौर पर ICT में सामाजिक विकास के हर पहलू में संवृद्धि के लक्ष्य शामिल हो सकते हैं।

पिछली परिभाषाओं से भी यह स्पष्ट है कि ICT में दो प्रमुख प्रकार की संचार प्रौद्योगिकियां, विशेष तौर पर आधुनिक युग की संवादमूलक संचार प्रणाली के परिप्रेक्ष्य में, शामिल हैं: ये इंटरनेट संचार प्रौद्योगिकियां और डिजिटल संचार प्रौद्योगिकियां हैं। पहली

---

[1] स्कूल शिक्षा और साक्षरता विभाग, मानव संसाधन विकास मंत्रालय, भारत सरकार द्वारा तैयार स्कूल शिक्षा में सूचना और संचार प्रौद्योगिकी (ICT) (2012) पर राष्ट्रीय नीति देखें। http://mhrd.gov.in/sites/upload_files/mhrd/files/upload_docu-ment/revised_policy%20document%20ofICT.pdf पर उपलब्ध है (25 दिसंबर 2014 को देखा गया)।

तरह की प्रौद्योगिकी के अंतर्गत सोशल मीडिया वेबसाइटों, वाणिज्यिक या सरकारी वेबसाइटों और वेब पोर्टल, ब्लॉगों, इंटरनेट और फोरमों सहित इंटरनेट प्लेटफार्मों के माध्यम से संचार, जानकारी साझा करने के साधन एवं तकनीकों को शामिल किया जा सकता है। दूसरी में संदेशों या सूचनाओं के आदान-प्रदान के साधनों एवं तकनीकों को शामिल किया जा सकता है जिन्हें बाइनरी अंकों के रूपों (बिट्स), डिजिटल संक्षेपण प्रक्रिया एवं एनालॉग रूपों तथा संबंधित प्रौद्योगिकियों में इन्क्रिप्ट और डिक्रिप्ट किया जाता है। इसमें ईमेल, SMS, स्काइप, चैट जैसे वॉयस ओवर इंटरनेट प्रोटोकॉल तथा व्हाट्सएप जैसी त्वरित संदेश सेवाओं के माध्यम से संचार का आदान-प्रदान शामिल हो सकता है। ये दोनों शब्द अतिव्यापी प्रतीत हो सकते हैं क्योंकि ICT में डिजिटल संचार तकनीक भी शामिल हो सकती है। हालांकि, दोनों शब्दों के बीच बहुत कम अंतर उन साधनों और अनुप्रयोगों में निहित है जो इंटरनेट संचार और डिजिटल संचार तकनीकों को संभव बनाते हैं: पहला अनिवार्य रूप से इंटरनेट प्लेटफ़ॉर्म के माध्यम से होता है जिसे कंप्यूटर,[2] कंप्यूटर नेटवर्कों,[3] कंप्यूटर संसाधनों[4] और अन्य साधनों की आवश्यकता हो सकती है, जहां सर्वरों[5] को इंटरनेट सेवा प्रदाताओं या मध्यस्थों द्वारा नियंत्रित किया जा सकता है और सेवा प्रदाता कंपनी के परिसर में भौतिक रूप से उपस्थित हो सकते हैं (विशेष रूप से वेब-सेवा प्रदाताओं और ईमेल-सेवा प्रदाताओं के मामलों में) तथा सेवा प्रदाता की राष्ट्रीयता पर ध्यान दिए बिना ग्राहकों या अभिदाताओं में व्यक्ति या कंपनियां शामिल हो सकते हैं।

---

[2] सूचना प्रौद्योगिकी अधिनियम, 2000 (2008 में संशोधित) की धारा 2 (i) के अनुसार, कंप्यूटर का तात्पर्य ऐसे किसी भी इलेक्ट्रॉनिक, मैग्नेटिक, ऑप्टिकल, या अन्य उच्च गति डेटा प्रोसेसिंग उपकरण या प्रणाली से है, जो तार्किक, अंकगणितीय और अनुस्मरण संबंधी कार्यों को इलेक्ट्रॉनिक, मैग्नेटिक या प्रकाशीय आवेगों में हेर-फेर करके करता है तथा इसमें सभी इनपुट, आउटपुट, प्रोसेसिंग, स्टोरेज, कंप्यूटर सॉफ़्टवेयर, या संचार सुविधाएं शामिल हैं, जो किसी कंप्यूटर सिस्टम या कंप्यूटर नेटवर्क में कंप्यूटर से जुड़ी हैं या उससे संबंधित हैं।'

[3] सूचना प्रौद्योगिकी अधिनियम, 2000 (2008 में संशोधित) की धारा 2 (j) कंप्यूटर नेटवर्क को - (i) उपग्रह, माइक्रोवेव, स्थलीय लाइन, तार, वायरलेस या अन्य संचार मीडिया के उपयोग; और (ii) टर्मिनल या परिसर, जिसमें एक दूसरे से जुड़े दो या दो से अधिक कंप्यूटर या संचार उपकरण शामिल हैं, चाहे उनमें अंतःसंबधन लगातार बनाए रखा जाता है या नहीं, के माध्यम से एक या अधिक कंप्यूटरों या कंप्यूटर सिस्टमों या संचार उपकरण के एक दूसरे से जुड़े होने के रूप में परिभाषित करता है।'

[4] सूचना प्रौद्योगिकी अधिनियम, 2000 (2008 में संशोधित) की धारा 2 (k) 'कंप्यूटर संसाधन' को 'कंप्यूटर, संचार उपकरण, कंप्यूटर सिस्टम, कंप्यूटर नेटवर्क, डेटा, कंप्यूटर डेटाबेस या सॉफ्टवेयर' के रूप में परिभाषित करती है।

[5] तकनीकी रूप से 'सर्वर' को ऐसे 'कंप्यूटर' के रूप में परिभाषित किया गया है, जो अन्य कंप्यूटरों को डेटा प्रदान करता है। यह इंटरनेट पर स्थानीय क्षेत्र नेटवर्क (LAN) या विस्तृत क्षेत्र नेटवर्क (WAN) में सिस्टमों को डेटा दे सकता है।' (http://www.techterms.com/definition/server देखें)। वेब सर्वर के अंतर्गत मेल सर्वर, फ़ाइल सर्वर इत्यादि सहित कई प्रकार के सर्वर शामिल हो सकते हैं और प्रत्येक विशेष उद्देश्य के लिए विशिष्ट सॉफ्टवेयर का उपयोग कर सकते हैं। सी सेबर्टिन-ब्लैंक ने क्लाइंट-सर्वर प्रोटोकॉल के मामले में सर्वर के तकनीकी संचालन को समझने के लिए एक सरल विधि प्रदान की है: सर्वर क्लाइंट द्वारा निवेदित सेवा अनुरोध को स्वीकार करता है, सेवा अनुरोध को संसाधित करता है और क्लाइंट को परिणाम प्रदान करता है (Sibertin-Blanc, 1993)।

डिजिटल संचार प्रौद्योगिकी (इंटरनेट संचार प्रौद्योगिकियों को छोड़कर, जिसमें डिजिटल संचार प्रौद्योगिकियां शामिल हो सकती हैं) में विशेष तौर पर दूरसंचार के लिए सरल उपकरण एवं अनुप्रयोग, जैसे कि मोबाइल फोन और वायरलेस दूरसंचार प्रणाली शामिल हो सकते हैं। ऐसी तकनीक या प्रौद्योगिकियों में दूरसंचार सेवा ऑपरेटरों द्वारा प्रदान की जाने वाली सेवाएं शामिल हो सकती हैं। इसके अंतर्गत सरकारी उपक्रम या सार्वजनिक क्षेत्र की कंपनियां सम्मिलित हो सकती हैं जिन्हें सरकारी नीतियों के अनुसार विभिन्न शहरों एवं दूरसंचार मंडल में बुनियादी एवं मूल्यवर्धित सेवाओं सहित अन्य सेवाएं प्रदान करने के लिए केंद्र सरकार से लाइसेंस प्राप्त करने की आवश्यकता हो सकती है।[6] ऐसी तकनीकें उपग्रह प्रणालियों के माध्यम से बुनियादी दूरसंचार सेवाएं प्रदान कर सकती हैं, जिन्हें भारत के अधिकार क्षेत्र में यथोचित लाइसेंसिंग प्राधिकरणों के अनुमोदन की आवश्यकता है। ICT और डिजिटल संचार प्रौद्योगिकी में एक संवादात्मक साइबर जगत शामिल है, जो आज भारतीय युवाओं के जीवन का अंग बन गया है।

1990 के दशक के पूर्व के विपरीत, 2000 के दशक में मोबाइल फ़ोनों तथा एयरटेल, BSNL एवं अन्य दूरसंचार सेवा प्रदाताओं द्वारा लाई गई किफायती 'बात करने के लिए योजनाओं' समेत सस्ते संचार उपकरणों[7] से, दूरसंचार माध्यम के द्वारा संचार भारत में सभी के लिए एक आसान विकल्प बन गया। इससे आम लोगों के लिए डिजिटल दूरसंचार प्रौद्योगिकी के माध्यम से जुड़ना, इंटरनेट तक पहुंच प्राप्त करना (भारतीय उपभोक्ताओं के लिए भारतीय बाजार में याहू, गूगल आदि जैसी इंटरनेट कंपनियों के बड़े पैमाने पर प्रवेश तथा प्रगतिशील सरकारी नीतियों के कारण ऐसा संभव हुआ, जिनमें दूरसंचार सेवाओं के कुछ हिस्सों के रूप में इंटरनेट सेवाएं शामिल हैं) और घर या साइबर कैफे या कार्यस्थल पर इंटरनेट कनेक्शन के साथ डेस्कटॉप एवं लैपटॉप सहित कंप्यूटर की उपलब्धता आसान हो गई है। एंड्रॉइड जैसे मोबाइल ऑपरेटिंग सिस्टम वाले टैबलेट, स्मार्ट फ़ोनों ने आर्थिक पृष्ठभूमि के सभी स्तरों से छात्रों, नौकरी करने वाले एवं बेरोजगार युवाओं, जिनके पास न्यूनतम स्तर का कंप्यूटर ज्ञान और ICT तक पहुंच है, के लिए संचार को आसान बना दिया है।

मोबाइल फोन और इंटरनेट का पूरे देश में बड़े पैमाने पर उपयोग होने लगा है तथा ICT एवं डिजिटल संचार प्रौद्योगिकी के माध्यम से संचार शहरी, अर्ध-शहरी और कम विकसित ग्रामीण क्षेत्रों में भी प्रवेश कर चुका है। इनसे मिला सकारात्मक परिणाम बेहद प्रभावशाली

---

[6] दूरसंचार विभाग, संचार एवं सूचना प्रौद्योगिकी मंत्रालय, भारत सरकार, नई दिल्ली द्वारा वार्षिक रिपोर्ट, 2013–14 देखें, जो http://www.dot.gov.in/sites/default/files/AR%202013-14%20English%20%282%29_1.pdf पर उपलब्ध है (25 दिसंबर 2014 को देखा गया)।

[7] सूचना प्रौद्योगिकी अधिनियम, 2000 (2008 में संशोधित) की धारा 2 (ha) 'संचार उपकरण को' ...सेल फ़ोन, व्यक्तिगत डिजिटल सहायता (एवमेव), या दोनों के संयोजन या संचार करने, कोई पाठ, वीडियो, ऑडियो, या चित्र भेजने या प्रसारित करने के लिए प्रयुक्त किसी अन्य उपकरण के रूप में परिभाषित करती है।

रहा है: अब भारत में लगभग सभी 29 राज्यों और 7 केंद्र शासित प्रदेशों में 933.02 मिलियन टेलीफोन कनेक्शन हैं जिनमें 904.52 मिलियन वायरलेस टेलीफोन कनेक्शन शामिल हैं;[8] तथा अब तक ब्रॉडबैंड कनेक्शनों की संख्या 60.87 मिलियन[9] हो गई है। राज्यों एवं केंद्र शासित प्रदेशों की सरकारों के पास प्रशासनिक सूचना, आपराधिक न्याय मशीनरी, चिकित्सा सुविधाओं, पर्यटन, इतिहास आदि के बारे में जानकारी प्रदर्शित करने के लिए वेब पोर्टल हैं। केंद्र सरकार के पास विभिन्न योजनाओं के लिए विस्तृत वेब पोर्टल हैं जिनमें महिलाओं और बच्चों, आदिवासियों, गरीबी रेखा से नीचे के लोगों को सहायता प्रदान करना, छात्रों, विश्वविद्यालयों, विद्यालयों आदि के लाभ के लिए शैक्षिक वेब पोर्टल शामिल हैं। सार्वजनिक परिवहन, टिकट बुकिंग प्रणाली, शिकायत कक्षों, नागरिक आपूर्तियों, नागरिकता और पहचान-संबंधी जानकारी के बारे में वेब पोर्टल उपलब्ध हैं; इन सभी को इंटरनेट संचार प्रणाली द्वारा पहुंचने योग्य बनाया गया है जिसमें ई-फॉर्म या ईमेल या यहां तक कि टोल-फ्री नंबरों के माध्यम से इन पोर्टलों तक पहुंचना शामिल है, जो डिजिटल संचार प्रणालियों में प्रगति के कारण संभव हुआ है। बैंकिंग क्षेत्रों ने मौजूदा शहरी और अर्ध-शहरी और संभावित ग्राहकों के बीच इंटरनेट को विस्तारित करने के लिए पहले ही ICT का लाभ उठाया था तथा ICT के उपयोग ने बैंकिंग क्षेत्र को भी ग्रामीण बाजार में प्रवेश करने में मदद की। साथ ही, ई-कॉमर्स में प्रत्याशित तीव्र विकास द्वारा निजी वाणिज्यिक उद्यमों को भी ICT और डिजिटल संचार प्रौद्योगिकियों से अत्यधिक लाभ मिला है। 2014 में 'ऑनलाइन मेगा स्टोर' फ्लिपकार्ट की लोकप्रियता में वृद्धि, विशेष रूप से दीपावली त्यौहार के दौरान, पर गौर करें (Vijaykumar, 2014)। हालांकि, इस तरह के ऑनलाइन मेगा स्टोरों ने भारत में पुरुषों और महिलाओं के लिए खरीदारी को काफी आसान बना दिया है, परन्तु इसने प्रतिकूल परिणाम भी दिखाए हैं। OLX.com, एक ऑनलाइन शॉपिंग पोर्टल, 2013 में तब सुर्ख़ियों में आया जब किसी ने रु. 2,000 में एक महिला की बिक्री का विज्ञापन दिया था (Gupta, 2013)। OLX ने सूचना मिलने के कुछ घंटों के भीतर विज्ञापन हटा दिया था, लेकिन यह इसका एक उदाहरण है कि कैसे इंटरनेट पर शिकारियों द्वारा महिलाओं को निशाना बनाया जाता है।

ICT के क्षेत्र में विकास ने इंटरनेट के संसाधनों को साझा करने का माध्यम बना दिया है। आइडिया सेल्युलर[10] के नवीनतम विज्ञापन पर गौर करें, जिसमें तकरीबन बीस वर्ष की आयु के एक लड़के को दिखाया गया है जो किसी प्रतिष्ठित विश्वविद्यालय में विज्ञान एवं

---

[8] उपर्युक्त 6 पर देखें।

[9] उपर्युक्त 6 पर देखें।

[10] आइडिया सेल्युलर (कंपनी की वेबसाइट के मुताबिक) देखें, जो अखिल भारतीय स्तर पर '2 G और 3 G सेवाओं की पेशकश करने वाला एकीकृत GSM ऑपरेटर है, और इसके पास खुद का NLD एवं ILD परिचालन तंत्र और ISP लाइसेंस है।' http://www.ideacellular.com/aboutus/aboutidea पर उपलब्ध है।

प्रौद्योगिकी की पढ़ाई करना चाहता है लेकिन अपने पिता के कहने पर उसे अपने परिवार के बेकरी व्यवसाय में हाथ बँटाना पड़ता है। वह रचनात्मक कार्य करना चाहता है तथा 'अधिक विचार पाने' के लिए 'आइडिया' नेटवर्क का उपयोग करता है। वह आइडिया इंटरनेट की सहायता से इंटरनेट पर खोज एवं शोध करता है और अपने पिता को उत्पाद वितरण में मदद करने के लिए बोलने वाला ड्रोन बनाता है। यह विज्ञापन वर्तमान युग की स्थिति को दर्शाता है, जहां हर आयु वर्ग के लोग प्रगतिशील विचारों, अकादमिक संदर्भों और सामाजिक संबद्धता के लिए इंटरनेट का उपयोग करते हैं। सूचना संचार प्रौद्योगिकी मुख्य रूप से इसके शुरुआती दिनों में राष्ट्रीय सुरक्षा के लिए तैयार की गई थी। ICT आमतौर पर सभी के लिए उपलब्ध है, इसलिए इंटरनेट व डिजिटल दूरसंचार सेवाओं का उपयोग सूचनाओं के संप्रेषण के साथ-साथ जानकारी एवं ज्ञान के साझाकरण हेतु भी किया जाने लगा है। हालांकि, विज्ञान में विकास के, विशेष रूप से सूचना संचार प्रौद्योगिकी के, प्रतिकूल प्रभाव भी हैं।

प्रौद्योगिकी और प्रौद्योगिकी का मनुष्य द्वारा उपयोग हमेशा समाज के सकारात्मक विकास के लिए नहीं हो सकता है। विभिन्न आतंकवादी हमले तथा सुरक्षा को ध्वस्त करने वाली योजनाएं ICT के दुरुपयोग के सर्वप्रमुख उदाहरण हैं। इस प्रकार के साजिशों की रचना इंटरनेट पर की गई तथा इंटरनेट एवं डिजिटल दूरसंचार प्रौद्योगिकियों व प्रणालियों के माध्यम से कार्यान्वित किया गया। आतंकवादी संगठनों द्वारा अमेरिका में 9/11 के हमलों या भारत में 26/11 के हमलों पर विचार करें, जहां हॉटस्पॉट की पहचान करने और हमले करने के लिए इंटरनेट और डिजिटल संचार प्रौद्योगिकियों का उपयोग किया गया था। धनशोधन, मौद्रिक घोटाले एवं ऑनलाइन धोखाधड़ी अन्य श्रेणी के अपराध हैं जो ICT के नकारात्मक विकास के कारण हुए हैं। आतंकवादी गतिविधियों एवं वित्तीय अपराधों, दोनों को इंटरनेट युग में गंभीर अपराध की श्रेणी में रखा गया और इस प्रकार के अपराधों में संपूर्ण मानव जाति के विकास को अवरुद्ध करने की क्षमता है। बुडापेस्ट में 2001 में साइबर अपराध पर यूरोपीय संघ सम्मेलन, जिसे साइबर अपराध से संबंधित मुद्दों को वर्गीकृत करने वाला पहला अंतर्राष्ट्रीय सम्मेलन कहा जा सकता है, में इस बात पर विचार किया गया और इन्हें आपराधिक गतिविधियों के रूप में वर्गीकृत किया गया। साइबर जगत में इन दो आपराधिक गतिविधियों (जो साइबर जगत की सहायता से भौतिक स्थान में भी किए जाते हैं) को सरकार और कॉर्पोरेट के खिलाफ अपराध माना गया है। EU सम्मेलन में एक और प्रकार की सामग्री से संबंधित इंटरनेट गतिविधि को पहचाना गया जो व्यक्तियों के लिए हानिकारक है; इंटरनेट और डिजिटल संचार प्रौद्योगिकी के माध्यम से की गई पेडोफिलिक गतिविधियां; जैसे SMS, MMS, वेब आधारित संदेश सेवा आदि; इसे आमतौर पर बाल पोर्नोग्राफ़ी के रूप में जाना जाता है।[11] इस सम्मेलन के आधार पर, भारत सहित कई देशों ने

[11] साइबर क्राइम पर EU सम्मेलन देखें, जो http://conventions.coe. int/Treaty/en/Treaties/Html/185. htm पर उपलब्ध है और कंप्यूटर सिस्टमों के माध्यम से किए गए जातिवादी और अज्ञातजनभीत (xenophobic)

इंटरनेट एवं दूरसंचार और अपराधों की कुछ श्रेणियों से निपटने के लिए अपने स्वयं के क़ानून और नीतिगत दिशानिर्देश विकसित किए हैं। अपराधीकरण की अंतिम श्रेणी के साथ, वैश्विक स्तर पर और भारत में इंटरनेट पर बच्चों के उत्पीड़न पर कई शोध किए गए हैं। हालांकि, महिलाओं और बच्चियों के ऑनलाइन उत्पीड़न के संबंध में किए शोधों और बनाए गए क़ानूनों में अभी भी कुछ कमियां हैं।

पृष्ठभूमि

2011 तक, महिलाओं के खिलाफ साइबर अपराधों के मुद्दे पर कोई समर्पित पुस्तक या पूर्ण शोध उपलब्ध नहीं था। 2011 में, हमने *साइबर क्राइम एंड द विक्टमाइजेशन ऑफ वूमन: लॉ, राइट्स एंड रेगुलेशन* नामक एक पुस्तक प्रकाशित की थी जिसमें हमने महिलाओं के खिलाफ साइबर अपराधों की कई श्रेणियों, उद्देश्यों और संभावित केंद्रों पर व्यापक रूप से चर्चा की थी। इस पुस्तक में, भारत सहित पांच देशों में महिलाओं के खिलाफ साइबर अपराधों की रोकथाम के लिए बनाए गए क़ानूनों पर चर्चा की गई है। इस पुस्तक में महिलाओं के खिलाफ साइबर अपराध को पहली बार परिभाषित किया गया, जो इस प्रकार है: साइबर अपराध 'इंटरनेट (चैट रूम, ईमेल, नोटिस बोर्ड और समूहों) और मोबाइल फ़ोनों (SMS/MMS) जैसे आधुनिक दूरसंचार नेटवर्कों का उपयोग करके, पीड़ितों को जानबूझकर नुकसान पहुंचाने के उद्देश्य से महिलाओं के खिलाफ लक्षित अपराध हैं' (पृष्ठ 15)। हालांकि, महिलाओं के खिलाफ इंटरनेट अपराधों का मुद्दा अमेरिका में सिट्रॉन की रचनाओं 'साइबर सिविल राइट्स' (2009a), और 'लॉज़ एक्सप्रेसिव वैल्यू इन कम्बैटिंग साइबर जेंडर हैरसमेंट' (2009b), बार्टो के 'इंटरनेट डीफेमेशन ऐज़ प्रॉफिट सेंटर: द मॉनेटाइज़ेशन ऑफ़ ऑनलाइन हैरसमेंट' (2009), किम की 'वेबसाइट प्रोप्रिएटरशिप एंड साइबर हैरसमेंट' जैसे विद्वत्तापूर्ण लेखों के माध्यम से विद्वत समाज का ध्यान आकृष्ट कर रहा था। हेट क्राइम्स इन साइबर स्पेस (2014) नामक डेनियल सिट्रॉन की नवीनतम पुस्तक में भी महिलाओं को लक्षित करने वाले इंटरनेट अपराधों पर चर्चा की गई है। हालांकि, इन रचनाओं ने महिलाओं को लक्षित करने वाले इंटरनेट अपराधों के विभिन्न मुद्दों को विशिष्ट रूप से दर्शाया है लेकिन भारत में महिलाओं को लक्षित करने वाले इंटरनेट अपराधों एवं डिजिटल दूरसंचार अपराधों और इससे संबंधित क़ानूनों पर विशेष रूप से कोई पुस्तक उपलब्ध नहीं है।

अपने पूर्ववर्ती शोध कार्यों में हमने भारत में महिलाओं को लक्षित करने वाले इंटरनेट अपराधों पर वर्तमान रुझानों के बारे में चर्चा की थी (Halder & Jaishankar, 2011a)। हमने विशिष्ट क़ानूनों, क़ानूनी कमियों तथा महिलाओं एवं बच्चों को लक्षित करने वाले

प्रकृति के कृत्यों के अपराधीकरण से संबंधित, साइबर अपराध पर सम्मेलन के अतिरिक्त प्रोटोकॉल को देखें जो http://conventions.coe.int/Treaty/en/Treaties/Html/189.htm पर उपलब्ध है।

इंटरनेट अपराधों के संबंध में नीतिगत दिशानिर्देशों की आवश्यकता को भी विशेष रूप से दर्शाया था (Halder, 2013; Halder & Jaishankar, 2009, 2011b, 2013, 2014a, 2014b)। लेकिन हम मानते हैं कि, भारत में महिलाओं और बच्चों को लक्षित करने वाले इंटरनेट और डिजिटल दूरसंचार अपराधों के विषय पर समेकित एवं अधिकाधिक पुस्तकों की रचना की जानी चाहिए। 'बच्चों' शब्द से हम पुस्तक के दायरे को केवल बच्चियों तक सीमित करना चाहते हैं। इस तथ्य को देखते हुए कि, भारत में ऐसे अपराधों की प्रवृत्ति में वृद्धि हुई है तथा ICT का उपयोग वास्तविक जीवन में महिलाओं के उत्पीड़न के लिए भी किया जाने लगा है साथ ही क़ानून इस संबंध में कभी भी अपरिवर्ती नहीं रहे हैं, हमने भारतीय दृष्टिकोण से मुद्दों पर ध्यान केंद्रित करते हुए इस पुस्तक को लिखने का फैसला किया है। यह भी समझा जाना चाहिए कि भले ही भारत को सूचना एवं संचार प्रौद्योगिकी के सर्वाधिक तीव्र गति से विकसित बाजार के साथ-साथ सूचना प्रौद्योगिकियों के सबसे बड़े विकासक के रूप में देखा जाता है लेकिन देश की सामाजिक संरचना पश्चिम के देशों की तरह नहीं है।

हालांकि, भारत का संविधान पुरुषों और महिलाओं के लिए समान अधिकार सुनिश्चित करता है, फिर भी समाज की पितृसत्तात्मक व्यवस्था के कारण महिलाओं को पुरुषों से नीचा दिखाया गया है। अपने पूर्ववर्ती शोधों में हमने दिखाया है कि इस अनोखी सामाजिक संरचना के कारण, अक्सर कई पुरुष युवा महिलाओं की भविष्य में विवाह की संभावनाओं को खत्म करने के लिए इंटरनेट पर महिलाओं की प्रोफाइल खराब कर देते हैं। वर्तमान परिदृश्य अधिक खतरनाक है: इंटरनेट पर ट्रॉलिंग करने वाले, महिला कार्यकर्ताओं, पत्रकारों, मशहूर हस्तियों, शिक्षाविदों को लक्षित करने और इस तरह अपने परपीड़क उद्देश्यों के लिए 'घृणा फैलाने' के वास्ते सोशल मीडिया वेबसाइटों और व्हाट्सएप जैसी तात्कालिक संदेश सेवाओं का उपयोग करते हैं। कविता कृष्णन, महिलाओं के अधिकारों के लिए नामी कार्यकर्ता या सागरिका घोष, नामी पत्रकार के मामलों पर विचार करें; इन सभी महिलाओं का इंटरनेट पर उत्पीड़न किया गया है। ट्रॉल्स में इन महिलाओं में से कुछ के यौनाकर्षण और पुरुषों को यौन संबंध की दृष्टि से संतुष्ट करने की क्षमता के उनके स्तर का वर्णन करने के लिए गलत भाषा का उपयोग किया गया है। यह स्थिति विशेष रूप से रूढ़िवादी सामाजिक मानदंडों और ऐसे क़ानूनों के कारण है जो इस तरह के सामाजिक मानदंडों का समर्थन करते हैं या इन पर विचार नहीं करते हैं, पश्चिमी समाजों से अलग है।[12]

---

[12] भारतीय दंड संहिता की धारा 509 पर विचार करें, जो किसी भी ऐसे शब्द, इशारे आदि को दंडित करती है जो महिलाओं के सतीत्व को नुकसान पहुंचाते हैं। स्पष्ट रूप से 'महिलाओं के सतीत्व' का स्तर मुख्य रूप से समाज पर निर्भर करता है और साइबर पीड़ित परामर्श केंद्र नामक संगठन के लिए विधिवक्ता एवं प्रबंध निदेशक के तौर पर मुख्य लेखक के सामने ऐसे कई मामले आए हैं, जहां पीड़ितों को पुलिस अधिकारियों द्वारा दोषी ठहराया गया था जब उन्होंने स्वयं इंटरनेट पर अपनी तस्वीरों को साझा किया था जिसे पुलिसकर्मियों द्वारा 'आपत्तिजनक' माना गया।

स्पष्ट रूप से इंटरनेट ट्रोल के ऐसे ज्यादातर मामले अभी भी अनसुलझे हैं और इसने इंटरनेट पर या डिजिटल दूरसंचार प्रौद्योगिकियों के माध्यम से महिलाओं को पीड़ित करने वाले लोगों को प्रोत्साहित किया है।

इसके अलावा, यह समझने की भी जरूरत है कि बलात्कार, छेड़छाड़, धमकी देने और पीछा करने जैसे पारंपरिक अपराधों ने सूचना एवं संचार प्रौद्योगिकी में विकास के कारण नया मतलब प्राप्त किया है। बलात्कार की घटनाएं और इसके बाद मोबाइल फोन उपकरणों में बलात्कार के दृश्यों को सहेज कर रखने, निजी पलों की तस्वीरों को सार्वजनिक करने की धमकी देकर पैसा वसूलने, बाद में ऑनलाइन पॉर्न बाजारों के लिए महिला का उपयोग करने के लिए इन्हें तैयार करने, परिपक्व किशोरी छात्राओं को शिक्षकों द्वारा मोबाइल फोन में या कंप्यूटर उपकरणों में यौन तस्वीरें दिखाकर उनके शारीरिक यौन शोषण के मामले सामने आए हैं। डिजिटल दूरसंचार प्रणालियों के माध्यम से भी अपराधों के सैकड़ों उदाहरण हैं जिनमें महिलाओं को अपमानजनक फोन कॉलों, SMS एवं MMS और तत्काल संदेश सेवाओं के माध्यम से बार-बार परेशान किया जाता है। युवा किशोरियों, विश्वविद्यालय की छात्राओं, गृहिणियों, कामकाजी महिलाओं, मशहूर हस्तियों, लेखकों, कार्यकर्ताओं, किन्नर महिलाओं और अंडमान की जरावा (Halder & Jaishankar, 2014a) जैसी जनजातीय महिलाओं, जिन्होंने आधुनिक दूरसंचार प्रौद्योगिकी का कभी उपयोग नहीं किया है, सभी को भारत में साइबर जगत में विभिन्न तरीकों से पीड़ित किया गया है। ग्रामीण खाप पंचायतों (Halder, 2012) द्वारा डिजिटल संचार प्रौद्योगिकी और इंटरनेट का उपयोग करने से महिलाओं को रोकने के भी मामले पाए गए हैं और हमारा मानना है कि इसे डिजिटल युग में महिलाओं के खिलाफ अपराधों की श्रेणी में भी लाया जाना चाहिए, खासकर जब महिलाओं का इंटरनेट या डिजिटल संचार तक पहुंच करने का अधिकार अनैतिक सदाचारी व्यवस्था के कारण कम हो गया है।

यह धारणा काफी प्रचलित है कि अपनी लैंगिक स्थिति तथा अश्लील सामग्री के रूप में भारतीय महिलाओं की तस्वीरों की अधिक मांग के कारण, इंटरनेट एवं डिजिटल संचार प्रौद्योगिकी के माध्यम से भारतीय महिलाओं का अत्यंत सहजता से उत्पीड़न किया जाता है। इसके अलावा, मौजूदा सामाजिक मानदंड डिजिटल जगत में महिलाओं को असुरक्षित लक्ष्य बनाने में प्रमुख भूमिका निभाते हैं। इस वास्तविकता पर विचार करना आवश्यक है कि देश की पितृसत्तात्मक सामाजिक संरचना में महिलाओं को परिवार की अच्छी या बुरी प्रतिष्ठा के लिए ज़िम्मेदार माना जाता है। अक्सर 'अच्छे चरित्र की शालीन महिला' के रूप में किसी महिला की प्रतिष्ठा को पूरे परिवार की इज़्ज़त की गारंटी माना जाता है, जिसे देखते हुए कई उत्पीड़नकर्ता महिला के साथ-साथ उसके पिता, भाइयों, बहनों, पति सहित परिवार के अन्य सदस्यों की प्रतिष्ठा को नष्ट करने के उद्देश्य से महिला पीड़ितों की प्रोफाइल को विरूपित कर देते हैं।

लेकिन भारत में इस प्रकार के मामले काफी कम देखने को मिलते हैं जिन्हें वास्तव में पंजीकृत किया जाता है और उन पर मुकदमा चलाया जाता है। यहां सामाजिक मानदंड और रूढ़िवादी मान्यताएं प्रमुख भूमिका निभाती हैं। पीड़ित महिलाएं और उनके परिवार के सदस्य विशेष रूप से सामाजिक प्रतिष्ठा को नुकसान पहुंचने के डर के कारण अपराधों की रिपोर्ट करने में अनिच्छुक महसूस करते हैं। इसके साथ-साथ ऐसे मुकदमों की कम संख्या के कई तथ्यात्मक कारण हैं, इनमें केंद्रित क़ानूनों की कमी, भारत में आपराधिक न्याय मशीनरी में उचित अवसंरचना की कमी तथा भारत के न्यायाधिकार क्षेत्र के भीतर सर्वर की अनुपस्थिति शामिल हैं। इसके अलावा इसमें क़ानूनों के बीच असामंजस्य, विशेष तौर पर भारतीय क़ानूनों और इंटरनेट कंपनियों की मेजबानी करने वाले देशों के क़ानूनों के बीच असामंजस्य भी शामिल है। भारत में महिलाओं के खिलाफ साइबर अपराध की दर बढ़ रही है। 2013 के राष्ट्रीय अपराध रिकॉर्ड्स ब्यूरो की रिपोर्ट ने पहली बार पुलिस को सूचित किए महिलाओं के खिलाफ साइबर अपराध के मामलों की संख्या प्रकाशित की थी। इसके अनुसार 1203 मामलों में अश्लील पोस्टों के जरिए महिलाओं को निशाना बनाया गया था।[13] पीड़ितों, आम जनता और साथ ही आपराधिक न्याय व्यवस्था के बीच इस विषय पर समझ का अभाव, इस समस्या के निरंतर विकसित होने के प्रमुख कारणों में से एक है। साइबर पीड़ित परामर्श केंद्र (Halder & Jaishankar, 2013) द्वारा आयोजित हालिया शुरुआती सर्वेक्षण से इसकी पुष्टि होती है। इसमें यह दिखाया गया था कि इंटरनेट पर गोपनीयता मानदंडों की समझ, उत्पीड़न संचार के बारे में समझ, सार्वजनिक स्थानों पर फोटोग्राफी के बारे में नीति दिशानिर्देशों की समझ में कमी और व्यक्तियों की तस्वीरों को अनधिकृत तरीके से या अनुमति के बिना साझा करके भौतिक स्थान में गोपनीयता का उल्लंघन अर्ध-शहरी और ग्रामीण स्थानों (Halder & Jaishankar, 2013) में युवाओं के बीच बहुत कम है।

यह समझने की जरूरत है कि भारत में महिलाओं को लक्षित करने वाले इंटरनेट या डिजिटल अपराधों को नियंत्रित करने के लिए एक समान क़ानून नहीं है। इस संबंध में भारत में साइबर न्यायशास्त्र के बारे में चर्चा करना आवश्यक है। 2000 में, सूचना प्रौद्योगिकी अधिनियम, 2000 (IT अधिनियम) भारत में साइबर जगत से जुड़े मुद्दों को नियंत्रित करने के लिए बनाया गया था जो 17 अक्टूबर, 2000 को लागू हुआ था। हालांकि, इस प्रावधान का दायरा इलेक्ट्रॉनिक वाणिज्य, इलेक्ट्रॉनिक रिकॉर्ड की ई-फाइलिंग तथा डिजिटल हस्ताक्षर बनाने एवं प्रबंधन करने तथा भारतीय दंड संहिता, भारतीय साक्ष्य अधिनियम, 1872, बैंकर बही-खाता साक्ष्य अधिनियम, 1891 और भारतीय रिजर्व बैंक अधिनियम,

[13] तालिका 18.6 देखें: 2013 के दौरान पंजीकृत साइबर अपराध के मामले (IT अधिनियम 2000), राष्ट्रीय अपराध रिकॉर्ड्स, राष्ट्रीय अपराध रिकॉर्ड्स ब्यूरो द्वारा प्रकाशित। URL: http://ncrb.nic.in/ (26 दिसंबर 2014 को देखा गया)।

1934 में क़ानूनी संशोधन प्रदान करने तक सीमित था। इसके अलावा, IT अधिनियम में कुछ प्रकार के अपराधों को दंडित करने के लिए सीमित प्रावधान थे, जिनमें कंप्यूटर सिस्टम, हैकिंग, अश्लील सामग्री का डिजिटल रूप में प्रकाशन आदि शामिल हैं। IT अधिनियम के इस संस्करण में अतिरिक्त क्षेत्राधिकार की गुंजाइश थी। इसके अलावा, यह उन मामलों में यह नेटवर्क सेवा प्रदाताओं को तीसरे पक्ष के उत्तरदायित्व से सुरक्षा प्रदान करता है जहां प्रदाता के ज्ञान के बिना अपराध किए गए थे। इस अधिनियम को सही तरह से लागू करने के लिए कई नियम भी बनाए गए थे। हालांकि, IT अधिनियम के इस संस्करण में भी महिलाओं के खिलाफ अपराधों (Halder & Jaishankar, 2008), साइबर आतंकवाद, पहचान की चोरी संबंधी अपराधों, डेटा की सुरक्षा के प्रति कॉर्पोरेट देयता आदि के संबंध में कई खामियां थीं। इसे सुधारने के लिए IT अधिनियम का एक नया संशोधित संस्करण लाया गया था जिसे 2008 से कार्यान्वित किया गया था। बाद वाले अधिनियम को सूचना प्रौद्योगिकी अधिनियम, 2000 के रूप में जाना जाता है (2008 में संशोधित, IT अधिनियम, 2008) जो संशोधित प्रावधानों के साथ-साथ शामिल किए नए प्रावधानों और 2011 में लाए गए नियमों के साथ कुछ हद तक इन कमियों को पूरा कर सका। हालांकि IT अधिनियम के इस संशोधित संस्करण का उपयोग अब ई-कॉमर्स से जुड़े मुद्दों, साइबर आतंकवाद एवं इसकी निगरानी से संबंधित मुद्दों तथा निगमों द्वारा असार्वजनिक डेटा की सुरक्षा में विफलता के कारण नागरिकों को होने वाली क्षति जैसे मुद्दों पर प्रभावी कार्यान्वयन व नियंत्रण के लिए किया जा रहा है। इसके अलावा कुछ मामलों में कामोत्तेजक एवं अश्लील सामग्रियों तथा बाल पॉर्न सामग्री से संबंधित मुद्दों पर भी क़ानून के कार्यान्वयन व नियंत्रण हेतु इसका इस्तेमाल किया जा रहा है; फिर भी यह अधिनियम नफरत भरे भाषण[14] या महिलाओं के खिलाफ साइबर अपराधों के लिए कोई प्रभावी समाधान उपलब्ध कराने में गंभीर रूप से असफल रहा है। 2012 के अंत में 'निर्भया' के साथ क्रूरता से सामूहिक बलात्कार के बाद, संसद ने महिलाओं के खिलाफ अपराधों: दर्शनरति और साइबर स्टॉकिंग, पीछा करने समेत कुछ महत्त्वपूर्ण मुद्दों हेतु दंड के नवीन प्रावधानों के लिए भारतीय दंड संहिता में संशोधन किया गया। परंतु आज भी भारत में महिलाओं के खिलाफ साइबर अपराधों को नियंत्रित करने के लिए कोई समेकित क़ानून नहीं है। इसी तरह, वर्तमान IT अधिनियम में भी कई खामियां हैं जिन्होंने साइबर न्यायशास्त्र की अवधारणा को आधी-अधूरी क़ानूनी धारणा बना दिया है।

ऐसे में, अपराधियों की वृद्धि दर और अपराधियों को दंडित किए जाने का अनुपात सदैव असंतुलित रहता है। समरूप क़ानून बनाए जाने तक पुलिस, अभियोक्ताओं और अदालतों को मौजूदा क़ानूनों पर निर्भर रहना होगा, जो भारतीय दंड संहिता, साक्ष्य अधिनियम जैसे पारंपरिक आपराधिक क़ानूनों अथवा पीड़ितों को न्याय दिलाने हेतु विकसित IT अधिनियम

[14] इस पर विस्तृत चर्चा के लिए अध्याय 2 देखें।

जैसे नवीनतम क़ानूनों में बिखरे हुए हैं। इसके अलावा, कई शोधकर्ताओं, अदालती मामलों एवं पुलिस की छानबीन में यह पाया गया कि कई वेबसाइटों के सर्वर भारत के बाहर हैं और उत्पीड़न करने वाले इसका बड़ा फायदा उठाते हैं। भले ही IT अधिनियम का क्षेत्र भारत की भौतिक सीमाओं से परे भी फैला हुआ है जहां उत्पीड़न किसी भी भारतीय नागरिक, भारत के राज्य से संबंधित है या जहां अपराधी एक भारतीय है, फिर भी सैकड़ों ऐसे मामले सामने आए हैं जिनमें विशेष रूप से महिलाओं के खिलाफ अपराध शामिल हैं। इन मामलों में अतिरिक्त न्यायक्षेत्र संबंधी समस्याओं के कारण उत्पीड़न करने वालों को कभी पकड़ा नहीं जा सका है। इसके अलावा, इंटरनेट प्रोफाइल की अज्ञात प्रकृति भी उत्पीड़नकर्ताओं एवं पीछा करने वालों को बड़े पैमाने पर लाभ प्रदान करती है।

इंटरनेट और डिजिटल संचार प्रौद्योगिकी ने शहरी और ग्रामीण भारत में प्रवेश कर लिया है लेकिन कई शहरों और शहरी क्षेत्रों में पुलिस स्टेशनों में साइबर अपराध प्रकोष्ठों का संचालन बहुत निराशाजनक रहा है। कई ग़ैर-महानगरीय शहरों तथा अर्ध-शहरी व ग्रामीण क्षेत्रों में साइबर अपराध प्रकोष्ठ का गठन ही नहीं किया गया है। इसके अलावा, यहां महिलाओं के ऑनलाइन उत्पीड़न से निपटने के लिए कार्यक्षम पुलिस बल तथा इंटरनेट एवं डिजिटल अपराधों से निपटने के लिए बुनियादी सुविधाओं का भी अभाव है। बाद के दो तथ्यों ने पुलिस समेत पूरी आपराधिक न्याय मशीनरी को महिलाओं के खिलाफ साइबर अपराधों के मामलों से निपटने के लिए बेहद अनिच्छुक बना दिया है। हमें इस बात को हमेशा ध्यान में रखना चाहिए कि हमारे पास यूरोपीय संघ या कनाडा की तरह डेटा के संदर्भ में अपरिवर्तनशील गोपनीयता कानून नहीं है; साथ ही हमारे पास अमेरिका में डेनियल सिट्रॉन द्वारा प्रस्तावित साइबर नागरिक अधिकारों की सम्मिलित धारणा है जो विशेष रूप से इंटरनेट एवं डिजिटल अपराधों से पीड़ित उन महिलाओं से संबंधित है जिन्हें इनकी वजह से नौकरी से हाथ धोना पड़ा अथवा उनकी सामाजिक प्रतिष्ठा धूमिल हुई। अब भारत में परंपरागत आपराधिक क़ानूनों और IT अधिनियम के साथ-साथ कुछ अन्य लिंग-संबंधी क़ानूनों का उपयोग महिलाओं को लक्षित करने वाले साइबर अपराधों से निपटने के लिए किया जा रहा है। पुलिस को अपराधों की रिपोर्ट करने या सीधे अदालतों से न्याय मांगने के प्रति पीड़िताओं की अनिच्छा, अधिक परेशान करने वाली बात है। हमारे विचार से ऐसा इसलिए है क्योंकि महिलाओं के खिलाफ साइबर अपराधों के वर्तमान रुझानों के अलावा इस संबंध में सही और केंद्रित क़ानूनों के बारे में जागरूकता की कमी है और पुलिस अधिकारी, वकील और आम जनता इससे अनभिज्ञ हैं। इस पुस्तक की रचना इस कमी को पूरा करने के उद्देश्य से की गई है। विशेष रूप से इंटरनेट पर और डिजिटल संचार प्रौद्योगिकी के माध्यम से महिलाओं के खिलाफ अपराधों में वृद्धि के साथ, आपराधिक न्याय अधिकारियों द्वारा इस मुद्दे को समझने के लिए यह पुस्तक आवश्यक है। यह पुस्तक न

केवल इस आवश्यकता को पूरा करेगी बल्कि क़ानून, लिंग अध्ययन, अपराध-विज्ञान, समाजशास्त्र, मनोविज्ञान और सूचना प्रौद्योगिकी के छात्रों के लिए; पुलिस अधिकारियों, वकीलों, न्यायाधीशों और महिलाओं के खिलाफ साइबर अपराध और संबंधित मुद्दों के बारे में जानने में रुचि रखने वाली आम जनता के लिए संसाधन सामग्री के रूप में भी काम करेगी। इस पुस्तक के कई उद्देश्य हैं: भारत में महिलाओं के खिलाफ साइबर अपराध की समग्र तस्वीर पेश करना, यह जानना कि भारत में महिलाओं के खिलाफ इंटरनेट और डिजिटल संचार अपराधों के पीड़ितों के लिए ये प्रावधान कैसे फायदेमंद हो सकते हैं तथा उन क़ानूनों के बारे में चर्चा करना जिनका उपयोग समस्याओं से निपटने के लिए किया जा सकता है, जिनमें सूचना प्रौद्योगिकी अधिनियम (2000, 2008 में संशोधित), महिलाओं का अश्लील निरूपण (निषेध) अधिनियम (1986), यौन अपराध से बच्चों की सुरक्षा अधिनियम (2012), कार्यस्थल पर महिलाओं का यौन उत्पीड़न (रोकथाम, निषेध एवं निवारण) अधिनियम (2013) आदि सहित भारतीय दंड संहिता, आपराधिक प्रक्रिया संहिता तथा भारतीय साक्ष्य अधिनियम शामिल हैं। इनका उद्देश्य महिलाओं के खिलाफ इंटरनेट एवं डिजिटल अपराधों में वृद्धि के सामाजिक-सांस्कृतिक-अपराध संबंधी कारणों को जानना और अंत में समस्या के समाधान की तलाश करना है।

इस पुस्तक में परिचय समेत नौ अध्याय हैं। दूसरा अध्याय महिलाओं के खिलाफ अपराधों के विशेष संदर्भ के साथ भारतीय दृष्टिकोण से इंटरनेट पर वाक् एवं अभिव्यक्ति की स्वतंत्रता के बारे में चर्चा करता है। मुफ्त इंटरनेट के बारे में वर्तमान बहस का तर्क यह है कि, इंटरनेट पर भाषण के संबंध में कोई क़ानूनी प्रतिबंध या न्यूनतम नियम नहीं होने चाहिए। भारत में IT अधिनियम, 2000 (2008 में संशोधित) की धारा 66A का उपयोग विभिन्न मौकों पर ऑनलाइन भाषण को नियंत्रित करने के लिए किया जाता है। हालांकि संविधान के अनुच्छेद 19(1)(a) द्वारा सुनिश्चित वाक् स्वतंत्रता के अधिकार को संविधान के अनुच्छेद 19(2) में दिए गए आधारों पर प्रतिबंधित किया गया है तथा IT अधिनियम की धारा 66A की संवैधानिकता पुलिस द्वारा भारी दुरुपयोग के कारण संदेह में है। हालांकि, यह समझने की जरूरत है कि इंटरनेट पर अभिव्यक्ति एवं वाक् स्वतंत्रता और मुफ्त इंटरनेट के लिए बढ़ते समर्थन के संबंध में इस तरह के भ्रमों ने क़ानून और न्याय मशीनरी द्वारा गुमनाम और न पहुंचने योग्य होने की बड़ी उम्मीदें पैदा की हैं। इसने बदले में कई अपराधियों को अपने पीड़ितों, विशेष रूप से इंटरनेट पर महिलाओं का उत्पीड़न करने के लिए प्रोत्साहित किया है। सागरिका घोष या कविता कृष्णन के मामलों पर विचार करें; जिन्हें इंटरनेट की अज्ञातकृत प्रकृति एवं कुछ भी बोलने की आज़ादी के कारण ट्रॉलिंग करने वालों द्वारा अपमानित, प्रताड़ित और धमकाया गया था। कल्कि सुब्रमण्यम, किन्नर कार्यकर्ता, अभिनेता और किन्नरों के लिए काम करने वाली संस्था, सहोदरी फाउंडेशन के संस्थापक के मामले पर भी

विचार करें जिनका इंटरनेट पर उत्पीड़न किया गया, खासकर जब फेसबुक पर उनकी तस्वीरें यौन संबंधों के लिए आग्रह करने वाले व्यक्ति के रूप में डाली गई थीं; उन्हें मोबाइल फोन पर उन लोगों द्वारा भी परेशान किया गया था जो उनके साथ भावनात्मक संबंध बनाना चाहते थे। ये महिलाएं उन सैकड़ों अन्य महिलाओं का प्रतिनिधित्व करती हैं जिन्हें इंटरनेट पर उन अपराधियों द्वारा लक्षित किया गया है जो मानती हैं कि इंटरनेट और डिजिटल संचार तकनीक उन्हें खुद को अभिव्यक्त करने की ताकत देती है, जो वे भौतिक संसार में नहीं कर सकते हैं। साथ ही इंटरनेट पर नारीवाद की दूसरी एवं तीसरी लहर के बारे में जागरूकता बढ़ रही है और भारतीय सामाजिक परिवेश में ऐसा विशेष तौर पर दिखाई देता है। कई भारतीय महिलाओं ने भारतीय रूढ़िवादी पहनावे को चुनौती देने वाली सेल्फियां या तस्वीरें पोस्ट करके महिलाओं की आजादी के बारे में अपनी चिंता व्यक्त करने के लिए इंटरनेट का सहारा लिया है। हालांकि यह संविधान के अनुच्छेद 19(1)(a) द्वारा सुनिश्चित अभिव्यक्ति के अधिकारों के तहत आ सकता है साथ ही यह इंटरनेट पर उनके उत्पीड़न का प्रमुख कारण भी रहा है। हमने देखा है कि कई पुरुष उपयोगकर्ता इंटरनेट पर महिलाओं की ऐसी तस्वीरों का इस्तेमाल यौन आनंद के लिए कर सकते हैं और ना केवल इंटरनेट पर बल्कि वास्तविक जीवन में भी महिलाओं की ऐसी तस्वीरों, प्रोफाइलों और जानकारी का दुरुपयोग कर सकते हैं। पुलिस और साइबर अपराध विशेषज्ञों ने बार-बार महिलाओं और बच्चों को जानकारी और तस्वीरें पोस्ट करने के बारे में यह चेतावनी दी है कि वे सबसे पहले अपनी सुरक्षा को सुनिश्चित कर लें। यहां वाक् एवं अभिव्यक्ति के अधिकार और यौन कल्पना के अधिकार के बीच मतभेद उत्पन्न होता है। दूसरा अध्याय इस तरह के मुद्दों पर विस्तार में विचार करता है।

तीसरा अध्याय भारत में महिलाओं को लक्षित करने, लिंग के आधार पर नीचा दिखाने और परेशान करने पर चर्चा करता है। लिंग के आधार पर नीचा दिखाना, कार्यस्थल या संस्थानों के भीतर तक ही सीमित नहीं है। महिलाओं को नीचा दिखाने वालों ने इंटरनेट और डिजिटल संचार प्रौद्योगिकी का सहारा लिया है और यह न केवल पीड़ित बल्कि पूरे परिवार की भी प्रतिष्ठा, नौकरी की संभावनाओं एवं उनके सामाजिक जीवन को नष्ट कर सकता है। परेशान करना एवं लिंग के आधार पर नीचा दिखाना, दोनों ही विषयों को भारत में शिक्षाविदों और क़ानून लागू करने वाली एजेंसियों द्वारा अच्छी तरह समझा नहीं गया है। भारत में वाक् स्वतंत्रता पर निरंतर चर्चा एवं IT अधिनियम की धारा 66A की संवैधानिकता ने इंटरनेट और डिजिटल संचार प्रौद्योगिकी पर 'अच्छे भाषण' की जरूरतों को समझने पर बेहद नकारात्मक प्रभाव डाला है। इन मामलों में क्या किया जाना चाहिए? संभावित समाधान क्या हैं? इन पर अध्याय 3 में चर्चा की गई है।

चौथा अध्याय ऑनलाइन ग्रूमिंग पर चर्चा करता है। शोधकर्ताओं ने दिखाया है कि इंटरनेट पर महिलाओं और बच्चों को लक्षित करते अपराधों में ऑनलाइन ग्रूमिंग, शिकार

पीड़ितों को फँसाने में महत्त्वपूर्ण भूमिका निभाती है। ग्रूमिंग साइबर अपराध की दिशा में गलत संबंध स्थापित करने की ओर पहला चरण है। ऐसे कई कारक हैं जो अपराधी को अपना शिकार फंसाने और ग्रूम करने के लिए प्रेरित कर सकते हैं; इनमें से सबसे महत्त्वपूर्ण अकेलेपन की भावना है। भारत में छोटे परिवारों की संख्या बढ़ने और संयुक्त परिवार प्रणालियों के विभाजित होने के साथ लोग और अधिक आत्म-केंद्रित हो रहे हैं। महिलाएं अपने जीवन के विभिन्न चरणों में बेहद अकेला महसूस कर सकती हैं। उदाहरणस्वरूप अगर एक किशोरी के माता-पिता नौकरीशुदा हों तथा उसके दादा-दादी समेत परिवार के किसी अन्य सदस्यों के साथ अच्छी तरह बातचीत नहीं होती हो तो वह किशोरी अकेला महसूस कर सकती है। इसी तरह एक युवा महिला विवाह के पश्चात बेरोज़गारी या प्रसवोपरांत अवसाद के कारण गंभीर तनाव और अकेलेपन से गुजर सकती है। 30 के मध्य की आयु में भी महिलाएं अकेलेपन की ऐसी भावना महसूस कर सकती हैं जब उनके बच्चे स्कूल में अपने दोस्त बना लेते हैं और पति कार्यस्थलों पर समय बिताते हैं। ऐसी महिलाएं पुराने दोस्तों या अजनबियों के साथ समय व्यतीत करने के लिए इंटरनेट का सहारा ले सकती हैं (Saha & Srivastava, 2014)। ऑनलाइन अपराधकर्ता ऐसी महिलाओं को अपना शिकार बना सकते हैं। लेकिन इसके अलावा भी कई अन्य कारक हो सकते हैं जो गुप्त उद्देश्यों के लिए ग्रूमिंग को प्रोत्साहित कर सकते हैं। ऑनलाइन ग्रूमिंग में भी अलग-अलग चरण हो सकते हैं। भारत में ऑनलाइन ग्रूमिंग अपेक्षाकृत अज्ञात कारक है। अध्याय 4 ऑनलाइन ग्रूमिंग की परिभाषा प्रदान करेगा और ग्रूमिंग की पद्धति एवं ग्रूमिंग के संभावित परिणामों पर चर्चा करेगा तथा मौजूदा क़ानूनों से इस समस्या के लिए क़ानूनी समाधान ढूंढेगा।

अध्याय 5 साइबर जगत में गोपनीयता के उल्लंघन पर चर्चा करता है। साइबर जगत में महिलाओं एवं लड़कियों की गोपनीयता के उल्लंघन के विभिन्न तरीके हो सकते हैं जिनमें हैकिंग, पीछा करना, दर्शनरति आदि शामिल हैं लेकिन यह इन तक ही सीमित नहीं है। हैकिंग शब्द की भारत के मौजूदा क़ानूनों में कोई परिभाषा नहीं है और इस मुद्दे को 'अनधिकृत पहुंच' शब्द के तहत क़ानूनों द्वारा संबोधित किया गया है। ऐसी गतिविधियों से महिलाएं कैसे प्रभावित होती हैं और इसके लिए कौन से क़ानूनी निर्देश हैं इन पर अध्याय 5 में चर्चा की गई है। इसके अलावा, 2012 में दिल्ली में युवा चिकित्सा-सहायक के दिल दहला देने वाले बलात्कार के मामले के बाद भारत सरकार ने महिलाओं के यौन उत्पीड़न के संबंध में कठोर दंड शामिल करने के लिए भारतीय दंड संहिता में संशोधन करने का फैसला किया। इसमें संसोधनों का मसौदा तैयार करने वाली वर्मा समिति ने पीछा करने के साथ-साथ ऑनलाइन स्टॉकिंग (Halder, 2014) एवं दर्शनरति के लिए पहली बार प्रावधान शामिल किए। दुनिया भर में कई शोधों में, साइबर स्टॉकिंग को सबसे बुरे प्रकार के उत्पीड़न के रूप में माना जाता है जो महिलाओं के साथ इंटरनेट एवं डिजिटल संचार

प्रौद्योगिकी के माध्यम से हो सकता है। भारत में साइबर स्टॉकिंग को पहले अपराध नहीं माना जाता था। इसलिए, पुलिस और वकीलों के पास, या आम जनता के पास ऑनलाइन स्टॉकिंग की कोई स्पष्ट धारणा नहीं थी (Halder & Jaishankar, 2010)। इसके अलावा, किस संदर्भ में दर्शनरति महिलाओं की गोपनीयता के लिए गंभीर खतरा बन सकती है? महिलाओं और लड़कियों को लक्षित करने के लिए गोपनीयता में किस प्रकार के उल्लंघन हैं? यह अध्याय इन मुद्दों पर व्यापक रूप से चर्चा करता है।

अध्याय 6 ऑनलाइन यौन अपराधों के साथ संबंधित है। हम जानते हैं कि भारत में महिलाओं के खिलाफ साइबर अपराध के बारे में बात करते समय पोर्नोग्राफ़ी और ऑनलाइन अश्लीलता ऐसे विषय हैं जिन पर सबसे ज्यादा चर्चा की जाती है।[15] विभिन्न मीडिया रिपोर्टों में भी यह पाया गया है कि, पोर्नोग्राफ़ी एवं अश्लील व्यवहार सर्वाधिक परेशान करने वाली प्रवृतियां हैं, जिनका इस्तेमाल उत्पीड़नकर्ताओं द्वारा महिलाओं के उत्पीड़न हेतु किया जाता है।[16] जब इंटरनेट पर वाक् स्वतंत्रता, औरतों के लिए साइबर सुरक्षा और इंटरनेट पर बच्चों की सुरक्षा के बारे में चर्चा की बात आती है तो पोर्नोग्राफ़ी और अश्लीलता कई क़ानूनी वाद-विवादों, अदालती फैसलों और अकादमिक वाद-विवादों का केंद्र होते हैं। हालांकि, हम तर्क देते हैं कि इंटरनेट पर यौन अपराध की अवधारणा व्यापक है। इंटरनेट और डिजिटल संचार प्रौद्योगिकी पर यौन अपराधों के मुद्दे में पोर्नोग्राफ़ी और अश्लीलता आवश्यक रूप से शामिल हो सकती है लेकिन इस पर व्यापक रूप से चर्चा की जानी चाहिए कि पोर्नोग्राफ़ी क्या है, भारतीय दृष्टिकोण से अश्लीलता क्या है, ये दोनों शब्द इंटरनेट पर यौन अपराधों पर चर्चाओं में केंद्र बिंदु क्यों होते हैं, यौन अपराधों पर चर्चा में शामिल अन्य मुद्दे क्या हैं और इंटरनेट और डिजिटल संचार प्रौद्योगिकी पर यौन अपराधों पर भारत में क़ानूनी दृष्टिकोण क्या है। इसके अलावा, अध्याय 6 सेक्सटिंग (Sexting) से भी संबंधित है। इस पर ध्यान दिया जा सकता है कि परिपक्व किशोरों के बीच एक व्यवहारिक मुद्दे के रूप में सेक्सटिंग पर कुछ समय के लिए अमेरिका जैसे पश्चिमी देशों में शोध किया गया है। हालांकि, भारत में सेक्सटिंग पर अकादमिक दृष्टिकोण या क़ानूनी दृष्टिकोण से ज्यादा ध्यान नहीं दिया गया है, भले ही इसे कुछ विद्वानों (Agustina & Gómez-Durán, 2012; Ahern, & Mechling, 2013; Döring, 2014; Halder & Jaishankar,

[15] यह तालिका 18.6: 2013 के दौरान पंजीकृत साइबर अपराध मामलों की घटना (IT अधिनियम 2000), राष्ट्रीय अपराध रिकॉर्ड्स, भारत के राष्ट्रीय अपराध रिकॉर्ड्स ब्यूरो द्वारा प्रकाशित, 2013 NCRB रिपोर्टों से स्पष्ट है। http://ncrb.nic.in 26 दिसंबर 2014 को देखा गया।

[16] साथ ही, यह बात भी ध्यान दिए जाने योग्य है कि अश्लील वेबसाइटों पर प्रतिबंध लगाने के लिए भारत में कई जनहित याचिकाएं दायर की गई हैं। इनमें जनहित मंच एवं अन्य बनाम भारत संघ का मामला, PIL NO. 155 OF 2009, विशेष रूप से उल्लेखनीय है। इस मामले पर 3 मार्च, 2010 को बंबई उच्च न्यायालय ने फैसला सुनाया कि अश्लील वेबसाइटों पर पूरी तरह से प्रतिबंध नहीं लगाया जा सकता है।

2014b; Jaishankar, 2009) और मीडिया रिपोर्टों द्वारा एक खतरनाक मुद्दे के रूप में पहचाना गया है।[17] सेक्सटिंग को यदि स्वयं की यौन कल्पना भावनाओं में स्वैच्छिक योगदान के दृष्टिकोण से देखा जाए तो इसे अपराध नहीं माना जा सकता है। लेकिन यदि क़ानूनी दृष्टिकोण से देखा जाए, विशेष तौर पर वर्तमान सामाजिक-क़ानूनी पृष्ठभूमि में, तो सेक्स्टिंग के कारण कई क़ानूनी दंड हो सकते हैं। ऐसा क्यों है? सेक्सटिंग क्या है? यह किस प्रकार परिपक्व किशोरों के साथ-साथ वयस्क महिलाओं को भी प्रतिकूल रूप में प्रभावित करता है? क्या इससे जुड़े कोई क़ानूनी प्रावधान हैं? अध्याय 6 इन सभी के बारे में चर्चा करता है।

अध्याय 6 इंटरनेट पर 'फर्जी अवतारों' (Halder, 2013) से भी संबंधित है। इंटरनेट पर सबसे अधिक रिपोर्ट किए जाने वाले अपराधों में से एक सोशल मीडिया वेबसाइटों और एडल्ट साइटों पर महिलाओं की अश्लील प्रोफ़ाइल का बनाया जाना है। ऐसी प्रोफाइलें विश्वभर के लोगों के सामने पीड़ितों के बारे में झूठी धारणा बनाती हैं। इन्हें 'फर्जी अवतार' कहा जाता है (Halder, 2013)। विभिन्न प्रकार के 'फर्जी अवतार' हैं, जो महिलाओं और किशोरियों को पीड़ित करने के लिए बनाए जाते हैं। हालांकि IT अधिनियम की धारा 67 और 67A जैसे प्रावधान भी हैं जो बड़े पैमाने पर फर्जी अवतारों से संबंधित हैं परंतु हमें यह जानने की जरूरत है कि अन्य क़ानून क्या हैं जिन्हें ऐसी समस्याओं के साथ निपटने के लिए इस्तेमाल किया जा सकता है और किया जाना चाहिए। इसलिए अध्याय 6 ऐसे प्रश्नों से संबंधित है कि उत्पीड़न करने वाले फर्जी अवतार क्यों बनाते हैं? यह पीड़ितों पर कैसे प्रभाव डालता है? इस समस्या के लिए क़ानूनी उपाय क्या हैं? सेक्सटिंग और यौन अपराध से संबंधित होने के कारण प्रतिशोध की भावना से प्रेरित पोर्नोग्राफ़ी पर चर्चा आवश्यक है। अमेरिका में, प्रतिशोध की भावना से प्रेरित पोर्नोग्राफ़ी ने कई अकादमिक और क़ानूनी परिचर्चाओं को जन्म दिया है और इसे अब दंडनीय अपराध के रूप में घोषित करने पर विचार किया जा रहा है। भारत में, प्रतिशोध की भावना से प्रेरित पोर्न पर अकादमिक दृष्टिकोण से बहुत कम चर्चा हुई है (Halder & Jaishankar, 2013)। भारत में बड़े किशोरों सहित महिलाओं के पारस्परिक ऑनलाइन उत्पीड़न के अधिकांश मामलों में प्रतिशोध की भावना से प्रेरित पोर्न शामिल हैं। हमारे पास अभी भी प्रतिशोध की भावना से प्रेरित पोर्न पर कोई केंद्रित क़ानून नहीं हैं; न ही इस मुद्दे के बारे में पुलिस अधिकारियों और वकीलों के बीच संवेदीकरण है। अध्याय 6 में प्रतिशोध की भावना से प्रेरित पोर्न और इससे संबंधित सामाजिक-क़ानूनी मुद्दों के बारे में भी चर्चा की जाएगी।

---

[17] विभिन्न समाचार मीडिया द्वारा सेक्सटिंग पर मुख्य लेखक का साक्षात्कार किया गया था। 18–10–2013 को द हिंदू में प्रकाशित मधुमिता श्रीनिवासन (2013) के लेख *बुली इन साइबर स्पेस* देखें। http://www.thehindu.com/todays-paper/tp-in-school/bully-in-cyber-space/article5245174.ece (29 दिसंबर 2014 को देखा गया)।

महिलाओं के खिलाफ साइबर अपराध पर चर्चा करते समय हमें मानवीय व्यवहार पर मुद्दों को समझने की जरूरत है और ऐसी चर्चा क़ानूनी उपचार और क़ानूनी कमियों पर चर्चा किए बिना व्यर्थ रह सकती है इसलिए हमें इंटरनेट और डिजिटल संचार प्रौद्योगिकी सेवा-प्रदाताओं की ज़िम्मेदारी के बारे में भी समझने की आवश्यकता है। यह सच है कि अधिकांश लोकप्रिय सोशल मीडिया वेबसाइटों और ईमेल सेवा प्रदाता भारत के बाहर क्षेत्राधिकारों में स्थित हैं और हो सकता है कि उनके सर्वर भारत के अधिकार क्षेत्र में ना हों। लेकिन क्या यह उन्हें अपनी ज़िम्मेदारी से मुक्त करता है? 'भूलने के अधिकार' और इंटरनेट कंपनियों में इसके उपयोग पर क़ानूनी वाद-विवादों पर विचार करें जो उन्हें किसी भी व्यक्ति के बारे में अवांछित डेटा मिटाने के लिए ज़िम्मेदार बनाता है। भारत में, विशेष रूप से महिलाओं को लक्षित करने वाले साइबर अपराधों के मामलों में भूलने का अधिकार अब बहुत आवश्यक है। लेकिन ऐसा अधिकार कहाँ तक लागू किया जा सकता है? सूचना प्रौद्योगिकी नियम एवं दूरसंचार नियामक प्राधिकरण विनियमों ने इंटरनेट सेवा प्रदाताओं और डिजिटल संचार सेवा प्रदाताओं के संबंध में भारत के अपने दिशानिर्देश और सिद्धांत बनाए हैं। जब गूगल या फेसबुक जैसी अंतर्राष्ट्रीय कंपनियों की बात आती है तो ये दिशानिर्देश कितने प्रभावी हैं? क्या ये इंटरनेट कंपनियां वयस्क मनोरंजन साइटों की तुलना में महिलाओं के उत्पीड़न के प्रति कम संवेदनशील हैं? भारत में डिजिटल संचार सेवा प्रदाताओं की ज़िम्मेदारियां क्या हैं? वे भारत में अन्य पारंपरिक आपराधिक और नागरिक क़ानूनों के साथ कैसे जोड़े जा सकते हैं? अध्याय 7 इन पर चर्चा करेगा।

अध्याय 8 महिलाओं को लक्षित करने वाले इंटरनेट अपराधों की जांच-पड़ताल करने और मुकदमा चलाने के लिए प्रक्रियात्मक अभ्यासों के मुद्दे के बारे में चर्चा करता है। हालांकि साइबर अपराधों पर मुकदमा चलाने के लिए आपराधिक प्रक्रिया संहिता, भारतीय दंड संहिता और साक्ष्य अधिनियम समेत पारंपरिक आपराधिक क़ानूनों का पालन IT अधिनियम जैसे विशेष क़ानूनों के नियमों एवं विनियमों के साथ किया जाना चाहिए, परंतु जब महिलाओं और बड़ी किशोरियों की बात आती है तो क़ानून का दृष्टिकोण बिल्कुल अलग हो जाता है। यह अध्याय उन कमियों के साथ उन मुद्दों पर व्यापक रूप से चर्चा करता है जो आपराधिक न्याय मशीनरी को पीड़ितों को पूर्ण न्याय प्रदान करने से रोक रही हैं। इस बात को समझने की आवश्यकता है कि भारत में महिलाओं के खिलाफ साइबर अपराधों को पुलिस को सूचित करने में दो मुख्य बाधाएं हैं: (a) पीड़ितों की सामाजिक रूढ़िवादी मानसिकता जो पीड़ितों को प्रारंभिक रिपोर्टिंग के बाद मामले को रिपोर्ट करने या जारी रखने से निरुत्साहित करती है और (b) कुछ व्यावहारिक समस्याएं, जिसके अंतर्गत महिलाओं और बच्चों को लक्षित करने वाले साइबर अपराधों से निपटने के लिए आपसी क़ानूनी

सहायता-वार्ता की अनुपस्थिति, IP ऐड्रेस और प्रोफाइल विवरणों मैसेज लॉग इत्यादि तक पहुंच पाने से संबंधित समस्याएं शामिल हैं। साथ ही, इसमें सर्वर के भारतीय अधिकार क्षेत्र के बाहर स्थित होने अथवा आरोपी के विदेशी नागरिक होने से संबंधित समस्याएं भी शामिल हैं। यह अध्याय इन विशेष मुद्दों पर भी चर्चा करता है।

यह पुस्तक अध्याय 9 के साथ खत्म होती है जिसे समापन अध्याय के तौर पर शामिल किया गया है। इस अध्याय में महिलाओं और लड़कियों के खिलाफ साइबर अपराधों से निपटने के लिए विधिक और सामाजिक-आपराधिक-पीड़ित संबंधी दोनों पहलुओं से कई उपाय प्रस्तावित किए गए हैं।

संदर्भ

Agustina, J. R., & Gómez-Durán, E. L. (2012). Sexting: Research criteria of a globalized social phenomenon. *Archives of Sexual Behavior*, *41*, 1325–1328.

Ahern, N., & Mechling, B. (2013). Sexting: Serious problems for youth. *Journal of Psychosocial Nursing and Mental Health Services*, *51*(7), 22–30.

Bartow, A. (2009). Internet Defamation as Profit Center: The Monetization of Online Harassment. *Journal of Law and Gender*, *32*, 384–428.

Citron, D. K. (2014). *Hate crimes in cyber space*. Harvard: Harvard University Press.

Citron, D. (2009a). Cyber Civil Rights. Research Paper No 2008-41. Social Science Research Network Electronic paper collection, SSRN, (21st May 2010) from http://ssrn.com/abstract=1271900

———. (2009b). Law's Expressive Value in Combating Cyber Gender Harassment, *Michigan Law Review*, *108*, 373.

Döring, N. (2014). Consensual sexting among adolescents: Risk prevention through abstinence education or safer sexting? *yberpsychology: Journal of Psychosocial Research on Cyberspace*, *8*(1). Available at http://www. cyberpsychology.eu/view.php?cisloclanku=2014031401&article=9 (Accessed on 15 August 2014).

Gupta, J. (2013). Woman on Sale for '2,000. [Ad on popular portal] *The Times of India* (published on 30 October 2013). Available at http://timesofin-dia.indiatimes.com/india/Ad-on-popular-portal-Woman-on-sale-for-Rs-2000/articleshow/24898237.cms (Accessed on 25 December 2014).

Halder, D. (2011). Information Technology Act and cyber terrorism: A critical review. In P. Madhava Soma Sundaram, & S. Umarhathab (Eds.), *Cyber Crime and Digital Disorder* (pp. 75–90). Tirunelveli, India: Publication Division, Manonmaniam Sundaranar University.

———. (2012). 'Gagging the right to digital communication for girls', 3rd December, 2012. Available at http://debaraticyberspace.blogspot.com (Accessed on 26 December 2014).

———. (2013). Examining the scope of Indecent Representation of Women (Prevention) Act, 1986, in the light of cyber victimization of women in India. *National Law School Journal, 11*, 188–218.

Halder, D., & Jaishankar, K. (2008) Cyber crimes against women in India: Problems, perspectives and solutions. *TMC Academy Journal, Singapore*, *3*(1), 48–62.

———. (2009). Cyber socializing and victimization of women. *Temida—The Journal on Victimization, Human Rights and Gender*, *12*(3), 5–26.

———. (2011a). Cyber gender harassment and secondary victimization: A compar-ative analysis of US, UK and India. *Victims and Offenders, 6*(4), 386–398.

———. (2011b). *Cyber crime and the victimization of women: Laws, rights, and regulations*. Hershey, PA: IGI Global.

Halder, D., & Jaishankar K. (2013). Revenge porn by teens in the United States and India: A socio-legal analysis. *International Annals of Criminology, 51*(1–2), 85–111.

———. (2014a). Online victimization of Andaman Jarawa tribal women: An anal-ysis of the 'human safari' YouTube Videos (2012) and its effects. *British Journal of Criminology, 54*(4), 673–688.

———. (2014b). Teen sexting: A critical analysis on the criminalization vis-à-vis victimization conundrums. *The Virtual Forum Against Cybercrime(VFAC) Review, 1*(6), 26–43.

Jaishankar, K. (2009). Sexting: A new form of victimless crime. *International Journal of Cyber Criminology, 3*(1), 21–25.

Kim, N. S. (2009). Website Proprietorship and Online Harassment, *UTAH Law Review, 3*, 995–1059. (10 Feb 2011). Available at http://epubs.utah.edu/index.php/ulr/article/view/248/220.

Rahman, H. (2008). Interactive multimedia technologies for distance education in developing countries. In P., Margherita (Ed.), *Encyclopedia of Multimedia Technology and Networking*, Second Edition: Volume 3 Hershey, PA: IGI Global.

Saha, T., & Srivastava, A. (2014). Indian Women at Risk in the Cyber Space: A Conceptual Model of Reasons of Victimization. *International Journal of Cyber Criminology, 8*(1), 57–67.

Sibertin-Blanc, C. (1993). A client-server protocol for the composition of Petri nets, in Application and Theory of Petri Nets 1993: 14th International Conference Chicago, Illinois, USA, 21–25 June, 1993. Proceedings, Springer, pp. 377–396. DOI 10.1007/3-540-56863-8 57 (accessed on 26 December 2014).

Vijaykumar, S. (2014). Flip(ped)kart. *The Hindu* (published on October 7, 2014). Available at http://www.thehindu.com/business/Industry/flippedkart/article6476414.ece?homepage=true (Accessed on 25 December 2014).

2 साइबर जगत में वाक् एवं अभिव्यक्ति की स्वतंत्रता

जून 2000 के महीने में मनीष कथूरिया का नाम लगभग सभी समाचार चैनलों, अख़बारों के साथ-साथ इंटरनेट पर भी चर्चा का विषय बन गया। उन्हें 30 वर्ष की एक महिला रितु कोहली को 'उत्पीड़ित' करने के जुर्म में गिरफ्तार किया गया था।[1] इस मामले में एक अनोखी स्थिति उत्पन्न हुई क्योंकि पुलिस और अदालतें इस मामले में लागू होने वाले सही क़ानूनों के बारे में पूरी तरह उलझन में थीं। इस मामले ने तीन विशिष्ट कारणों से ध्यान आकृष्ट किया: (i) *उत्पीड़न का माध्यम*: इसमें कथूरिया द्वारा वेबसाइट में कोहली के नाम पर यह चैट सत्रों (चैट सेशन्ज़) को शामिल किया गया था। इसमें कथूरिया द्वारा कोहली के फोन नंबर का प्रसारण भी शामिल था, जिस पर उन्हें अश्लील कॉलें की गई थीं। (ii) *उत्पीड़न की प्रकृति*: भारतीय आपराधिक न्याय तन्त्र के इतिहास में पहली बार ऐसा मामला सामने आया था जहां उत्पीड़नकर्ता द्वारा पीड़ित से प्रत्यक्ष तौर पर संपर्क नहीं किया गया था बल्कि उसके कहने पर दूसरों द्वारा फोन के माध्यम से संपर्क किया जा रहा था। साथ ही, ई-मेल आईडी (e-mail ID) और वेबसाइट लॉगिन ID सहित उसकी डिजिटल पहचान का उपयोग उसकी आज्ञा के बिना किया जा रहा था। (iii) *क़ानून*: हालांकि IT अधिनियम वर्ष 2000 में पेश किया गया था परंतु इस विशिष्ट मामले में अपराध के पंजीकरण के समय या बाद के वर्षों में इस अधिनियम के किसी प्रावधान का उपयोग नहीं किया गया था। ऐसा इसलिए है क्योंकि IT अधिनियम ने कथूरिया के कृत्यों को अपराध नहीं माना। मामला हालांकि IPC की धारा 509 के तहत पंजीकृत था जो कि किसी भी ऐसे शब्द, इशारे आदि का उपयोग करने के लिए दंड निर्धारित करता है जिससे महिलाओं के सतीत्व को क्षति पहुंचती हो। प्रायः कोहली के मामले को भारत के पहले साइबर स्टॉकिंग मामले के रूप में जाना जाता है।[2] लेकिन जैसा कि इस पुस्तक के बाद के अध्यायों में देखा जा सकता है, कोहली का मामला विशेष रूप से केवल साइबर स्टॉकिंग का मामला नहीं था। इसमें कुछ और तत्व भी शामिल थे: पहचान की चोरी, फर्जी अवतार का सृजन इत्यादि।

2004 में IIT खड़गपुर के एक छात्र रवि राज ने रु. 125 में एक MMS वीडियो को बिक्री हेतु वेबसाइट पर उपलब्ध कराया। Baazee.com प्रकरण के निर्णय के अनुसार,

---

[1] मामले के पूर्ण विवरण के लिए स्टाफ रिपोर्टर (2000) देखें। दिल्ली में पहला साइबर सेक्स अपराध, *द हिंदू* में 18–6–2000 को प्रकाशित हुआ, जो http://www.thehindu.com/thehindu/2000/06/18/stories/14182186.htm पर उपलब्ध है। (12 मार्च 2015 को देखा गया)।

[2] उदाहरण के लिए कुछ अध्ययन सामग्री देखें जो वेबसाइटों पर उपलब्ध है जिसमें http://www.nalsarpro.org/CL/Modules/Module4/CHAPTER_6.pdf शामिल है।

'इलेक्ट्रॉनिक वेबसाइट baazee.com पर निम्नलिखित विवरण के साथ यह सामग्री उपलब्ध थी: 'आइटम 27877408-DPS गर्ल्स हैविंग फन!!! पूरा वीडियो + Baazee प्वाइंट्स'। इसकी क़ीमत रु. 125 थी। कॉलम के नीचे 'विक्रेता के विवरण' में नाम: 'ऐलिस ऐल्क' ('alice elec') और स्थान: 'खड़गपुर' का उल्लेख किया गया था। 21 जुलाई, 2004 से विक्रेता को सदस्य के रूप में दिखाया गया था। आइटम के विवरण पर क्लिक करते ही यह सूची सामने आती थी: DPS गर्ल्स हैविंग फन!!! क्या आप उस वीडियो क्लिप को देखना चाहते हैं जिसने पूरे दिल्ली में धमाल मचाया है और अब पूरे राष्ट्र में चर्चा का विषय बन गया है? हां, आपका इंतजार खत्म हुआ!!!! बस इस प्रोडक्ट का ऑर्डर दें और यह आपको कुछ घंटों के भीतर पहुंचा दिया जाएगा। यह वीडियो DPS आर.के. पुरम की एक लड़की का है जिसके अंतरंग पलों को उसके प्रेमी द्वारा फिल्माया गया है। कृपया ध्यान दें: लगभग 2:30 मिनट के इस वीडियो क्लिप को आपको ईमेल संलग्नक के रूप में भेजा जाएगा...' (परिच्छेद 3.3, Avinash Bajaj vs. State, 2008)।[3] इस वीडियो क्लिपिंग के डाले जाने के कुछ दिनों के भीतर, विभिन्न शहरों के कुछ लोगों ने इस आइटम को खरीदा था। इसकी जानकारी प्राधिकारियों को मिलने के बाद उन्होंने इसके विज्ञापन को बंद करा दिया था। बेची जा रही इस MMS क्लिपिंग की जानकारी प्राप्त करने के बाद दिल्ली पुलिस ने प्राथमिकी (FIR) दर्ज की और जांच शुरू कर दी। साथ ही, दिल्ली स्थित अख़बार ने DPS लड़की के अश्लील MMS को वेबसाइट के माध्यम से बेचे जाने के बारे में भी प्रकाशित किया। पुलिस ने बाद में रवि राज और अविनाश बजाज को भी विशेष रूप से IPC की धारा 292 (अश्लील किताबों, प्रकाशनों और अन्य की बिक्री के लिए दंड), 294 (अश्लील कृत्यों की सजा और दूसरों की परेशानियों के लिए गीत चलाना) एवं IT अधिनियम, 2000 की धारा 67 (अश्लील सामग्री प्रकाशित करने की सजा) के तहत गिरफ्तार किया। आगे की जाँच में यह भी पाया कि क्लिपिंग को रवि राज को एक नाबालिग लड़के द्वारा भेजा गया था जिसे बाद में स्कूल से निलंबित कर दिया गया था। हालांकि, इस लड़के के खिलाफ अभियोजन के बारे में कोई खबर नहीं थी (Halder & Jaishankar, 2013, p. 100–101)।

2012 में BBC पत्रकार गेथिन चेम्बरलिन ने अंडमान की जरावा महिलाओं के वीडियो के प्रसार के बारे में एक सनसनीखेज समाचार रिपोर्ट प्रकाशित की जो पर्यटकों, टूर ऑपरेटर और पुलिस के निर्देश पर नाचती थीं। सोशल मीडिया, खासकर यूट्यूब के माध्यम से वीडियो वायरल होने लगा। आज भी अंडमान जरावा डांस, ट्राइबल डांस, वल्गर डांस ऑफ़ अंडमान जैसे शब्दों को इंटरनेट पर सर्च किया जाता है और इस प्रकार अंडमान

---

[3] अवनीश बजाज बनाम दिल्ली सरकार (N.C.T.) देखें। 2005 CompLJ364 (Del), 116(2005) DLT427, 2005(79) DRJ576. मामले के पूरे निर्णय को देखें जो http://indiankanoon.org/doc/309722/ पर उपलब्ध है (20 मार्च 2015 को देखा गया)।

जरावा महिलाओं के वीडियो देखे जा सकते हैं, जो अपने शरीर को हिलाकर (वीडियो में महिलाओं को उनके जनजातीय वस्त्र एवं अर्ध-नग्न अवस्था में दिखाया गया है) अपने आदिवासी गीतों पर नृत्य करती हैं। इस प्रकार की वीडियो क्लिपिंग 5 से 8 मिनट तक की होती हैं। लेकिन ये वीडियो अभी भी लैंगिकवादी टैगलाइनों के साथ इंटरनेट पर मौजूद हैं और पोस्ट डालने वाले कई लोगों ने अपनी पोस्टों में इन वीडियो को शामिल किया है, जिनमें इन महिलाओं की नैतिकता को अपमानित करने के लिए अश्लील, घृणाजनक और असभ्य शब्दों का प्रयोग किया गया है (Halder & Jaishankar, 2014)।

कल्कि सुब्रमण्यम, किन्नर कार्यकर्ता और किन्नरों के लिए काम कर रहे संगठन सहोदरी की संस्थापक को अपनी सोशल मीडिया प्रोफाइल में लोगों द्वारा धमकियों और उत्पीड़न का सामना करना पड़ा क्योंकि उन्होंने उन लोगों को अपना व्यक्तिगत फोन नंबर देने से इनकार किया था जो उनके साथ भद्दी कामुक बात-चीत करना चाहते थे।[4]

इन सभी घटनाओं में घृणाजनक भाषा के तत्व शामिल हैं। ऐसी कुछ घृणाजनक भाषाओं को भारत में क़ानूनों द्वारा अभिज्ञात किया गया है और कुछ को नहीं। प्रश्न यह है कि इन घटनाओं ने आम जनता के साथ-साथ शोधकर्ताओं के ध्यान को महिलाओं के खिलाफ इंटरनेट अपराधों के रूप में क्यों आकर्षित किया है? यहां प्रस्तुत किसी भी या सभी चार उदाहरणों के समान घटनाएं लगभग हर दिन भारत में सैकड़ों महिलाओं और लड़कियों के साथ होती हैं। पिकनिक या पर्यटक स्थलों, स्नान करने के सार्वजनिक स्थानों, कपड़ों की दुकानों में कपड़े पहन कर देखने वाले कमरों (ट्रायल रूम), होटलों या यहां तक कि अदालतों के शौचालयों में भी गुप्त कैमरों या मोबाइल फोन कैमरों द्वारा महिलाओं की छवियां ली जाती हैं। छिपकर ली जाने वाली इस प्रकार की उत्तेजक तस्वीरें इंटरनेट, डिजिटल संचार प्रौद्योगिकी पर लाखों लोगों के यौन आनंद के लिए फैलाई जाती हैं। उनमें से कई महिलाओं की प्रतिष्ठा को नुकसान पहुंचाने के लिए जानबूझकर फैलाई जाती हैं और ये प्रतिशोध की भावना से प्रेरित पोर्न (अश्लील सामग्री) के विभिन्न रूपों में हो सकती हैं (Halder, 2013)। चाहे वे बदला लेने वाली अश्लील सामग्री हों अथवा वायरल दृश्यरतिक वीडियो या बलात्कार के वीडियो हों, इस तरह की तस्वीरें कई मानवीय भावनाओं को व्यक्त करती हैं। इस प्रकार की कुछ सामग्रियों को जागरूकता फैलाने के उद्देश्य से प्रसारित किया जाता है जिसमें इस तथ्य को नज़रअंदाज़ कर दिया जाता है कि इस तरह के वीडियो बनाने अथवा इसके प्रसार से पीड़िता की मनोवैज्ञानिक की स्थिति गंभीर रूप से प्रभावित हो सकती है; कुछ सामग्रियों को इस प्रकार के यौन आनंद को साझा करने के उद्देश्य से प्रसारित किया

---

[4] इस मामले में लेखिका ने ने 2014 में कल्कि से मुलाकात की और बाद में उन्होंने पुष्टि की कि यह एक बार नहीं, बल्कि नियमित रूप से ऐसा होता है तथा उनके साथ-साथ उनके अन्य सहयोगियों को भी सोशल मीडिया प्रोफाइल पर उत्पीड़न करने वाले ऐसे संदेश मिलते हैं।

जाता है, जो भोली-भाली पीड़िताओं को दर्द, भय या कुछ मामलों में उनके शरीर के गुप्त अंगो को नग्न अवस्था में देखकर प्राप्त हो सकता है; कुछ वीडियो या छवियों को देखने में 'अधिक आनंददायक' बनाने के लिए इससे संबंधित विवरण भी शामिल होते हैं।

महिलाओं को ट्रॉल्स, धमकाने वालों, पूर्व-प्रेमियों, पूर्व-पतियों, ससुराल वालों, नाराज रिश्तेदारों, ईर्ष्यापूर्ण सहयोगियों द्वारा इंटरनेट पर अपमानजनक, निन्दात्मक, अनादरपूर्ण और नफरत भरी भाषा के साथ लक्षित किया जाता है। यहां तक कि जब महिलाएं और लड़कियां विश्वव्यापी वेब से जुडी नहीं होती हैं तब भी उन्हें अनावश्यक फोन कॉलों और SMS द्वारा परेशान और उत्पीड़ित किया जा सकता है। इसके कारण और भी गंभीर समस्या पैदा हो सकती है जिससे महिलाओं को अपने माता-पिता, शिक्षकों से बात करने या डिजिटल संचार सेवाओं के माध्यम से उपलब्ध किसी भी प्रकार की जानकारी तक पहुंचने एवं दूरसंचार सेवाओं का उपयोग करने से पूरी तरह प्रतिबंधित किया जा सकता है।[5] इस प्रकार, हमें इंटरनेट पर वाक् एवं अभिव्यक्ति के अधिकार के अनुचित प्रयोग द्वारा महिलाओं और लड़कियों के अधिकारों के दो प्रकार के उल्लंघन देखने को मिलते हैं। ये (i) संविधान के अनुच्छेद 14 के तहत आश्वस्त किए समानता के अधिकार और संविधान के अनुच्छेद 21 के तहत आश्वस्त किए गरिमा के साथ जीने के अधिकार सहित मौलिक मानव अधिकारों; और (ii) सूचित किए जाने के अधिकार का उल्लंघन है। विडम्बना से, श्रेया सिंघल बनाम भारतीय संघ में धारा 66A के बारे में फैसला करते हुए सर्वोच्च न्यायालय ने वाक् स्वतंत्रता के माध्यम से सूचना के अधिकार पर ज़ोर दिया लेकिन साथ ही एक बड़ी कमी को पूरी तरह से उपेक्षित किया था। यह कमी इंटरनेट पर और इंटरनेट के माध्यम से महिलाओं का उत्पीड़न करने के बारे में थी। इस प्रकार का उत्पीड़न, इंटरनेट पर वाक् एवं अभिव्यक्ति के अधिकार के दुरुपयोग के माध्यम से किया जाता है।[6] इंटरनेट पर अधिकारों और अभिव्यक्तियों का यह दुरुपयोग महिलाओं के लिए बेहद खतरनाक हो सकता है और यह बात विशेष रूप से जानकारी के माध्यम के तौर पर इंटरनेट की प्रकृति के बारे में कही जा सकती है, जो पारंपरिक प्रिंट मीडिया से अलग है। श्रेया सिंघल के मामले में, भारत के अतिरिक्त सॉलिसिटर जनरल ने 'प्रतिबंध के औचित्य के शिथिल मानक' को लागू करने के विषय पर वाद-विवाद करते हुए इंटरनेट की निम्नलिखित विशेषताओं का उल्लेख किया:

---

[5] अधिक जानकारी के लिए हालदर, डी. (2012) का लेख 'गैगिंग द राइट टू डिजिटल कम्युनिकेशन फॉर गर्ल्स', 3 दिसंबर 2012 देखें जो http://debaraticyber-space.blogspot.com पर उपलब्ध है। (2 फरवरी, 2015 को देखा गया)।

[6] यह उल्लिखित करना आवश्यक है कि अमेरिका की पहली संशोधन गारंटी के विपरीत, अनुच्छेद 19 (1)(A) वाक् एवं अभिव्यक्ति के अधिकार को आश्वस्त करता है (Shreya Singhal vs. Union of India, रिट याचिका (आपराधिक) संख्या 167, 2012 की जो http://supremecourtofindia.nic.in/FileServer/2015-03-24_1427183283.pdf पर उपलब्ध है (4 मई 2015 को देखा गया) और जैसे ही बोलने के अधिकार का व्याख्यान करने की आवश्यकता हो सकती है तो दोनों अभिव्यक्तियों को अलग-अलग और साथ ही समग्र रूप से समझा जा सकता है।

(1) इंटरनेट की कोई सीमा नहीं है और इसकी पहुंच वैश्विक है; इसके बहुत अधिक उपयोगकर्ता हैं और उत्पीड़न, दुर्व्यवहार आदि को पूरी दुनिया में विभिन्न स्थानों पर लोगों द्वारा देखा जा सकता है।

(2) शिक्षित और अशिक्षित लोग इंटरनेट और इसके माध्यम से प्रसारित जानकारी का उपयोग कर सकते हैं क्योंकि व्याख्यान या ऑडियो-विज़ुअल (दृश्य-श्रव्य) सामग्री सहित आपत्तिजनक सामग्री डाउनलोड करने के लिए केवल एक क्लिक ही काफी है; इसी तरह, अपराधियों को किसी अपमानजनक, उत्तेजक, हानिकारक सामग्री को अपलोड या पोस्ट करने के लिए बड़ी राशि खर्च करने की आवश्यकता नहीं होती है। अपराधी द्वारा किसी भी अज्ञात पहचान का उपयोग करके किसी भी स्थान से मोबाइल फोन या लैपटॉप या टेबलेट जैसे साधारण पोर्टेबल स्मार्ट डिवाइस की मदद से ऐसा किया जा सकता है। इस प्रकार, प्रिंट या टेलीविजन माध्यम की तुलना में इंटरनेट अफवाह फैलाने और किसी भी जाँच के बिना सबसे कम समय के भीतर खरबों लोगों को प्रभावित करने के लिए एक बड़ा माध्यम है।

(3) इंटरनेट के लिए पूर्व-सेंसरशिप संभव नहीं है क्योंकि सामग्री अपलोड या पोस्ट करने वाला प्रत्येक व्यक्ति प्रकाशक, निर्माता, प्रिंटर, निदेशक और प्रसारक बन सकता है।

(4) इंटरनेट में उन्नत तकनीक के माध्यम से तस्वीरों के साथ छेड़-छाड़ करने, आवाज बदलने आदि की क्षमता है जो गंभीर सामाजिक उपद्रव पैदा कर सकती है;

(5) इंटरनेट व्यक्तियों की गोपनीयता में दखल देने और अनुच्छेद 21 के तहत आश्वस्त जीवन, स्वतंत्रता और गरिमा के मौलिक अधिकार का उल्लंघन करने का बहुत बड़ा अवसर प्रदान करता है।

(6) समाचार पत्र, टेलीविजन आदि जैसे अन्य माध्यमों के विपरीत इंटरनेट पर अज्ञात रहते हुए यौन उत्पीड़न करना, दूसरों को कलंकित करना या विशेष रूप से सामाजिक अव्यवस्था पैदा करने के लिए अश्लील भाषा का प्रयोग करना संभव है;

(7) इंटरनेट अपराधियों को अज्ञात रहकर अपराध करने में मदद करता है। अपराधी की अज्ञात प्रकृति का पर्दाफ़ाश पूरी तरह से जांच के बाद ही किया जा सकता है जिसे आपराधिक न्याय तंत्र द्वारा कई मामलों में संबंधित वेब साइटों के सहयोग से किया जाना चाहिए।

(8) इंटरनेट पर वाक् एवं अभिव्यक्ति की स्वतंत्रता का उपयोग करना या इंटरनेट का उपयोग करने का तरीक़ा अपने आप में व्यक्तिगत दृष्टिकोण पर निर्भर करता है। इस विषय में रोक एवं नियंत्रण और नैतिक मानदंडों के संबंध में बड़ी कमी है।[7]

[7] श्रेया सिंघल के फैसले में पृष्ठ 29–31 देखें जो http://supremecour-tofindia.nic.in/FileServer/2015–03–24_1427183283.pdf पर उपलब्ध है (4 मई 2015 को देखा गया)।

ये टिप्पणियां उस दशा में और भी महत्त्वपूर्ण हो जाती हैं जब हम इन कारणों पर चर्चा करते हैं कि हमें इंटरनेट पर महिलाओं और लड़कियों के खिलाफ अपराधों पर क्यों ध्यान देना चाहिए।

अदालतों ने अपने हालिया निर्णयों में कहा है कि सूचना का अधिकार हर नागरिक के लिए एक महत्त्वपूर्ण अधिकार है। लेकिन ध्यान दिया जाए कि जब एक अपराधी किसी महिला का फर्जी अवतार (Halder, 2013)[8] बनाता है या इंटरनेट पर धमकाता या ट्रॉलिंग के रूप में आपत्तिजनक संदेश डालता है तो किस तरह की जानकारी दी जाती है? निश्चित रूप से यह सारी जानकारी कई लोगों के लिए महत्त्वपूर्ण नहीं है लेकिन पीड़ित के लिए खतरनाक साबित हो सकती है। दूसरी तरफ, सॉलिसिटर जनरल की टिप्पणी के दूसरे बिंदु पर ध्यान दें: व्यापक रूप से फैली जानकारी और महिलाओं के खिलाफ अपराधों से जुड़े मिथक व संबंधित सामाजिक वर्जनाओं की वजह से कई समाजों का मानना है कि यह पीड़ित की गलती के कारण होता है, कई खाप पंचायतें और परिवार, लड़कियों एवं महिलाओं को जानकारी के अधिकार का उपयोग करने से वंचित करते हैं। सिंघल के मामले में भारत के सहायक सॉलिसिटर जनरल की टिप्पणी पर ध्यान दें, जहां उन्होंने कहा था '... अनुच्छेद 19[1] [A] के तहत वाक् एवं अभिव्यक्ति की स्वतंत्रता का प्रयोग करने के लिए इंटरनेट किसी जांच, संतुलन या नियामक नैतिक मानदंडों के बिना पूरी तरह से प्रत्येक व्यक्ति के व्यक्तिगत दृष्टिकोण पर आधारित है।' ग़ौरतलब है कि, जब इंटरनेट पर महिलाओं को लक्षित करने की बात आती है तो वाक् एवं अभिव्यक्ति के अधिकार को कई लोगों द्वारा असीमित माना जाता है। ऐसा इसलिए है क्योंकि शायद ही कोई इस बात से अवगत है कि इंटरनेट पर महिलाओं और लड़कियों के खिलाफ आपत्तिजनक भाषा क्या होती है और यह कैसे होती है। श्रेया सिंघल बनाम भारत संघ में सर्वोच्च न्यायालय द्वारा IT अधिनियम, 2000 (2008 में संशोधित) की धारा 66A को असंवैधानिक घोषित किए जाने के बाद, हमसे पत्रकारों, शोधकर्ताओं और पुलिस अधिकारियों समेत कई हितधारकों ने पूछा कि आपत्तिजनक भाषा को इंटरनेट पर कैसे नियंत्रित किया जा सकता है खासकर जब यह महिलाओं के खिलाफ लक्षित हो।[9] कहने की आवश्यकता नहीं है कि समाज के हित के लिए भाषा पर प्रतिबंध लगाने के कई अधिनियम

---

[8] अध्याय 6 में इस बारे में विस्तृत चर्चा देखें।

[9] उदाहरण के लिए, इस मुद्दे पर कई समाचार रिपोर्टें प्रकाशित की गईं, जहां धारा 66A को असंवैधानिक घोषित किए जाने के बाद लेखिका का साक्षात्कार किया गया था। बेहतर समझ के लिए तनेजा, धारा (2015) सहित समाचार रिपोर्ट देखें। Cyber bullying: Nip it in the bud. 26 मई 2015 को लाइवमिंट ई-पेपर में प्रकाशित। http://www.livemint.com/Leisure/lpQCFqjgETbXachoWRxysO/Cyber-bullying-Nip-it-in-the-bud.html पर उपलब्ध (2 जुलाई 2015 को देखा गया); चौधरी, पी. (2015)। Cry, you nasty trolls 26 अप्रैल 2015 को टेलीग्राफ में प्रकाशित। http://www.telegraphindia.com/1150426/jsp/7days/story_16661.jsp पर उपलब्ध (2 जुलाई 2015 को देखा गया); डेक्कन हेराल्ड (2015)। Cyber bullying rampant in India, legal vacuum persist, 19 अप्रैल 2015 को डेक्कन हेराल्ड में प्रकाशित। http://www.deccanherald.com/content/472554/cyber-bullying-rampant-india-legal.html पर उपलब्ध (2 जुलाई 2015 को देखा गया)।

हैं। लेकिन फिर भी इस बात को लेकर लोगों की समझ में अंतर है कि इंटरनेट पर महिलाओं और लड़कियों के खिलाफ अपराधों के संबंध में वाक् एवं अभिव्यक्ति के अधिकार के स्वतंत्र उपयोग का सदैव स्वागत क्यों नहीं किया जाता है।

इंटरनेट पर महिलाओं के विरुद्ध अपमानजनक भाषा एवं अभिव्यंजनाओं का प्रयोग

भारत में, वाक् एवं अभिव्यक्ति का अधिकार असीमित नहीं है। वाक् एवं अभिव्यक्ति के अधिकार की गारंटी देने वाले अनुच्छेद 19 (1)(a) को समय के साथ भारत में अदालतों द्वारा अनुच्छेद 19(2),[10] में निर्दिष्ट आठ सीमाओं के अर्थ में विस्तारित किया गया है। इस तरह के निर्णयों में नवीनतम निर्णय श्रेया सिंघल मामला है, जिसमें सर्वोच्च न्यायालय ने कहा कि IT अधिनियम, 2000 (2008 में संशोधित) की धारा 66A जैसे अस्पष्ट क़ानून इंटरनेट पर अभिव्यक्ति के संदर्भ में वाक् एवं अभिव्यक्ति के अधिकार के उपयोग को निषिद्ध नहीं कर सकते हैं क्योंकि इनमें अभिव्यक्ति को प्रतिबंधित करने के आधार की व्याख्या नहीं की गई है। इस प्रकार, अदालतों ने ऐसे मानदंड निर्दिष्ट किए जिसके आधार पर भाषा और अभिव्यक्ति अवैध हो सकती है। इन मानदंडों के अंतर्गत आने वाली भाषा और अभिव्यक्ति आपत्तिजनक भी हो सकती है। लेकिन आपत्तिजनक भाषा-शैली हमेशा अवैध नहीं हो सकती है। अमेरिका के हालिया निर्णयों में से एक को इस संबंध में उचित उदाहरण के रूप में लिया जा सकता है: एलोनिस बनाम संयुक्त राज्य अमेरिका में,[11] सुप्रीम कोर्ट ने एलोनिस के पक्ष में अपना निर्णय सुनाया, जिसे पहले फेसबुक पर हिंसक संदेश पोस्ट करने के लिए दोषी ठहराया गया था जिसमें उसकी विरक्त पत्नी का कत्ल करने का मनोचित्रण किया गया था जिसके पास एलोनिस के खिलाफ 'सुरक्षा आदेश' था। उसकी पोस्ट (जो अब फेसबुक पर मौजूद नहीं हैं) का विवरण कुछ इस प्रकार था: 'प्यार करने का तरीका एक है, लेकिन मारने के हज़ारों तरीके हैं'; 'अपने सुरक्षात्मक आदेश को मोड़कर अपनी जेब में रखो। क्या यह बन्दूक की गोली को रोक पाएगा?' उसने अपनी पत्नी को नुकसान पहुंचाने के बारे में अपने विचारों की निरंतरता को बरकरार रखते हुए विद्यालय में गोलीबारी का मनोचित्रण किया और फिर महिला FBI एजेंट को भी लक्षित किया। न्यायालय के निर्णय से पता चलता है कि जब एलोनिस के बॉस को इसके बारे में पता चला, तो उसे नौकरी से निकाल

---

[10] इनमें (i) राज्य की सुरक्षा, (ii) विदेशी राज्यों के साथ मित्रतापूर्ण संबंध, (iii) सार्वजनिक व्यवस्था, (iv) सभ्यता (v) नैतिकता, (vi) अदालत की अवमानना से संबंधित भाषण, (vii) मानहानि, (viii) किसी अपराध के लिए प्रलोभन शामिल हैं।

[11] एलोनिस बनाम संयुक्त राज्य अमेरिका, संख्या 13–983। 1 दिसंबर, 2014 को दलीलें पेश कीं – 1 जून, 2015 को निर्णय हुआ। http://www.supremecourt.gov/opinions/14pdf/13-983_7l48.pdf पर उपलब्ध (2 जुलाई 2015 को देखा गया)।

दिया गया और चिंतित मालिक ने FBI को भी सतर्क कर दिया। संभवतः एलोनिस अपने 'मनोचित्रण' में विद्यालयों को लक्षित करने वाले हिंसक संदेश पोस्ट करने के साथ-साथ अपने विभागीय कर्मचारियों को भी लक्षित कर रहा था इसलिए उन्होंने उसके द्वारा डाली पोस्टों पर नज़र रखनी शुरू कर दी और बाद में उसे 18 USC की धारा 875(c) (इसके अनुसार 'जो भी अंतरराज्यीय या विदेशी वाणिज्य में ऐसा कोई भी संदेश प्रेषित करता है जिसमें किसी भी व्यक्ति का अपहरण करने की धमकी या दूसरे व्यक्ति को चोट पहुंचाने की धमकी शामिल है, तो उस पर इसके तहत जुर्माना लगाया जाएगा या पांच साल तक की कैद सुनाई जाएगी, या दोनों सजाएं दी जाएंगी) के तहत दोषी पाया गया। इंटरनेट पर सर्वोच्च न्यायालय का फैसला प्रकाशित होने के बाद संबंधित हितधारकों ने इसके बारे में अपने विचार और राय प्रकाशित किए। कुछ लोगों ने महसूस किया कि इस निर्णय ने इंटरनेट के मामले में स्वतंत्रता से विचार प्रकट करने के सिद्धांतों को फिर से स्थापित किया है जबकि कुछ अन्य लोगों ने महिलाओं की सुरक्षा के संबंध में, विशेष रूप से घरेलू दुर्व्यवहार के मामलों पर चिंता व्यक्त की है। निश्चित रूप से, अदालत ने महसूस किया कि एलोनिस के सभी पोस्ट उसके खुद के विचार थे। भले ही सभी पोस्ट स्पष्टतया उसकी पत्नी को धमकाने के लिए संदेश के जैसे प्रतीत हो रहे थे अथवा उसके संदेशों से विद्यालय में गोलीबारी करने की या महिला FBI एजेंट को नुकसान पहुंचाने की उसकी इच्छा प्रकट होती थी, इसके बावजूद सरकार यह साबित करने में नाकाम रही कि वक्ता (एलोनिस) का 'व्यक्तिपरक इरादा' वास्तविक जीवन में धमकियों को निष्पादित करना था। चेमाली और फ्रैंक (2015) ने इस मुद्दे पर बताया, 'हालांकि अदालत ने इतनी दूर तक नहीं सोचा कि वास्तविक खतरा उसको दर्शाता है जिसे पूरा करने का वक्ता इरादा रखता है, न्यायालय का निर्णय यह सझाव देता है कि खतरा पैदा करने का इरादा वक्ता पर निर्भर करता है उसके दर्शकों पर नहीं।[12]

हमारा ध्यान इस विशेष फैसले की ओर आकर्षित हुआ है क्योंकि एलोनिस वास्तव में महिलाओं (उसकी पत्नी और महिला FBI एजेंट) और बच्चों (विद्यालय में गोलीबारी के बारे में उसकी पोस्ट पर विचार करें) को लक्षित कर रहा था। न्यायालय के निर्णय से यह स्पष्ट तौर पर पता चलता है कि न्यायाधीश एलोनिस द्वारा किए अपने बचाव से प्रभावित हुए जिसमें उसने कहा था कि वह उन संदेशों को वास्तव में रैप गीत के तौर पर पोस्ट कर रहा था; उसकी पोस्टें सीधी धमकियां नहीं थीं जिन्हें वैसे निष्पादित किया जाना था जैसा कि ब्लॉगर अभिजीत रॉय समेत कई अन्य निर्दयी हत्याओं या हमलों में किया गया था। इनमें कट्टरपंथी उग्रपन्थियों ने उसे चेतावनीपूर्ण संदेश भेजे थे और आखिरकार बांग्लादेश में उसका कत्ल

---

[12] 3 जून 2015 को प्रकाशित Supreme Court may have online abuse easier, चेमाली और फ्रैंक्स देखें जो http://time.com/3903908/supreme-court-elonis-free-speech/?xid=tcoshare पर उपलब्ध है (3 जुलाई 2015 को देखा गया)।

कर दिया था।[13] इस बात पर ध्यान दिया जा सकता है कि यह निर्णय श्रेया सिंघल के फैसले के बाद आया था जिसने धारा 66A को ख़ारिज कर दिया जो बोलने पर प्रतिबंध लगाने वाले क़ानून के रूप में अप्रसिद्ध हो गया। भविष्य में हम एलोनिस जैसे कई अन्य भारतीय निर्णयों को देख सकते हैं जहां अदालतें आपत्तिजनक भाषा की अवैधता का निर्णय शिकायतकर्ता, बड़े पैमाने पर समाज पर इसके प्रभाव के आधार पर और अनुच्छेद 19(1)(a) के आठ अपवादों पर ले सकती हैं। अमेरिका की तरह भारत में भी आपत्तिजनक भाषा-शैली, विशेष तौर पर अश्लील समझी जाने वाली भाषा-शैली को अवैध साबित करने के लिए इसका परीक्षण समकालीन सामुदायिक मानकों के साथ-साथ कई अन्य आधारों पर भी किया जाता है। हालांकि, यह माना जा सकता है कि जब तक अदालतें महिला शिकायतकर्ताओं की हालत पर भारतीय दृष्टिकोणों से पूरी तरह विचार नहीं करती, ऐसे निर्णयों के परिणाम भयानक हो सकते हैं।

इस बात का उल्लेख किया जा सकता है कि भारत में आपत्तिजनक भाषा की कोई समान परिभाषा नहीं है। हालदर (2015) ने आपत्तिजनक भाषा को 'बुरा बोलचाल' कहा और निम्न तरीके से समझाया है:

> घृणाजनक भाषा, अश्लील भाषा आदि पर हुए अनेक शोधों और साइबर माध्यमों से अवपीड़न, ट्रॉलिंग, धोखाधड़ी, विशिंग, स्मशिंग, 'नकली अवतार' बनाने, साइबर स्टॉकिंग, ग्रूमिंग, व्यक्तिगत जानकारी प्रकट करके गोपनीयता का उल्लंघन करने आदि समेत ऑनलाइन उत्पीड़न की बढ़ती प्रवृत्तियों, भ्रामक संचार आदि के माध्यम से हैकिंग पर विचार करते हुए यह देखा जा सकता है कि ऑनलाइन संचार या भाषा उत्पीड़न के इन सभी प्रकारों में महत्त्वपूर्ण भूमिका निभाती है। इस तरह की भाषा को 'बुरा बोलचाल' कहा जा सकता है। इसे चित्र 2.1 में आलेखी स्पष्टीकरण के माध्यम से समझाया जा सकता है।
>
> इस आधार पर 'बुरे बोलचाल' शब्द को ऐसी बातचीत या भाषा के रूप में परिभाषित किया जा सकता है जो प्राप्तकर्ता का उत्पीड़न करती है; या जो लोगों को भीड़-हिंसा जैसी हिंसक गतिविधियों में शामिल होने के लिए उकसाती है जो सामूहिक हत्याओं, धार्मिक या नस्लीय दंगों आदि का कारण बन सकती है; या जो वास्तव में आतंकवाद को बढ़ावा दे सकती है। मैं इसे 'बुरा बोलचाल' कहती हूं क्योंकि ऐसी भाषा नकारात्मक भावनात्मक उत्तेजना उत्पन्न कर सकती है। ऐसा तब हो सकता है जब कोई व्यक्ति बुरे संपर्क का अनुभव करता है।[14]

[13] यह परिच्छेद पहले मुख्य लेखक के ब्लॉग में प्रकाशित हुआ था। मुख्य लेखन को देखने के लिए, 6 जून 2015 को प्रकाशित, हालदर, डी. (2015), 'The Elonis decision: Why would Indian women feel bothered?' देखें जो http://debaraticy-berspace.blogspot.com पर उपलब्ध है (2 जुलाई 2015 को देखा गया)।

[14] हालदर, डी. (2015)। धारा 66A का पश्चाद्दर्शी विश्लेषण: क्या इंटरनेट पर 'बुरे बोलचाल' को विनियमित करने के लिए सूचना प्रौद्योगिकी अधिनियम की धारा 66A पर पुनर्विचार किया जा सकता है? *भारतीय छात्र क़ानून समीक्षा (ISLR),* 1(1), 98–128.

चित्र 2.1: बुरे बोलचाल की प्रकृति

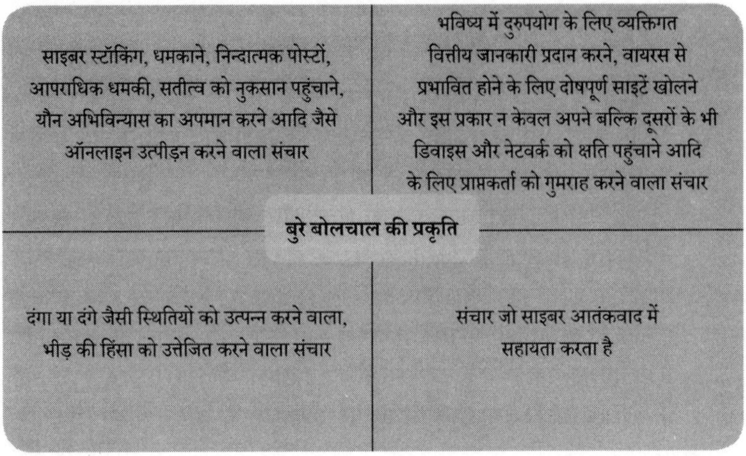

स्रोत: लेखक

इस बात का उल्लेख करना आवश्यक है कि 'बुरा बोलचाल' शब्द को आपत्तिजनक भाषा के समानार्थक के रूप में भी उपयोग किया जा सकता है और इसी तरह 'बुरे बोलचाल' की उल्लिखित परिभाषा और वर्णन आपत्तिजनक भाषा को परिभाषित करने के लिए भी उपयुक्त हो सकता है।

महिलाओं के खिलाफ आपत्तिजनक भाषा का स्वरूप

भारतीय क़ानूनों के अंतर्गत अंतर्वैयक्तिक आपत्तिजनक भाषा और अभिव्यक्ति की कुछ श्रेणियों को अवैध माना गया है। ये संविधान के अनुच्छेद 19(2) के तहत प्रतिबंधित भाषण श्रेणी से उत्पन्न हुए हैं और इनमें से कुछ लिंग विशिष्ट हैं जबकि कुछ नहीं हैं; ये निम्नानुसार हैं:

(i) *घृणित भाषा:* भारतीय दंड संहिता की धारा 292 भाषा को घृणित भाषा और अभिव्यक्ति के रूप में परिभाषित करने के लिए मुख्य दिशानिर्देशों का निर्धारण किया गया है। इसके अनुसार यदि भाषा-शैली कामुक है या कामुक व्यक्तियों के लिए रुचिकर है या समग्र रूप से विचार करने पर यदि इसके अथवा इससे संबंद्ध किसी मद (जहां उसमें दो या अधिक विशिष्ट विषय समाविष्ट हैं) का प्रभाव, ऐसे व्यक्तियों को दुराचारी या भ्रष्ट बनाने में सक्षम हो जिन्होंने सभी प्रासंगिक परिस्थितियों के संबंध में इसमें अन्तर्विष्ट या समाविष्ट विषय-वस्तु को पढ़ा, देखा या सुना हो। इस प्रकार, घृणित भाषा और अभिव्यक्ति को विभिन्न नियमों

के तहत गैरक़ानूनी माना गया है जिसमें सूचना प्रौद्योगिकी अधिनियम की धारा 67 शामिल है।[15]

(ii) *कामोत्तेजक अथवा यौन उत्पीड़क प्रकृति की भाषा एवं अभिव्यक्ति:* IT अधिनियम, 2000 (2008 में संशोधित) की धारा 67A इंटरनेट पर कामोत्तेजक कृत्यों, भाषा और अभिव्यक्ति को विनियमित करती है।[16] हालांकि इस श्रेणी में भाषा और अभिव्यक्ति की प्रकृति को निर्धारित करने वाले निर्णयों की संख्या अधिक नहीं है[17] परंतु इस प्रकार की भाषा और अभिव्यक्ति घृणित भाषा और अभिव्यक्ति से अलग हो सकती हैं। इस पर बात पर ध्यान देना आवश्यक है कि दोनों निर्दिष्ट विनियम लिंग-निरपेक्ष हैं; ऐसे कुछ क़ानून हैं जिन्होंने यौन उत्पीड़न प्रकृति की घृणित और यौनसंबंधी दृष्टि से स्पष्ट भाषा और आपत्तिजनक भाषा को लिंग विशिष्ट बना दिया है। इनमें भारतीय दंड संहिता की धारा 354A(1),[18] और फिर इसी खंड की श्रेणी में कार्यस्थल पर महिलाओं का यौन उत्पीड़न (रोकथाम,

---

[15] सूचना प्रौद्योगिकी अधिनियम, 2000 (2008 में संशोधित) की धारा 67A इलेक्ट्रॉनिक रूप में घृणित सामग्री को प्रकाशित या प्रसारित करने के लिए सजा निर्धारित करती है। इसके अनुसार, 'जो कोई भी किसी ऐसी सामग्री को इलेक्ट्रॉनिक रूप में प्रकाशित या प्रसारित करता है या प्रकाशित होने का कारण बनता है, जो कामुक है या कामी अभिरुचि को आकर्षित करती है या यदि इसका प्रभाव ऐसे व्यक्तियों को कलुषित और भ्रष्ट करने के लिए है, जो इसमें शामिल या सम्मिलित सामग्री को पढ़ने, देखने या सुनने के लिए, संभावित तौर पर सभी संबंधित परिस्थितियों को ध्यान में रखते हैं, उसे पहली अपराध सिद्धि पर दंडित किया जाना चाहिए, जो दो तीन साल का कारावास और पांच लाख रुपये तक का जुर्माना हो सकता है और दूसरी बार या तद्पश्चात अपराध सिद्धि की स्थिति में पांच साल तक का कारावास और दस लाख रुपये तक का जुर्माना हो सकता है।

[16] सूचना प्रौद्योगिकी अधिनियम, 2000 (2008 में संशोधित) की धारा 67A इलेक्ट्रॉनिक रूप में कामोत्तेजक कृत्यों आदि से संबंधित सामग्रियों के प्रकाशन या प्रसार के लिए सजा निर्धारित करती है। इसके अनुसार, 'जो कोई भी किसी ऐसी सामग्री को इलेक्ट्रॉनिक रूप में प्रकाशित या प्रसारित करता है या प्रकाशित होने का कारण बनता है, जिसमें कामोत्तेजक कृत्य या आचरण शामिल है, पहली अपराध सिद्धि पर पांच वर्ष के कारावास के साथ और जुर्माने के साथ दंडित किया जाना चाहिए जो दस लाख रुपये तक हो सकता है, और दूसरी या बाद की अपराध सिद्धि की स्थिति में सात साल तक का कारावास हो सकता है और साथ ही दस लाख रुपये तक का जुर्माना हो सकता है।' अपवाद: खंड कहता है 'इस खंड और धारा 67 इलेक्ट्रॉनिक रूप में किसी भी पुस्तक, पत्रिका, कागज, लेखन, रेखांकन, चित्रकला, निरूपण या आकृति तक विस्तारित नहीं है: (i) जिसका प्रकाशन लोक कल्याण के लिए इस आधार पर उचित साबित हुआ है कि ऐसी पुस्तक, पत्रिका, कागज, लेखन, रेखांकन, चित्रकला, निरूपण या आकृति विज्ञान, साहित्य, कला, या शिक्षा या सामान्य प्रसंग की अन्य वस्तुओं के हित में है; या (ii) जिसे धार्मिक उद्देश्यों के लिए व्यापक रूप से रखा या उपयोग किया जाता है।'

[17] बाद के अध्यायों में इस पर विस्तृत चर्चा देखें।

[18] भारतीय दंड संहिता की धारा 354A यौन उत्पीड़न और इसके लिए दंड के बारे में बताती है। उपखंड (1) उन कृत्यों या व्यवहार को बताती है जो यौन उत्पीड़न के अपराध के तौर पर माने जाते हैं; ये इस प्रकार हैं: (i) शारीरिक संपर्क और अग्रगति जिसमें अनचाहे और स्पष्ट यौन उत्पीड़न शामिल हैं, या, (ii) यौन संबंध बनाने के लिए मांग या अनुरोध, या (iii) यौनसंबंधी टिप्पणियां करना, या (iv) जबरन पोर्नोग्राफी दिखाना, या (v) यौन प्रकृति का कोई अन्य अवांछनीय शारीरिक, मौखिक या गैर मौखिक आचरण।

निषेध और निवारण) अधिनियम (2013) की धारा 2(n) जिसमें विशेष प्रकार की भाषा और अभिव्यक्ति को यौन उत्पीड़न के रूप में वर्गीकृत किया गया है, जैसे कि यौनसंबंधी टिप्पणियां करना, महिलाओं को पोर्नोग्राफी दिखाना, यौन संबंध बनाने के लिए कहना, भारतीय दंड संहिता की धारा 354C[19] जो विशेष रूप से किसी आपत्तिजनक भाषा या अभिव्यक्ति को इंगित नहीं करती है लेकिन यह इंटरनेट या किसी अन्य मीडिया आदि पर दर्शनरति और प्रसारण, प्रकाशन या उत्पादन को दोषी ठहराती है आदि शामिल हैं। इस बात पर भी ध्यान दिया जाना चाहिए कि यौन अपराधों से बच्चों की रक्षा अधिनियम (2012)[20] की धारा 11 ने लिंग पर ध्यान दिए बिना बच्चों को लक्षित करने वाली किसी ऐसी भाषा, अभिव्यक्ति या आचरण को भी प्रतिबंधित किया है जो प्रकृति में यौनसंबंधी हो सकती है।

(iii) *अपमानजनक, अप्रतिष्ठाजनक एवं सतीत्व को मलिन करने वाली भाषा व अभिव्यक्ति:* आचरण के साथ इस प्रकार की आपत्तिजनक भाषा और अभिव्यक्ति

---

[19] भारतीय दंड संहिता की धारा 354C दर्शनरति के लिए दंड निर्धारित करती है जिसके अनुसार, 'जो कोई भी ऐसी परिस्थितियों में निजी कार्य में शामिल महिला को देखता है जहां उस महिला को इस बात की उम्मीद नहीं होती है कि अपराधी अथवा अपराधी के आदेश पर कोई भी व्यक्ति उसे देख रहा है, उसे पहली अपराध सिद्धि पर एक वर्ष के कारावास और जुर्माने के साथ जिसे तीन वर्षों तक बढ़ाया जा सकता है, और दूसरी और तद्पश्चात अपराध सिद्धि पर कारावास और जुर्माने के साथ दंडित किया जाना चाहिए जो तीन वर्षों से कम नहीं होना चाहिए लेकिन सात वर्षों तक बढ़ाया जा सकता है।' स्पष्टीकरण 1: इस खंड के उद्देश्य के लिए, "निजी कार्य" में ऐसी जगह पर देखना शामिल है, जिसमें परिस्थितियों के तहत, समुचित रूप से गोपनीयता प्रदान करने की अपेक्षा की जाती है और जहां पीड़ित के गुप्तांग, नितंब या स्तन नग्न स्थिति में हैं या केवल अंडरवियर से ढँके हुए हैं; या पीड़ित शौचालय का उपयोग कर रहा है; पीड़िता ऐसे यौन कृत्यों में संलग्न है जिसे सार्वजनिक तौर पर नहीं किया जाता है। स्पष्टीकरण 2: जहां पीड़ित छवियां लेने या किसी भी कार्य की वीडियो बनाने की सहमति देता है, लेकिन किसी तीसरे व्यक्तियों द्वारा इनके प्रसार के लिए सहमत नहीं है और जहां ऐसी छवि या कार्य को प्रसारित किया जाता है, इस तरह के प्रसार को इस खंड के तहत अपराध माना जाएगा।

[20] POCSO अधिनियम की धारा 11 यौन उत्पीड़न के बारे में है जिसके अनुसार, 'यौन उत्पीड़न - व्यक्ति को बच्चे पर यौन उत्पीड़न करते माना जाता है जब ऐसा व्यक्ति यौन इरादे के साथ, (i) कोई शब्द बोलता है या कोई आवाज निकालता है, या कोई इशारा करता है या किसी भी वस्तु या शरीर के भाग को इस इरादे से दिखाता है कि इस तरह का शब्द या आवाज बच्चे द्वारा सुनी जाए, या इस तरह का इशारा या वस्तु या शरीर का भाग बच्चे द्वारा देखा जाए; या (ii) बच्चे को अपने शरीर या शरीर के किसी भाग को दिखाने के लिए मजबूर करता है ताकि इसे ऐसे व्यक्ति या किसी अन्य व्यक्ति द्वारा देखा जा सके; या (iii) अश्लील उद्देश्यों के लिए किसी भी रूप या माध्यम में बच्चे को कोई वस्तु दिखाता है; या (iv) बार-बार या लगातार सीधे या इलेक्ट्रॉनिक, डिजिटल या किसी अन्य माध्यम से बच्चे का पीछा करता है या उसे देखता है या उसके साथ संपर्क करता है; या (v) इलेक्ट्रॉनिक, फिल्म या डिजिटल या किसी अन्य साधन के माध्यम से बच्चे के शरीर का कोई भाग या बच्चे का किसी यौन कार्य में शामिल होने का, माध्यम के किसी रूप में वास्तविक या निर्मित चित्रण, इस्तेमाल करने की धमकी देता है; या (vi) पोर्नोग्राफिक उद्देश्यों के लिए किसी बच्चे को लुभाता है या इसलिए आनंद देता है। स्पष्टीकरण: कोई भी प्रश्न जिसमें 'यौन इरादा' शामिल है, गौर करने वाला प्रश्न होगा।'

को स्त्री अशिष्ट रूपण प्रतिषेध अधिनियम की धारा 509,[21] धारा 2(c),[22] 3[23] और 4 के तहत गैरक़ानूनी घोषित किया गया है।[24] इस पर ध्यान दिया जा सकता है कि ये विनियम लिंग विशिष्ट हैं और महिलाओं के खिलाफ लक्षित किए जाने पर इस प्रकार की भाषा और अभिव्यक्ति को गैरक़ानूनी घोषित करने के लिए विशेष रूप से बनाए गए हैं।

(iv) *धमकी भरी, उत्पीड़क एवं भयप्रद, भ्रामक भाषा:* भारतीय दंड संहिता की धारा 503 (आपराधिक धमकी),[25] 506 (आपराधिक धमकी के लिए

---

[21] भारतीय दंड संहिता की धारा 509 (आपराधिक क़ानून संशोधन अधिनियम, 2013 में संशोधित) के अनुसार, 'किसी महिला के सम्मान-हनन के उद्देश्य से प्रयुक्त शब्द, इशारा या कार्य— अगर कोई व्यक्ति किसी महिला के सम्मान-हनन के उद्देश्य से कोई भी शब्द बोलता है, कोई आवाज़ निकालता है या इशारा करता है, या किसी भी वस्तु को प्रदर्शित करता है, इस इरादे के साथ कि इस तरह के शब्द या आवाज़ को ऐसी महिला द्वारा सुना जाए, या इस तरह का इशारा या वस्तु देखी जाए, या ऐसी महिला की गोपनीयता में दखल दे, उसे सरल कारावास के साथ दंडित किया जाएगा जिसकी अवधि तीन वर्ष तक हो सकती है, या जुर्माना हो सकता है, या दोनों हो सकते हैं।'

[22] इसके अनुसार 'महिलाओं को अभद्र तरीके से दिखाने' का अर्थ किसी महिला, उसके रूप या शरीर या उसके किसी भी भाग का किसी ऐसे रूप में चित्रण करना, जिसका प्रभाव अभद्र, या अपमानजनक या निंदात्मक महिला के तौर पर हो, या जिससे सार्वजनिक नैतिकता या शिष्टाचारों को कलुषित, भ्रष्ट करने या क्षति पहुंचाने की संभावना है।'

[23] यह महिलाओं को अभद्र तरीके से दिखाने वाले विज्ञापनों के निषेध के बारे में है जिसके अनुसार, 'कोई भी व्यक्ति ऐसा विज्ञापन प्रकाशित नहीं करेगा, या प्रकाशित होने का कारण नहीं बनेगा, या ऐसे प्रकाशन या प्रदर्शनी में भाग नहीं लेगा, जिसमें महिलाओं को किसी भी रूप में अभद्र तरीके से दिखाया गया हो'।

[24] यह ऐसी पुस्तकों, पत्रिकाओं आदि के प्रकाशन या डाक के माध्यम से भेजने पर निषेध के बारे में है, जिसके अनुसार, 'कोई भी व्यक्ति किसी ऐसी पुस्तक, पत्रिका, कागज, स्लाइड, फिल्म, लेखन, रेखांकन, चित्रकला, तस्वीर, निरुपण या आकृति का उत्पादन नहीं करेगा या उत्पादन करने, बेचने, किराए पर लेने, वितरित करने, प्रसारित करने या डाक के माध्यम से भेजने का कारण नहीं बनेगा जिसमें महिलाओं को किसी भी रूप में अभद्र तरीके से दिखाया गया है:

बशर्ते कि इस खंड में से कुछ भी इन पर लागू नहीं होगा (a) ऐसी पुस्तक, पत्रिका, कागज, स्लाइड, फिल्म, लेखन, रेखांकन, चित्रकला, तस्वीर, निरुपण या आकृति, - (i) जिसका प्रकाशन इस आधार पर जनता के लिए उचित साबित हुआ है कि इस तरह की पुस्तक, पत्रिका, कागज, स्लाइड, फिल्म, लेखन, रेखांकन, चित्रकला, तस्वीर, निरुपण या आकृति विज्ञान, साहित्य, कला, या शिक्षण या सामान्य चिंता की अन्य वस्तुओं के हित में है; या (ii) जिसे धार्मिक उद्देश्यों के लिए प्रामाणिक रखा या उपयोग किया जाता है; (b) (i) प्राचीन स्मारक और पुरातात्विक स्थलों और अवशेष अधिनियम, 1958 (1958 का 24) के अर्थ में कोई भी प्राचीन स्मारक; या (ii) कोई भी मंदिर, या मूर्तियों के परिवहन के लिए उपयोग की जाने वाली, या किसी धार्मिक उद्देश्य के लिए रखी या उपयोग की जाने वाली कोई कार, पर या अंदर गढ़े हुए, उत्कीर्ण किए, चित्रित किए या दर्शाए निरूपण; (c) कोई भी फिल्म जिसके संबंध में सिनेकला अधिनियम, 1952 के भाग -2 के प्रावधान लागू होंगे।'

[25] IPC की धारा 503 आपराधिक धमकी के बारे में है जिसके अनुसार, 'जो भी कोई किसी अन्य व्यक्ति के शरीर, ख्याति या सम्पत्ति को या किसी ऐसे व्यक्ति के शरीर या ख्याति को, जिससे कि वह व्यक्ति हितबद्ध हो, कोई क्षति करने की धमकी उस अन्य व्यक्ति को इस आशय से देता है कि उसे संत्रास कारित किया जाए, या उस व्यक्ति को ऐसी धमकी के निष्पादन से बचने के साधन स्वरूप कोई ऐसा कार्य कराए, जिसे करने के लिए वह वैध रूप से आबद्ध न हो, या किसी ऐसे कार्य को करने का लोप कराए, जिसे करने के लिए वह वैध रूप से हकदार हो, वह आपराधिक अभित्रास करता है।' स्पष्टीकरण: किसी ऐसे मृत व्यक्ति की प्रतिष्ठा को चोट पहुंचाने जिसमें वो व्यक्ति रूचि रखता है जिसे धमकी दी गई है, इस खंड में शामिल है।

सजा)[26] और 507 (अज्ञात संचार द्वारा आपराधिक धमकी) के तहत धमकी भरी एवं भयप्रद भाषा को गैर-क़ानूनी घोषित करती है।[27] लैंगिक रूप से निष्पक्ष दंड प्रावधान होने के कारण, भारतीय दंड संहिता की धारा 354D (पीछा करना और पीछा करने के लिए सजा) महिलाओं के खिलाफ ऐसी भाषा और अभिव्यक्ति को गैर-क़ानूनी घोषित करती है जब ऐसी भाषा, अभिव्यक्ति और संबंधित आचरण का प्रयोग इंटरनेट स्टॉकिंग समेत पीछा करने के लिए किया जाता है। यह समझने की आवश्यकता कि उत्पीड़न और भयभीत करने वाली भाषा का दायरा कई आचरणों को शामिल करने के लिए बढ़ा दिया गया है जिसमें नारी-शोषण जिसे तमिलनाडु नारी-शोषण निषेध अधिनियम, 1988 आदि जैसे कई स्थानीय क़ानूनों के तहत निर्दिष्ट किया गया है और घरेलू हिंसा से महिलाओं की सुरक्षा अधिनियम, 2005 के तहत मानसिक यातना देने वाली भाषा और अभिव्यक्ति भी शामिल है।[28] दूसरी तरफ भ्रामक भाषा और अभिव्यक्ति को भारतीय दंड

---

[26] IPC की धारा 506 के अनुसार, 'जो कोई भी, आपराधिक धमकी का अपराध करता है उसे दो वर्ष के कारावास, या जुर्माने, या दोनों के साथ दंडित किया जाना चाहिए।

यदि धमकी मृत्यु या गंभीर चोट, आदि के लिए है - और यदि धमकी मौत या गंभीर चोट पहुंचाने, या आग से किसी संपत्ति का विनाश करने के लिए, या मृत्युदंड या आजीवन कारावास से दंडनीय अपराध कारित करने के लिए, या सात वर्ष तक की अवधि के कारावास से दंडनीय अपराध कारित करने के लिए, या किसी महिला पर अपवित्रता का आरोप लगाने के लिए हो, तो अपराधी को किसी एक अवधि के लिए कारावास जिसे सात साल तक बढ़ाया जा सकता है, या आर्थिक दंड, या दोनों के साथ दंडित किया जा सकता है।'

[27] IPC की धारा 507 के अनुसार, 'जो भी गुमनाम संचार द्वारा आपराधिक धमकी देने का अपराध करता है, या धमकी देने वाले व्यक्ति के नाम या निवास को छुपाने के लिए सावधानी बरतता है, उसे पिछले खंड में दिए अपराध के लिए सज़ा देने के अतिरिक्त, दो वर्ष तक के कारावास की सज़ा दी जानी चाहिए।'

[28] उदाहरण के लिए अधिनियम की धारा 3 देखें। इस अधिनियम की धारा 3 घरेलू हिंसा की परिभाषा प्रदान करती है। इस अधिनियम के उद्देश्य के लिए, किसी भी कार्य से चूक या उसे करना या उत्तरदाता का आचरण घरेलू हिंसा माना जाएगा यदि यह, (a) पीड़ित व्यक्ति के मानसिक या शारीरिक, स्वास्थ्य, सुरक्षा, जीवन या कल्याण को नुकसान या चोट पहुंचाता है या खतरे में डालता है, या डालने का प्रयास करता है, और इसमें शारीरिक शोषण, यौन शोषण, मौखिक और भावनात्मक दुर्व्यवहार और आर्थिक दुर्व्यवहार शामिल है; या (b) पीड़ित व्यक्ति को या उससे संबंधित किसी व्यक्ति को मजबूर करने के इरादे के साथ किसी दहेज या अन्य संपत्ति या मूल्यवान प्रतिभूति के लिए किसी भी गैरक़ानूनी मांग को पूरा करने के लिए उसका उत्पीड़न करता है, उसे नुकसान, चोट पहुंचाता है या खतरे में डालता है; या (c) खंड (a) या खंड (b) में उल्लिखित किसी भी आचरण से पीड़ित व्यक्ति या उससे संबंधित किसी भी व्यक्ति को धमकी देने जैसा प्रभाव डालता है; या (d) अन्यथा पीड़ित व्यक्ति को शारीरिक या मानसिक, चोट या नुकसान पहुंचाता है। स्पष्टीकरण I (iii) आगे और बताता है कि 'मौखिक और भावनात्मक दुर्व्यवहार में' निम्नलिखित शामिल है: (a) अपमान, ताना मारना, निरादर, गलत नामों से पुकारना और विशेषकर बच्चा या लड़का ना होने पर अपमान करना या ताना मारना; और (b) किसी भी उस व्यक्ति को शारीरिक दर्द पहुंचाने के लिए बार-बार धमकी देना जिसमें पीड़ित व्यक्ति रूचि रखता है।'

संहिता (पररूप धारण द्वारा धोखाधड़ी)[29] की धारा 416 और IT अधिनियम की धारा 66D (कम्प्यूटर संसाधन का उपयोग करके पररूप धारण द्वारा धोखाधड़ी के लिए सजा) के तहत भी बड़े पैमाने पर गैर-क़ानूनी घोषित किया गया है।[30] ये प्रावधान लिंग-निरपेक्ष हैं और ज्यादातर वित्तीय अपराधों के लिए उपयोग किए जाते हैं।

(v) *अपमानजनक भाषा और अभिव्यक्ति:* परंपरागत रूप से अपमानजनक भाषा और अभिव्यक्ति को भारतीय दंड संहिता की धारा 499 के साथ पठित धारा 500 द्वारा गैर-क़ानूनी घोषित किया गया है। धारा 499 अपमानजनक भाषा की विस्तृत परिभाषा प्रदान करता है जो निम्नानुसार है:

> कोई भी व्यक्ति यदि बोले गए या पढ़े जाने के लिए आशयित शब्दों या संकेतों द्वारा, या दृष्य निरूपण द्वारा किसी व्यक्ति के बारे में कोई लांछन इस आशय से लगाता या प्रकाशित करता है जिससे उस व्यक्ति की ख्याति को क्षति पहुँचे या यह जानते हुए या विश्वास करने का कारण रखते हुए ऐसे लांछन लगाता या प्रकाशित करता है जिससे उस व्यक्ति की ख्याति को क्षति पहुँचे, तो तद्पश्चात अपवादित दशाओं के सिवाय उसके द्वारा उस व्यक्ति की मानहानि करना कहलाएगा।
>
> स्पष्टीकरण 1–किसी मृत व्यक्ति पर कोई लांछन लगाना भी उसी प्रकार से मानहानि की कोटि में आएगा यदि वह लांछन उस व्यक्ति, यदि वह जीवित होता, की ख्याति की क्षति करता और उसके परिवार या अन्य निकट सम्बन्धियों की भावनाओं को चोट पहुँचाने के लिए आशयित हो।
>
> स्पष्टीकरण 2–किसी कम्पनी या संघ या व्यक्तियों के समूह के सम्बन्ध में उसकी हैसियत में कोई लांछन लगाना मानहानि की कोटि में आएगा।
>
> स्पष्टीकरण 3–अनुकल्प के रूप में या व्यंगोक्ति के रूप में अभिव्यक्त लांछन मानहानि की कोटि में आएगा।

---

[29] IPC की धारा 416 के अनुसार, 'एक व्यक्ति को 'पररूप धारण द्वारा धोखा' दिया जाना कहा जाता है यदि वह कोई अन्य व्यक्ति होने का नाटक करके या जानबूझकर किसी व्यक्ति के स्थान पर कोई अन्य व्यक्ति बनकर, या यह दर्शाकर कि वह या कोई अन्य व्यक्ति वास्तव में उसके या ऐसे किसी व्यक्ति की बजाय कोई अन्य व्यक्ति है, धोखा देता है। स्पष्टीकरण: यह अपराध माना जाता है चाहे प्रतिरूपण किया गया व्यक्ति वास्तविक या काल्पनिक है। उदाहरण: (a) A उसी नाम का एक धनी बैंकर होने का नाटक करके धोखा देता है। A पररूप धारण द्वारा धोखा देता है। (b) A, मृत व्यक्ति B होने का नाटक करके धोखा देता है। A पररूप धारण द्वारा धोखा देता है।

[30] सूचना प्रौद्योगिकी अधिनियम, 2000 (2008 में संशोधित) की धारा 66D के अनुसार, 'जो भी, किसी भी संचार उपकरण या कंप्यूटर संसाधन के माध्यम से पररूप धारण द्वारा धोखा देता है, उसे 3 वर्ष तक के कारावास के साथ दंडित किया जाना चाहिए और उसे जुर्माना भी देना होगा जो एक लाख रुपये तक हो सकता है।'

> स्पष्टीकरण 4–कोई लांछन किसी व्यक्ति की ख्याति की क्षति करने वाला नहीं कहा जाता जब तक कि वह लांछन दूसरों की दृष्टि में प्रत्यक्षतः या अप्रत्यक्षतः उस व्यक्ति के सदाचारिक या बौद्धिक स्वरूप की उपेक्षा न करे या उस व्यक्ति की जाति अथवा उसकी आजीविका के सम्बन्ध में उसके शील की उपेक्षा न करे या उस व्यक्ति की साख को नीचे न गिराए या यह विश्वास न कराए कि उस व्यक्ति का शरीर घृणित दशा में है या ऐसी दशा में है जो साधारण रूप से निकृष्ट समझी जाती है।

लगभग उन सभी तरह की भाषाओं और अभिव्यक्तियों को शामिल करने के लिए, जिन पर पहले चर्चा की गई थी, इस प्रावधान का दायरा कई मामलों में विस्तारित किया गया है।

इंटरनेट पर आपत्तिजनक भाषा और अभिव्यक्ति के महिलाओं और लड़कियों पर प्रभाव

पहले भी इस बात पर चर्चा की गई है कि हम आपत्तिजनक भाषा के कुछ रूप देख सकते हैं जो गैर-क़ानूनी हैं। चर्चा से आगे यह भी पता चल सकता है कि भारतीय क़ानूनों के अनुसार महिलाओं के खिलाफ आपत्तिजनक भाषा गैर-क़ानूनी हो सकती है जब इस तरह की भाषा और अभिव्यक्ति पहले चर्चा की गई श्रेणियों में आती है। इंटरनेट के संदर्भ में, आपत्तिजनक भाषा और अभिव्यक्ति की अवधारणा को आचरण सहित भी समझा जाना चाहिए। लेकिन हम इस पर दलील पेश करते हैं कि महिलाओं को लक्षित करने वाली आपत्तिजनक भाषा का दायरा उस से भी अधिक व्यापक है जैसा उपर्युक्त वर्गीकरण में दिखाया गया है जिसमें गैर क़ानूनी भाषा शामिल है। यह कहते हुए, हम इस तथ्य पर जोर देते हैं कि आपत्तिजनक भाषा मुख्य रूप से प्राप्तकर्ता/दर्शक द्वारा अपमानित महसूस करने की अपनी धारणा पर निर्भर है लेकिन संभवतः यह भाषा को नियंत्रित करने वाले क़ानूनों को हमेशा आकर्षित ना करे। हालदर (2015) ने IT अधिनियम (2000, 2008 में संशोधित) की धारा 66A पर अपने लेख में इस तरह की आपत्तिजनक भाषा की तुलना अवांछित स्पर्श के साथ की है और पाया है कि इस तरह की भाषा और अभिव्यक्ति प्राप्तकर्ता/दर्शक को क्यों असहज महसूस करवा सकती है; उन्होंने पाया कि:

> बोलना विचार की मौखिक अभिव्यक्ति है जैसे कि गैर-आकस्मिक स्पर्श को रूचि की अभिव्यक्ति माना जा सकता है।[31] जिस प्रकार स्पर्श के सकारात्मक और नकारात्मक प्रभाव हो सकते हैं,[32] उसी तरह भाषा के भी नकारात्मक और सकारात्मक प्रभाव हो सकते हैं।

[31] फिशर (1976)। Hands touching hands: Affective and evaluative effects of an interpersonal touch, Sociometry, 39(4), 416–421 देखें जो http://www.communicationcache.com/uploads/1/0/8/8/10887248/hands_touching_hands-_affective_and_evaluative_effects_of_an_interpersonal_touch.pdf पर उपलब्ध है। (10 अप्रैल 2015 को देखा गया)।

[32] पूर्वोक्त देखें।

वाक् एवं अभिव्यक्ति के अधिकार को विचार प्रकट करने के अधिकार और जानकारी प्रदान करने एवं प्राप्त करने के अधिकार के समानार्थी समझा गया है।[33] लेकिन जिस तरह सभी प्रकार के स्पर्शों को प्रसन्नता से स्वीकार नहीं किया जाता, उसी तरह भाषा के सभी रूपों को भी प्रसन्नता से स्वीकार नहीं किया जाता है। यह इस बात की समझ पर निर्भर है कि नागरिक और राजनीतिक अधिकारों पर अंतर्राष्ट्रीय समझौते के अनुच्छेद 19 ने विचार एवं अभिव्यक्ति की स्वतंत्रता के अधिकार को आश्वस्त करते हुए विशेष कर्तव्य और जिम्मेदारियां सौंपी हैं। इन कर्तव्यों और जिम्मेदारियों में दूसरों के अधिकार या प्रतिष्ठाएं शामिल हैं और ये राष्ट्रीय सुरक्षा में बाधा नहीं डालती या सार्वजनिक आदेश का उल्लंघन नहीं करती हैं या ऐसी भाषा और अभिव्यक्ति की स्वतंत्रता को प्रयोग में नहीं लाती हैं जो सार्वजनिक स्वास्थ्य और नैतिकता के स्थापित मानदंडों में छेड़-छाड़ करती है।[34] यह उल्लेख करना आवश्यक है कि मानवाधिकारों की सार्वभौमिक घोषणा का अनुच्छेद 29 उसमें आश्वस्त किसी भी अधिकारों के लिए प्रतिबंधों के समान आधारों के बारे में बताता है। इसके परिच्छेद (2) और (3) में वर्णित है कि:

(2) 'अपने अधिकारों और स्वतंत्रताओं के प्रयोग में, हर कोई केवल ऐसी सीमाओं के अधीन होगा जैसा कि क़ानून द्वारा, केवल दूसरों के अधिकारों और स्वतंत्रताओं के प्रति बनते सम्मान और प्रतिष्ठा को सुरक्षित करने और नैतिकता, सार्वजनिक आदेश और लोकतांत्रिक समाज में सामान्य कल्याण की उचित आवश्यकताओं को पूरा करने के उद्देश्य से निर्धारित किया गया है।

(3) इन अधिकारों और स्वतंत्रताओं को संयुक्त राष्ट्र के उद्देश्यों और सिद्धांतों के विपरीत किसी भी मामले में प्रयोग नहीं किया जा सकता है।[35] भारत के संविधान के अनुच्छेद 19(2) में उल्लिखित प्रतिबंध इन आधारों पर लगाए गए हैं। इस पर ध्यान देना होगा कि व्यक्तिगत विचार व्यक्त करने के लिए इंटरनेट उपलब्ध होने के बाद वाक् एवं अभिव्यक्ति के अधिकार को न्यायपालिका के साथ-साथ दुनिया भर के क़ानून बनानेवालों के बीच, विशेष रूप से नागरिक और राजनीतिक अधिकारों पर अंतर्राष्ट्रीय समझौते के अनुच्छेद 19 के आधार पर, समझ का विस्तृत स्तर प्राप्त हुआ है।

भारतीय दृष्टिकोण से इंटरनेट पर वाक् एवं अभिव्यक्ति के अधिकार को उसी अर्थ में समझा जा सकता है जैसा कि अनुच्छेद 19(1)(A) के तहत आश्वस्त वाक् एवं अभिव्यक्ति के मौलिक अधिकार के लिए सुप्रीम कोर्ट और विभिन्न उच्च न्यायालय के निर्णयों द्वारा

---

[33] सकाल पेपर्स (पी) लिमिटड और अन्य बनाम भारत संघ, [1962] 3 S. C.R. 842 देखें।

[34] नागरिक और राजनीतिक अधिकारों पर अंतर्राष्ट्रीय समझौते के अनुच्छेद 19 को देखें जो //treatieun.org/doc/Publication/UNTS/Volume%20999/volume-999-I-14668-English.pdf पर उपलब्ध है (10 अप्रैल 2015 को देखा गया)।

[35] मानवाधिकारों की सार्वभौम घोषणा के अनुच्छेद 29 को देखें जो http://www.un.org/en/documents/udhr/ पर उपलब्ध है (10 अप्रैल 2015 को देखा गया)।

व्याख्या की गई थी।[36] इस प्रकार, इंटरनेट पर वाक् एवं अभिव्यक्ति का अधिकार मेल, संदेशों या ब्लॉग के माध्यम से लिखित सामग्री बनाने, ऑडियो-विज़ुअल सामग्री बनाकर सोशल नेटवर्किंग अपडेट या लिखित शब्दों के साथ या बिना स्थिर छवियों आदि के माध्यम से अपनी राय व्यक्त करने तक विस्तृत है। इंटरनेट पर वाक् एवं अभिव्यक्ति के अधिकार में उत्तर देने का अधिकार भी शामिल है जैसे कि मनुभाई शाह बनाम भारतीय जीवन बीमा निगम [1992] में हुआ था।[37] वाक् एवं अभिव्यक्ति के इस अधिकार में संविधान के अनुच्छेद 19(2) के अनुसार निर्धारित सीमाओं के भीतर आलोचनाओं का जवाब देने का अधिकार भी शामिल हो सकता है। हालांकि, भारत में साइबर जगत में बोलने के अधिकार को नियंत्रित करने की शुरुआत वर्ष 2000 में IT अधिनियम, 2000 के आगमन के साथ हुई। मौखिक अभिव्यक्ति को प्रतिबंधित किए जाने के प्रमुख उदाहरणों में से एक घृणित जानकारी को प्रकाशित, प्रसारित करना या प्रकाशन का कारण बनना है।[38]

इसके अतिरिक्त ध्यातव्य हो कि भारत में मौखिक अभिव्यक्ति पर नियंत्रण को स्वतंत्रता से पूर्व ही स्वीकृति मिल चुकी थी। भारतीय टेलीग्राफ अधिनियम, 1885 की धारा 5 के अनुसार, सरकार टेलीग्राफ के माध्यम से संदेशों के प्रेषण में हस्तक्षेप के द्वारा और लाइसेंस प्राप्त टेलीग्राफों को अपने कब्जे में लेकर और संदेशों को रोक कर मौखिक अभिव्यक्ति पर नियंत्रण के लिए निषेधात्मक शक्ति का उपयोग कर सकती है। इस प्रावधान को बाद में 1972 में संशोधित किया गया था। 2008 में संशोधित अधिनियम के आने के साथ इस विशेष प्रावधान का दायरा चार समूहों में विभाजित किया गया था, इनमें दर्शनरति के माध्यम से निजी भागों की छवियों का प्रसारण आदि (धारा 66E), घृणित सामग्री का प्रकाशन, निर्माण, प्रसारण आदि (धारा 67), यौनसंबंधी स्पष्ट सामग्री का प्रकाशन, प्रसारण आदि (धारा 67A) और बच्चों को कामोत्तेजक कृत्य में दर्शाने वाली सामग्री का प्रकाशन,

---

[36] बेहतर तरीके से समझने के लिए सकाल पेपर्स (पी) लिमिटड और अन्य बनाम भारत संघ, [1962] 3 S.C.R. 842 देखें।

रोमेश थापर बनाम मद्रास राज्य, 1950 AIR 124, 1950 SCR 594, जिसने लोकतंत्र के आधार पर बोलने की आजादी की स्थापना की; बेनेट कोलमन एंड कॉर्पोरेशन और अन्य बनाम भारतीय संघ और अन्य, [1973] 2 S.C.R. 757, 829, जिसने सार्वजनिक आलोचना की बात लोकतंत्र के आधार के रूप में की; एस. खुशबू वी. कन्नियामल और एएनआर., (2010) 5, एससीसी 600, जिसने वाक् एवं अभिव्यक्ति की स्वतंत्रता के महत्त्व के बारे में बात की, यह अलोकप्रिय विचारों की सहिष्णुता आदि का भी तात्पर्य देता है।

[37] मनुभाई शाह बनाम भारतीय जीवन बीमा निगम, [1992] 3 SCC 637.

[38] पूर्व सूचना प्रौद्योगिकी अधिनियम, 2000 की धारा 67 ने 'इलेक्ट्रॉनिक रूप में घृणित जानकारी का प्रकाशन' के शीर्षक के तहत घृणित सामग्री के प्रकाशन को संबोधित किया। इसने कहा: 'जो कोई भी इलेक्ट्रॉनिक रूप में ऐसी कोई सामग्री प्रकाशित या प्रसारित करता है या प्रकाशित होने का कारण बनता है, जो कामुक है या कामी रूचि को आकर्षित करती है या यदि इसका प्रभाव ऐसे व्यक्तियों को कलुषित और भ्रष्ट करता है जो इसमें शामिल या सम्मिलित सामग्री को पढ़ने, देखने या सुनने से प्रासंगिक सभी परिस्थितियों में संभवतः संबंधित हैं, उसे पहली अपराध सिद्धि पर पांच वर्ष तक के कारावास के साथ दंडित किया जाएगा और जुर्माना लगाया जाएगा जो एक लाख रुपये तक हो सकता है और दूसरी या उसके बाद की अपराध सिद्धि पर कारावास के साथ दंडित किया जाएगा जो दस वर्ष तक की हो सकती है और जुर्माना लगाया जाएगा जो दो लाख रुपये तक हो सकता है।'

> निर्माण, प्रसारण आदि (धारा 67B) शामिल है। इन सभी को मर्यादा, नैतिकता, मानहानि एवं सार्वजनिक स्वास्थ्य के दायरे में समाविष्ट किया जा सकता है जैसा कि संविधान के अनुच्छेद 19(2) में वर्णित है। ध्यान रहे कि संरक्षित बोलचाल के दायरे से परे अन्य प्रकार के ऑनलाइन वार्तालाप को समाविष्ट करने अथवा परिभाषित करने के लिए कोई प्रावधान नहीं बनाया गया था। इसके अंतर्गत घृणास्पद भाषा के प्रयोग, प्राप्तकर्ता को वित्तीय अपराधों या पहचान की चोरी को अंजाम देने के लिए गुमराह करने वाले संदेश, अपकीर्तिकर भाषा के प्रयोग, जातिगत भेद-भाव को भड़काने वाली भाषा के प्रयोग, दंगों को प्रेरित करने वाले अथवा साइबर आतंकवाद के मुद्दों में सहायता करने वाले भाषण, महिलाओं के सतीत्व को नुकसान पहुंचाने वाली भाषा के प्रयोग, अपमानजनक अथवा किसी व्यक्ति की प्रतिष्ठा को धूमिल करने वाली भाषा के प्रयोग, संतर्जक भाषा के प्रयोग आदि को शामिल किया जा सकता है। उनमें से प्रत्येक को उचित रूप से परिभाषित करने या अलग-अलग प्रावधान बनाने के बजाय, धारा 66A सभी प्रकार की भाषाओं को शामिल करने के लिए बनाई गई थी जो कई भावनात्मक स्थितियां पैदा कर सकती हैं जिन्हें स्थिति के आधार पर समय-समय पर क़ानून के दायरे में लाया जा सकता है। इसी कारण से श्रेया सिंघल के मामले में अदालत ने धारा 66A को अस्पष्ट और असंवैधानिक माना।[39]

उपर्युक्त तथ्यों से यह समझा जा सकता है कि आपत्तिजनक भाषा महिलाओं और लड़कियों को नुकसान पहुंचा सकती है। अब हम मुख्य लेखिका द्वारा प्रस्तुत बुरे बोलचाल की परिभाषा पर विचार करते हैं: जब हम महिलाओं के खिलाफ बुरे बोलचाल या आपत्तिजनक भाषा के बारे में बात करते हैं तो हमारे लिए यह समझना जरूरी है कि इसके अंतर्गत ऐसी भाषा एवं अभिव्यक्ति को शामिल किया जा सकता है जो प्राप्तकर्ता या दर्शक का उत्पीड़न करती है, जो महिलाओं के खिलाफ सामाजिक अपराध को प्रेरित कर सकती है, जो प्राप्तकर्ता के दिमाग में नकारात्मक उत्तेजना पैदा कर सकती है और जिसमें समाज में उसकी प्रतिष्ठा को नष्ट करने या क्षति पहुंचाने की क्षमता हो सकती है। इंटरनेट पर आचरण सहित कई व्याख्यान और अभिव्यक्तियां हैं जो इस स्पष्टीकरण के तहत आ सकती हैं; इनमें लैंगिक आधार पर धमकाना, ट्रॉलिंग, महिलाओं और लड़कियों की गोपनीयता में दखल देने के इरादे से प्रयुक्त भाषा और अभिव्यक्ति, पीछा करना, ग्रूमिंग और यौन अपराधों की श्रेणी में आने वाली भाषा व अभिव्यक्ति शामिल हो सकती है। इस पुस्तक में गतिविधियों की इन सभी श्रेणियों पर चर्चा की जाएगी। हालांकि, यह सूची संपूर्ण नहीं बल्कि समावेशी होनी चाहिए। इसके अंतर्गत किन्नर महिलाओं सहित सभी महिलाओं और लड़कियों के खिलाफ आपत्तिजनक भाषा शामिल हो सकती है क्योंकि इस तरह की भाषा सार्वजनिक रूप से देखने योग्य सामग्री बन जाने के बाद महिला

---

[39] Halder, D. (2015). A retrospective analysis of S.66A: Could S.66A of the Information Technology Act be reconsidered for regulating 'bad talk' on the internet? *Indian Student Law Review (ISLR)*, *1*(1), 98–128.

प्राप्तकर्ताओं, दर्शकों के साथ-साथ समाज में विभिन्न प्रकार के नकारात्मक प्रभाव उत्पन्न कर सकती है। हालांकि, यह दुर्भाग्यपूर्ण है कि इस पुस्तक में उल्लिखित और जिन पर चर्चा की जाएगी वे सभी आपत्तिजनक भाषाएं गैरक़ानूनी नहीं हैं। दुर्भाग्यवश, किसी पठनीय सामग्री या आचरण के रूप में अपमानजनक भाषा व अभिव्यक्ति की भूमिका को हमेशा आपराधिक नहीं माना जा सकता है। ऐसा इसलिए है क्योंकि या तो पुलिस सहित सूचना अधिकारी इस संबंध में क़ानूनों और तकनीकी उपायों से अनजान हैं या वे इस तरह की घटनाओं को साधारण घटना मानते हैं या पीड़ित इनकी सूचना देने में बेहद संकोच महसूस करते हैं। यह इस मुद्दे को महिलाओं के लिए बेहद भेदभावपूर्ण बनाता है।

फ्रैंक (2010) ने ऑनलाइन उत्पीड़नों के प्रकारों के बारे बताया है जिन्हें निम्नलिखित शब्दों में पक्षपाती रूप में वर्गीकृत किया जा सकता है:

> जब विवादास्पद उत्पीड़न ऐतिहासिक रूप से अधिकारहीन समूह पर निर्देशित किया जाता है जो उनकी अधिकारहीनता को बढ़ाता है और समाज के लाभों में उनकी समान भागीदारी को कम करता है तो उत्पीड़न को भेदभाव माना जाना चाहिए। इसमें कोई संदेह नहीं है कि इसके बारे में कुछ प्रश्न थे कि किन समूहों को अधिकारहीन माना जाना चाहिए लेकिन भेदभाव पर तय क़ानून ने नस्लीय अल्पसंख्यक, धार्मिक अल्पसंख्यक, विकलांग और महिलाओं को इन समूहों के अंतर्गत माना है। इसका मतलब यह नहीं है कि हर बार जब किसी महिला या अफ्रीकी-अमेरिकी का ऑनलाइन उत्पीड़न किया जाता है तो यह भेदभाव का मामला है। लेकिन, उदाहरण के लिए, यदि किसी महिला पर अवांछित, ग्राफिक रूप से यौन या हिंसक टिप्पणी के साथ उसका नाम लेकर हमला किया जाता है जो अपमानजनक है और कामुकतापूर्ण रूढ़िवादों को उजागर करता है और इसके परिणामस्वरूप उसकी काम करने, पढ़ने या पुरुषों के लिए उपलब्ध संसाधनों और अवसरों का लाभ लेने की क्षमता बाधित होती है तो यह भेदभाव है और इसे भेदभाव के संदर्भ में देखा जाना चाहिए ... इस बात को स्वीकार करना क्यों जरूरी है कि इन समूहों के सदस्यों के रूप में उनकी पहचान के आधार पर अधिकारहीन समूहों का उत्पीड़न केवल अपकार नहीं है, या कुछ मामलों में, अपराध है? क्योंकि अपकार और आपराधिक क़ानून दोनों मुख्य रूप से उन व्यक्तियों को लक्षित करते हैं जिन्हें समूह के सदस्यों के रूप में नहीं बल्कि व्यक्तियों के रूप में नुकसान पहुंचाया जाता है। जब एक महिला पर महज स्त्री होने के कारण हमला किया जाता है तो यह महिलाओं को एक समूह के तौर पर संदेश भेजता है: आपको यहां नहीं होना चाहिए, आपको यहां रहने का अधिकार नहीं है, आपको अपनी प्रतिभाओं और क्षमताओं के आधार पर नहीं पहचाना जाएगा बल्कि आपकी कामुकता, आपके रूप-रंग, आपके द्वारा पारंपरिक लिंग भूमिकाओं के अनुपालन के अनुसार पहचाना जाएगा। अन्यायपूर्ण सामाजिक अलगाव—चाहे वह लिंग, नस्लीय या धार्मिक प्रथाओं के साथ हो—की सभी परिचित प्रक्रियाओं को खत्म करने के लिए, हमारी क़ानूनी प्रतिक्रिया को किसी भी व्यक्तिगत नुकसान से ऊपर और परे जाकर भेदभाव की निंदा करनी चाहिए।

दुर्भाग्यवश भारत में, महिलाओं को लैंगिक आधार पर अल्पसंख्यक समूह माना जाता है। यही हाल किन्नर महिलाओं का भी है। इस पुस्तक के विभिन्न अध्यायों में ऐसे कई उदाहरण मौजूद हैं जिनमें यह देखा जा सकता है कि अकेली महिलाओं को उत्पीड़न के लिए चुना गया है। बात चाहे धमकाने की हो या ट्रॉलिंग या ग्रूमिंग की हो, महिलाओं, लड़कियों और किन्नर महिलाओं को अक्सर पुरुषों से अधिक लक्षित किया जाता है। इसमें शामिल भाषा और अभिव्यक्ति एवं इस प्रकार की आपत्तिजनक भाषा से उत्पन्न होने वाले बाद के आचरण, मौजूदा क़ानूनों की नज़र में गैर-क़ानूनी नहीं होने के बावजूद तकलीफ़देह अवश्य होते हैं। इंटरनेट पर गोपनीयता के उल्लंघन की घटनाएं हमेशा महिलाओं को समाज में बेहद संकटपूर्ण स्थिति में डाल देती हैं। महिला या उसके निजी जीवन के बारे में एक भी आपत्तिजनक वक्तव्य न केवल एक पेशेवर महिला के तौर पर उसके पूरे करियर को नष्ट कर सकता है बल्कि यह वैवाहिक समस्याओं का भी कारण बन सकता है। हमने ऐसे भी मामले देखे हैं जहां परेशान करने वाले व्यक्तियों द्वारा बार-बार अवांछित मिस्ड कॉल्स के कारण महिला को घरेलू हिंसा का सामना करना पड़ा है। साइबर स्टॉकिंग के पीड़ित के रूप में उसका समर्थन करने के बजाय, परिवार के सदस्य उसे धोखेबाज़ मान सकते हैं; उसे अपने बच्चों से मिलने से रोका जा सकता है या उसे अपने पति या पिता द्वारा किसी भी वित्तीय सहायता से वंचित किया जा सकता है। उन मामलों पर विचार करें जहां पुराने प्रेम संबंध के लिए प्रतिशोध की भावना से प्रेरित नकली अवतार (Halder, 2013) इंटरनेट पर डाले जाते हैं। प्रतिशोध की भावना से प्रेरित पोर्न सामग्रियां सभी देशों के अधिकार-क्षेत्र में प्रसारित की जाती हैं। इससे लोग पीड़ित/पीड़िता के नाम एवं व्यक्तिगत जानकारी से अवगत होते हैं और इन परिस्थितियों में उसके साथ-साथ उसके परिवार के सदस्यों को अपने ही समाज से बहिष्कृत होना पड़ सकता है। इस प्रकार के नकली अवतार महिलाओं की तुलना में पुरुषों को अधिक प्रभावित करने में सक्षम नहीं होते हैं, क्योंकि महिलाओं के विपरीत पुरुषों को यौन संतुष्टि की वस्तु के तौर पर प्रस्तुत नहीं किया जाता है। हमें ट्रॉलिंग एवं लैंगिक आधार पर अवपीड़न के ऐसे प्रकरणों की भी जानकारी मिली है जिनमें महिला ने आत्महत्या करने का प्रयास किया, क्योंकि संबंधित वेबसाइटों द्वारा पीड़िता की मदद करने से इनकार किया गया या पुलिस ने भी घटना को महत्त्वहीन मानते हुए कार्रवाई नहीं की। इसके बजाय पीड़ितों को इस तरह के उत्पीड़न में भाग लेने के लिए जिम्मेदार ठहराया जा सकता है भले ही इसमें उनकी प्रत्यक्ष भागीदारी न रही हो। महिला पीड़ितों को अक्सर सूचना देने के लिए हतोत्साहित किया जाता है क्योंकि पुलिस उल्टा उन्हें ही दोषी मान सकती है और उन्हें अधिक अपमानित महसूस करवा सकती है। जाहिर तौर पर, कई महिला पीड़ित और उनके परिवार भी दोहरे उत्पीड़न को सह नहीं सकते क्योंकि वे भयभीत, अपमानित और तिरस्कृत महसूस करते हैं।

दूसरी तरफ पुरुष इंटरनेट पर इस तरह की आपत्तिजनक भाषा और अभिव्यक्ति से इतना प्रभावित नहीं होते। मूल रूप से इसके दो कारण हैं: (i) धमकी या ट्रॉलिंग या धमकी वाली पोस्ट या फोन कॉल से बदनामी या गोपनीयता का उल्लंघन हो सकता है लेकिन यह पुरुषों पर उस तरह से सामाजिक प्रतिबंध नहीं लगा सकता जैसे यह भारतीय समाजों में महिलाओं पर लगा सकता है। पुरुषों को कभी भी यौन अपराधों के माध्यम से आसानी से लक्षित नहीं किया जा सकता जैसा कि इस पुस्तक में बाद के अध्यायों में चर्चा की गई है। ऐसा इसलिए है क्योंकि भारतीय समाजों में परंपरागत रूप से पुरुषों को यौन वस्तु के रूप में दर्शाया नहीं जा सकता है। (ii) पुरुषों के पास आम तौर पर साइबर उत्पीड़न सहित उत्पीड़न के खिलाफ लड़ने की अधिक वित्तीय और सामाजिक आजादी होती है। *अंबिकेश महापात्रा और अन्य बनाम पश्चिम बंगाल सरकार और अन्य*[40] के मामले पर विचार करें, जहां महापात्रा उस समय की मुख्यमंत्री ममता बनर्जी को लक्षित कार्टून बनाने और प्रकाशित करने के लिए एकपक्षीय गिरफ्तारी के खिलाफ रिट याचिका के माध्यम से खड़े हो सके। इसके विपरीत, शाहीन ढाडा के मामले पर विचार करें जिसे शिवसेना के प्रमुख बाल साहेब ठाकरे की मौत पर मुंबई में हुई हड़ताल के बारे में एक फेसबुक पोस्ट डालने के लिए गिरफ्तार किया गया था। उसे अपनी पोस्ट वापस लेनी पड़ी, उसे गिरफ्तार कर लिया गया और ऑनलाइन तथा ऑफ़लाइन अपमानित किया गया। वह अपमान के खिलाफ पहले विरोध नहीं कर पाई। उसने व्यक्तिगत तौर पर कोई भी रिट याचिका दर्ज नहीं की थी लेकिन प्रमुख समाचार पत्रों और टीवी चैनलों द्वारा उसे गिरफ्तार किए जाने की तस्वीरें दिखाए जाने के बाद उसे जनता से भारी समर्थन मिला। उसका चेहरा दुपट्टे से ढका हुआ था। यह उसके द्वारा अपने आप को संभव ट्रोल्स और यौन अपराधकर्ताओं, जो इंटरनेट पर उसके चरित्र को हानि पहुंचा सकते थे, द्वारा लक्षित होने से बचाने और साथ ही खुद को सामान्य मीडिया की नजर से बचाने की त्वरित प्रतिक्रिया थी। उसके द्वारा चेहरे को छिपाने का प्रयास करना कोई अनोखी बात नहीं है। लाखों अन्य भारतीय महिलाएं भी जब आपत्तिजनक पोस्ट देखती हैं या महिलाओं पर उत्पीड़न के बारे में सुनती हैं तब उन्हें भी इसी बात का भय होता है। क़ानून के अत्यधिक दुरुपयोग के तौर पर उनकी गिरफ़्तारी की आलोचना स्वयं जस्टिस मार्कण्डेय काट्जू द्वारा की गई जो पहले सर्वोच्च न्यायालय में न्यायाधीश थे। आपराधिक न्याय तंत्र द्वारा उसके साथ किए अन्याय के लिए जनता की नज़रों में आने के कारण भाग्यशाली रही। लेकिन कई महिलाएं अपने परिवारों और लोगों से समर्थन पाने में उनकी तरह भाग्यशाली नहीं होती हैं। इसी कारण से अपमानजनक भाषा एवं अभिव्यक्ति सहित महिलाओं को लक्षित करने वाले साइबर अपराध अनुसंधान योग्य बन जाते हैं।

---

[40] 2013 का अंबिकेश महापात्रा एवं अन्य बनाम पश्चिम बंगाल सरकार एवं अन्य प्रकरण, WP no.33241(W) of 2013। http://indiankanoon.org/doc/38644431 पर उपलब्ध (30 जनवरी, 2016 को देखा गया)।

संदर्भ

Franks, M. A. (23 February 2010). The banality of cyber discrimination, or, the eternal recurrence of September. *Denver Law Review Online*, *87*, 5. Available at SSRN: http://ssrn.com/abstract=1569202. Accessed on 2 May 2015.

Halder, D. (2013). Examining the scope of Indecent Representation of Women (Prevention) Act, 1986, in the light of cyber victimization of women in India. *National Law School Journal, 11*, 188–218.

Halder, D., & Jaishankar, K. (June, 2011) *Cyber crime and the victimization of women: Laws, rights, and regulations* Hershey, PA: IGI Global.

———. (2013). Revenge porn by teens in the United States and India: A socio-legal analysis *International Annals of Criminology, 51*(1–2), 85–111.

———. (2014). Online victimization of Andaman Jarawa tribal women: An anal-ysis of the 'human safari' YouTube videos (2012) and its effects *British Journal of Criminology, 54*(4), 673–688.

3 ट्रॉलिंग और लैंगिक आधार पर अवपीड़न

भारत में महिलाओं के खिलाफ साइबर अपराध के क्षेत्र में इंटरनेट पर लैंगिक आधार पर अवपीड़न एवं ट्रॉलिंग दो ऐसे विषय हैं जिनपर सबसे कम शोध किया गया है। हम जानते हैं कि ऑनलाइन माध्यम से उत्पीड़न ने शोधकर्ताओं का काफी ध्यान आकर्षित किया है, खासतौर पर स्कूल के बच्चों, किशोरावस्था के बच्चों आदि के संबंध में (Hinduja & Patchin, 2015; Jaishankar, 2009; Patchin & Hinduja, 2010)। एक बहुरूपिए द्वारा अवपीड़न के कारण मेगन ईयर ने आत्महत्या कर ली, जो मेगन की एक सहेली की मां थी। इस घटना के बाद साइबर अवपीड़न की गंभीरता तथा कंप्यूटर-आधारित संचार में पहचान के साथ छेड़छाड़ के खतरों समेत इंटरनेट के कठोर सत्यों को शोधकर्ताओं, क़ानून बनाने वालों के साथ-साथ सामान्य इंटरनेट उपयोगकर्ताओं द्वारा महसूस किया गया। दिलचस्प बात यह है कि मेगन का अवपीड़न उसकी उम्र के किसी बच्चे ने नहीं बल्कि एक वयस्क महिला द्वारा बनाए गए एक कल्पित 'सुंदर लड़के' के माध्यम से किया गया था, जिसने बदले में कुछ अन्य बच्चों को भी कल्पित शख़्स के खाते से मेगन को अपमानजनक संदेश भेजने के लिए प्रोत्साहित किया।[1] उस वयस्क अवपीड़क को पता था कि किस प्रकार के संदेश मेगन जैसे बच्चे को आहत कर सकते हैं- जो अपने रंग-रूप के कारण पहले से ही अवसादग्रस्त हैं[2] तथा इस प्रकार के संदेश को दूसरों के बीच किस प्रकार फैलाया जा सकता है। हालांकि अवपीड़न करने वाले और उसके पीड़ित, दोनों के अल्पवय होने की स्थिति में भी साइबर अवपीड़न के कारण आत्महत्या को सामान्य तौर पर अंतिम जोखिम माना जाता है परंतु पूर्ण रूप से परिपक्व और दुनिया के बारे में अधिक अवगत होने के कारण वयस्क बच्चों की तुलना में अधिक खतरनाक अवपीड़क हो सकते हैं। वयस्क वास्तव में नफरत भरे अपराधों का कारण बन सकते हैं (Citron, 2014)।

कैथी सिएरा या एना मेयर के मामले पर विचार करें जिसमें दोनों का इंटरनेट पर गंभीर रूप से अवपीड़न किया गया था और बाद में दोनों (Citron, 2014) पर बड़े पैमाने पर घृणापूर्ण हमले किए गए। दोनों मामलों में अवपीड़न करने वाले का प्राथमिक लक्ष्य दोनों महिलाओं को बदनाम करना और उनके बारे में झूठी धारणा पैदा करना था। भारत में वयस्क अवपीड़न, विशेष रूप से इंटरनेट पर लैंगिक आधार पर अवपीड़न पर अब तक न्यूनतम ध्यान दिया गया है। लेकिन इंटरनेट पर लैंगिक आधार पर अवपीड़न चिंता का विषय बनता जा रहा है। 2010

---

[1] मेगन की कहानी से पता चला जो http://www.meganmeierfoun-dation.org/megans-story.html पर उपलब्ध है (14 जनवरी 2015 को देखा गया)।

[2] पूर्वोक्त।

में सेंटर फॉर साइबर विक्टिम काउंसलिंग द्वारा आयोजित आधारभूत सर्वेक्षण में (Halder & Jaishankar, 2010), पूरे भारत में से 60 वयस्क महिला उत्तरदाताओं में से 33.3% ने यह बताया कि इंटरनेट पर उनका अवपीड़न किया गया था और 10% ने कहा कि वे इस मुद्दे से अवगत नहीं थीं।

यदि सोशल नेटवर्किंग साइट्स तथा व्हाट्सएप जैसे मोबाइल संचार ऐप्स के विकास के दृष्टिकोण से देखा जाए तो 2010 से कंप्यूटर-आधारित संचार प्रणाली तेजी से विकसित हुई है। लैंगिक आधार पर अवपीड़न की प्रकृति भी बदल गई है जो परेशान करने वाले या अपमानजनक संदेशों वाले सरल संदेशन से इमॉटिकॉन्स (emoticons) समेत तस्वीरों वाले संदेशन में परिणत हो चुकी है।[3] ईमोटिकॉन्स या स्माइलीज़ (smilies) के उपयोग के साथ लैंगिक आधार पर अवपीड़न बहुत आसान हो गया है। भारत में व्हाट्सएप अवपीड़न पर सेंटर फॉर साइबर विक्टिम काउंसलिंग द्वारा किए गए नवीनतम सर्वेक्षण में (Halder & Jaishankar, 2015a) कोलकाता, दिल्ली और तिरुनेलवेली से कुल 131 उत्तरदाताओं (99 महिलाओं और 32 पुरुषों सहित) में से 10.7% ने कहा कि उन्हें व्हाट्सएप पर अवपीड़क, परेशान करने वाले संदेश प्राप्त हुए थे जबकि 9.9% ने कहा कि उन्हें अवपीड़क ईमोटिकॉन्स प्राप्त हुए थे। लैंगिक आधार पर अवपीड़न, किसी भी मंच, सोशल नेटवर्किंग साइट्स एवं मोबाइल संचार प्रणाली या ईमेल के माध्यम से हो सकता है। लैंगिक आधार पर अवपीड़न सरल SMS के माध्यम से भी हो सकता है। दिलचस्प बात यह है कि लैंगिक आधार पर अवपीड़न सार्वजनिक मंचों या निजी चैट रूमों में किन्नरों को भी लक्षित कर सकता है (Halder & Jaishankar, forthcoming)।

हाल ही में साइबर जगत में अवपीड़न से संबंधित ट्रॉलिंग के मुद्दे ने शोधकर्ताओं का ध्यान आकर्षित किया है। यदि कार्यान्वयन एवं उद्देश्य (केवल कुछ पहलुओं से, जिनके बारे में बाद में चर्चा की जाएगी) के दृष्टिकोण से देखा जाए तो ट्रॉलिंग और अवपीड़न के बीच समानताएं हैं। हमारे अनुसार ट्रॉलिंग, खासकर महिलाओं के संदर्भ में, अधिक अनैतिक हो सकता है। ट्रॉलिंग नफरत फैलाने वाले अपराधों (Citron, 2014) का भी कारण बनता है तथा महिलाओं की प्रतिष्ठा को बुरी तरह से नष्ट कर सकता है (Citron, 2014; Halder, 2013)। आम तौर पर नारीवादी कार्यकर्ता राजनीतिक दल, पर्यावरणविद, मानवाधिकार कार्यकर्ता आदि ट्रॉलिंग के मुख्य लक्ष्य हो सकते हैं। इसी प्रकार इंटरनेट पर कई प्रकार के ट्रॉल्स हैं जिनमें धर्म-रक्षक, कला आलोचक, सामाजिक मुद्दों के आलोचक, मानवाधिकार ट्रॉल्स, बोलने की स्वतंत्रता के रक्षक और निजी ट्रॉल्स शामिल हैं जो स्वयं के मनोरंजन के लिए संदेश बनाते हैं। भारत में कंप्यूटर-आधारित संचार में ट्रॉलिंग एक नई घटना के रूप में उभरी है जिसमें नागरिक समाज में बड़ी हलचल पैदा करने की क्षमता है।

---

[3] इमॉटिकॉन्स (emoticons) (भावना + प्रतीक) मनुष्यों की भावनाओं की विभिन्न मनोदशाओं के चेहरे के भावों के मेटा-संवादात्मक गैर-मौखिक निरूपण हैं।

ट्रॉल्स के प्रभावों पर विचार करते हुए जस्टिस मार्कण्डेय काटजू ने अपने फेसबुक या ट्विटर पेज पर संवेदनात्मक मुद्दों पर टिप्पणियां पोस्ट कीं, जिसमें समलैंगिक संबंधों और विवाह के बारे में उनकी पोस्ट शामिल हैं। इनमें से कुछ इस प्रकार हैं:

> आजकल समलैंगिक संबंधों एवं समलैंगिक विवाहों के बारे में बहुत चर्चा होती है। मेरे अनुसार यह सब बेहूदगी और बकवास है। क्या समलैंगिक संबंध या समलैंगिक विवाह प्रकृति की प्रजातियों को आगे बढ़ाने की आवश्यकता को पूरा करने में सक्षम हैं? नहीं, केवल एक आदमी और एक औरत के बीच यौन संबंध से ही बच्चे का जन्म संभव है परंतु दो पुरुषों या दो महिलाओं के बीच यौन संबंध से ऐसा संभव नहीं है।[4]

इस टिप्पणी के बाद फेसबुक और ट्विटर पर कई ट्रॉल पोस्ट किए गए थे तथा उनमें से कुछ में क्रोध को सार्वजनिक रूप से व्यक्त किया गया था जिसके बाद काटजू ने शुरुआत में स्वयं के लिए प्रयुक्त अपमानजनक भाषा एवं निंदात्मक पोस्ट को रोकने के लिए उन्हें ब्लॉक कर दिया। लेकिन फिर भी पुरुषों की तुलना में महिलाएं एवं नारीवादी लेख ट्रॉलिंग का शिकार होने के प्रति अधिक संवेदनशील हैं। यह तीन प्रतिष्ठित महिलाओं के मामलों से स्पष्ट है: कविता कृष्णन, जो एक सामाजिक कार्यकर्ता हैं तथा सागरिका घोष एवं बरखा दत्त जो नामी पत्रकार हैं। इन तीनों को क्रमशः नारीवाद, राजनीतिक स्थिति और वर्तमान सामाजिक स्थिति के बारे में उनकी टिप्पणियों के लिए ट्रॉल किया गया जो महिलाओं को नीचा दिखाते हैं। विशेषकर, इन मामलों में किसी में भी अदालतों द्वारा कोई सख्त आदेश नहीं दिया गया था या पुलिस द्वारा कोई कार्रवाई नहीं की गई थी जो साइबर जगत में महिलाओं को नुकसान पहुंचाने वाले ट्रॉलिंग को प्रतिबंधित करने के लिए एक उदाहरण बन सके।

भारत में कंप्यूटर-आधारित संचार प्रणाली में महिलाओं का लैंगिक आधार पर अवपीड़न एवं ट्रॉलिंग विशेष रूप से महत्त्वपूर्ण है। ऐसा रूढ़िवादी पितृसत्तात्मक सामाजिक मानसिकता तथा इंटरनेट पर लैंगिक आधार पर अवपीड़न या ट्रॉलिंग के परिणामस्वरूप वास्तविक परिवेश में महिलाओं पर हमला होने की संवेदनशीलता के कारण है। हमने अक्सर देखा है कि फेसबुक या वयस्क मनोरंजन साइटों पर 'नकली अवतार' (Halder, 2013)[5] के कारण महिलाओं को विवाह में समस्याओं का सामना करना पड़ता है। कंप्यूटर-आधारित

---

[4] द *न्यूज़ मिनट* देखें (2014)। जस्टिस काटजू का कहना है कि LGBT के आपसी संबंध की बात बकवास है क्योंकि इस 'तरह के संभोग' से बच्चे पैदा नहीं हो सकते। http://www.thenewsminute.com/socials/458thenewsminute.com/socials/458 पर उपलब्ध (12 जनवरी 2015 को देखा गया)।

[5] हालदर (2013) नकली अवतारों को इस तरह परिभाषित करती हैं:

> पीड़ित का गलत निरूपण, जो अपराधकर्ता द्वारा डिजिटल प्रौद्योगिकी के माध्यम से पीड़ित की दृश्य छवियों के साथ या उसके बिना बनाया गया है और जिसमें पीड़ित के बारे में मौखिक जानकारी शामिल है जो पूरी तरह से सत्य हो सकती है या नहीं हो सकती है तथा यह पीड़ित के चरित्र को जान बूझ कर बदनाम करने एवं पीड़ित की मूल पहचान के बारे लोगों को गुमराह करने के लिए बनाई और इंटरनेट पर डाली जाती है।

संचार प्रणाली में लैंगिक आधार पर अवपीड़न के कारण पीड़ितों के अपने परिवार के सदस्यों, कार्यालय के सहयोगियों और ससुराल वालों द्वारा छेड़छाड़ करने के उदाहरण भी सामने आए हैं।[6] हालांकि, भारत में सामान्य महिला उपयोगकर्ताओं पर ट्रॉलिंग का तुलनात्मक रूप से कम प्रभाव है लेकिन ट्रॉलिंग की विनाशकारी प्रकृति को समझते हुए, साथ ही यह देखते हुए कि इसने नारीवादी विचारधाराओं और कुछ उल्लेखनीय महिला कार्यकर्ताओं को पहले से ही कैसे प्रभावित किया है, यह माना जा सकता है कि भारत में महिलाओं के ऑनलाइन अवपीड़न के दृष्टिकोण से ट्रॉलिंग को बेहतर ढंग से समझने की जरूरत है।

यह समझना आवश्यक है कि महिलाओं को निशाना बनाने वाले अपमानजनक शब्दों, भावों आदि को रोकने के लिए विशिष्ट क़ानून हैं–जैसा कि IPC की धारा 509 या कार्यस्थल पर महिलाओं के यौन उत्पीड़न (रोकथाम, निषेध और निवारण) अधिनियम, 2013 या परिपक्व किशोरों सहित बच्चों के यौन अपराधों से सुरक्षा के लिए अधिनियम, 2012 में निर्दिष्ट किया गया है–फिर भी भारत में साइबर अवपीड़न और ट्रॉलिंग विशेष रूप से महिलाओं के संदर्भ में साइबर अवपीड़न एवं ट्रॉलिंग, को नियंत्रित करने के लिए कोई विशिष्ट क़ानून नहीं है। निषेधात्मक नियम अलग-अलग क़ानूनों में बिखरे हुए हैं जिनमें पहले उल्लेख किए गए क़ानून शामिल हैं लेकिन ज्यादातर मामलों में, IT अधिनियम, 2000 (2008 में संशोधित) की धारा 66A के साथ संयोजित या उसके बिना ऐसे क़ानून विभिन्न कारणों से उपयोगी साबित नहीं हो सकते हैं। इसके परिणामस्वरूप, महिलाओं के संदर्भ में लैंगिक आधार पर अवपीड़न एवं ऑनलाइन ट्रॉलिंग भारतीय समाज में स्थायी परेशानी का कारण बन सकता है। यह अध्याय सामाजिक-क़ानूनी पहलुओं से इस महत्त्वपूर्ण मुद्दे पर जानकारी देगा।

इस अध्याय में हम लैंगिक आधार पर अवपीड़न एवं ट्रॉलिंग के इन दो विशेष मुद्दों के बारे में चर्चा करना चाहते हैं। सबसे पहले, हम भारत में महिलाओं एवं किन्नरों के संदर्भ में लैंगिक आधार पर अवपीड़न की रूपरेखा प्रस्तुत करना चाहते हैं और भारत में महिलाओं के साथ लैंगिक आधार पर अवपीड़न के संभावित कारणों व इसके प्रभावों को भी उजागर करना चाहते हैं। इसके तरीकों एवं विभिन्न आभासी केंद्रों के संदर्भ में चर्चाओं के माध्यम से लैंगिक आधार पर अवपीड़न के मुद्दे को आगे बढ़ाया जाता है। दूसरा, हम कविता कृष्णन, सागरिका घोष और बरखा दत्त के तीन प्रकरणों के अध्ययनों के साथ कंप्यूटर-आधारित संचार प्रणाली में ट्रॉलिंग पर चर्चा करेंगे। हम निम्नलिखित प्रश्नों के उत्तर प्रदान करने का प्रयास करेंगे: क्या ट्रॉलिंग लैंगिक आधार पर अवपीड़न की तरह महिलाओं पर गहरा और दूरगामी प्रभाव डालता है? क्या भारत में महिलाओं को ट्रॉलिंग को कंप्यूटर-आधारित संचार प्रणाली में खतरनाक प्रवृत्ति के रूप में देखना चाहिए? अंत में, हम मौजूदा

---

[6] यह साइबर पीड़ित सलाहकार के तौर पर मुख्य लेखिका के व्यक्तिगत अनुभव पर आधारित है।

क़ानूनों के बारे में चर्चा करेंगे जिनका उपयोग महिलाओं के खिलाफ ऑनलाइन अपराधों के संदर्भ में भारत में लैंगिक आधार पर अवपीड़न एवं ट्रॉलिंग विरोधी क़ानूनों के रूप में किया जा सकता है।

भारत में महिलाओं और किन्नरों को लक्षित करती लैंगिक आधार पर ऑनलाइन अवपीड़न की रूपरेखा

भारत में प्राचीन काल से बच्चों के बीच पारंपरिक तौर पर किसी-न-किसी रूप में अवपीड़न मौजूद है। पांडवों और कौरवों की बाल्यावस्था की पहली कुछ घटनाओं पर विचार करें जब कुंती अपने पति पांडु एवं उनकी दूसरी पत्नी माद्री की मृत्यु के बाद पांच युवा पांडवों के साथ निर्वासन से वापस आई। इसके बाद कौरव राजकुमार दुर्योधन एवं पांडवों के दूसरे भाई भीम से जुड़ी घटनाएं यह दर्शाती हैं कि किस प्रकार परिवार या स्कूलों में नए सदस्य या सदस्यों का शामिल होना अन्य बच्चों में ईर्ष्या पैदा कर सकता है (Jaishankar, 2009)। आधुनिक युग के शोधकर्ताओं ने अवपीड़न को आक्रामक व्यवहार (Coloroso, 2003) एवं नकारात्मक कार्य (Olweus, 1993) के रूप में देखा है जिसमें अवपीड़न करने वाले और उसके पीड़ित/पीड़ितों के बीच ताक़त का असंतुलन, नुकसान पहुंचाने का इरादा तथा अधिक आक्रामकता की धमकी व आतंक शामिल हो सकता है (Coloroso, 2003)। हालांकि अधिकांश शोधकर्ता इस बात पर सहमत हैं कि जब इस तरह के व्यवहार में बच्चे शामिल हों तो इसे 'अवपीड़न' कहा जाना चाहिए (जब पीड़ित और अवपीड़न करने वाला दोनों 18 वर्ष से कम आयु के हैं, साथ ही जब पीड़ित या अवपीड़न करने वाले में से किसी की भी आयु 18 वर्ष से कम है), लेकिन उन्होंने यह भी तर्क दिया है कि जब इसमें वयस्क शामिल हों तो इसे अलग नाम दिया जाना चाहिए। उदाहरण के लिए जब उत्पीड़न करने वाला व्यक्ति पुरुष है एवं उसका लक्ष्य एक महिला है तब इसे 'छेड़छाड़' कहा जा सकता है। और इस तरह के व्यवहार में पीड़ित पर यौन टिप्पणियां करना, अश्लील इशारे करना या सार्वजनिक स्थानों या संस्थानों में पीड़ित को छूने का प्रयास करना (Ramasubramaniam & Oliver, 2003) अथवा मौखिक या गैर-मौखिक उत्पीड़न या यौन उत्पीड़न शामिल है। इसे व्यापक रूप से 'पुनरावृत्तीय, अवांछित एवं स्वाभाविक रूप से अवपीड़क कृत्यों' के तौर पर परिभाषित किया गया है (Katz, Hannon & Whitten, 1996, p. 35) और 'जहां सबसे अधिक महिलाओं को उत्पीड़ित किया जाता है' (MacKinnon, 1979, p. 193), या कुछ गंभीर मामलों में, घरेलू हिंसा, जब पति या पत्नी में से किसी के भी द्वारा की गई कठोर टिप्पणी अत्यधिक अपमानजनक, अनादरपूर्ण और निन्दात्मक होती है। हम तर्क देते हैं कि यदि अवपीड़न शब्द के भाषाई प्रभाव को दी गई सभी परिभाषाओं के संदर्भ में देखा जाए तो ऊपर वर्णित सभी व्यवहार अवपीड़न के विभिन्न प्रकार हैं, इसलिए अवपीड़न वयस्कों के साथ भी होता है। साइबर जगत इससे अछूता नहीं है।

इंटरनेट व डिजिटल संचार प्रौद्योगिकी में महिलाओं एवं किन्नरों के उत्पीडन की संभावना अधिक है। हालांकि, साइबर अवपीड़न को सिट्रॉन (2014) समेत कई शोधकर्ताओं द्वारा साइबर उत्पीड़न कहा गया है। सिट्रॉन (2014) के अनुसार 'साइबर उत्पीड़न में हिंसा की धमकी, गोपनीयता में हस्तक्षेप, प्रतिष्ठा को नुकसान पहुंचाने वाले झूठ, पीड़ितों को शारीरिक रूप से नुकसान पहुंचाने के लिए अजनबियों द्वारा कॉल एवं तकनीकी हमले शामिल हैं। पीड़ितों को धमकी भरे ई-मेल भेजे जाते हैं (Citron, 2014, p. 4)। अब साइबर अवपीड़न की कुछ विशिष्ट परिभाषाओं पर विचार करें: पैरी आफताब के अनुसार

> साइबर अवपीड़न किसी भी नाबालिग द्वारा इंस्टैंट मैसेंजर, ई-मेल, वेबसाइट, डायरी साइट, ऑनलाइन प्रोफ़ाइल, इंटरैक्टिव गेम, हैंडहेल्ड डिवाइस, सेल फोन या अन्य इंटरैक्टिव डिवाइस द्वारा डाला या भेजा गया कोई भी साइबर-संचार या प्रकाशन है जो किसी अन्य नाबालिग को भयभीत, शर्मिंदा, उत्पीड़ित या अन्यथा लक्षित करने का इरादा रखता है।[7]

इसके बाद वाले भाग में यह बताया गया है कि, 'यदि संचार के दोनों तरफ नाबालिग नहीं हैं तो इसे साइबर अवपीड़न नहीं माना जाता बल्कि साइबर उत्पीड़न माना जाता है।'[8] शरीफ और हॉफ (2007) ने कहा कि साइबर अवपीड़न मौखिक और लिखित अवपीड़न का कपटी और गुप्त रूपान्तरण है। यह नवयुवकों और किशोरों द्वारा सेल-फ़ोन, वेबसाइट, वेब-कैम, चैट रूम एवं ईमेल जैसे इलेक्ट्रॉनिक मीडिया के माध्यम से व्यक्त किया जाता है।' हिंदुजा और पैचिन (2014) के अनुसार साइबर अवपीड़न 'कंप्यूटर, सेल फोन और अन्य इलेक्ट्रॉनिक उपकरणों के उपयोग के माध्यम से किया जाने वाला दुराग्रही और पुनरावर्ती नुकसान है'। हालांकि, विलार्ड (2007) ने साइबर अवपीड़न को व्यापक शब्द के रूप में समझा है जिसके सात अलग-अलग रूप हैं। इसके अंतर्गत छेड़खानी, उत्पीड़न, अवमानना, पररूप धारण, अत्याचार व छल-कपट और बहिष्कार व इलेक्ट्रॉनिक संदेशों का बार-बार इस्तेमाल शामिल है। यहां वर्णित लगभग सभी शोधकर्ताओं ने इस बात पर सहमति व्यक्त की है कि साइबर अवपीड़न में अनिवार्य रूप से 'पावर गेम' शामिल है जहां अवपीड़न करने वाला अधिक शक्तिशाली होता है और उन पीड़ितों पर हमला करता है जिनका आत्मविश्वास कम हो। ऐसा करके वह अपनी श्रेष्ठता दिखाना चाहता है और यह संचार के माध्यम यानी, इंटरनेट एवं डिजिटल संचार प्रौद्योगिकी के कारण पारंपरिक अवपीड़न से भिन्न है (Fegenbush & Olivier, 2009)। ये सभी परिभाषाएं पुष्टि कर सकती हैं कि यदि इसे

---

[7] http://www9.toysrus.com/assets/uploads/fact_sheets/A_Parents_Guide_to_Cyberbullying.pdf पर उपलब्ध (7 सितंबर, 2016 को देखा गया)।

[8] पूर्वोक्त।

(ऑनलाइन उत्पीड़न) प्रभुत्व स्थापित करने के लिए डिजिटल संचार प्रौद्योगिकी के माध्यम से अपमानजनक, अनादरपूर्ण टिप्पणियां करने के संकीर्ण दृष्टिकोण से देखा जाए तो साइबर अवपीड़न ऑनलाइन उत्पीड़न का आधारभूत शब्द है। इसलिए साइबर अवपीड़न वयस्कों के साथ भी हो सकता है। उस संदर्भ में जयशंकर (2009) द्वारा साइबर अवपीड़न की परिभाषा को भारतीय दृष्टिकोण से विस्तृत किया गया था।

> मोबाइल फोन (SMS/MMS) और इंटरनेट (चैट रूम, ईमेल, नोटिस बोर्ड और समूह) जैसे आधुनिक दूरसंचार नेटवर्क का उपयोग करके, पीड़ितों के शरीर के आकार, बुद्धि, परिवार की पृष्ठभूमि, वस्त्रों, मातृभाषा, मूल स्थान, रवैया, वंश, जाति, वर्ग के नाम पर अपमानजनक भाषा का उपयोग करके छेड़खानी या अपमान करके दुर्व्यवहार/उत्पीड़न।

लैंगिक आधार पर ऑनलाइन अवपीड़न वयस्कों को लक्षित करती साइबर अवपीड़न की एक नारीवादी धारणा है। इंटरनेट पर महिलाओं की तरह ही युवा किशोरों को भी अवपीड़न करने वाले अपना शिकार बनाते हैं। 'एना मेयर' के मामले पर विचार करें जिसे शुरुआत में यौन वासना के बारे में उसके मित्र की ब्लॉग पोस्ट का समर्थन करने के लिए धमकाया गया था (Citron, 2014, p. 2)। हालांकि, इसमें अवपीड़न गंभीर रूप से बढ़ गया और यह मेयर (Citron, 2014) के खिलाफ बड़े स्तर पर घृणापूर्ण अभियान साबित हुआ। साइबर अपराध पीड़ितों के लिए परामर्शदाता व शोधकर्ताओं के रूप में अपने अनुभवों से हमने भारत के विभिन्न हिस्सों से कई प्रकार के मामले देखे हैं जहां महिलाओं के साथ सामूहिक मंचों, चैट सत्रों, फेसबुक प्रोफाइल व पेज, ईमेल एवं व्हाट्सएप जैसे मोबाइल ऐप्स के जरिए अवपीड़न किया गया है। युवा महिला 'उजाला'[9] के मामले पर विचार करें, जिसके साथ व्हाट्सएप पर अवपीड़न किया गया था। वह अपनी प्रबंधकीय नौकरी में बेहतर प्रदर्शन कर रही थी। जब उसने बोर्ड की बैठक में अपना प्रस्तुतिकरण सफलतापूर्वक पूरा किया तो उसे व्हाट्सएप पर अपने कार्यालय की 'ग्रुप चैट' में एक अश्लील संदेश मिला,[10] जिसमें उसके बारे में क्षेत्रीय भाषाओं एवं अंग्रेजी में यौन संकेतार्थों में लिखा हुआ था। उन्होंने अवपीड़न करने वाले को करारा जवाब दिया जिसके प्रत्युत्तर में अवपीड़न करने वाले ने और अधिक

[9] पीड़ित का नाम उसे गोपनीयता प्रदान करने और उसकी पहचान छुपाने के लिए जानबूझकर बदल दिया गया है।

[10] व्हाट्सएप पर कोई भी व्यक्ति 'ग्रुप चैट' बना सकता है जिसमें निजी समूह में चैट करने के लिए लोगों को शामिल किया जा सकता है। कोई भी व्यक्ति परिवार, सहकर्मियों, दोस्तों और अन्य लोगों के लिए ग्रुप चैट बना सकता है। ग्रुप चैट बनाने वाला स्वयं ही एडमिन बन सकता है और अपने संपर्कों (कॉन्टैक्टस) में से लोगों को शामिल कर सकता है। एडमिन अन्य प्रतिभागियों को भी एडमिन बना सकता है। इस तरह के ग्रुप चैट में कोई भी प्रतिभागी समूह को छोड़ तो सकता है लेकिन एडमिन द्वारा उसे दोबारा शामिल किए बिना शामिल या फिर से शामिल नहीं हो सकता है। इसी प्रकार, एक प्रतिभागी ग्रुप चैट में उसके द्वारा ब्लॉक किए गए व्यक्ति के संदेशों को देख सकता है यदि वह व्यक्ति भी उसी ग्रुप का प्रतिभागी है और वह व्यक्ति भी उस प्रतिभागी द्वारा पोस्ट किए गए संदेश प्राप्त कर सकता है जिसने अन्यथा उस व्यक्ति को ब्लॉक किया हो सकता है। (https://www.whatsapp.com/faq/en/general/21073373 देखें)

अपमानजनक (यौन संबंधी नहीं) टिप्पणियां की। मुख्य लेखिका के साथ साक्षात्कार में उन्होंने कहा कि इस मामले की शिकायत उन्होंने वरिष्ठ अधिकारियों के पास नहीं की। उन्हें अन्य सहयोगियों ने सलाह दी कि उन्हें इसे पुरुष सहकर्मियों के सामान्य व्यवहार के तौर पर देखना चाहिए जो महिलाओं को कमजोर प्रतियोगियों के रूप में देखते हैं। साथ ही उन्हें यह भी सलाह दी गई कि एक भारतीय महिला के तौर पर उन्हें पुरुषों द्वारा इस तरह के 'अश्लील चुटकुलों' को स्वीकार करने की आदत डालनी चाहिए और चुप रहना चाहिए। उन्होंने मुख्य लेखिका को बताया कि अंततः उन्होंने ग्रुप छोड़ दिया।

इस पर ध्यान दिया जाना चाहिए कि कार्यस्थल पर महिलाओं के यौन उत्पीड़न (रोकथाम, निषेध और निवारण) अधिनियम (2013) की धारा 2(n) (iii) और (v) के अंतर्गत भारत में कार्यस्थल पर महिलाओं के उत्पीड़न के संबंध में मौखिक संचार की उपरोक्त श्रेणी को 'यौन उत्पीड़न' कहा गया है।[11] हालांकि, क़ानून निरंतर या बार-बार अवपीड़न वाले व्यवहार के बारे में कुछ भी नहीं बताता है जिसमें इस तरह का संवादात्मक उत्पीड़न शामिल है। यह याद रखना भी जरूरी है कि इस क़ानून में अपराधी केवल पुरुष ही नहीं हैं। इसका वर्गीकरण करने के लिए कोई प्रावधान नहीं है कि उत्पीड़न करने वाला कौन हो सकता है (उदाहरण के लिए पुरुष, महिलाएं, LGBT समुदाय के व्यक्ति)। इसलिए, यह माना जा सकता है कि कार्यस्थल पर महिलाओं द्वारा भी महिलाओं का अवपीड़न किया जा सकता है। साथ ही यदि अवपीड़क संचार में धारा 2(n) में वर्णित कोई एक या सभी विशेषताएं शामिल हैं तो इसे यौन उत्पीड़न के रूप में भी वर्गीकृत किया जा सकता है। हमने देखा है कि भारत में काम करने वाली महिलाओं को अधिकतर सहकर्मियों या वरिष्ठ अधिकारियों द्वारा उनके ईमेल, निजी चैट सत्रों या आधिकारिक ग्रुप चैटों में लक्षित किया जाता है और ऐसे संदेशों में यौन संकेतार्थ होते हैं। साथ ही यह आवश्यक नहीं है कि लैंगिक आधार पर ऑनलाइन अवपीड़न केवल कार्यस्थल पर ही हो सकता है या इसमें केवल यौन संकेतार्थ हो सकते हैं। महिलाओं को साधारण मुद्दों जिनमें उनके खाना बनाने के कौशल, पहनावे के तौर-तरीके, बच्चों को पालने की क्षमता, अकेली महिला होने की

---

[11] कार्यस्थल पर महिलाओं के यौन उत्पीड़न (रोकथाम, निषेध और निवारण) अधिनियम, 2013 की धारा 2(n) के अनुसार,

> यौन उत्पीड़न में निम्नलिखित में से कोई एक या अधिक अनचाहे कृत्य या व्यवहार (चाहे सीधे या निहितार्थ तरीके से) शामिल हैं, अर्थात्:
>
> (i) शारीरिक संपर्क या ऐसा करने के लिए आगे आना या,
> (ii) यौन संबंधों के लिए मांग या अनुरोध, या
> (iii) यौन संबंधी टिप्पणियां करना, या
> (iv) पोर्नोग्राफी दिखाना, या
> (v) यौन प्रकृति का कोई भी अन्य अवांछित शारीरिक, मौखिक या गैर मौखिक आचरण।

स्थिति का बचाव और यहां तक कि उनकी राजनीतिक विचारधाराएं भी शामिल हैं, के आधार पर फेसबुक और ट्विटर जैसी सोशल नेटवर्किंग साइटों के ब्लॉग पोस्टों में, मोबाइल संचार ऐप्स आदि में उत्पीड़न के लिए चुना जाता है (Halder & Jaishankar, 2011, pp. 26–27)।

कुछ मामलों में अवपीड़न में पीड़ितों को संदर्भित अपमानजनक, यौन संबंधी, लज्जाजनक टिप्पणियां शामिल हो सकती हैं। ज्यादातर मामलों में लैंगिक आधार पर अवपीड़न निजी सत्रों, जैसे कि निजी चैट सत्र, निजी समूह या ग्रुप चैट, ईमेलों के निजी तौर पर आदान-प्रदान, SMS आदि के जरिए हो सकता है। लगभग 30 वर्ष की आयु वाली एक अन्य अकेली महिला के मामले पर विचार करें, जिनका अवपीड़न उनके फेसबुक चैट सत्र में अपने ही सहकर्मी द्वारा किया गया था। यहाँ हम उसे 'स्नेहा'[12] नाम दे रहे हैं। मुख्य लेखिका के साथ साक्षात्कार में उन्होंने कहा कि उनके साथ अवपीड़न की शुरुआत तब हुई जब उन्होंने अपनी पूर्व प्रतिबद्धताओं के कारण सहकर्मी का समर्थन करने से मना कर दिया। उन्हें अवपीड़न करने वाले क्रोधित व्यक्ति से अपने इनबॉक्स में लगातार कष्टकर एवं अपमानजनक संदेश प्राप्त हुए जिसने उन पर खातों से छेड़-छाड़ करने का झूठा आरोप लगाया था। लैंगिक आधार पर अवपीड़न के मुख्य उदाहरण महिला शिक्षकों के मामले हो सकते हैं जिनका अवपीड़न उनके पुरुष छात्रों (बच्चों और वयस्कों) द्वारा किया जाता है। एक महिला प्राध्यापक के मामले पर विचार करें जिन्होंने अपने छात्र द्वारा निजी चैट के माध्यम से अवपीड़न के संदर्भ में हमसे संपर्क किया था। उन्हें अवपीड़नकर्ता ने ताना मारते हुए कहा कि महिलाएं विशिष्ट विषयों को नहीं पढ़ा सकती हैं और उनमें महिला प्राध्यापक के रूप में पुरुष छात्रों को पढ़ाने की अक़्ल नहीं है।[13]

गौरतलब है कि लैंगिक आधार पर अवपीड़न में यह आवश्यक नहीं है कि अवपीड़न करने वाला पुरुष एवं पीड़ित महिला ही हो। कोई महिला भी किसी अन्य महिला का अवपीड़न कर सकती है। मुंबई की एक उच्चवर्गीय महिला एवं अभिनेत्री पूजा बेदी के मामले पर विचार करें। समाचार मीडिया के अनुसार बेदी की सत्रह वर्षीय बेटी का अवपीड़न बॉलीवुड फिल्म उद्योग के एक नामी परिवार की एक हमउम्र लड़की द्वारा किया गया था। दोनों लड़कियों के बीच अवपीड़न भरे संबंध का इतिहास था और आखिर में सोशल नेटवर्किंग साइटों पर अवपीड़न किया गया। बेदी की बेटी ने कथित तौर पर दूसरी लड़की (मीडिया रिपोर्टों के अनुसार) के साथ अवपीड़न किया और दूसरी लड़की की मां ने बेदी की बेटी को क्रोध भरे व्याख्यान भेजे। दोनों माताओं के बीच एक मौखिक बहस हुई जिसमें दोनों ने अपनी बेटियों का और अपना बचाव किया जिसके परिणामस्वरूप बेदी के खिलाफ

[12] पीड़ित का नाम उसे गोपनीयता प्रदान करने और उसकी पहचान छुपाने के लिए जानबूझकर बदल दिया गया है।

[13] पीड़ित ने हमें इस पुस्तक के लिए अपने मामले का उपयोग करने की अनुमति दी और गुमनाम रहना पसंद किया।

शिकायत दर्ज की गई। समाचार रिपोर्टों में कहा गया है कि बेदी ने खुद भी मां और बेटी के खिलाफ साइबर अवपीड़न एवं उत्पीड़न की शिकायत दर्ज करवाई।[14] दिलचस्प बात यह है कि इस मामले में इस्तेमाल किए गए प्रावधान, POCSO अधिनियम की धारा 11—जो बच्चों के यौन उत्पीड़न की अवधारणा को विभिन्न आपत्तिजनक व्यवहारों को शामिल करके विस्तृत करती है, जिसमें इस इरादे से कोई शब्द बोलना या इशारा करना या शरीर के किसी भाग को दिखाना कि इसे बच्चे द्वारा सुना या देखा जाए जो बच्चे को अपने शरीर के भाग उसके या अन्य व्यक्तियों द्वारा देखने के लिए दिखाने को मजबूर करता है, बच्चे को पोर्नोग्राफी वाली सामग्री दिखाना, पोर्नोग्राफी के उद्देश्यों के लिए बच्चे को लुभाना, पीछा करना (शारीरिक तौर पर या साइबर माध्यम से) आदि शामिल है—तथा IPC की धारा 12 एवं धारा 500 (मानहानि के लिए सजा), 506 (आपराधिक धमकी) और 509 (महिलाओं के सतीत्व को अपमानित करने के उद्देश्य से शब्दों का प्रयोग, अभद्र इशारे इत्यादि) के अंतर्गत दंड का प्रावधान है।

लैंगिक आधार पर ऑनलाइन अवपीड़न में पीड़ितों के रूप में किन्नर भी शामिल हो सकते हैं (Halder & Jaishankar, forthcoming; Priebe & Svedin, 2012)। ऐसे मामलों में अवपीड़न में अपमानजनक यौन आक्षेप शामिल हो सकते हैं। तमिलनाडु में किन्नरों के एक संगठन, सहोदरी की संस्थापक एवं किन्नर कार्यकर्ता कल्कि सुब्रमण्यम के मामले पर विचार करें। मुख्य लेखिका के साथ साक्षात्कार में कल्कि ने बताया कि कैसे उनके प्रोफाइल पेज और फेसबुक पर उनके साथ अज्ञात लोगों द्वारा चैट में अवपीड़न किया गया था। उन्होंने कहा कि उनका खाता सार्वजनिक रूप से अभिगम्य है तथा उनके अपडेट एवं फोटो एल्बम लोगों के देखने के लिए उपलब्ध हैं। साथी किन्नरों के साथ उनकी एक तस्वीर में उन्हें अजनबियों से टिप्पणियां मिलीं जिनमें उनसे पूछा गया कि क्या वह संभोग के लिए उपलब्ध हैं और एक घंटे के लिए उनकी क़ीमत क्या है। लेकिन यह एकमात्र घटना नहीं है जहां उन्हें धमकाया गया था। दूसरी घटना में एक अजनबी ने उनके फेसबुक पेज पर उनका फोन नंबर मांगा था। जब उन्होंने उसको कोई उत्तर नहीं दिया तो वह व्यक्ति नाराज़ हो गया और उनके प्रोफाइल पेज पर अवपीड़क संदेश भेजा। दोनों घटनाओं में उन्होंने इन टिप्पणियों को फेसबुक को रिपोर्ट किया और व्यक्ति को फिर से संपर्क करने से रोकने के लिए ब्लॉक कर दिया। उन्होंने कहा कि 'किन्नर भी अन्य महिलाओं की तरह ऑनलाइन अवपीड़न का शिकार हो सकती हैं तथा उनकी लैंगिक पहचान के कारण ऐसी टिप्पणियां अधिक अपमानजनक हो सकती हैं' (Halder & Jaishankar, forthcoming)।

---

[14] सईद, एन. (19 दिसंबर, 2014) देखें। Pooja Bedi booked under POCSO Act, *टाइम्स ऑफ इंडिया* में प्रकाशित जो http://timesofindia.indiatimes.com/entertainment/hindi/bollywood/news/Pooja-Bedi-booked-under-POCSO-Act/articleshow/45570074.cms पर उपलब्ध है (29 जनवरी 2014 को देखा गया)।

यह आवश्यक नहीं है कि लैंगिक आधार पर ऑनलाइन अवपीड़न सहित साइबर अवपीड़न हमेशा इंटरनेट और डिजिटल संचार प्रौद्योगिकी के माध्यम से कटु, अपमानजनक, छेड़छाड़ भरे एवं मौखिक वाद-विवाद से ही हो। पहले भी हम बता चुके हैं कि अवपीड़न की कई घटनाओं में इमोटिकॉन्स भाषाई अभिव्यक्तियों के विकल्प बन गए हैं। हालांकि, पहले उल्लेख किए गए किसी भी मामले में इमोटिकॉन्स का उपयोग अवपीड़न के लिए नहीं किया गया था। सेंटर फॉर साइबर विक्टिम काउंसलिंग का सर्वेक्षण दिखाता है (Halder & Jaishankar, 2015a) कि यदि अवपीड़क संदेश के भाग के तौर पर गुस्से भरी मनोदशा, घृणित मनोदशा, होठों पर चुंबन, गले लगाने वाले संकेतों, थप्पड़ मारने वाले संकेतों, आँख मारने वाले संकेतों से संबंधित इमोटिकॉन्स का उपयोग किया जाए तो लैंगिक आधार पर अवपीड़न बहुत परेशान करने वाला हो सकता है।

यह समझा जाना चाहिए कि भारत में किसी भी क़ानूनी प्रावधान ने अब तक साइबर अवपीड़न की अवधारणा को परिभाषित नहीं किया है। केवल लैंगिक आधार पर ऑनलाइन अवपीड़न को परिभाषित किया गया है। ग़ौरतलब है कि IT अधिनियम, 2000 (2008 में संशोधित) की धारा 66A (b) इस प्रकार के संचार को आक्रामक के रूप में वर्गीकृत करती है, जिसके अंतर्गत

> कोई भी व्यक्ति जो कंप्यूटर संसाधन या संचार उपकरण के माध्यम से कोई भी जानकारी भेजता है जिसे वह गलत मानता है लेकिन परेशानी, असुविधा, खतरा, बाधा, अपमान, चोट, आपराधिक धमकी, शत्रुता, घृणा या कड़वाहट उत्पन्न करने के उद्देश्य से कंप्यूटर संसाधन या संचार उपकरण के जरिए लगातार ऐसी जानकारी प्रेषित करता है।

यद्यपि इस विशेष प्रावधान के व्यापक विस्तार तथा पुलिस एवं नैतिकता लागू करने वाले समूह द्वारा व्यापक दुरुपयोग के कारण इसे वर्तमान में असंवैधानिक प्रावधान के रूप में लक्षित किया जा रहा है,[15] फिर भी यह कुछ हद तक प्रावधान साइबर अवपीड़न की अवधारणा को छूता है जैसा कि अन्य विद्वानों द्वारा अवधारणाबद्ध किया गया था जिनका वर्णन पूर्व में किया गया है। लेकिन उल्लिखित मामले और संबंधित क़ानूनी प्रावधान इसकी बेहतर समझ प्रदान कर सकते हैं कि कैसे साइबर अवपीड़न, विशेष रूप से लैंगिक आधार पर अवपीड़न को भारतीय संदर्भ में समझा जा सकता है और समझा जाना चाहिए। इसके लिए उन प्रावधानों के संयोजन को ध्यान में रखना दिलचस्प हो सकता है जो आमतौर पर पुलिस द्वारा इस तरह के अपराधों को दर्ज करने के लिए इस्तेमाल में लाए जाते हैं।[16]

---

[15] इस पर व्यापक विचार-विमर्श अध्याय 2 में की गई हैं।

[16] यह एक वकील और साइबर अपराध पीड़ितों के लिए परामर्शदाता के रूप में मुख्य लेखिका के व्यक्तिगत अनुभव से ली गई जानकारी है।

एक तरफ यौन संबंधी अपमानजनक शब्दों के उपयोग के मामले में IT अधिनियम की धारा 67, जो इलेक्ट्रॉनिक रूप में अश्लील सामग्री को हस्तांतरित करने के लिए सज़ा निर्धारित करती है या IT अधिनियम की धारा 67A, जो इलेक्ट्रॉनिक रूप में यौन स्पष्ट सामग्री संचारित करने के लिए दंड निर्धारित करती है, (विशेष रूप से जब अवपीड़न में छवियां भी शामिल हैं) तथा कार्यस्थल पर महिलाओं के यौन उत्पीड़न (रोकथाम, निषेध और निवारण) अधिनियम (2013) के अनुसार यौन उत्पीड़न से संबंधित प्रावधान भी लागू हो सकते हैं (जब वयस्कों के मामले में उत्पीड़न कार्यस्थल पर हुआ है)। यौन संकेतार्थों के साथ बच्चों के धमकाने के मामले में इसे लैंगिक अपराधों से बालकों का संरक्षण अधिनियम (2012) के अनुसार यौन उत्पीड़न के रूप में भी वर्गीकृत किया जा सकता है। इसके अलावा अगर अवपीड़क व्याख्यानों में कामोत्तेजक तस्वीरें या प्रतिशोध की भावना से प्रेरित अश्लील तस्वीरें मौजूद हैं तो IT अधिनियम की धारा 67B (बच्चों को कामोत्तेजक कार्यों में चित्रित करने वाली सामग्री के इलेक्ट्रॉनिक रूप के माध्यम से प्रकाशन, उत्पादन आदि के लिए दंड) को भी लागू किया जा सकता है। साथ ही परंपरागत दंड संहिता के अन्य प्रावधान भी हैं जो ऐसे अपमानजनक शब्दों को प्रतिबंधित करने के लिए लागू किए जा सकते हैं। इसमें निम्नलिखित प्रावधान शामिल हो सकते हैं

(i) IPC की धारा 499 में मानहानि को परिभाषित किया गया है जिसके अनुसार,

> जो कोई या तो बोले गए या पढ़े जाने के लिए आशयित शब्दों द्वारा या संकेतों द्वारा, या दृष्य रूपणों द्वारा किसी व्यक्ति के बारे में इस आशय से लांछन लगाता या प्रकाशित करता है जिससे उस व्यक्ति की ख्याति को क्षति पहुँचे या यह जानते हुए या विश्वास करने का कारण रखते हुए ऐसे लांछन लगाता या प्रकाशित करता है जिससे उस व्यक्ति की ख्याति को क्षति पहुँचे, तो तद्पश्चात अपवादित दशाओं के सिवाय उसके द्वारा उस व्यक्ति की मानहानि करना कहलाएगा।[17]

[17] धारा 499 के स्पष्टीकरण 1 के अनुसार:

किसी मृत व्यक्ति पर कोई लांछन लगाना मानहानि की कोटि में आएगा जैसा कि जीवित अवस्था में उस व्यक्ति की प्रतिष्ठा को नुकसान होता जो उसके परिवार या अन्य निकट सम्बन्धियों की भावनाओं को चोट पहुँचाने के लिए आशयित हो। स्पष्टीकरण 2 निम्नलिखित जानकारी देता है: किसी कम्पनी या संघ या व्यक्तियों के समूह के सम्बन्ध में उसकी हैसियत में कोई लांछन लगाना मानहानि की कोटि में आएगा। स्पष्टीकरण 3 निम्नलिखित जानकारी देता है: अनुकल्प के रूप में या व्यंगोक्ति के रूप में अभिव्यक्त लांछन मानहानि की कोटि में आएगा। स्पष्टीकरण 4 निम्नलिखित जानकारी देता है: कोई लांछन किसी व्यक्ति की ख्याति की क्षति करने वाला नहीं कहा जाता जब तक कि वह लांछन दूसरों की दृष्टि में प्रत्यक्षतः या अप्रत्यक्षतः उस व्यक्ति के सदाचारिक या बौद्धिक स्वरूप की उपेक्षा न करे या उस व्यक्ति की जाति के या उसकी आजीविका के सम्बन्ध में उसके शील की उपेक्षा न करे या उस व्यक्ति की साख को नीचे न गिराए या यह विश्वास न कराए कि उस व्यक्ति का शरीर घृणित दशा में है या ऐसी दशा में है जो साधारण रूप से निकृष्ट समझी जाती है।

इस पर भी ध्यान दिया जा सकता है कि IPC की धारा 501, धारा 499 के दायरे को विस्तृत करती है। इसके अनुसार 'जो कोई यह जानते हुए या विश्वास करने का अच्छा कारण रखते हुए कि ऐसी बात किसी व्यक्ति के लिए मानहानिकारक है, मुद्रित या उत्कीर्ण करेगा, तो उसे किसी एक अवधि के लिए साधारण कारावास से जिसे दो वर्ष तक बढ़ाया जा सकता है, या आर्थिक दण्ड या दोनों से दण्डित किया जाएगा।'

(ii) IPC की धारा 503 में आपराधिक धमकी को परिभाषित किया गया है, जिसके अनुसार,

> जो भी कोई किसी अन्य व्यक्ति के शरीर, ख्याति या सम्पत्ति को या किसी ऐसे व्यक्ति के शरीर या ख्याति को, जिससे कि वह व्यक्ति हितबद्ध हो, कोई क्षति करने की धमकी उस अन्य व्यक्ति को इस आशय से देता है कि उसे भयभीत किया जाए या उस व्यक्ति को ऐसी धमकी के निष्पादन से बचने के साधन स्वरूप कोई ऐसा कार्य कराए, जिसे करने के लिए वह वैध रूप से आबद्ध न हो या किसी ऐसे कार्य को करने का लोप कराए जिसे करने के लिए वह वैध रूप से हकदार हो, वह आपराधिक धमकी देने का अपराध करता है।

(iii) IPC की धारा 509 बताती है कि अगर कोई व्यक्ति किसी स्त्री की लज्जा का अनादर करने के आशय से कोई शब्द कहेगा, कोई आवाज निकालेगा या इशारे करेगा अथवा कोई वस्तु प्रदर्शित करेगा ताकि उस स्त्री द्वारा ऐसा शब्द या ध्वनि सुनी जाए या ऐसा अंगविक्षेप या वस्तु देखी जाए अथवा उस स्त्री की एकान्तता का अतिक्रमण करेगा तो उसे किसी एक अवधि के लिए साधारण कारावास की सजा जिसे तीन वर्ष तक बढ़ाया जा सकता है, या आर्थिक दंड या दोनों से दण्डित किया जाएगा।

हालांकि, ऐसे कई उदाहरण भी हैं जहां अवपीड़न करने वाले ने पीड़ित को सार्वजनिक रूप से बदनाम करके और घटना को सार्वजनिक मंचों या वर्ल्ड वाइड वेब पर ले जाकर इसे व्यापक तौर पर प्रसारित करने का निर्णय लिया हो। ऐसे मामलों में आपत्तिजनक व्यवहार के उद्देश्य, स्वरूप और पीड़ित को हुए नुकसान की गंभीरता[18] के आधार पर अवपीड़क व्यवहार आवश्यक तौर पर मानहानि या उत्पीड़न का रूप ले लेता है। हमारा तर्क है कि यदि पीड़ित और अपराधकर्ता अहंकार की लड़ाई में शामिल हैं तो साइबर अवपीड़न बदनामी, यौन उत्पीड़न सहित उत्पीड़न और धमकी जैसे पारस्परिक झगड़ों का आधार हो सकता है।

---

[18] इस पर ध्यान दिया जाना चाहिए कि IPC की धारा 44 पीड़ित के चरित्र को पहुंचे नुकसान को समाविष्ट करने के लिए 'चोट' शब्द के क़ानूनी अर्थ को विस्तृत करती है। इसके अनुसार 'शब्द "चोट" किसी नुकसान को दर्शाता है जो व्यक्ति के शरीर, मन, प्रतिष्ठा या संपत्ति को अवैध रूप से हुआ है।'

ऐसा विशेष रूप से तब होता है यदि साइबर अवपीड़न को किसी प्रकार की भाषा के उपयोग की धारणा से देखा जाता है। विलार्ड (2003, पृष्ठ 66) ने साइबर अवपीड़न को एक ऐसी भाषा के तौर पर परिभाषित किया है जो 'निन्दात्मक है, जिसमें अवपीड़न, उत्पीड़न या भेदभाव शामिल है, जो व्यक्तिगत जानकारी का खुलासा करती है या जिसमें आपत्तिजनक, अश्लील या अपमानजनक टिप्पणियां शामिल हैं।'

उस संदर्भ में ऑनलाइन माध्यमों से लैंगिक अवपीड़न के अंतर्गत, अहम् की तुष्टि एवं शक्ति प्रदर्शन के लिए महिलाओं व लैंगिक दृष्टि से अल्पसंख्यक समूहों के साथ-साथ किन्नर महिलाओं को निशाना बनाए जाने को शामिल किया जा सकता है। इसके लिए ईमेल, चैट, सोशल नेटवर्किंग प्रोफ़ाइल, SMSs, मोबाइल आधारित वार्तालाप प्रौद्योगिकी एवं संदेश संप्रेषण प्रौद्योगिकी सहित ICT के माध्यम से अरुचिकर, कष्टप्रद, अपमानजनक, संतर्जक संदेशों के साथ-साथ मौखिक व लिखित शब्दों, तस्वीरों, इमोटिकॉन्स (Emoticons) इत्यादि के जरिए यौन संबंधी कटाक्ष का सहारा लिया जा सकता है। हालांकि, हम नकली अवतार (Halder, 2013) के द्वारा ऑनलाइन ग्रूमिंग, साइबर स्टॉकिंग, प्रतिशोध की भावना से प्रेरित पोर्न, उत्पीड़न सहित अपमानजनक व्यवहार के अन्य लक्षणों को 'लैंगिक आधार पर ऑनलाइन अवपीड़न' शब्द का समानार्थी नहीं मानते हैं, भले ही इन सभी लक्षणों में साइबर अवपीड़न शामिल हो या नहीं। इस शब्द का उपयोग 'महिलाओं के साथ साइबर अवपीड़न' शब्द के स्थान पर किया जा सकता है और यह ऑनलाइन उत्पीड़न की अवधारणा के साथ अतिव्यापन कर सकता है। लेकिन फिर ऑनलाइन उत्पीड़न केवल लैंगिक आधार पर ऑनलाइन अवपीड़न नहीं है। साइबर अवपीड़न या लैंगिक आधार पर ऑनलाइन अवपीड़न समेत कई अन्य अपमानजनक व्यवहारों को शामिल करने के लिए ऑनलाइन उत्पीड़न को व्यापक संदर्भ में देखा जाना चाहिए।

इस पर भी ध्यान दिया जा सकता है कि आफ़ताब (in Sutton 2011)[19] ने बच्चों के बीच साइबर अवपीड़न के संबंध में अवपीड़नकर्ताओं को चार प्रकारों में वर्गीकृत किया है, यानी *प्रतिशोधी देवदूत*, जो 'गलत को सही कर रहे हैं' तथा जो खुद साइबर अवपीड़न के पीड़ित हो सकते हैं और अब बदला ले रहे हैं; *शक्तिशाली बनने के लालची और बदला लेने वाले बुद्धिमान किंतु एकनिष्ठ व्यक्ति*, जो साइबर अवपीड़न के माध्यम से अपना प्रभाव दिखाना चाहते हैं और आक्रामकता व्यक्त करने के लिए सीधे वार कर सकते हैं, *तुच्छ महिलाएं* जो अन्य महिलाओं का अवपीड़न कर सकती हैं; अवपीड़न करने वालों के यह चार प्रकार वयस्कों के बीच भी मौजूद हो सकते हैं। कई शोधकर्ता इस बात पर सहमत हैं कि पुरुषों के मुकाबले महिलाओं का अधिक अवपीड़न (ऑफलाइन और ऑनलाइन दोनों) होता है (Aftab, 2008; Baughman, Dearing, Giammarco & Vernon, 2012; Shariff, 2008; Wimmer,

---

[19] आफ़ताब के अनुसार, जैसा कि etcjournal.com के साथ उनके साक्षात्कार में प्रकाशित है।

2009)। हम इस संदर्भ में आफ़ताब (2008) और विम्मर (2009) के साथ सहमत हैं कि कुछ शातिर महिलाएं भी अन्य महिलाओं का साइबर उत्पीड़न कर सकती हैं। विम्मर (2009) के अनुसार, महिलाएं या तो साधारण 'निंदा करके' या पीड़ित के बारे में अफवाह और गलत जानकारी फैलाने के लिए या व्यवसाय-संबंधी ईर्ष्या के कारण अवपीड़न कर सकती हैं।

कारण, प्रभाव और चुनौतियां

वयस्कों द्वारा साइबर अवपीड़न के कारण एवं तरीके किशोरों द्वारा साइबर अवपीड़न के समान हो सकते हैं (Baughman et al., 2012)। लैंगिक आधार पर ऑनलाइन अवपीड़न भी इसके समान है। हालांकि, साइबर अवपीड़न से संबंधित मामलों के संपर्क में आने एवं साइबर अवपीड़न पर साहित्य की समीक्षा करते हुए हम तकनीकी और सामाजिक-क़ानूनी मनोवैज्ञानिक पहलुओं से जुड़े दो प्रमुख कारकों का पता लगा सकते हैं जो विशेष रूप से भारतीय संदर्भ में लैंगिक आधार पर साइबर अवपीड़न का कारण बन सकते हैं। ये निम्नलिखित हैं:

1. संचार के माध्यम के रूप में इंटरनेट का एक विशेष लाभ यह है कि इसमें व्यक्ति अपने नाम को गुप्त रख सकता है (Citron, 2014)। एक प्रभावशाली व अधिकार-युक्त प्रोफ़ाइल व्यक्ति के व्यक्तित्व को छिपाने और गुप्त रखने का व्यापक अवसर प्रदान करता है। हालांकि इसे बच्चों द्वारा अन्य बच्चों (नवयुवकों और किशोरों) एवं वयस्कों (विशेष रूप से शिक्षकों) के साथ उत्पीड़न करने के एक प्रमुख कारक के रूप में स्वीकार किया गया है (Shariff, 2008)। वयस्क इसका उपयोग न केवल साथियों के साथ साइबर अवपीड़न के लिए कर सकते हैं बल्कि ग्रूमिंग एवं बाल पोर्नोग्राफी समेत अपमानजनक व्यवहार के लिए भी कर सकते हैं (Jaishankar, 2009)। ICT के आगमन के साथ संचार के मंचों की उपलब्धता में भी वृद्धि हुई है। इस प्रकार कोई उपयोगकर्ता अपने नाम और जानकारी के साथ या अज्ञात पहचान के साथ प्रोफ़ाइल बना सकता है। ईमेल आईडी प्रोफाइल या सोशल नेटवर्किंग साइट प्रोफाइल का सत्यापन उपयोगकर्ता की संबंधित ईमेल आईडी या फोन नंबर से जुड़ा हो सकता है लेकिन इसके अतिरिक्त भारत में दोनों सत्यापन प्रक्रियाओं के परिणामस्वरूप खराब सुरक्षा सत्यापन हो सकता है क्योंकि भारत में कई ग्रामीण और शहरी क्षेत्रों में मोबाइल फोन नंबर हेतु सिम कार्ड प्राप्त करने के लिए वास्तविक पहचान देने के दौरान पहचान में छेड़-छाड़ हो सकती है।[20]

[20] यह जान कारी मुख्य लेखिका द्वारा 23 जुलाई 2014 को नई दिल्ली में राष्ट्रीय महिला आयोग द्वारा आयोजित भारत में साइबर अपराधों से महिलाओं की सुरक्षा के तरीकों एवं साधनों पर एक दिवसीय राष्ट्रीय परामर्श से प्राप्त की गई है, जहां मुख्य लेखिका को विशेषज्ञ और मुख्य प्रतिवेदक के तौर पर आमंत्रित किया गया था।

इसी प्रकार, जब कोई उपयोगकर्ता अन्य लोगों के साथ ऑनलाइन दोस्त बन जाता है तो ऑनलाइन रिश्ता उसे यह समझने में मदद नहीं कर सकता कि आभासी मित्र कितना भरोसेमंद है (Jaishankar, 2009)। जब दूसरा उपयोगकर्ता अपने विचार प्रकट करने या कुछ ऐसा दिखाने का प्रयास करता है जो अवपीड़क के उच्च अहंकार को चोट पहुंचाता है तो सूचना का आदान-प्रदान दूसरे उपयोगकर्ता को श्रेष्ठतर महसूस करवा सकता है और स्पष्ट रूप से अहंकार भरे टकरावों का कारण बन सकता है। वास्तविक जीवन के मामले में जो व्यक्ति लंबे समय के बाद इंटरनेट पर मिले हों या डिजिटल संचार प्रौद्योगिकी के माध्यम से फिर से जुड़े हों, यदि उनमें से कोई व्यक्ति जीवन के अनुभवों के कारण अच्छे स्वभाव वाले, शांत व्यक्ति से रूखे एवं असभ्य व्यक्ति में बदल गया है तो उससे 'वही पुराने व्यक्ति' होने की हमारी उम्मीद पूरी नहीं हो सकती है। इस प्रकार इंटरनेट न केवल पहचान बल्कि व्यक्तित्व को भी छुपाता है। इस तरह के एक मंच द्वारा सशक्त होने पर, उत्पीड़न करने वाला व्यक्ति अपने विचारों को उस तरीके से व्यक्त करने के लिए प्रेरित हो जाता है जिसे सेवा प्रदाताओं द्वारा फ़िल्टर या ब्लॉक नहीं किया जा सकता है। भले ही ऐसी अपमानजनक शाब्दिक सामग्री का पता लगाने के लिए, जिसमें यौन संबंधी अपमानजनक (Parapar, Losada & Barreiro, 2014) या उत्पीड़क शब्द हैं, विशिष्ट तरीकों के उपयोग हेतु शोध किए गए हैं जैसे कि ट्विटर में हैशटैग की मदद से (Calvin, Bellmore, Xu & Zhu, 2015), लेकिन इनमें से अवपीड़न वाले शब्दों को रोकने और मिटाने में कोई भी सफल नहीं हुआ है। यह विशेष रूप से वयस्कों के बीच बातचीत एवं अमेरिकी संविधान की पहली संशोधन गारंटी के अनुसार बोलने की स्वतंत्रता के व्यापक दायरे के कारण है जो फेसबुक, गूगल, ट्विटर आदि सहित सभी अमेरिका-आधारित वेब कंपनियों में स्वतंत्रता से बोलने और सामग्री नीति को नियंत्रित करता है। यह अवपीड़न-रोधी या यौन संबंधी सामग्री विरोधी सॉफ़्टवेयर बनाने वालों के लिए एक जटिल कार्य बन गया है। ऐसा विशेष रूप से क्षेत्रीय भाषाओं में अपमानजनक भाषा के अत्यधिक प्रवाह के बीच भारी असंतुलन एवं क्षेत्रीय भाषा में प्रयुक्त अवपीड़क शब्दों का पता लगाने के लिए लोगों या सॉफ्टवेयर की कम संख्या के कारण है।

2. इंटरनेट अवपीड़न के लिए व्यापक मंच एवं तंत्र प्रदान कर सकता है इसलिए सामाजिक-मनोवैज्ञानिक कारकों को भी ध्यान में रखा जाना चाहिए। वयस्क अवस्था में अवपीड़न को अक्सर बचपन में अवपीड़न वाली आदतों से सहसंबंधित किया जाता है (Baughman et al., 2012)। साइबर अवपीड़न पर उपलब्ध साहित्य की समीक्षा से यह देखा जा सकता है कि साइबर अवपीड़न व्यक्तियों में

असाधारण मनोवैज्ञानिक लक्षणों के कारण हो सकती है। इसमें अहंकार और छल-कपट के लिए परिणामी आक्रामकता शामिल हो सकता है (Baughman et al., 2012)। जब अवपीड़न करने वाले को मालूम हो कि पीड़ित वश में किए जाने योग्य उदासीन, पदवी में नीचा या उसकी शारीरिक दिखावट या शैक्षणिक स्तर निम्न है अथवा खुद को अवपीड़क के समान व्यक्त करने में असमर्थ है तो वह पीड़ित को अपने समान मानने से इनकार कर सकता है। कई मामलों में हमने देखा है कि अवपीड़न करने वाला पीड़ित द्वारा दी गई ऑनलाइन जानकारी या पीड़ित से परिचित होने के अपने वास्तविक जीवन के अनुभवों से बातों का पता लगा सकता है। इसी कारण से साइबर अवपीड़न की अवधारणा साइबर स्टॉकिंग की अवधारणा के साथ अतिव्यापित की जा सकती है जिसका अर्थ आवश्यक रूप से बार-बार संचार द्वारा पहुंचे नुकसान के लिए पीड़ित की निगरानी करना हो सकता है। लेकिन हम प्रत्येक शब्द की बेहतर समझ के लिए दोनों शब्दों को अलग-अलग रखेंगे। अवपीड़न करने वाला व्यक्ति पीड़ित पर अपनी प्रमुखता स्थापित करने के लिए अवपीड़न के लक्षण को 'पावर गेम' (Shariff, 2008) के तौर पर ले सकता है जिसे जानबूझकर अपमानजनक, तिरस्कारी, निन्दात्मक भाषाओं का उपयोग कर छवियों और इमोटिकॉन्स द्वारा या इनके बिना भी सर्वोत्तम रूप से निष्पादित किया जा सकता है। अवपीड़न करने वाले की आक्रामकता तब संतुष्ट होती है जब पीड़ित भावनात्मक रूप से टूट जाता है और खुद को बचाने में विफल रहता है। साइबर अवपीड़न को उत्तेजित करने वाला अन्य प्रमुख कारक विभिन्न संस्कृतियों में निहित सामाजिक मूल्य प्रणाली है (Sun et al., 2005)। भारत में जाति एवं वर्ग के आधार पर अवपीड़न लंबे समय से एक पुरानी सामाजिक-सांस्कृतिक परिस्थिति बना हुआ है और इसने इंटरनेट पर अवपीड़न के तरीक़े को भी प्रभावित किया हो सकता है। कई सोशल नेटवर्किंग साइट उपयोगकर्ताओं को अपनी जातीयता या धार्मिक भावनाएं दिखाने का मौका प्रदान करते हैं। भारतीय युवाओं ने सोशल नेटवर्किंग साइटों में अपनी जातिगत पहचान बनाई या इसका समर्थन किया (Boyd, 2007)। इसके अलावा रूढ़िवादी पितृसत्तात्मक सामाजिक संरचना से पुरुषों द्वारा महिलाओं एवं किन्नरों सहित अप्रधान लिंग के व्यक्तियों पर किया जाने वाला अवपीड़न प्रभावित हो सकता है। इसने भारतीय वयस्कों के बीच साइबर अवपीड़न के तरीक़े को भी प्रभावित किया है। लैंगिक आधार पर ऑनलाइन अवपीड़न के 'पावर गेम' (Shariff, 2008) में यह दिखाने के लिए कि कैसे महिलाएं पुरुषों से कम हैं तथा सामाजिक रूप से या बौद्धिक रूप से या शारीरिक शक्ति में पुरुषों के साथ खुद को समान बनाने में असमर्थ हैं, आवश्यक

> तौर पर मर्दानगी भरा व्यवहार शामिल हो सकता है। हालांकि इस बात का पहले भी उल्लेख किया गया है कि अवपीड़न करने वाली महिलाएं भी साइबर अवपीड़न में पावर गेम खेल सकती हैं। वे ऐसा विशेष तौर पर प्रमुखता स्थापित करने के लिए, अपने बच्चों एवं परिवार के अन्य सदस्यों की रक्षा करने या अपने ऐसे कार्यों को सही साबित करने के लिए कर सकती हैं जिन्हें पीड़ित द्वारा वास्तविक जीवन में या साइबर जगत में 'गलत' माना गया हो।

लैंगिक आधार पर ऑनलाइन अवपीड़न के मुख्य प्रभाव, बच्चों पर साइबर अवपीड़न के प्रभावों से ज़्यादा अलग नहीं हैं। इसके बावजूद पीड़ित मानसिक तौर पर व्यथित एवं आत्महत्या को तत्पर महसूस कर सकता है तथा कुछ मामलों में प्रत्याहार लक्षणों से पीड़ित हो सकता है। गौरतलब है कि वर्तमान में ऑनलाइन सुरक्षा सूचनाओं पर विशाल वेब-साहित्य के कारण कई उपयोगकर्ता साइबर अवपीड़न सहित ICT में शामिल खतरों से अवगत हो सकते हैं। लेकिन यह इसकी गारंटी नहीं देता है कि सभी संभावित पीड़ित (विशेष रूप से महिलाएं) लैंगिक आधार पर ऑनलाइन अवपीड़न सहित अत्याचारों का सामना कर सकती हैं, विशेषकर यदि इंटरनेट संचार प्रौद्योगिकी उनके लिए नई है। कुछ मामलों में पीड़ित भी धमकाने या हैकिंग क्रियाविधि पर भरोसा करने जैसी अविवेकी प्रतिशोध प्रक्रियाओं का सहारा ले सकते हैं और उन्हें यह उम्मीद होती है कि इससे उत्पीड़न सदा के लिए समाप्त हो जाएगा। (Halder & Jaishankar, 2015b)। लेकिन इससे पीड़ितों के लिए नई समस्याएं पैदा हो सकती हैं और ऐसा करने से अवपीड़नकर्ता उन्हें अपेक्षाकृत बड़ी योजनाओं के साथ परेशान करने के नए तरीके तैयार कर सकता है।

यह समझना जरूरी है कि भले ही हमारे द्वारा पहले उल्लेख किए क़ानूनी प्रावधान लैंगिक आधार पर ऑनलाइन अवपीड़न के लिए उपचार प्रदान कर सकते हैं लेकिन ज्यादातर मामलों में अवपीड़न का पीड़ित मामलों की सूचना नहीं देता है। पीड़ितों से प्राप्त जानकारी और साहित्य की समीक्षाओं से हमने यह पाया है कि भारत में महिलाओं को बचपन से यह सिखाया जाता है कि वे अवपीड़न की घटनाओं की सूचना ना दें तथा पुरुषों एवं अपने से बड़े लोगों और अधिक शक्तिशाली महिलाओं के अवपीड़न को सहन करने की आदत डाल लें। यह संस्कृति वयस्कों द्वारा लैंगिक आधार पर ऑनलाइन अवपीड़न के मामलों में भी प्रचलित है। हालांकि, यहां वर्णित क़ानूनों का उपयोग लैंगिक आधार पर ऑनलाइन अवपीड़न को नियंत्रित करने के लिए किया जा सकता है, लेकिन इस पर ध्यान दिया जा सकता है कि कुछ ऐसे अन्य विशिष्ट क़ानून भी हैं जो जाति एवं वर्ग के आधार पर अवपीड़क या अपमानजनक भाषा के उपयोग को रोकते हैं, जिसमें अनुसूचित जाति एवं अनुसूचित जनजाति (अत्याचार निवारण) विधेयक, 2014 शामिल है जिसने अनुसूचित जाति एवं अनुसूचित जनजाति (अत्याचार निवारण) अधिनियम, 1989 को संशोधित

किया। यह जाति आदि के नाम पर अपमानजनक भाषा का उपयोग करने या शत्रुता (धारा 3u) को बढ़ावा देने के लिए कुछ भी लिखने अथवा प्रकाशित करने या अनुसूचित जाति या जनजाति (धारा 3w(ii)) की महिला का अनादर करने के लिए यौन प्रकृति के किसी शब्द, इशारे के जानबूझकर उपयोग को प्रतिबंधित करता है। IPC में धारा 509A को शामिल करने के लिए भी प्रस्ताव दिये गए हैं जो किसी भी विशेष वर्ग के सदस्यों को अपमानित करने के लिए जानबूझकर इस्तेमाल किए गए किसी अपमानजनक शब्द, इशारे आदि को अपमानजनक व्यवहार मानती है (Jain, 2015)। लेकिन वास्तव में लैंगिक आधार पर ऑनलाइन अवपीड़न को रोकने के लिए बहुत ही कम क़ानून हैं। अनिच्छुक पीड़ितों के साथ-साथ पुलिस एवं वकील सहित आपराधिक न्याय तंत्र भी बेखबर होते हैं जो महिलाओं को अपने खाते बंद करने या अवपीड़न करने वाले को अनदेखा करने के लिए कह सकते हैं (Halder & Jaishankar, 2011) और इस प्रकार अतिरिक्त मानसिक पीड़ा का कारण बन सकते हैं।

लैंगिक आधार पर अवपीड़न वास्तव में सोशल नेटवर्किंग साइटों, ईमेल, चैट सत्रों और मोबाइल संचार ऐप सहित डिजिटल टेलीफोन संचार प्रणालियों के माध्यम से किन्नरों को लक्षित कर सकता है। किन्नरों पर ऑनलाइन अवपीड़न का मुख्य कारक उनका यौन अभिविन्यास (NCTE, 2011) एवं उनका आत्म-सम्मान और पुरुषों द्वारा उनके यौन अभिविन्यास का उपहास करते हुए आनंद लेने की अनुमति देने की उनकी अनिच्छा है (Halder & Jaishankar, forthcoming)। कल्कि के मामले पर फिर से विचार करें जब कुछ पुरुषों ने यौन संतुष्टि के लिए उनसे संपर्क करना चाहा था और उन्होंने उन पुरुषों द्वारा फ़ोन नंबर मांगने के लिए बार-बार भेजे गए संदेशों को नज़रअंदाज किया। उनके मैसेज बॉक्स और प्रोफाइल पेज पर उनके साथ अवपीड़न किया गया था। आम तौर पर इस तरह के अवपीड़न में आवश्यक तौर पर ऐसे शब्दों को शामिल किया जा सकता है जो किन्नरों को उनके अतीत की 'मर्दानगी' तथा पुरुषों के तौर पर महिलाओं को संतुष्ट करने में असमर्थता के बारे में याद दिलाते हैं, या इस कड़वी वास्तविकताओं को दर्शाते हैं कि वे पुरुषों को अपेक्षित संतुष्टि देने के लिए 'पूर्ण महिला' भी नहीं हैं। साइबर जगत में ऑनलाइन अवपीड़न के माध्यम से किन्नरों को अपमानित करते क़ानूनी कारकों को भी अनदेखा नहीं किया जाना चाहिए। यह बहुत दुर्भाग्यपूर्ण है कि पारंपरिक भारतीय सामाजिक मानसिकता LGBT समुदाय के लोगों को अपमानित किए जाने योग्य समुदाय मानती है। किन्नर इस तरह की मानसिकता की सबसे अधिक पीड़ित हैं जिससे उन्हें ना केवल अवसामान्य यौन साथियों के रूप में माना जाता है बल्कि समाज के लिए परेशानी के तौर पर भी देखा जाता है। इसने पूरे समाज को उनका बहिष्कार करने, उनके साथ अवपीड़न करने और उनके साथ अमानवीय तरीके से व्यवहार करने के लिए प्रेरित किया है। वे अपने अधिकार पाने के लिए

क़ानून एवं न्याय तंत्र से संपर्क करते हैं परंतु IPC की धारा 377[21] का वर्तमान रूप भी LGBT समुदाय के खिलाफ प्रतिकूल दृष्टिकोण प्रदान करता है इसलिए उनके साथ ऐसा व्यवहार किया जाता है। आम लोग इस तथ्य से अवगत हैं कि क़ानून भी किन्नरों का समर्थन नहीं करता है इसलिए उन्हें साइबर जगत में भी अनैतिक तरीक़े से लक्षित किया जाता है।

विडंबना यह है कि किन्नरों को वास्तविक जीवन में ऑनलाइन अवपीड़न के संदर्भ में आपराधिक न्याय तंत्र से कोई आश्वासन नहीं मिला है क्योंकि ऐसे मामलों में पुलिस उन्हें उनके आभासी घरों से बाहर निकालने तथा अपने विचारों को व्यक्त करने के लिए अमेरिकी क़ानूनों पर आश्रित 'अवैध तत्त्व' मानते हुए उनके साथ दुर्व्यवहार करने के लिए IPC की धारा 377 का दायरा बढ़ा सकती है। ऐसा विशेष रूप से हो सकता है क्योंकि भले ही नाज़ फाउंडेशन[22] पर दिल्ली उच्च न्यायालय के फैसले ने LGBT लोगों के अधिकारों को मान्यता दी लेकिन उच्चतम न्यायालय इस फैसले से सहमत नहीं था। बाक्सी (2013) के अनुसार नाज़ फाउंडेशन के फैसले का एक विशेष भाग इस संबंध में हमारा ध्यान आकर्षित करता है; उच्चतम न्यायालय ने कहा, '...IPC की धारा विशेष लोगों, पहचान या अभिविन्यास को अपराधी नहीं मानती है। यह केवल कुछ कृत्यों की पहचान करती है जिनको करना अपराध माना जाएगा। इस तरह का निषेध लैंगिक पहचान और अभिविन्यास पर ध्यान दिए बिना यौन संबंधी व्यवहार को नियंत्रित करता है।'[23] कई विपरीतलिंगी महिलाएं समाज के साथ संचार के लिए अपनी प्रोफाइल का उपयोग करती हैं तथा इसमें तस्वीरों के माध्यम से साथी बनाने के लिए टाइमलाइन अपडेटों के द्वारा सीधे संदेश भेजने के साथ-साथ अप्रत्यक्ष संदेश भेजना शामिल हो सकता है। बाद में नालसा (NALSA) निर्णय में बताया गया कि,[24] अभिव्यक्ति के ऐसे तरीक़े अनुच्छेद 19(1)(a) के अंतर्गत आते हैं और यदि किन्नरों के वाक् एवं अभिव्यक्ति को शामिल करने के लिए

---

[21] IPC की धारा 377 के अनुसार,

जो भी कोई किसी पुरुष, स्त्री या जीवजन्तु के साथ प्रकृति की व्यवस्था के विरुद्ध स्वेच्छा पूर्वक संभोग करेगा तो उसे आजीवन कारावास या किसी एक अवधि के लिए कारावास, जिसे दस वर्ष तक बढ़ाया जा सकता है, से दण्डित किया जाएगा और साथ ही वह आर्थिक दण्ड के लिए भी उत्तरदायी होगा। इस धारा से संबंधित स्पष्टीकरण बताता है कि इस धारा में वर्णित अपराध के लिए आवश्यक संभोग संस्थापित करने के लिए प्रवेशन पर्याप्त है।

[22] सुरेश कुमार कौशल एवं अन्य बनाम नाज़ फाउंडेशन एवं अन्य, 2013 की नागरिक अपील संख्या 10972 पर माननीय सर्वोच्च न्यायालय द्वारा 11 दिसंबर 2013 को निर्णय लिया गया।

[23] बाक्सी, पी. (16 दिसंबर 2013)। सुरेश कौशल बनाम नाज़ फाउंडेशन: प्रतीक्षा बाक्सी। http://kafila.org/2013/12/16/suresh-koushal-v-naz-foundation-pratiksha-baxi पर उपलब्ध है। (5 जुलाई 2016 को देखा गया)।

[24] राष्ट्रीय विधिक सेवा प्राधिकरण बनाम भारत संघ, वर्ष 2012 की रिट याचिका (दीवानी) सं. 400 के साथ वर्ष 2013 की रिट याचिका (दीवानी) सं. 604।

उच्चतम न्यायालय के नाज़ फाउंडेशन निर्णय को व्यापक तरीक़े से समझा जाए तो इनमें व्यापक अर्थ में आवश्यक रूप से 'निषिद्ध व्यवहार' शामिल हो सकता है। हम मानते हैं कि सर्वोच्च न्यायालय द्वारा नाज़ फाउंडेशन के मामले के निर्णय में हुई न्यायिक गलतफहमियां, आपराधिक न्याय प्रशासन के साथ-साथ नैतिकता लागू करने वाले समूहों को लैंगिक अल्पसंख्यक समुदाय को उनकी आभासी उपस्थिति के लिए उत्पीड़ित करने के लिए प्रोत्साहित कर सकती हैं।

भारत में महिलाओं को लक्षित करती ट्रॉलिंग

ट्रॉलिंग और ट्रॉल्स की रूपरेखा

साइबर अवपीड़न की तुलना में ट्रॉलिंग भारत में एक नई घटना है। ट्रॉलिंग साइबर अवपीड़न की अवधारणा से थोड़ी भिन्न हो सकती है: एक प्रमुख अंतर यह है कि ट्रॉल अपने पीड़ितों (Halder, 2013) द्वारा बोलने अथवा कुछ करने से प्रत्यक्ष या अप्रत्यक्ष तौर पर प्रभावित नहीं हो सकते हैं। वे इसलिए ट्रॉल करते हैं क्योंकि वे विशेष रूप से 'प्रकाशन' (पीड़ित के स्टेटस अपडेट, टिप्पणी या पाठ्य अभिव्यक्ति या सार्वजनिक मंच पर मुख्य टिप्पणीकार के स्टेटस मैसेज या टिप्पणी के बाद की चर्चा सहित) का ध्यान बदलना चाहते हैं और पाठकों का ध्यान पीड़ितों के बारे में अपने स्वयं के अनैतिक विचारों के प्रति आकर्षित करना चाहते हैं। ट्रॉलिंग 'छवि को नुक़सान पहुंचाने' से संबंधित है (Donath, 1999, p. 45), जिसमें आवश्यक रूप से ट्रॉल्स (Hardaker, 2010) द्वारा अपने पीड़ितों को लक्षित करने वाली असभ्य भाषा शामिल हो सकती है। 'ट्रॉल पोस्ट' अनिवार्य रूप से 'उकसाने वाली पोस्ट' है जिनका लक्ष्य प्रतिक्रियाएं उत्पन्न करना है (Herring et al., 2002)। हेरिंग एवं अन्य (2002) ने आगे कहा कि ट्रॉलिंग ज्यादातर ऑनलाइन ग्रुपों में हो सकता है जिसमें LGBT समुदाय या धार्मिक या भाषाई अल्पसंख्यक समूह जैसे अधिकारहीन लोग और विशेष रूप से महिलाओं के समूह या जो समूह प्रकृति में मूलभूत नारीवादी हैं, शामिल हो सकते हैं। ऐसा इसलिए है क्योंकि ऐसे नारीवादी समूहों की अपवर्जनात्मक प्रकृति की वजह से पुरुष उनकी नाराज़गी के कारण उत्तेजित हो सकते हैं (Hall, 1996; Herring et al., 2002)। लेकिन इस पर भी ध्यान देना आवश्यक है कि हेरिंग एवं अन्य ने यह शोध 2002 में किया था और अब कंप्यूटर मध्यस्थ संचार के ढांचे में सोशल नेटवर्किंग साइटों की भारी वृद्धि के कारण बदलाव आया है। अब महिलाएं किसी भी विशेष समाचार समूह पर निर्भर किए बिना अपनी राय व्यक्त करने के अधिकार का उपयोग कर सकती हैं।

महिलाएं फेसबुक या ट्विटर पर अपनी प्रोफाइल के माध्यम से अपने विचार प्रकट कर सकती हैं तथा उन्हें अपने विचारों के लिए 'लाइक्स' एवं टिप्पणियों, री-ट्वीट्स 'शेयरिंग'

के द्वारा सकारात्मक तौर पर अपने विचारों के लिए आभासी समर्थन मिल सकता है। इन मामलों में महिलाएं अपने स्टेटस मैसेज को किसी विशेष व्यक्ति या व्यक्तियों के समूह के साथ संवाद करने के लिए अपडेट नहीं करती हैं लेकिन ट्विटर के मामले में उनके स्टेटस मैसेज 140 अक्षरों के छोटे संदेश बन जाते हैं। फेसबुक के मामले में ऐसे संदेश कुछ परिच्छेदों के हो सकते हैं। उनके पास दुनिया को अपनी साहित्यिक रचनाओं, न्यूज मीडिया में उनके लेखन आदि को हाइपर-लिंक के माध्यम से दिखाने की स्वतंत्रता है जो पाठकों को उनके द्वारा प्रकाशित रचनाओं तक ले जा सकते हैं। वर्तमान युग के ट्रॉल अपनी ट्रॉलिंग गतिविधियों को केवल न्यूज़-ग्रुपों तक ही सीमित नहीं करते हैं जैसा कि हेरिंग एवं अन्य (2002) द्वारा दिखाया गया था। वे अपनी स्वयं की प्रोफाइल के माध्यम से या पीड़ित के स्टेटस मैसेज के टिप्पणी भाग में अपनी टिप्पणियां लिखकर पीड़ित के प्रति अपनी नाराज़गी व्यक्त करने की स्वतंत्रता का भी लाभ उठाते हैं। वर्तमान युग की ट्रॉलिंग को 'बोलने की आजादी के अत्यधिक उपयोग के रूप में परिभाषित किया जा सकता है जिसका उपयोग सोशल नेटवर्किंग साइटों में सामुदायिक चर्चाओं को बाधित करने के लिए किया जाता है। ऐसा विषय शुरू करने वाले व्यक्ति या विषय शुरू करने वाले व्यक्ति के समर्थकों की नारीवाद, धर्मनिरपेक्षता आदि जैसी विचारधाराओं का जानबूझकर अपमान करने के लिए किया जाता है' (Halder, 2013)। हालांकि, नारीवादी समूहों में ट्रॉलिंग अभी भी मौजूद है। संचार के लिए व्हाट्सएप जैसे मोबाइल ऐप के उपयोग में वृद्धि के साथ ट्रॉल्स ने नारीवादी समूहों के साथ-साथ स्वयं के समूहों में अपनी ट्रॉल पोस्ट जारी रखने के रास्ते भी खोजे हैं, जहां वे अपने चुने हुए पीड़ितों को लक्षित करने के लिए ट्रॉलिंग कर सकते हैं। व्हाट्सएप पर ट्रॉल ग्रुपों के अन्य गैर-प्रतिभागी उपयोगकर्ताओं के बीच संदेश के साथ डिजिटलीकृत कार्टून के माध्यम से ट्रॉल पोस्ट के तेज़ परिसंचरण के कारण ट्रॉल्स के लिए ट्रॉलिंग (दुखद रूप से) अधिक सुखद हो गई है। इसके द्वारा वे उन लोगों को अपनी ट्रॉल पोस्ट भेजने में सक्षम हुए हैं जो सोशल नेटवर्किंग साइट्स का उपयोग नहीं कर सकते हैं।

हालांकि, अब महिला उपयोगकर्ता गोपनीयता सेटिंग्स के बारे में अधिक जागरूक हो गई हैं और ऐसे समूहों की मेजबान साइटें पोस्टों का प्रबंधन करने का अधिक अवसर प्रदान कर सकती हैं; इससे पहले कि इस तरह की ट्रॉलिंग विस्तीर्ण 'बेमतलब पोस्ट' को आकर्षित कर सके इसे नियंत्रित किया जा सकता है। कार्यकर्ता कविता कृष्णन के मामले पर विचार करें जिन पर Rediff.in पर ट्रॉल्स डाले गए थे। 2013 में जब उन्हें रेडिफ पर लाइव चैट पर महिलाओं के खिलाफ हिंसा पर बात करने के लिए आमंत्रित किया गया था तब उन्हें ट्विटर हैंडल 'रेपिस्ट' से ट्वीट्स मिले जिनमें उनसे कहा गया कि वह महिलाओं को पूरे कपड़े पहनने के लिए कहें ताकि उनका बलात्कार नहीं हो। इसके बाद ट्वीट हैंडल से दोबारा प्रत्यक्ष तौर पर धमकी देते हुए कहा गया कि 'कविता मुझे बताओ कि मैं तुम्हारा बलात्कार

करने के लिए कंडोम लेकर कहां आऊं।' उन्होंने मीडिया को बताया कि जब लाइव चैट चल रही थी तब 'रेपिस्ट' ने बड़े अक्षरों में ट्वीट्स की जिसने अन्य दर्शकों का ध्यान आकर्षित किया और इसके कारण उन्हें चैट से तुरंत लॉग ऑफ़ होना पड़ा।[25] इसी तरह, 2016 में उन्हें फेसबुक पर भी लक्षित किया गया जहां उन्हें नि:शुल्क संभोग के बारे में बताने के मकसद से कमेंटेटर के साथ जुड़ने के लिए कहा गया था। मीडिया रिपोर्टों के अनुसार उन्होंने इस संबंध में यौन उत्पीड़न के प्रावधानों के तहत एक पुलिस शिकायत दायर की।[26]

ट्रॉल्स अब ट्विटर और फेसबुक पर अधिक सक्रिय हैं क्योंकि उन्हें हैशटैग (#) के उपयोग से डेटा माइनिंग द्वारा सोशल नेटवर्किंग साइटों में ट्रेंडिंग न्यूज़ का पता चल सकता है। यह उन उपयोगकर्ताओं द्वारा बनाए गए महत्त्वपूर्ण मेटाडेटा के बारे बताती है जो अपनी अपडेट का प्रचार करना चाहते हैं।

एक वरिष्ठ महिला पत्रकार सागरिका घोष के मामले पर फिर से विचार करें, जिन्होंने CNN-IBN जैसे समाचार चैनलों के साथ काम किया है। ट्रॉल्स ने उन्हें ट्विटर पर लक्षित किया, विशेषकर उनके द्वारा विशेष राजनीतिक स्थितियों पर समाचारों और कश्मीर जैसे संवेदनशील मुद्दों पर राजनीतिक विचारों के बाद और विशेष राजनीतिक दलों द्वारा अनुकरण की जाने वाली छद्म-धर्मनिरपेक्षता पर उनके विचार विभिन्न समाचार चैनलों तथा स्वयं उनके द्वारा अत्यधिक पोस्टिंग के कारण वायरल हो गए थे। उनका नाम ट्विटर पर ट्रेंड करने लगा था और ट्रॉल्स ने अपनी ट्रॉल पोस्टें डालनी शुरू कर दी। इनमें उनके नाम को हैश-टैग किया गया और उन्हें पक्षपातपूर्ण पत्रकार के रूप में वर्णित किया जिसने कांग्रेस पार्टी के साथ ऐक्यभाव दिखाया। सागरिका ने अपनी ट्वीट प्रोफाइल में अपना बयान दिया और कुछ घंटों के भीतर सागरिका के नाम से चलने वाले इंटरनेट पर 'साधारण जोकर' अनैतिक ट्रॉल्स में बदल गए जिन्होंने घृणित संदेश पोस्ट करने शुरू कर दिए। इसमें उनके साथ-साथ उनकी छोटी बेटी को मारने और बलात्कार की धमकी दी गई। नफरत भरे ये संदेश सागरिका को प्रभावित करने में सफल हुए जिन्होंने इनके बाद अपनी बेटी को अपनी कार में स्कूल छोड़ने का फैसला किया क्योंकि उन्हें डर था कि इनमें से कुछ ट्रॉल्स वास्तव में उनकी बेटी को नुकसान पहुंचा सकते हैं क्योंकि उन्होंने कहा था कि वे उन मार्गों के बारे में जानते हैं जिन पर से सागरिका और उनका परिवार गुजरता है। इस मामले में भी ट्रॉल्स समाचार चैनलों को आकर्षित करने में सक्षम रहे थे जिसका कारण ना केवल यह था कि सागरिका

---

[25] इस मामले के बारे में अधिक जानकारी के लिए, सहाय, पी. (26 अप्रैल 2013) देखें। Trolls threaten activist with rape during chat. डीएनए http://www.dnain-dia.com/india/report-troll-threatens-activist-with-rape-during-chat-1827134 पर उपलब्ध (10 फरवरी 2015 को देखा गया)।

[26] शंकर, ए. (26 मई 2016)। Delhi Women's rights activist files sexual harassment complaint against former journalist. https://in.news.yahoo.com/delhi-women-rights-activist-files-044600695.html पर उपलब्ध। (3 जून 2016 को देखा गया)।

एक प्रसिद्ध पत्रकार हैं बल्कि सफल महिलाओं, विशेष रूप से प्रसिद्ध लेखकों, पत्रकारों, फिल्मी हस्तियों आदि के प्रति उनका अत्यधिक 'उदार विरोधी' दृष्टिकोण भी इसका कारण था।[27]

इसी प्रकार एक अनुभवी महिला पत्रकार बरखा दत्त के मामले पर विचार करें जिनको अपनी पुस्तक द *अनक्वाइट लैंड: स्टोरीज़ फ्रॉम इंडियाज़ फॉल्ट लाइन्स* प्रकाशित करने पर ट्रॉल्स द्वारा निशाना बनाया गया था। बरखा को पहले भी उनकी पत्रकारिता के लिए ट्रॉल्स द्वारा निशाना बनाया गया था। कई ट्रॉल्स के अनुसार बरखा ने भारत के बारे में नकारात्मक विचार फैलाए हैं। लेकिन उनकी पुस्तक प्रकाशित होने पर जिसमें उन्होंने बचपन में अपने साथ हुए यौन दुर्व्यवहार, कारगिल युद्ध में अपने अनुभवों आदि को साझा किया था, उन को ट्रॉल्स द्वारा फिर से लक्षित किया गया जिन्होंने उनको गलत नामों से बुलाया तथा यह भी पूछा कि क्या वह शादीशुदा हैं और यदि हां, तो उनकी शादी कितनी बार हुई है?[28]

उपर्युक्त मामलों से देखा जा सकता है कि इन दोनों मामलों में ट्रॉलिंग की तीन विशिष्ट प्रकृतियाँ (as defined by Donath, 1999; Halder, 2013; Herring et al., 2002) देखी जा सकती हैं: (a) ट्रॉल्स वर्ल्ड वाइड वेब में महिला लेखकों के समाचारों, लेखों, साहित्यिक कार्यों से पाठकों का ध्यान हटाने में सफल रहे। (b) अधिक ध्यान इस ओर गया कि ट्रॉल्स महिलाओं के बारे में क्या चर्चा कर रहे थे और कैसे अपमानजनक, असभ्य और निन्दात्मक भाषाओं के द्वारा उनका उपहास किया गया। (c) ट्रॉल पोस्टों ने बाद में पाठकों को और भी बेमतलब की प्रतिक्रियाएं देने के लिए उकसाया जो हो सकता है कि स्वयं ट्रॉल्स ना हों लेकिन जो ट्रॉलिंग की निंदा करने के लिए आगे आए थे या जो लक्षित की गई महिलाओं का समर्थन कर रहे हों। लैंगिक आधार पर अवपीड़न के विपरीत इन मामलों में ट्रॉलिंग में पीड़ितों के साथ बार-बार अपमानजनक संचार का आदान-प्रदान शामिल नहीं था। इसमें एकाधिक पाठक शामिल थे जो संभवतः ट्रॉल पोस्टों पर एक या दो टिप्पणियां पोस्ट करने के बाद रुक गए हों और जिन्हें ट्रॉल्स द्वारा कभी वापस संदेश ना भेजा गया हो।

कारण, प्रभाव और चुनौतियां

लैंगिक आधार पर अवपीड़न के विपरीत, यह आवश्यक नहीं है कि ट्रॉलिंग करने वाले और उसके पीड़ित के बीच मौजूदा अंतर्वैयक्तिक शत्रुता के कारण ट्रॉलिंग हुई हो। ट्रॉलिंग पर कई साहित्यों में उल्लेख किया गया है कि ट्रॉल्स अपने आनंद के लिए खाली समय का उपयोग

---

[27] सागरिका घोष के ट्विटर ट्रॉल दुर्व्यवहार मामले पर BBC ने इस पुस्तक के लेखकों का साक्षात्कार किया था।

[28] अधिक जानकारी के लिए रामानी, पी. (23 अप्रैल, 2016) देखें। Why everybody loves to hate Barkha Dutt http://www.livemint.com/Leisure/C3zY1Y1ycBJYDNRmNPCmHK/Why-everybody-loves-to-hate-Barkha-Dutt.html पर उपलब्ध (24 अप्रैल 2016 को देखा गया)।

गंभीर मुद्दों के बारे में डेटा माइनिंग करने तथा उस विशिष्ट व्यक्ति, जिसने समाचार दिया या लिखा है, के बारे में अपने विचार इसमें शामिल करके और इसे अचानक फैलाने के लिए करते हैं, जैसा कि बरखा और सागरिका के मामले में हुआ था। इस तरह की डेटा माइनिंग ट्रेंडिंग न्यूज़, वायरल पोस्टों या पुरुषों और महिलाओं समेत हस्तियों का अनुसरण करके की जा सकती है, जिनकी पोस्ट या स्टेटस अपडेट तुरंत बहुत अधिक ध्यान आकर्षित कर सकती हैं। ट्रॉल्स अमेरिकी संविधान के पहले संशोधन द्वारा प्रदत्त वाक् एवं अभिव्यक्ति की स्वतंत्रता, जो अमेरिकी सोशल नेटवर्किंग साइटों का मार्गदर्शक सिद्धांत है, के व्यापक अर्थ में अपना विचार व्यक्त करने के लिए इंटरनेट के उपयोग के बारे में 'आजाद और इच्छास्वातंत्र्यवादी विचार' (Herring et al., 2002) इस्तेमाल करते हैं। ऑनलाइन अवपीड़न की तरह प्रोफ़ाइलों की अज्ञात प्रकृति ट्रॉल्स को आगे आने, वार्तालाप को बाधित करने और गायब हो जाने और संभवतः किसी अन्य अवतार के द्वारा फिर से प्रकट होने की 'क्षमता' देती है। इसके अलावा साइबर जगत में ट्रॉलिंग से निपटने के लिए भारत के क़ानून में कुछ कमियां हैं।

भारत में बोलने की आजादी की बढ़ती धारणा पर विचार करें। राष्ट्र की सामाजिक-सांस्कृतिक पृष्ठभूमि के आधार पर संविधान के अनुच्छेद 19(2) ने कुछ विशिष्ट आधार शामिल किए जो वास्तविक एवं आभासी जगत में भारत में वाक् एवं अभिव्यक्ति की स्वतंत्रता को रोक या प्रतिबंधित कर सकते हैं। इन आधारों में राष्ट्रीय अखंडता एवं देश की सुरक्षा, अन्य राज्यों के साथ मैत्रीपूर्ण संबंध में बाधा डालना, अपराध को प्रोत्साहन देना, अदालत का अपमान करना और भारत में लोगों की नैतिकता और सभ्यता को नुकसान पहुंचाना शामिल है। लेकिन भारत में अदालतों ने कई ऐतिहासिक निर्णयों में बोलने के अधिकार को कमतर करने पर विचार नहीं किया है लिहाजा भारत में प्रेस की आज़ादी का 'सुप्रसिद्ध अधिकार' भी मौजूद है।[29] अनुच्छेद 19(2) के आधार पर IT अधिनियम 2000 (2008 में संशोधित) की धारा 66A का सृजन हुआ। यह पूरी तरह से अपमानजनक, धमकी-भरी जानकारी और/या भ्रामक जानकारी और/या ऐसी जानकारी को निषेधित करती है जिसके बारे में जानकारी भेजनेवाला जानता है कि यह झूठी है, लेकिन कई नकारात्मक मनोवैज्ञानिक और सामाजिक प्रभाव डालने के लिए उपयोग करता है। इसके अंतर्गत इलेक्ट्रॉनिक और डिजिटल संचार सेवाओं के माध्यम से असुविधा, खतरा, बाधा, अपमान, चोट, आपराधिक धमकी, शत्रुता, घृणा या कड़वाहट शामिल है। लेकिन जैसा कि पहले उल्लेख किया गया है, अत्यधिक विस्तृत होने के साथ-साथ दुरुपयोग किए जाने के कारण यह क़ानून विवादास्पद है।

---

[29] उदाहरण के लिए, इंडियन एक्सप्रेस बनाम भारत संघ (1985). 1 SCC 641, या रोमेश थापर बनाम मद्रास सरकार, AIR 1950 SC 124 देखें।

एक नवीनतम मामले पर विचार करें जिसमें अदालत ने एक व्यथित दम्पति को अपने फेसबुक पोस्ट के प्रतिधारण की अनुमति दी जो कथित तौर पर बैंगलोर में एक यातायात पुलिस अधिकारी द्वारा उनके साथ किए गए दुर्व्यवहार से संबंधित था साथ ही उनके खिलाफ़ पुलिस अधिकारी द्वारा दायर FIR को रद्द कर दिया।[30] चूंकि ट्रॉलिंग में अनिवार्य रूप से बोलने की आजादी का अत्यधिक स्वतंत्र उपयोग शामिल हो सकता है इसलिए ऐसी संभावनाएं हैं कि भारत की अदालतें उस वक्त तक ट्रॉल करने के अधिकार पर रोक नहीं लगा सकती हैं जब तक कि यह एक विशेष साहित्यिक कार्य या फिल्म या समाचार रिपोर्टिंग के संबंध में अपनी राय व्यक्त करने तक सीमित नहीं हो तथा सतीत्व, शिष्टता जैसे व्यक्तिगत अधिकारों का हनन नहीं करती हो। लेकिन चुनौतियां तब शुरू होती हैं जब एक ट्रॉल लेखक या पत्रकार या सफल हस्ती, विशेष तौर पर महिलाओं को निशाना बनाते हुए ट्रॉल पोस्ट बनाता है जैसा कि बरखा और सागरिका के मामले में हुआ था। हमने पहले उल्लेख किया है कि IT अधिनियम की धारा 66A एवं 67 या 67A के साथ महिलाओं के सतीत्व को नुकसान पहुंचाने और/या आपराधिक धमकी देने और मानहानि से संबंधित क़ानून ऐसे मामलों में लागू की जा सकती है जब ऐसी पोस्टों में अभद्र और अपमानजनक शब्दों के साथ-साथ महिलाओं को घृणित तरीके से दिखाती ग्राफिक छवियां भी शामिल हैं। गौरतलब है कि यदि ट्रॉल पीड़ित के साथ कार्यस्थल के माध्यम से संबंधित नहीं है तो कार्यस्थल पर महिलाओं के यौन उत्पीड़न (रोकथाम, निषेध और निवारण) अधिनियम, 2013 के तहत ट्रॉलिंग पर कार्यवाही नहीं की जा सकती है।

इन दोनों मामलों में विभिन्न समाचार चैनलों के साथ-साथ कई अन्य शोधकर्ताओं एवं छात्रों द्वारा हमसे यह प्रश्न पूछा गया कि भारतीय महिलाओं को ट्विटर और फेसबुक पर और अब व्हाट्सएप पर ट्रॉल्स द्वारा बार-बार लक्षित किए जाने का क्या कारण है? हमारा उत्तर हेरिंग एवं अन्य (2002) द्वारा दिए गए उत्तर जैसा है: पुरुष ट्रॉल्स महिलाओं (विशेष रूप से हस्तियों) को इसलिए निशाना बनाते हैं क्योंकि उन्हें लगता है कि नारीवाद और महिलाओं की सुरक्षा के मुद्दों के बारे में चर्चाओं में उन्हें महत्त्व नहीं दिया जाता है। इसके अलावा भारत का समाज पितृसत्तात्मक है। यहां आज भी कई पुरुष महिलाओं को ऐसी सफल महिलाओं के रूप में स्वीकार नहीं कर सकते जिन्हें मीडिया या आम लोगों से विशेष ध्यान मिलता है क्योंकि इससे उनकी मर्दानगी भरी भावनाओं को ठेस पहुंचती है। वे सामाजिक, राजनीतिक और धार्मिक मुद्दों के बारे में महिलाओं की समझ के स्तर पर सवाल

---

[30] मनिक तनेजा बनाम कर्नाटक सरकार, 2015 SCC ऑन लाइन SC 51, 20–01–2015 देखें। चौधरी, ए. (22 जनवरी, 2015) भी देखें। Babu bashing no crime, SC says. *द टाइम्स ऑफ़ इण्डिया।* http://timesofindia.indiatimes.com/tech/social/Online-babu-bashing-no-crime-SC-says/articleshow/45973495.cms पर उपलब्ध (23 जनवरी, 2015 को देखा गया)।

उठाते हैं। इंटरनेट ने उन्हें वास्तविक जीवन में व्यक्ति का सामना करने तथा उनकी ओर से सुविचारित तरीके से किए गए बचाव से परास्त होने की बात से भयभीत हुए बिना ऐसा करने की शक्ति दी। इसके अलावा ट्रॉल को मिले बहुत अधिक श्रोता और ध्यान भी उनके नैतिक विश्वास और अहंकार को बढ़ाते हैं। हालांकि, यह कहना गलत होगा कि पुरुषों को ट्रॉल्स द्वारा लक्षित नहीं किया जाता है। जस्टिस काटजू पर ट्रॉलिंग इसका उदाहरण है; ट्विटर एवं फेसबुक पर उनकी विशिष्ट पोस्टों के लिए उन्हें पुरुषों और महिलाओं द्वारा ट्रॉल किया गया है। यह उल्लेख करना आवश्यक है कि कई बार महिलाएं भी ट्रॉल कर सकती हैं। हालांकि इनकी संख्या कम है लेकिन वे निजी समूहों या विशिष्ट समुदायों में मौजूद हैं।[31] हमने अनुभव किया है कि इस तरह के ट्रॉल्स को या तो मॉडरेटरों द्वारा हटा दिया जाता है या उन पर समूह के अन्य सदस्यों द्वारा जवाबी हमला किया जाता है। इसके बाद वे (महिला ट्रॉल्स) आम तौर पर अपने ट्रॉल वापस ले लेती हैं या कुछ चरम मामलों में प्रतिशोध की भावना से प्रेरित अवपीड़नकर्ता बन सकती हैं।

भारतीय समाज में महिलाओं को ट्रॉल करने का प्रभाव अत्यंत गंभीर हो सकता है। ट्रॉलिंग करने वाले अधिकांश पुरुष ट्रॉल की गई महिला को दुःख में देखकर आनंद प्राप्त करते हैं और इस तरह के आनंद के लिए वे बार-बार अन्य महिलाओं को भी ट्रॉल कर सकते हैं। सागरिका के मामले पर विचार करें; कुछ ट्रॉल्स ने उन्हें मारने की धमकी दी जबकि कुछ ने उनकी बेटी को नुकसान पहुंचाने की धमकी दी। बरखा के मामले में ट्रॉल्स ने उनके काम और व्यक्तिगत जीवन के बारे में भद्दे शब्दों का इस्तेमाल कर हमला किया।[32] ट्रॉल्स महिलाओं को इंटरनेट का उपयोग बंद करने एवं ICT के माध्यम से नियमित ब्लॉगिंग या नियमित कार्य बंद करने की धमकी दे सकते हैं क्योंकि महिलाओं को उनकी सामाजिक प्रतिष्ठा, सुरक्षा और उनके बच्चों और परिवार के सदस्यों की प्रतिष्ठा को नुकसान पहुंचने का डर होता है। जब साधारण ट्रॉलिंग बड़े पैमाने पर 'नफरत भरी ट्रॉलिंग' (Citron, 2014) में बदल जाती है तो महिलाओं को ना केवल ट्रॉल द्वारा बल्कि कई स्रोतों द्वारा किए जा रहे दैनिक आभासी उत्पीड़न को सहना असंभव हो सकता है। अमेरिका में महिलाएं प्रभावी आपराधिक न्याय तंत्र द्वारा घृणित अपराधों से लड़ने में सक्षम हो सकती हैं

---

[31] यह साइबर अपराध पीड़ितों की परामर्शदाता के रूप में मुख्य लेखिका के व्यक्तिगत अनुभव से ली गई जानकारी है।

[32] उपधारा (1) के प्रावधान लागू नहीं होंगे यदि: (a) मध्यस्थ ने धमकियों या वादों या अन्यथा गैरक़ानूनी अधिनियम (आईटीएए 2008) के कमीशन द्वारा षड्यंत्र रचा है या मदद की है या उत्तेजित किया है [और] (b) वास्तविक जानकारी प्राप्त होने पर, या उचित सरकार या इसकी एजेंसी द्वारा यह सूचना दिए जाने पर कि मध्यस्थ द्वारा नियंत्रित कंप्यूटर संसाधन में मौजूद या उपस्थित कोई जानकारी, डेटा या संचार लिंक गैर क़ानूनी कार्य करने के लिए उपयोग किया जा रहा है, मध्यस्थ किसी भी तरीक़े से सबूत को नुकसान पहुंचाए बिना उस संसाधन पर मौजूद उस सामग्री तक पहुंच को तुरंत हटाने या अक्षम करने में विफल रहता है। स्पष्टीकरण: इस धारा के उद्देश्य के लिए, अभिव्यक्ति 'तीसरे पक्ष की जानकारी' का अर्थ मध्यस्थ द्वारा मध्यस्थ के तौर पर अपनी क्षमता के साथ निपटाई गई कोई भी जानकारी है।

(Citron, 2014), लेकिन भारत में पीड़ित के लिए अपराध की घटना के बारे में पुलिस को विश्वास दिलाना और क़ानूनी कार्यवाहियां आरंभ करवाना असंभव हो सकता है। यदि ट्रॉल पोस्ट अभी भी उनके ट्विटर पेज पर दिखाई दे रही हैं फिर भी पुलिस ट्रॉलिंग केस में प्रभावी तरीक़े से उनकी ज्यादा मदद नहीं कर सकती है। ऐसी करुणाजनक स्थिति के मुख्य कारणों में से एक ट्रॉलिंग की अंतर्निहित प्रकृति है जो साइबर स्टॉकिंग के जैसी हो सकती है लेकिन वास्तव में यह साइबर स्टॉकिंग से अलग है। साइबर स्टॉकिंग के मामले में स्टॉकर इसकी पूर्ण जानकारी के साथ कि ऐसी डिजिटल निगरानी पीड़ित को नुकसान पहुंचा सकती है, डिजिटल निगरानी द्वारा पीड़ित पर लगातार नज़र रख सकता है। वह बार-बार अवांछित पहुंच से पीड़ित को परेशान करने का प्रयास कर सकता है जिसमें ट्रॉलिंग, अवपीड़न, धमकी भरे मेल/संदेश भेजना, पीड़ित की डिजिटल गोपनीयता में दखल देना आदि शामिल हो सकता है। संभवतः ट्रॉलिंग में ट्रॉल पीड़ित को जानबूझकर नुकसान पहुंचाने में शामिल ना हो। इसके अलावा साइबर स्टॉकिंग के विपरीत वे स्वयं से संतुष्ट होने के बाद अचानक अपने विचार पोस्ट करना बंद कर सकते हैं और पीड़ित में उनकी रूचि समाप्त हो सकती है। सागरिका के मामले में भी हमने यही पाया है। ट्रॉलिंग अभी भी बंद नहीं हुई है लेकिन यह उस विशेष मुद्दे पर सागरिका के लिए निश्चित रूप से कम हो गई है जिस को लेकर उन पर हमला किया गया था। इस तरह उन पर यह पूरी घटना नियमित उत्पीड़न के रूप में हुई है जिसका सामना किसी भी अन्य कामकाजी भारतीय महिला द्वारा करना पड़ सकता है और जिसके लिए महिला न्याय की मांग भी नहीं कर सकती है। हालांकि, यह भी उल्लेख किया जाना चाहिए कि कुछ मामलों में भारत में पुलिस और आपराधिक न्याय तंत्र असमर्थ हो सकता है जब सोशल नेटवर्किंग साइट सहयोग देने एवं देश के क़ानूनों का पालन करने से इनकार कर देती हैं। यह बात कुछ नियमों के बारे में कही जा सकती है जिनमें IT अधिनियम की धारा 79(3) (जो कुछ मामलों में मध्यस्थों के लिए देयता की छूट निर्धारित करता है) या IT (जानकारी की रोक, निरीक्षण और विकोडन के लिए प्रक्रिया और सुरक्षा उपाय) नियमों, 2009 की धारा 13 (जो सुविधाओं आदि प्रदान करने के लिए मध्यस्थ की ज़िम्मेदारियों के बारे में बताता है) शामिल हैं।[33]

लेखकों का मानना है कि भारतीय आपराधिक न्याय तंत्र, नागरिक क़ानून न्यायशास्त्र एवं साइबर न्यायशास्त्र के लिए सबसे बड़ी चुनौती लैंगिक आधार पर अवपीड़न सहित अवपीड़न और ट्रॉलिंग को नियंत्रित करने के लिए एक उचित विनियम लाना है। मौजूदा शब्दों के अर्थ एवं सीमा के बारे में अस्पष्टता को दूर करते हुए तथा साइबर अवपीड़न व ट्रॉलिंग शब्दों की परिभाषाओं को शामिल करते हुए, IT अधिनियम, 2000 (2008 में संशोधित) की धारा 66A को उचित तरीक़े से तैयार करने पर विचार किया जाना चाहिए।

---

[33] इसकी जानकारी एक पुलिस अधिकारी द्वारा दी गई है जो अज्ञात रहना चाहते हैं।

साइबर अवपीड़न एवं ट्रॉलिंग नकली अवतार या आपराधिक मानहानि जितनी हानिकारक नहीं हो सकती है। लेकिन यदि अवपीड़न और ट्रॉलिंग में प्रतिशोध की भावना से प्रेरित पॉर्न जैसे मुद्दे शामिल हैं तो इनकी वायरल प्रकृति हानिकारक साबित हो सकती है (Halder, 2015, pp. 116–117)। इसके अलावा, धारा 66A का संशोधित रूप केवल उस दशा में फायदेमंद साबित हो सकता है जब यह एक दण्डात्मक क़ानून से पुनर्स्थापनात्मक क़ानून में परिणत हो जाए। इसके अंतर्गत अपराध गैर-संज्ञेय (विशेष रूप से क्योंकि इसे राजनेताओं या कट्टरपंथियों द्वारा दुरुपयोग नहीं किया जाना चाहिए जो आपराधिक न्याय तंत्र, विशेष रूप से पुलिस को प्रभावित कर सकते हैं) और जमानती होने चाहिए और सजा में सार्वजनिक माफी एवं अवपीड़न/ट्रॉलिंग वाली सामग्री को हटाकर नुकसान की भरपाई करना शामिल हो सकता है (Halder, 2015, pp. 116–117)। इसके साथ-साथ मुआवजे के प्रावधान भी शामिल होने चाहिए (Halder, 2015, pp. 116–117)। यदि सांसदों द्वारा इन अवलोकनों पर ध्यान दिया जाए तो ना केवल साइबर अवपीड़न और ट्रॉलिंग के मुद्दों से कुशलतापूर्वक निपटा जा सकता है बल्कि किशोर अपराधियों सहित सभी अपराधियों को क़ानून के पुनर्स्थापनात्मक एवं उपचारात्मक प्रभावों के दायरे में लाया जा सकता है (Halder, 2015, pp. 116–117)।

हालांकि, महिलाओं को निशाना बनाने वाली ट्रॉलिंग को दंडनीय अपराध बनाने के लिए महिला एवं बाल विकास मंत्रालय के साथ गृह मंत्रालय के हालिया प्रयास पर ध्यान दिया जाना चाहिए। मंत्रालयों ने विचार किया है कि निर्भया फंड के तहत महिलाओं एवं बच्चों के खिलाफ साइबर अपराध निवारण नामक एक योजना बनाई जाएगी (महिलाओं और बच्चों की सुरक्षा के संबंध में प्रयासों का समर्थन करने के लिए सरकार द्वारा बनाई गई निधि) और इस प्रकार बना पोर्टल, ट्रॉलिंग सहित साइबर उत्पीड़न की पीड़ित महिलाओं की सहायता करेगा।[34] उम्मीद है कि यह प्रस्ताव ट्रॉलिंग की महिला पीड़ितों के लिए फायदेमंद साबित होगा।

संदर्भ

Baughman, H. M., Dearing, S., Giammarco, E., & Vernon, P. A. (2012). Relationships between bullying behaviours and the dark triad: A study with adults. *Personality and Individual Differences, 52*(2), 571–575.

Baxi, P. (2013). Suresh Koushal v. Naz Foundation: Pratiksha Baxi. Available at http://kafila.org/2013/12/16/suresh-koushal-v-naz-foundation-pratiksha-baxi (Accessed on 11 February 2016).

[34] इस पर अधिक जानकारी के लिए मधुकटुल्या देखें। A (19 मई 2016)। ऑनलाइन ट्रॉलिंग को दंडित करने के उद्देश्य से मेनका गांधी गृह मंत्रालय के साथ एक पोर्टल पर काम रही हैं। http://www.dnaindia.com/india/report-now-a-portal-to-deal-with-online-abuse-of-women-2213801 पर उपलब्ध (19 मई 2016 को देखा गया)।

Boyd, D. (December 3, 2007). Why youth (heart) social network sites: The role of networked publics in teenage social Life. In: D. Buckingham (ed.), *Youth, identity, and digital media*. The John D. and Catherine T. MacArthur Foundation series on digital media and learning (pp. 119–142). Cambridge, MA: The MIT Press.

Calvin, A. J., Bellmore, A., Xu, J. M., & Zhu, X. (2015). #bully: Uses of hashtags in posts about bullying on Twitter. *Journal of School Violence, 14*(1), 133–153.

Citron, D. K. (2014). *Hate crimes in cyber space*. Harvard: Harvard University Press.

Coloroso, B. (2003). *The bully, the bullied, and the bystander*. New York, New York: Harper Collins.

Donath, J. S. (1999). Identity and deception in the virtual community. In M.A. Smith and P. Kollock (eds), *Communities in cyberspace* (pp. 29–59). London: Routledge.

Fegenbush, B., & Olivier, D. (2009). 'Cyberbullying: A Literature Review'. In Annual Meeting of the Louisiana Education Research Association [online], p. 8. Available at http://ullresearch.pbworks.com/f/Fegenbush_Cyberbullying_LERAConferencePaper.pdf (Accessed on 11 January 2016).

Halder, D. (2013). Examining the scope of Indecent Representation of Women (Prevention) Act, 1986 in the light of cyber victimisation of women in India. *National Law School Journal,* 11, 188–218.

Halder, D. (2015). A retrospective analysis of S.66a: Could S.66a of the information technology act be reconsidered for regulating 'bad talk' in the internet? *Indian Student Law Review (ISLR), 3*, 91–118.

Halder, D., & Jaishankar, K. (2010). Cyber victimization in India: A baseline survey report. Tirunelveli, India: Centre for Cyber Victim Counselling. Available at http://www.cybervictims.org/CCVCresearchreport2010.pdf (Accessed on 11 January 2016).

———. (2011). Cyber crime and the victimization of women: Laws, rights, and regulations. Hershey, PA, USA: IGI Global.

———. (2015a). Harassment via WhatsApp in urban and rural India: A baseline survey report. Tirunelveli, India: Centre for Cyber Victim Counselling. Available at http://www.cybervictims.org/CCVCresearchreport2015.pdf (Accessed on 11 February 2016).

———. (2015b). Irrational coping theory and positive criminology: A frame work to protect victims of cyber crime. In N. Ronel and D. Segev (eds), *Positive criminology* (pp. 276–291). Abingdon, Oxon: Routledge.

———. (forthcoming). Bullying the bullied: A critical examination of the effect of the supreme court verdict on S.377 on the transgendered women in the cyberspace (Unpublished).

Hall, K. (1996). Cyber feminism. In S. C. Herring (ed.), *Computer-mediated communication: Linguistic, social and cross-cultural perspectives* (pp. 147–170). Amsterdam: John Benjamins.

Hardaker, C. (2010). Trolling in asynchronous computer-mediated communication: From user discussions to academic definitions. *Journal of Politeness Research, 6*(2), 215–242.

Herring, S. C., Job-Sluder, K., Scheckler, R., & Barab, S. (2002). Searching for safety online: Managing trolling in a feminist forum. *The Information Society*, *18*(5), 371–384. Available at http://www-bcf.usc.edu/~fulk/620overview_files/Herring.pdf (Accessed 26 July 2016).

Hinduja, S., & Patchin, J. W. (2015). *Bullying beyond the schoolyard: Preventing and responding to cyber bullying*. Thousand Oaks, CA: SAGE Publications.

Jain, B. (January 2, 2015). Calling NE people 'chinki' will land you in jail. *Times of India*. Available at http://timesofindia.indiatimes.com/india/Calling-NE-people-chinki-will-land-you-in-jail/articleshow/45732987.cms (Accessed on 10 February 2015).

Jaishankar, K. (2009). *Cyber bullying: Profile and policy guidelines*. Tirunelveli, India: Department of Criminology and Criminal Justice, Manonmaniam Sundaranar University.

Katz, R. C., Hannon, R., & Whitten, L. (1996). Effects of gender and situation on the perception of sexual harassment. *Sex Roles, 34*(1), 35–42.

MacKinnon, C. (1979). *Sexual harassment of working women: A case of sex discrimination.* New Haven: Yale University Press.

National Centre for Transgender Equality (NCTE). (2011). Peer violence and bul-lying against transgender and gender nonconforming youth. Available at http://www.transequality.org/PDFs/US%20Civ%20Rts%20Commn%20NCTE%20statement%205%206%2011.pdf (Accessed on 9 February 2015).

Olweus, D. (1993). *Bullying at school: What we know and what we can do*. Cambridge, MA: Blackwell Publishers, Inc.

Parapar, J., Losada, D. E., & Barreiro, I. A. (2014). Combining psycholinguistic content based and chat based features to detect predation in chatrooms. *Journal of Universal Computer Science, 20*(2), 213–239.

Patchin, J. W., & Hinduja, S. (2010). Cyberbullying and self-esteem. *Journal of School Health, 80*(12), 614–621.

Patchin, J. W. (2014). What is cyber bullying? Available at http://cyberbullying.us/what-is-cyberbullying (Accessed on 9 February 2015).

Priebe, G., & Svedin, C. G. (2012). Online or off-line victimisation and psychological wellbeing: A comparison of sexual-minority and heterosexual youth. *European Child and Adolescent Psychiatry, 21*(10), 569–582.

Ramasubramaniam, S., & Oliver, M. B., (2003). Portrayals of sexual violence in popular Hindi films, 1997–99. *Sex Roles, 48*(7/8), 327–336.

Shariff, S. (2008). Cyber-bullying: Issues and solutions for the school, the class-room, and the home. Abington, Oxfordshire, UK: Routledge (Taylor & Francis Group).

Shariff, S., & Hoff, D. L. (2007). Cyber bullying: Clarifying legal boundaries for School supervision in cyber-space. *International Journal of Cyber Criminology, 1*(1), 76–118.

Sun, P., Unger, J. B., Palmer, P. H., Gallaher, P., Chou, C. P., Baezconde-Garbanati, L., Sussman, S., & Johnson, C. A. (2005). Internet accessibility and usage among urban adolescents in Southern California: Implications for web-based health research. *Cyberpsychology & Behavior, 8*(5), 441–453.

Sutton, B. (2011). Cyber bullying: An interview with Parry Aftab. Available at https://etcjournal.com/2011/02/17/7299/ (Accessed on 20 May 2016).

Willard, N. (2007). *Cyberbullying and cyberthreats: Responding to the challenge of online social aggression, threats, and distress*. Champaign, IL: Research Press.

Wimmer, S. (2009). Views on gender differences in bullying in relation to language and gender-role Socialisation. Griffith Working Papers in Pragmatics and Intercultural Communication, *2*(1), 18–26. Available at https://www.griffith. edu.au/__data/assets/pdf_file/0011/145289/2. -Wimmer---Gender-differ-ences-in-bullying.pdf (Accessed on 12 February 2016).

4 ऑनलाइन ग्रूमिंग (Grooming)

ग्रूमिंग (Grooming) का अर्थ किसी व्यक्ति को किसी विशेष कार्य, प्रोफ़ाइल (profile) या भविष्य की शिक्षा के लिए तैयार करना हो सकता है। लेकिन इस डिजिटल युग में ग्रूमिंग के अर्थ एवं दायरे में अपमानजनक गतिविधियां भी शामिल हो गई हैं जो इंटरनेट पर महिलाओं एवं लड़कियों को निशाना बनाने वाली आपराधिक गतिविधियों में प्रत्यक्ष या अप्रत्यक्ष रूप से सहायक है। महिलाओं के खिलाफ साइबर अपराध से संबंधित अधिकांश मामलों में ऑनलाइन ग्रूमिंग एक अनिवार्य भाग हो सकता है। कपटपूर्ण तरीके से इलेक्ट्रॉनिक लूट, यौन उत्पीड़न की धमकी, इलेक्ट्रॉनिक संदेश का बार-बार इस्तेमाल या बाल यौन शोषण (पीडोफीलिया) के मामलों पर विचार करें; लगभग सभी पीड़ितों का कहना है कि वे अपने अपराधियों से इंटरनेट पर मिले थे और इन अपराधियों ने उन्हें इस तरह के उत्पीड़न का शिकार बनने के लिए प्रेरित किया था। पीड़ितों को अधिक नुकसान पहुंचाने के लिए ये ऑनलाइन 'प्रेरक' खतरनाक भूमिका निभा सकते हैं। वे पीड़ितों को उत्पीड़न की प्रक्रिया में भागीदार बनने के लिए तैयार करते हैं जिसका प्रारूप उनके (ग्रूमर्स) द्वारा किया गया हो सकता है। वे निर्दोष उपयोगकर्ताओं को लुभाने के लिए कई अन्य ग्रूमर्स के साथ अपना नेटवर्क तैयार कर सकते हैं। ग्रूमर्स अपने शिकार की तलाश करने, उन्हें तैयार करने एवं ऐसे कार्यों को अंजाम देने के लिए विभिन्न तरीकों का सहारा लेते हैं जिनसे अपराध हो सकता है। अक्सर अपराधों की सूचना देते समय हो सकता है कि महिला पीड़ित ग्रूमर्स की भूमिका के बारे में बताए बिना सीधे उत्पीड़न के बारे में बात करें। हो सकता है कि कुछ मामलों में ग्रूमिंग करने वाले स्वयं अपराधी हों लेकिन कुछ मामलों में ऐसा नहीं भी हो सकता है। ग्रूमिंग करने वाले अपने पीड़ितों का उपयोग कई अपमानजनक कार्यों को अंजाम देने के लिए कर सकते हैं, जिसमें अधिक से अधिक निर्दोष उपयोगकर्ताओं को आकर्षित करना एवं दूसरों के लिए खतरनाक साबित होने वाली सामग्रियों को प्रसारित करना शामिल है। वर्तमान में राष्ट्र-विरोधी या आतंकवादी गतिविधियों में ग्रूमिंग करने वालों की भूमिका भी पहचानी गई है। यह बात विशेष रूप से इस्लामिक स्टेट (IS) द्वारा अनुचित प्रचार के संदर्भ में कही जा सकती है। इंटरनेट के माध्यम से उनके भर्ती के तरीकों तथा उन युवाओं की प्रतिक्रिया पर विचार करें जिन्हें IS भर्तीकर्ताओं के साथ ऑनलाइन परिचय के माध्यम से जुड़ने के लिए तैयार किया जा सकता है।

हालांकि बड़े पैमाने पर यह माना जाता है कि ऑनलाइन ग्रूमिंग बच्चों एवं युवाओं के लिए विशेष रूप से इंटरनेट पर यौन अपराध हेतु की जाती है (O'Connel, 2009; Wall, 2007)। विभिन्न अनुसंधानों से पता चलता है कि ग्रूमिंग करने वाले किस प्रकार संभावित पीड़ित के बारे में जानकारी एकत्र कर सकते हैं, उनसे संपर्क कर सकते हैं और या तो अपनी यौन संतुष्टि अथवा वित्तीय लाभ या दोनों के लिए उनका शोषण कर सकते हैं (Zeynep, 2008;

Wachs, Wolf & Pan, 2012)। कुछ अनुभवजन्य शोधों ने अभिव्यक्तिशील भाषाओं के उन प्रकारों को भी दिखाया है जिनका उपयोग किशोरों (Wachs et al., 2012) के विश्वास को जीतने के लिए किया जाता है; साथ ही यह भी दिखाया है कि बच्चे ग्रूमिंग करने वालों के शिकार क्यों हो जाते हैं और इस तरह की ग्रूमिंग के परिणाम क्या हैं। लेकिन इसके साथ-साथ डेटिंग धोखाधड़ी प्रकरण (Rege, 2009), फर्जी अवतार (Halder, 2013a), कपटपूर्ण तरीके से इलेक्ट्रॉनिक लूट के अलावा IS भर्ती प्रकरण की तरह आपराधिक या आतंकवादी गिरोहों के लिए भर्ती के उदाहरण भी मौजूद हैं। ये उदाहरण यह दिखाते हैं कि किन्नरों सहित महिलाओं के खिलाफ अपराध के लिए ऑनलाइन ग्रूमिंग की जाती है। इस अध्याय में हम महिलाओं के खिलाफ साइबर अपराधों में ऑनलाइन ग्रूमिंग की भूमिका के बारे में चर्चा करेंगे।

ऑनलाइन ग्रूमिंग के तरीके, मंच और परिभाषा

ऑनलाइन ग्रूमिंग में आवश्यक रूप से दो या दो से अधिक व्यक्ति शामिल हो सकते हैं जो डिजिटल संचार तकनीक द्वारा एक दूसरे से जुड़े होते हैं और एक दूसरे से अनजान होते हैं। वॉल (2007), ओ'कोनेल (2009) तथा होफ एवं कूप (2011) जैसे शोधकर्ताओं ने बताया कि ऑनलाइन ग्रूमिंग की विधि का उपयोग यौन अपराधों के लिए और बच्चों का शोषण करने के लिए किया जा सकता है। हाल के समय में इंटरनेट पर बच्चों एवं युवाओं के यौन शोषण के तरीके के रूप में ऑनलाइन ग्रूमिंग के बड़े पैमाने पर उपयोग के कारण ऑनलाइन ग्रूमिंग को अक्सर यौन प्रलोभन के साथ जोड़ा जाता है (Schrock & Boyd, 2008)। लेकिन कुछ शोधकर्ताओं ने अवपीड़न (Wachs et al., 2010) या वेबकैम ट्रॉलिंग (Kopecky, 2015) के साथ ग्रूमिंग के संबंध को भी दिखाया है। अपने निष्कर्षों के आधार पर शोधकर्ताओं ने ऑनलाइन ग्रूमिंग की विभिन्न परिभाषाएं दी हैं; वेक्स एवं अन्य (2012) ने ऑनलाइन ग्रूमिंग की परिभाषा दी है जिसमें उन्होंने कहा है,

> साइबर ग्रूमिंग का अर्थ यौन उद्देश्यों के लिए नाबालिगों को विधिपूर्वक ढंग से उकसाने और शोषण करने के लिए ICTs का उपयोग करके नाबालिगों एवं आमतौर पर वयस्कों के बीच विश्वास-आधारित संबंध स्थापित करना है। यौन प्रलोभन या शोषण की एकल घटना से साइबर ग्रूमिंग की घटना को अलग करने के लिए तीन घटकों दुहराव, विश्वास के दुरुपयोग, तथा पीड़ित व साइबर जगत में ग्रूमिंग करने वालों के बीच विशिष्ट संबंधों पर ध्यान दिया जाना चाहिए।

श्रॉक एवं बॉयड (2008) ने दिखाया कि ऑनलाइन ग्रूमिंग प्रक्रिया में यौन बातचीत हेतु पीड़ित को मजबूर करने के लिए कुछ हद तक छल (पृष्ठ 16) तथा ऑनलाइन ग्रूमिंग प्रक्रिया में वेबकैम का उपयोग भी शामिल हो सकता है जिससे पीड़ित को अश्लील छवियां/वीडियो क्लिपिंग आदि भेजने के लिए उकसाया जा सकता है (पृष्ठ 35)। हालांकि, हमारा मानना है कि ऑनलाइन ग्रूमिंग को केवल बच्चों तक ही सीमित नहीं किया जा सकता है और ना ही

किया जाना चाहिए। ग्रूमिंग करने वाले किसी भी लिंग के नए उपयोगकर्ताओं जैसे कि महिलाएं, युवाओं के साथ-साथ बच्चों को लक्षित कर सकते हैं जिनकी मनोवैज्ञानिक स्थिति नाज़ुक हो (Halder & Jaishankar, 2011; O'Connell, 2009; Schrock & Boyd, 2008; Wachs et al., 2012), जिनके इंटरनेट पर अजनबियों के जोखिम भरे प्रस्तावों के प्रभाव में आने की संभावना सबसे ज़्यादा होती है। फ़िशिंग (Phishing-फ़र्ज़ी प्रोफाइल बनाकर इलेक्ट्रॉनिक लूट) के मामलों पर फिर से विचार करें; अपने व्यावहारिक अनुभवों में हमने देखा है कि पीड़ितों के साथ (वे किसी भी लिंग के हो सकते हैं) पहले SMS के माध्यम से संदेश अथवा आकर्षक मेल के द्वारा संपर्क किया जाता है। कुछ मामलों में मेल या संदेश का स्वरूप किसी प्रपत्र की तरह सरल हो सकता है जिसमें पीड़ित को जन्म तिथि, आवासीय पता आदि प्रदान करने के लिए कहा जा सकता है। ऐसे मामलों में यदि पीड़ित ऐसे मेल/संदेशों का जवाब देता है तो संभव है कि इसके बाद उसके साथ किसी भी मेल/संदेश से संपर्क ना किया जाए लेकिन उसकी जानकारी का उपयोग उनकी ऑनलाइन बैंकिंग सुविधाओं तक पहुंचने या यहां तक कि ईमेल हैकिंग करने के लिए भी किया जा सकता है। कुछ अन्य मामलों में पीड़ितों के साथ कुछ व्यक्तिगत मेल/संदेश से संपर्क किया जा सकता है जिसमें उन्हें अपराधकर्ता को पैसे भेजने के लिए कहा जा सकता है, जो अपने आप को चोरी का पीड़ित/शिकार और विदेशी भूमि में फंसे व्यक्ति के तौर पर दिखाता है। इसके अलावा उन्हें स्वयं को भाग्य बदलने वाले संदेशकर्ताओं के तौर पर प्रस्तुत करने वाले व्यक्तियों द्वारा मेल/संदेश मिल सकते हैं जो पीड़ित को यह कहकर अपना शिकार बनाते हैं चूंकि उनका कोई उत्तराधिकारी नहीं है इसलिए वह उन्हें कुछ धन-दौलत दान करना चाहते हैं। स्मिशिंग (SMiShing), विशिंग (Vishing) सहित लॉटरी संबंधी धोखाधड़ी प्रकरणों या नौकरी संबंधी धोखाधड़ी प्रकरणों पर भी विचार करें जिनमें दो या तीन बार पत्र-व्यवहार के बाद पीड़ित को लुभाने के लिए बेहद आशाजनक प्रतीत होने वाले मेल/संदेश भेजे जा सकते हैं। लेकिन हो सकता है कि अंत में पीड़ित उनको अपना पैसा लुटा दे जिसके बाद उसे पता चले कि उसे कितना मूर्ख बनाया गया है। पुरुष एवं महिलाएं दोनों फिशिंग, विशिंग, स्मिशिंग, नौकरी और लॉटरी संबंधी धोखाधड़ी प्रकरणों के पीड़ित हो सकते हैं।

इसी तरह डेटिंग संबंधी धोखाधड़ी प्रकरणों पर विचार करें (Rege, 2009)। ऐसी कई डेटिंग साइटें हैं जहां व्यक्ति प्रोफ़ाइल बना सकता है, तस्वीरें अपलोड कर सकता है और लोगों के साथ ऑनलाइन भावनात्मक रिश्ते जोड़ सकता है। अपराधकर्ता भी संभावित पीड़ित के साथ संपर्क करने के लिए इन अवसरों का उपयोग कर सकते हैं तथा उसका विश्वास प्राप्त करके उसका दुरुपयोग कर सकते हैं। ऐसे कई उदाहरण हैं जहां अपराधियों ने पीड़ितों को धोखा दिया है क्योंकि उन्होंने अपराधियों द्वारा वित्तीय सहायता के अनुरोध को सच मान लिया[1] या

[1] साइबर पीड़ित सलाहकारों एवं शोधकर्ताओं के तौर पर लेखकों के व्यक्तिगत अनुभव पर आधारित है।

यौनसंबंधी संदेश भेजकर उनके साथ धोखा किया गया जिसमें अपराधी पीड़ितों की कुछ 'निजी तस्वीरें' अपने पास रखना चाहते थे ताकि वे बाद में इनका उपयोग उत्पीड़न के लिए कर सकें[2] या जहां पीड़ितों को यथार्थ में हत्या जैसे कुछ गंभीर अपराध करने के लिए प्रेरित किया गया था।[3] ग्रूमिंग के प्रभावों के इन स्वरूपों के आधार पर हमने 'साइबर क्राइम एंड द विक्टमाइज़ेशन ऑफ वूमेन: लॉज़, राइट्स एंड रेगुलेशन्स' नामक अपनी पूर्व प्रकाशित पुस्तक में वयस्क महिलाओं के खिलाफ अपराधों को शामिल करने के लिए ऑनलाइन ग्रूमिंग के दायरे का विस्तार किया है। इस पुस्तक में तैयार मॉडल नीतिगत दिशानिर्देशों में हमने ऑनलाइन ग्रूमिंग के लिए एक मॉडल परिभाषा दी है। इसके अनुसार, 'साइबर ग्रूमिंग का अर्थ उत्तरदाता की डिजिटल उपस्थिति और/या पहचान या उसके द्वारा प्रदान की गई व्यक्तिगत जानकारी का दुरुपयोग करने के लिए गोपनीय ढंग से यौन गतिविधियों अथवा अन्य अनैतिक या अवैध गतिविधियों पर केंद्रित होते हुए किसी व्यक्ति के साथ निरंतर बातचीत/संचार हो सकता है' (Halder & Jaishankar, 2011, p. 131)।

हालांकि, साइबर ग्रूमिंग को साइबर स्टॉकिंग के साथ मिलाना नहीं चाहिए। हालांकि दोनों अवधारणाओं में केवल उत्पीड़न पैदा करने के लिए कुछ साझे तत्व जैसे कि पीछा करना और बार-बार संपर्क करना शामिल हैं लेकिन इनके बीच मूलभूत अंतर पीड़ित के मनोवैज्ञानिक तनाव के स्तर में निहित है। साइबर स्टॉकिंग में पीड़ित शुरुआत से ही बहुत असहज, चिढ़ा हुआ या खतरा महसूस कर सकता है या उसमें खतरे की भावना धीरे-धीरे बढ़ सकती है (Bocij, Griffiths & McFarlane, 2002; Brenner, 2004; Ellison & Akdeniz, 1998)। संयुक्त राज्य अमेरिका, यूनाइटेड किंग्डम, कनाडा और भारत सहित कई देशों ने इन आवश्यक आधारों पर अपना स्टॉकिंग विरोधी क़ानून बनाया है (Halder & Jaishankar, 2011)। साइबर ग्रूमिंग के मामलों में पीड़ित ग्रूमिंग करने वाले के साथ बेहद सहज एवं सुरक्षित महसूस कर सकता है और लगातार उसका ध्यान पाने की इच्छा रख सकता है जिसका उपयोग ग्रूमर अपने फायदे के लिए करता है। ग्रूमिंग करने वाले यादृच्छिक संपर्कों या सोशल नेटवर्किंग साइटों में व्यापक डेटा माइनिंग द्वारा अपने पीड़ितों का चयन कर सकते हैं। हालदर (2013b, पृष्ठ 86–89) ने पाया है कि डेटा माइनिंग के लिए दो तरीक़े हैं: (a) पीड़ित व्यक्ति द्वारा स्वयं डेटा प्रकट करना और (b) पीड़ितों के मित्रों एवं परिचितों के साथ संपर्क करना तथा पीड़ित की ऑनलाइन गतिविधियों की जासूसी करना। साइबर स्टॉकिंग की घटनाओं के लिए ज्यादातर दूसरे तरीके का उपयोग किया जाता है लेकिन ग्रूमिंग करने वाले अधिक पीड़ितों को ढूंढने के लिए या पीड़ित की आगामी स्टॉकिंग के लिए इस विधि का उपयोग कर सकते हैं। यह समझने की जरूरत है कि सोशल नेटवर्किंग

[2] पूर्वोक्त।

[3] पूर्वोक्त।

साइट्स, विशेष रूप से डेटा हैंडलर, यानी प्रोफाइल के उपयोगकर्ताओं द्वारा डेटा प्रकट करने का व्यापक अवसर प्रदान करती हैं। फेसबुक और ट्विटर दोनों उपयोगकर्ताओं को अपने पेशेवर ओहदे के बारे में अपडेट करने, निजी तस्वीरें डालने, इमोटिकॉन्स का उपयोग करके व्यक्तिगत भावनाओं को व्यक्त करने और अन्य 'दोस्तों' की टाइमलाइन्स में अपने विचार देने की अनुमति देते हैं। इसके अलावा ये सोशल मीडिया प्लेटफ़ॉर्म उपयोगकर्ताओं को अपनी एल्बम एवं टाइमलाइन अपडेट में लोगों को टैग करने, ग्रुप बनाने और लोगों की सहमति प्राप्त किए बिना उनको इनमें शामिल करने की अनुमति भी देते हैं। हालांकि फेसबुक एवं ट्विटर समेत सभी सोशल मीडिया प्लेटफ़ॉर्म समय-समय पर अपने गोपनीयता वक्तव्यों को संशोधित करते हैं जिसमें अंतर्निहित अर्थ स्पष्ट है: प्रोफ़ाइल बनाने के दौरान खाताधारक को संबंधित वेबसाइटों की गोपनीयता नीतियों के लिए निर्देशित किया जाता है। खाताधारक को इससे अवगत कराया जाता है कि यदि वह उन सुरक्षा विकल्पों का उपयोग नहीं करना चाहता जो उसके द्वारा किए गए अपडेट, तस्वीरों या दूसरी प्रोफाइलों पर साझा करने के लिए कोई अन्य जानकारी डालने पर उसे प्रदान किए जाते हैं तो व्यक्तिगत डेटा का दुरूपयोग तीसरे पक्ष द्वारा किया जा सकता है। इस तरह के सुरक्षा विकल्पों में अपडेट को 'सभी' के लिए या 'दोस्तों' के लिए या 'करीबी दोस्तों' के लिए उपलब्ध करवाने के विकल्प शामिल हैं।[4] लेकिन इनमें कई खामियां हैं; उदाहरण के तौर पर, अपने टाइम लाइन अपडेट, एल्बम आदि के लिए पर्सनल मोड के विकल्प के चयन के बावजूद अगर उपयोगकर्ता 'हाईडिंग मोड' (इन विकल्पों को चुनने पर वह विशेष वेबसाइट सर्च इंजनों को प्रोफाइल के पूरे लिंक को दिखाने की अनुमति नहीं देती है) का चयन नहीं करता है तो उस स्क्रीन पर उपयोगकर्ता के नाम एवं उसकी प्रोफ़ाइल तस्वीर को किसी तीसरे पक्ष द्वारा देखा जा सकता है। इसके अलावा गोपनीयता विकल्पों का प्रयोग नहीं करने वाले अनजान या अज्ञानी उपयोगकर्ताओं के मामले में सोशल नेटवर्किंग साइट उपयोगकर्ताओं पर स्वयं को 'सुरक्षित' करने की ज़िम्मेदारी डालकर अपने आप को इस जटिल दायित्व से बचा सकती हैं।

इसके अलावा, भारत में डेटा माइनिंग मैट्रिमोनियल वेबसाइटों में भी हो सकती है। हम पाते हैं कि भारत में वयस्क डेटिंग साइटों और संबंधित अपराधों के बारे में ज़्यादा जानकारी नहीं है लेकिन कई ऐसी मैट्रिमोनियल वेबसाइटें हैं जो इस उद्देश्य को आंशिक रूप से पूरा कर सकती हैं। यहां भावी दुल्हनें व दूल्हे अपनी प्रोफाइल अपलोड कर सकते हैं और एक दूसरे के साथ संपर्क कर सकते हैं। इस प्रकार की कई वेबसाइट में जीवन-साथी की तलाश के लिए व्यक्तिगत जानकारी के साथ पंजीकरण करना अनिवार्य है और इस प्रकार गैर-सदस्यों के खोज विकल्पों को प्रतिबंधित किया जाता है। ऐसा करना अज्ञात व्यक्तियों द्वारा

---

[4] अधिक जानकारी के लिए, फेसबुक पर गोपनीयता की मूल बातों को https://www.facebook.com/about/basics/ पर और ट्विटर की मूल बातों को https://support.twitter.com/articles/20170134 पर देखें।

उत्पीड़न को रोक सकता है। लेकिन भावी दुल्हनों द्वारा उनकी प्रोफाइल में दी गई जानकारी की गोपनीयता की सुरक्षा के लिए ज्यादा विकल्प नहीं हैं। फिर भी महिलाओं से जुड़ने के लिए उत्पीड़न करने वाले फर्जी नाम एवं पहचान का उपयोग कर सकते हैं, उनके मन में अपने लिए विश्वास पैदा करते हैं तथा उन्हें वित्तीय एवं भावनात्मक रूप से उन्हें धोखा दे सकते हैं। यह 'मैट्रिमोनियल वेबसाइटों की कार्यप्रणाली संबंधी विज्ञप्ति' से स्पष्ट है जो महिला एवं बाल विकास मंत्रालय द्वारा अपने आधिकारिक वेबपेज पर अपलोड की गई थी।[5]

हालांकि ग्रूमिंग करने वाले द्वारा डेटा माइनिंग तथा सामान्य ICT उपयोगकर्ताओं द्वारा डेटा प्रकट करने की यह प्रवृत्ति किसी भी ICT-आधारित प्लेटफॉर्म पर देखी जा सकती है। उदाहरण के लिए, लोग (महिलाओं एवं किशोरों सहित) दोस्तों के साथ अपने फ़ोन नंबरों को साझा करते हैं और इस बात पर अच्छी तरह विचार नहीं करते हैं कि विभिन्न प्रकार की धूर्ततापूर्ण तकनीकी युक्तियों की मदद से उनके फ़ोन नंबर को अज्ञात व्यक्तियों के बीच प्रसारित किया जा सकता है। इस प्रकार की धूर्ततापूर्ण युक्तियों में फ़ोन की हैकिंग, किसी अन्य व्यक्ति द्वारा फ़ोन का अनधिकृत उपयोग अथवा सुरक्षा के मुद्दों से अनभिज्ञ बच्चों द्वारा मोबाइल मैसेजिंग सेवाओं के साथ की जाने वाली मूर्खतापूर्ण हरकतें शामिल हैं (Halder & Jaishankar, 2014)। कई महिलाओं में अपने व्हाट्सएप प्रोफ़ाइल को 'सार्वजनिक' रखने की प्रवृत्ति भी देखी गई है या फिर कोई अज्ञात व्यक्ति यादृच्छिक तरीके से कॉल के जरिए किसी महिला के फ़ोन नंबर का पता लगाकर उसे अपने डिवाइस में स्टोर कर सकता है (Halder & Jaishankar, 2015a)। गोपनीयता के संबंध में इस तरह का व्यवहार महिलाओं एवं लड़कियों को ग्रूमिंग करने वालों का शिकार बना सकते हैं। इस प्रकार इंटरनेट पर बड़ी डेटा क्रांति के कारण महिलाओं एवं बच्चों की डिजिटल गोपनीयता भी अतिसंवेदनशील हो सकती है।

इस बात का उल्लेख पहले भी किया जा चुका है कि महिलाएं एवं लड़कियां अपने डेटा और जानकारी (Koops, 2011) की 'डेटा नियंत्रक' के तौर पर अपनी अपडेट्स से इंटरनेट कंपनियों के बिग डेटाबेस को लगातार डेटा प्रदान कर सकती हैं जिनका उपयोग 'मेटा डेटा' के रूप में किया जा सकता है (Koops, 2011)। अपने पीड़ितों की यादृच्छिक तरीके से तलाश करते समय ग्रूमिंग करने वाले संभावित लक्ष्यों के व्यवहार तरीक़ों पर ध्यान रख सकते हैं; उदाहरण के लिए, अलग-अलग भौगोलिक स्थानों में ली गई सेल्फ़ी को साझा करने से यह संकेत मिल सकता है कि महिला साहसी लेकिन अकेली है तथा उसे अपने अनुभव साझा करने के लिए किसी आभासी साथी की आवश्यकता है; अकेलेपन, दुःख या उदासी को दिखाते इमोटिकॉन्स साझा करना यह संकेत दे सकता है कि संबंधित व्यक्ति संकटपूर्ण मनोवैज्ञानिक अवस्था में है जहां उसके साथ दयालुतापूर्ण व परवाह दर्शाने वाले शब्दों का उपयोग करके उसे

---

[5] यह विज्ञप्ति http://wcd.nic.in/acts/advisory-functioning-matrimonial-websites पर उपलब्ध है (7 जुलाई, 2016 को देखा गया)।

फंसाया जा सकता है; काम-काज संबंधी तनाव को दर्शाते अपडेट साझा करने से यह संकेत मिल सकता है कि संबंधित व्यक्ति को अपनी स्थिति के प्रति सहानुभूति दर्शाने वाले संदेश एवं इसी प्रकार के अनुभव को साझा करके (झूठी कहानियां बनाकर) फंसाया जा सकता है। अपराधकर्ताओं द्वारा ऐसी गृहिणियों को अपने जाल में फंसाने एवं ग्रूम करने के भी कई उदाहरण मौजूद हैं जो परिवार के प्रति अपनी नाराज़गी को स्टेटस अपडेट, समूह चर्चाओं या मंचों में पोस्ट के जरिए व्यक्त करती हैं।[6]

ग्रूमिंग के कारण और प्रभाव

अधिकांश शोधकर्ताओं का मानना है कि ऑनलाइन ग्रूमिंग बच्चों के प्रति यौन रूप से आकर्षित वयस्क उत्पीड़कों द्वारा की जा सकती है; अपने लक्षित पीड़ितों को ग्रूम करने में उसका अंतिम उद्देश्य स्वयं की यौन संतुष्टि हो सकता है (Berson, 2003; O'Connel, 2009; Schrock & Boyd, 2008; Wall, 2007)। इन शोधकर्ताओं ने यह भी कहा है कि ग्रूमिंग करने वाले ऐसे गिरोहों से जुड़े हो सकते हैं जो बच्चों एवं युवाओं को यौन संबंधी सामग्री के लिए लक्षित करते हैं और उन्हें ऐसी सामग्रियों से लाभ प्राप्त हो सकता है। हमने अपने पहले प्रकाशन में ऑनलाइन ग्रूमिंग की अवधारणा को वयस्क ग्रूमिंग तक विस्तृत किया था (Halder & Jaishankar, 2011)। हमने देखा कि वयस्क महिलाएं भी ऐसे ऑनलाइन ग्रूमर्स की पीड़ित हो सकती हैं जो अनैतिक तरीक़ों द्वारा यौन संतुष्टि के लिए या फिर इस तरह प्राप्त की सामग्री की मदद से अथवा झांसा देकर या धोखाधड़ी के जरिए वित्तीय लाभ के लिए अपने पीड़ितों को ग्रूम कर सकते हैं। इसी प्रकार पीड़ित के उतावलेपन को भी ऑनलाइन ग्रूमिंग के कारण के तौर पर देखा जा सकता है। वॉल (2007), ओ'कोनेल (2009) तथा श्रॉक एवं बॉयड (2008) समेत अधिकांश शोधकर्ताओं ने यह कहा है कि ऑनलाइन ग्रूमिंग के पीड़ित ग्रूमिंग करने वाले के प्रति ग्रहणशील हो सकते हैं क्योंकि वे धोखेबाज़ ग्रूमर्स का ध्यान अपनी ओर आकृष्ट करना चाहते हैं। ऐसे में ग्रूमिंग को प्रेरित करने वाले दो मुख्य कारक (चित्र 4.1 देखें) हो सकते हैं।

यह बात स्पष्ट है कि ग्रूमिंग करने वाले के तौर पर अपराधकर्ता अनिवार्य रूप से गुमनाम रहने के साथ-साथ डिजिटल संचार प्रौद्योगिकी का यथासंभव लाभ उठा सकते हैं। अपराधकर्ता उन पीड़ितों से संपर्क कर सकते हैं जो प्रत्यक्ष या अप्रत्यक्ष तरीक़े से अपने एकाकीपन तथा ध्यान या वित्तीय सहायता की ज़रूरत को व्यक्त करते हैं। उदाहरण के लिए, अपराधकर्ता किशोरों या युवा महिलाओं से बातचीत को गैर-यौन तरीक़े से शुरू कर सकते हैं जो बाद में नियमित संचार में बदल सकता है। कुछ समय बाद पीड़ित को उसकी नग्न तस्वीरें भेजने के लिए या स्काइप जैसी वेबकैम-आधारित चैट के लिए कहा जा सकता है।[7]

[6] लेखकों के व्यक्तिगत अनुभवों पर आधारित।

[7] मुख्य लेखक के अनुभवों पर आधारित।

चित्र 4.1: ग्रूमिंग को प्रेरित करने वाले कारक

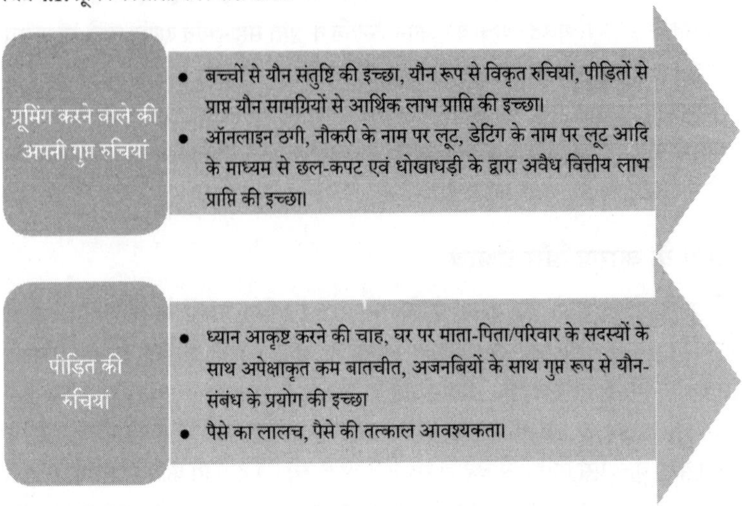

स्रोत: लेखक।

अपराधकर्ता लड़कियों एवं महिलाओं का विश्वास जीतने के लिए उनके साथ कल्पित कहानियां साझा कर सकते हैं। महिलाओं, जिनमें अकेली या तलाकशुदा महिलाएं भी शामिल हैं, को उनकी यौन अपेक्षाओं, घरेलू दुर्व्यवहार या कार्यस्थल उत्पीड़न के बारे में बात करने के लिए फुसलाया जा सकता है। ये ऐसे मामले हैं जहां पीड़ितों को फेसबुक या स्काइप पर अथवा इसी प्रकार के वेबकैम-आधारित चैट मैसेंजर के जरिए वीडियो चैट करने के लिए कहा जा सकता है लेकिन हो सकता है कि ऐसी चैट में अपराधी अपने कैमरा उपकरण को चालू ना करें। कुछ मामलों में महिलाओं को अपने व्यक्तिगत बैंक खाता नंबर साझा करने के लिए कहा जा सकता है, जैसे फिशिंग या स्मिशिंग या विशिंग में होता है। प्रश्न यह है कि पीड़ित ग्रूमिंग करने वाले अजनबी लोगों की बात क्यों मानते हैं? इस प्रश्न का उत्तर देने के लिए ग्रूमिंग के पीड़ितों को तीन समूहों में वर्गीकृत किया जा सकता है:

- समूह A: जो इंटरनेट सुरक्षा नियमों से अनजान हैं। ऐसे लोग अपने परिवारों में इंटरनेट और डिजिटल संचार प्रौद्योगिकी के नए उपयोगकर्ता या प्रथम पीढ़ी उपयोगकर्ता हो सकते हैं।
- समूह B: ज्यादातर किशोर लड़कियां, जो किशोर से वयस्क होने की अवस्था में हैं तथा अपने रहस्य साझा करने के लिए वास्तविक जीवन के मित्रों की तुलना में अधिक आभासी मित्रों की आवश्यकता महसूस करती हैं क्योंकि उन्हें ऐसा लगता है कि वास्तविक जीवन के मित्र उनके माता-पिता अथवा परिवार के बुजुर्ग सदस्यों या शिक्षकों के समक्ष उनके इन रहस्य को उजागर कर सकते हैं।

- समूह C: ये वे महिलाएं हो सकती हैं जिन्हें भावनात्मक सुख और वित्तीय सहायता की आवश्यकता है तथा जो किसी भी व्यक्ति द्वारा स्नेहपूर्ण एवं देखभाल भरे संचार के बाद उस पर बहुत जल्द विश्वास कर लेती हैं, भले ही वह व्यक्ति अजनबी हो।

भारत में दो बुनियादी कारणों से गैरक़ानूनी वित्तीय लाभ या यौन शोषण सहित गुप्त उद्देश्यों के लिए ऐसी महिलाओं एवं लड़कियों की ग्रूमिंग करना आसान हो गया है: (a) रूढ़िवादी पितृसत्तात्मक सामाजिक प्रणाली और (b) आसानी से पैसा कमाने का लालच। भारत में कई परिवारों में लड़कियों एवं लड़कों को पूर्व-युवावस्था चरण में यौन शिक्षा पाने के लिए प्रोत्साहित नहीं किया जाता है। बचपन से उत्पन्न जिज्ञासा अनुत्तरित बनी रहती है। हालांकि कई स्कूलों में यौन शिक्षा जीवविज्ञान के भाग के रूप में प्रदान की जाती है लेकिन फिर भी संभव है कि छात्रों को इसके बारे में पूरी तरह से जानने की अनुमति ना दी जाए। ज्यादातर परिवारों में जहां माता-पिता दोनों काम करते हैं, बच्चे अक्सर करीबी रिश्तेदारों या दादा-दादी जैसे देखभाल करने वालों की बजाय गैजेट्स के साथ अधिक समय बिताते हैं। बच्चे, विशेष रूप से लड़कियां अपने अनुत्तरित प्रश्नों के उत्तर इंटरनेट पर खोजती हैं। माता-पिता एवं बच्चों के बीच कम बातचीत के कारण बच्चे अजनबियों के साथ संवाद करने पर मजबूर हो जाते हैं। इसके अलावा कई मामलों में हमने देखा है कि लड़कियों को घर या स्कूल में अपनी किशोर अवस्था की यौन उम्मीदों और कल्पनाओं के बारे में बात नहीं करने के लिए कहा जाता है। कामकाज में व्यस्त रहने वाले माता-पिता अपनी बेटी की मनोदशा में हो रहे धीमे बदलावों को कभी समझ ही नहीं पाते हैं। माता-पिता से बात करने का प्रयास करने पर उन्हें कठोर उत्तर मिल सकते हैं जिसमें उन्हें डांटना या बाहर जाने से मना करना शामिल है। ग्रूमिंग करने वालों द्वारा आमतौर पर उपयोग की जाने वाली कुछ मानक संचार शैलियों पर विचार करें। इनमें सहानुभूति भरी टिप्पणियां शामिल हो सकती हैं, जैसे कि 'उन्हें आपके साथ ऐसा व्यवहार नहीं करना चाहिए' या 'मेरे साथ भी आपके जैसा व्यवहार किया गया है' या 'आप अपनी तस्वीरों में सुंदर दिख रहे हो'- इस तरह की टिप्पणियों से उन लड़कियों के विश्वास को आसानी से जीता जा सकता है जो अपने ज्ञात प्रतिकूल परिवेश से बाहर देखभाल और स्नेह तलाशती हैं।

विवाह के बाद जो महिलाएं आर्थिक रूप से अपने पति पर निर्भर हैं या जो अपने पति के साथ संबंधों को लेकर अवसादग्रस्त हैं वे भी इसी तरह की स्थिति से गुजर सकती हैं। उन महिलाओं के मामलों पर विचार करें जो अपने पति से अलग हो रही हैं तथा फेसबुक जैसी सोशल मीडिया वेबसाइट पर ऐसे 'दोस्त' बनाती हैं जो चैट सत्रों के माध्यम से उन्हें देखभाल और स्नेह भरा व्यवहार दिखाते हैं। ऐसी महिलाओं को अक्सर यह विश्वास दिलाया जाता है कि उनकी किसी गलती के बिना उनके साथ दुर्व्यवहार किया जा रहा है तथा उन्हें अच्छा जीवन साथी मिलना चाहिए था। हम ऐसे पीड़ितों से भी मिले हैं जिनके मामले में ग्रूमिंग करने वाले कथित रूप से यूनाइटेड किंग्डम, कनाडा, ऑस्ट्रेलिया और संयुक्त राज्य अमेरिका जैसे

देशों से थे। ऐसे मामलों में महिलाओं को यह जानकर प्रसन्नता हुई कि विभिन्न देशों के पुरुष उनकी सुंदरता, यौन आकर्षण और पेशेवर कौशलों की प्रशंसा कर रहे हैं। ऐसी स्थितियों में महिलाओं के शारीरिक रूप-रंग की प्रशंसा करने एवं उनकी मनोदशा के प्रति सहानुभूति दिखाने के साथ-साथ नौकरी या व्यवसाय के लिए झूठे प्रस्ताव भी दिए जा सकते हैं।

ग्रूमर्स के लिए ग्रूमिंग के प्रभाव आवश्यक रूप से अवैध और अनैतिक लाभ हो सकते हैं। ग्रूमिंग करने वाले न केवल पीड़ितों को स्वेच्छा से अपनी नग्न एवं कामोत्तेजक तस्वीरों सहित निजी तस्वीरें साझा करने के लिए मनाने में सक्षम हो सकते हैं बल्कि वे बच्चों और वयस्कों का एक नेटवर्क भी बना सकते हैं जिसमें वे अपने मित्रों को बताए बिना उन्हें अपनी तस्वीरें साझा करने के लिए भी प्रेरित कर सकते हैं। इस तरह ग्रूमिंग करने वाले लगातार कामोत्तेजक तस्वीरें प्राप्त कर सकते हैं। कुछ मामलों में ये तस्वीरें वयस्क मनोरंजन साइटों को दी जा सकती हैं। ग्रूमिंग करने वाले आवश्यक रूप से सेक्स्टॉर्शन (Sextortion) का तरीक़ा भी अपना सकते हैं। यह एक ऐसी प्रक्रिया है जिसके जरिए ग्रूमिंग करने वाले पीड़ितों की कामोत्तेजक या नियमित तस्वीरें अपने पास सुरक्षित रखते हैं एवं उन्हें वयस्क नेटवर्किंग साइटों या आम सोशल मीडिया पर उजागर नहीं करने के एवज में भारी रकम देने का दबाव डालते हैं। ऐसे मामलों में जहां पीड़ितों को व्यावसायिक प्रस्ताव स्वीकार करने के लिए प्रेरित किया जाता है उन्हें शुरुआत में भारी रकम के साथ व्यवसाय में भाग लेने के लिए प्रोत्साहित किया जा सकता है। बाद में ग्रूमिंग करने वाले अपने साथ हुई बातचीत के विवरणों को उनके पति या नज़दीकी परिवारिक सदस्यों या कार्यस्थलों पर निजी डिजिटल संचार या सोशल मीडिया के माध्यम से प्रकट करने की धमकी दते हुए सेक्स्टॉर्शन या ब्लैकमेलिंग के नाम पर पीड़ितों को अधिक रकम देने के लिए कहा जा सकता है। इस प्रकार ग्रूमिंग के कारण इंटरनेट पर न केवल यौन उत्पीड़न हो सकता है बल्कि इसमें स्टॉकिंग, नकली अवतार बनाने, दर्शनरति और निश्चित रूप से फ़िशिंग एवं धोखाधड़ी के तरीके भी अपनाए जा सकते हैं। ग्रूमिंग करने वाले ज्यादातर नकली पहचान और कभी-कभी असली पहचान का भी उपयोग करते हैं जो कि उनके पीड़ितों, विशेष रूप से महिलाओं को विभिन्न गुप्त उद्देश्यों के लिए ग्रूम करने के लिए बनाए जाते हैं जिसमें फ्लर्टिंग, यौन संतुष्टि और वित्तीय लाभ शामिल हैं; ग्रूमिंग विधि को आगे तीन मामलों के अध्ययनों द्वारा समझाया जा सकता है:

(i) *द टाइम्स ऑफ इंडिया* में प्रकाशित एक रिपोर्ट के अनुसार, बैंगलोर के 22 वर्षीय व्यक्ति ने फेसबुक के माध्यम से एक युवा महिला को धोखा दिया और उससे लगभग 7 लाख रुपये ऐंठे। शुरुआत में यह स्पष्ट रूप से साफ-सुथरी एवं सरल फेसबुक दोस्ती थी जो बाद में पीड़ित और अपराधकर्ता के बीच भावनात्मक बंधन में बदल गई। कालांतर में अपराधकर्ता ने न केवल महिला को यह विश्वास दिलाया कि वह भविष्य में सिनेमा का नायक बनने जा रहा है बल्कि उससे पैसों की एक भारी रकम

भी ऐंठी। उसने उसे वास्तविक जीवन में मिलने के लिए भी मजबूर किया और उसके साथ तस्वीरें खींची। पीड़िता को यह धमकी भी दी गई थी कि यदि उसने उसे और पैसे नहीं दिए तो वह उसके साथ खींची उसकी तस्वीरों को इंटरनेट पर डाल देगा। पीड़िता की शिकायत पर पुलिस ने उसे गिरफ्तार कर लिया और उसके उपकरणों से पीड़ित की तस्वीरों को डिलीट किया। हालांकि रिपोर्ट में अभियुक्त को गिरफ्तार करने के लिए इस्तेमाल किए गए प्रावधानों का उल्लेख नहीं किया गया है।[8]

(ii) NDTV न्यूज़ में प्रकाशित एक अन्य रिपोर्ट के अनुसार पुलिस ने एक रैकेट का पर्दाफाश किया था जिसमें भावी दुल्हनों के साथ दोस्ती करने और बाद में उनसे धोखे से पैसे ऐंठने के लिए मैट्रिमोनियल साइटों का इस्तेमाल किया जाता था। धोखेबाज़ अपने आप को NRIs बताकर महिलाओं से संपर्क करते थे। रिपोर्ट में आगे बताया गया कि अपराधियों ने VoIP के साथ विदेशी सिम कार्डों का इस्तेमाल किया था। एक धोखेबाज़ ने विदेश में काम कर रहे डॉक्टर के तौर पर अपना नकली प्रोफ़ाइल बनाकर एक महिला को धोखा दिया था। उसने लगातार संपर्क स्थापित करते हुए पीड़िता का आत्मविश्वास जीता। धोखेबाज़ ने पीड़िता पर अपना विश्वास और भी बढ़ा लिया जब उसने उसे बताया कि वह पीड़िता के पते पर आभूषणों सहित उपहार भेज रहा है। जब पीड़िता को तथाकथित सीमा शुल्क अधिकारियों से पैकेज के सीमा शुल्क का भुगतान करने के लिए कॉल आया तो यह स्थिति सामान्य वित्तीय धोखाधड़ी के मामले या फ़िशिंग के मामले में बदल गई। उसे पैकेज प्राप्त करने के लिए भारी रकम का भुगतान करने के लिए कहा गया। फिर पीड़िता ने पुलिस को शिकायत की और पुलिस ने पाया कि यह धोखेबाज़ इसी तरीक़े से महिलाओं को धोखा दे रहा था।[9]

हालांकि, ये उदाहरण दर्शाते हैं कि ग्रूमिंग करने वाले किस प्रकार पीड़ितों से अवैध रूप से पैसे हासिल करने के लिए उनका आत्मविश्वास जीतते हैं। इसके सैकड़ों उदाहरण मौजूद हैं कि ग्रूमिंग करने वाले किस प्रकार युवा लड़कियों एवं महिलाओं का इलेक्ट्रॉनिक माध्यमों से यौन शोषण कर सकते हैं।

---

[8] कालकोदी, आर देखें (19 जून, 2016)। Facebook friend blackmails college girl, extorts '7 lakh from her. *टाइम्स ऑफ इंडिया*। http://timesofindia.indiatimes.com/city/bengaluru/Facebook-friend-blackmails-college-girl-extorts-Rs-7-lakh-from-her/articleshow/52815508.cms पर उपलब्ध (19 जून, 2016 को देखा गया)।

[9] PTI (6 जुलाई, 2015) देखें। Woman duped of '48 lakh through matrimonial website, 3 arrested in Gurgaon. http://www.ndtv.com/gurgaon-news/woman-duped-of-rs-48-lakh-through-matrimonial-website-3-arrested-in-gurgaon-778556 पर उपलब्ध (19 जून 2016 को देखा गया)।

चुनौतियां और नियंत्रण

ग्रूमिंग करने वालों की भूमिका, ग्रूमिंग की क्रिया-विधि तथा अलग-अलग घटनाओं के रूप में अपराध की श्रेणी में आने वाले ग्रूमिंग के प्रभाव की पहचान करना सबसे बड़ी चुनौती है जिसका सामना साइबर अपराधों, विशेष रूप से महिलाओं के खिलाफ अपराधों से निपटने वाली पुलिस, अभियोजन पक्ष या परामर्शदाताओं को करना पड़ रहा है। अक्सर देखा जाता है कि ग्रूमिंग के पीड़ित उत्पीड़न की प्रक्रिया में अपनी स्वैच्छिक भागीदारी से भयभीत होकर कोई भी पुलिस रिपोर्ट दर्ज करने में बेहद अनिच्छुक महसूस करते हैं। वे तस्वीरों, चैट लॉग्स, व्याख्यानों, बैंक विवरणों की स्कैन की गई प्रतियों, व्यक्तिगत पहचान पत्रों आदि सहित स्वयं प्रदान की गई सामग्रियों को हटाने के लिए ट्रैकिंग एवं हैकिंग या ग्रूमर की प्रोफाइल या ईमेल आईडी को हैक करने के प्रयास जैसी अतार्किक क्रियाविधि का उपयोग कर सकते हैं। यह वास्तव में पीड़ितों के लिए और अधिक परेशानी पैदा करता है क्योंकि ऐसा करने से ग्रूमिंग करने वाले क्रोधित हो सकते हैं तथा अधिक नुकसान पहुंचाने का प्रयास कर सकते हैं (Halder & Jaishankar, 2015b)।

दुर्भाग्यवश भारत में अभियोजन पक्ष द्वारा अकेली वयस्क महिलाओं की ग्रूमिंग से निपटने के संदर्भ में अभी तक कोई क़ानूनी निर्णय-विधि प्रकाश में नहीं आई है। हालांकि बच्चों के मामले में स्थिति थोड़ी अलग है। IT अधिनियम, 2000 (2008 में संशोधित) इंटरनेट पर यौन शोषण के लिए बच्चों की ग्रूमिंग को शामिल करने वाला पहला प्रावधान था। धारा 67B(c) के अनुसार,

> ऐसा कोई भी व्यक्ति, जो यौन संबंधी स्पष्ट कार्य के लिए या ऐसे तरीक़े से जो कंप्यूटर संसाधन पर एक उचित वयस्क को अपमानित कर सकता है, बच्चों का एक या अधिक बच्चों के साथ ऑनलाइन रिश्ता बनाता है अथवा इसके लिए लालच देता या उकसाता है, उसे पहली अपराध सिद्धि पर पांच वर्ष तक के कारावास एवं दस लाख रूपये तक के जुर्माने के साथ दंडित किया जाएगा तथा दूसरी या इसके बाद की अपराध सिद्धि पर सात वर्ष तक के कारावास एवं दस लाख रुपये तक के जुर्माने के साथ दंडित किया जाएगा।

इसके बाद, लैंगिक अपराधों से बालकों का संरक्षण अधिनियम 2012, विशेष रूप से इसकी धारा (VI) में ग्रूमिंग के मुद्दे (इस आधार पर यौन उत्पीड़न और सजा) को शामिल किया गया। इसके अनुसार उस व्यक्ति को बच्चों का यौन उत्पीड़नकर्ता माना जाएगा जो कामुक इरादे से बच्चे को अश्लील प्रयोजनों के लिए लुभाता है। धारा 12 में इसके लिए दंड का प्रावधान है जो जुर्माने के साथ तीन वर्ष तक का कारावास हो सकता है। इसके अलावा, विशेष रूप से पोर्नोग्राफिक उद्देश्यों के लिए बच्चे के इस्तेमाल की दशा में आरोप के निर्धारण हेतु POCSO अधिनियम की धारा 13 की मदद भी ली जा सकती है। ग्रूमिंग में

आवश्यक रूप से बाल पीड़ित की कामोत्तेजक सामग्री रखना शामिल हो सकता है इसलिए इस संबंध में धारा 15 को (बच्चों से संबंधित पोर्नोग्राफिक सामग्रियां रखने के लिए दण्ड) भी शामिल किया जा सकता है। लेकिन भारत में लड़कियों के साथ-साथ महिलाओं की ग्रूमिंग के संदर्भ में दर्ज किए गए मामलों की संख्या काफी कम है। IT अधिनियम, 2000 (2008 में संशोधित) की धारा 66D नकली प्रोफ़ाइल बनाने से रोकने के लिए कुछ समाधान प्रदान करती है। इसके अनुसार,

> अगर कोई व्यक्ति पररूप धारण करके किसी भी संचार उपकरण या कंप्यूटर संसाधन के माध्यम से धोखाधड़ी करता है, उसे तीन वर्ष तक के कारावास के साथ दंडित किया जाएगा तथा वह जुर्माने का भुगतान करने के लिए भी देनदार होगा जो एक लाख रुपये तक हो सकता है।

इस धारा का उद्देश्य धोखाधड़ी के लिए पररूप धारण को रोकना है। लेकिन इस धारा का आलेखन इसके बारे में कोई सुझाव नहीं देता है कि इसका इस्तेमाल उन मामलों के लिए किया जा सकता है या नहीं जहां कोई अवैध वित्तीय लाभ या हानि नहीं है लेकिन धोखेबाज़ द्वारा किए भ्रामक संचार के कारण पीड़ित को केवल भावनात्मक चोट पहुंची है। पीड़ित को IT अधिनियम, 2000 (2008 में संशोधित) की धारा 66D से आश्वासन मिल सकता है; केवल इस धारा को धोखाधड़ी के भाषायी अर्थ में समझा जा सकता है। लेकिन इसके साथ ही इस धारा के साथ मौजूदा समय में निष्क्रिय धारा 66A(b) और 66A(c) जैसे प्रावधान भी साथ होने चाहिए। ये प्रावधान कंप्यूटर संसाधनों, संचार उपकरणों और/या इलेक्ट्रॉनिक मेल/संदेशों के माध्यम से किसी भी ऐसी जानकारी को भेजने पर रोक लगाते हैं जिसके बारे में प्रेषक जानता है कि यह गलत है लेकिन वह इसे विशेष रूप से परेशानी, असुविधा, खतरा, अपमान, अहित और आपराधिक धमकी देने के लिए भेजता है। हालांकि, इस पर भी ध्यान दिया जाना चाहिए कि इन प्रावधानों में मुख्य रूप से 'क्षति' (भावनात्मक क्षति सहित) की अवधारणा सहित उसमें इस्तेमाल किए गए शब्दों को परिभाषित नहीं किया गया था। श्रेया सिंघल बनाम भारत संघ एवं अन्य के मामले में सर्वोच्च न्यायालय द्वारा IT अधिनियम की धारा 66A(b) को 2015 में असंवैधानिक घोषित किया गया था। हालांकि 'क्षति' की अवधारणा को IPC की धारा 44 के अंतर्गत समझाया गया है जो इस शब्द का अर्थ मानसिक परेशानी को समाविष्ट करने तक विस्तारित करती है। इसके अनुसार शब्द 'क्षति' किसी भी व्यक्ति के शरीर, दिमाग, प्रतिष्ठा या संपत्ति को अवैध रूप से पहुंचे नुकसान को दर्शाता है। इस बात का पहले भी उल्लेख किया गया है कि अदालतों में इन क़ानूनों की व्याख्या को दर्शाने वाले प्रकरणों की संख्या काफी कम है। यह बात विशेष रूप से IPC की धारा 415 सहित पारंपरिक दंड क़ानूनों के साथ IT अधिनियम, 2000 (2008 में संशोधित) की धारा 66D के संदर्भ में कही जा सकती है। इसके अनुसार,

> अगर कोई व्यक्ति छल का सहारा लेते हुए किसी अन्य व्यक्ति को धोख़े से या बेईमानी से अपनी संपत्ति को किसी व्यक्ति को सौंपने के लिए प्रेरित करता है अथवा यह सहमति दे दे कि कोई व्यक्ति किसी संपत्ति को रखे या साशय उस व्यक्ति को, जिसे धोखा दिया गया है, उत्प्रेरित करता है कि वह ऐसा कोई कार्य करे, या करने का लोप करे, जिसे वह नहीं करता या करने का लोप न करता यदि उसे इस प्रकार धोखा न दिया गया होता, और जिस कार्य या लोप से उस व्यक्ति को शारीरिक, मानसिक, प्रतिष्ठा या संपत्ति का नुक़सान होता है अथवा नुक़सान का कारण बनता है, उसे 'छल' करना कहा जाता है।

इससे जुड़ा स्पष्टीकरण आगे यह स्पष्ट करता है कि 'तथ्यों को बेईमानी से छिपाना इस धारा के अर्थ के अंतर्गत धोखा है' तथा IPC की धारा 416 (जिसके अनुसार, किसी व्यक्ति द्वारा प्रतिरूपण से छल करना तब कहा जाता है, जब वह यह अपदेश करके कि वह कोई अन्य व्यक्ति है, या एक व्यक्ति को किसी अन्य व्यक्ति के रूप में जानते हुए प्रतिस्थापित करके, या यह व्यपदिष्ट करके कि वह या कोई अन्य व्यक्ति, कोई ऐसा व्यक्ति है, जो वस्तुतः उससे या अन्य व्यक्ति से भिन्न है, छल करता है। इस खंड के स्पष्टीकरण में आगे कहा गया है कि यह अपराध है, फिर चाहे जिस व्यक्ति का प्रतिरूपण किया गया है वह वास्तविक हो या काल्पनिक) विशेष तौर पर ग्रूमिंग और इसके बाद वित्तीय धोखाधड़ी से संबंधित मामलों के लिए पूर्णतया उपयुक्त है।

लेकिन उन मामलों में कानूनों के प्रभाव समझने में बहुत बड़ा अंतर है, जहां ग्रूमिंग और इसके बाद की धोखाधड़ी में वित्तीय धोखाधड़ी शामिल नहीं है लेकिन इसके परिमाणस्वरूप केवल भावनात्मक क्षति और मानसिक परेशानी हुई है। भारत में न्यायालयों ने कई अवसरों पर यह विचार किया है कि जिस किसी व्यक्ति ने विवाह के झूठे वादे के कारण मानसिक परेशानी का सामना किया है उसके पास दूसरे व्यक्ति पर मानसिक परेशानी और क्षति पहुंचाने के लिए मुकदमा चलाने का कारण हो सकता है।[10] लेकिन ऑनलाइन ग्रूमिंग और वादे तोड़कर मानसिक परेशानी पैदा करने से जुड़े मामलों के लिए कोई पूर्व निर्णय निर्धारित नहीं किया गया है। दिलचस्प बात यह है कि

पीड़िता IT अधिनियम, 2000 (2008 में संशोधित) की धारा 66D के साथ-साथ IT अधिनियम की धारा 66E एवं IPC की धारा 354B के तहत दर्शनरति का आरोप लगा सकती हैं। इसके अलावा कामोत्तेजक तस्वीरें खींचने के लिए पीड़िता IT अधिनियम, 2000 (2008 में संशोधित) की धारा 67 के साथ-साथ IPC की धारा 499 (मानहानि) एवं 500 (मानहानि के लिए सजा) का सहारा ले सकती हैं। अगर अपराधी ने पीड़िता के अंतरंग पलों की तस्वीरें उजागर की हैं जिन्हें वह संबंधित व्यक्ति से विवाह नहीं होने तक गोपनीय रखना चाहती थी अथवा पीड़िता के साथ खुद के अंतरंग पलों की तस्वीरों को उजागर किया

[10] एन. सुकुमारन नायर एवं एनर. वी. पी. नारायणन (1996) 2 MLJ 184 देखें।

है जिससे पीड़िता की प्रतिष्ठा को नुकसान हो सकता है तो ऐसे मामले में IPC की धारा 509 (महिला के सतीत्व को नुकसान पहुंचाने की सजा) का सहारा लिया जा सकता है। लेकिन प्रश्न यह है कि क्या पीड़िता ग्रूमिंग द्वारा मिले धोखे के कारण वास्तव में अपराधकर्ता पर मुकदमा चलाने का अधिकार प्राप्त कर सकती है? बाल पीड़ितों के विपरीत वयस्कों से ऑनलाइन संचार में शामिल जोखिम कारकों को समझने की उम्मीद की जाती है। इस समझ के आधार पर अधिकांश वेबसाइटें संचार शिष्टता अधिनियम की धारा 230 के तहत प्रतिरक्षा के लिए दावा करते हैं। ऐसे मामलों में वेबसाइटों से होने वाली क्षति के लिए दावा करने के पीड़ितों के अधिकार बेहद सीमित हो जाते हैं। इसके अलावा, यह पीड़ित पर दोषारोपण के जोखिम को बढ़ाता है जिसके कारण पीड़ित न्याय के लिए अपने दावे के साथ आगे बढ़ने से हतोत्साहित हो सकते हैं। यदि IT अधिनियम, 2000 (2008 में संशोधित, संचार सेवाओं आदि के माध्यम से आपत्तिजनक संदेश भेजने के लिए दण्ड निर्धारित करता है) की धारा 66A जैसे प्रावधानों को उचित संशोधन के साथ वापस लाया जाए तो यह स्थिति बदल सकती है, जो प्रावधान के दायरे को समझा सकता है और शब्दों को सही तरह से परिभाषित कर सकता है (Halder, 2015)। इस तरह के प्रावधान का अदालतों द्वारा उचित रूप से परीक्षण किया जाना चाहिए एवं IT अधिनियम, 2000 (2008 में संशोधित) की धारा 66D और मामले की आवश्यकता के अनुसार ऊपर उल्लिखित अन्य प्रावधानों का प्रयोग किया जाना चाहिए।

हालांकि, ऑनलाइन ग्रूमिंग को नियंत्रित करने के लिए कई प्रावधान उपलब्ध हैं। इस बात का पहले भी उल्लेख किया गया है कि अपराधों को रिपोर्ट करते समय ना तो पीड़ित ग्रूमिंग के तरीक़े पर जोर देते हैं और ना ही पुलिस अधिकारी उत्पीड़न के इस तरीक़े पर उचित ध्यान देते हैं। इस का सुझाव दिया जाता है कि महिलाओं एवं लड़कियों को इंटरनेट पर अपराधों के ऐसे छिपे हुए तरीक़ों से अवगत होना चाहिए तथा उत्पीड़न की स्थिति में उन्हें पूरे प्रकरण के बारे में पुलिस को सूचित करना चाहिए। साथ ही पुलिस को पीड़ितों को उचित न्याय दिलाने में मदद करने के लिए इन प्रावधानों को लागू करने पर भी विचार करना चाहिए।

संदर्भ

Berson, I. R. (2003). Grooming cybervictims: The psychosocial effects of online exploitation for youth. *Journal of School Violence, 2* (1), 5–18.

Bocij, P., Griffiths, M. D., & McFarlane, L. (2002). Cyber stalking: A new challenge for criminal law. *The Criminal Lawyer, 122*, 3–5. Available at https://www.academia.edu/759647/Bocij_P._Griffiths_M.D._and_McFarlane_L._2002_._Cyberstalking_A_new_challenge_for_criminal_law._The_Criminal_Lawyer_122_3-5 (Accessed 10 May 2014).

Brenner, S. (2004). Cyber crime metrics: old wine in new bottles? *Virginia Journal of Law and Technology, 9*, no. 13, 1–53. Available at http://www.vjolt.net/vol9/issue4/v9i4_a13-Brenner.pdf (Accessed on 10 May 2014).

Ellison, L., & Akdeniz, Y. (1998). Cyber-stalking: The Regulation of Harassment on the Internet. *Criminal Law Review*, December Special Edition: Crime, Criminal Justice and the Internet, 29–48. vailable at http://www.cyber-rights.org/documents/stalking article. pdf. (Accessed on 12 May 2014).

Halder, D. (2013a). Examining the scope of Indecent Representation of Women (Prevention) Act, 1986, in the light of cyber victimization of women in India. *National Law School Journal, 11*, 188–218.

———. (2015). A Retrospective analysis of S.66a: Could S.66a of the Information Technology Act be reconsidered for regulating 'bad talk' in the internet? *Indian Student Law Review (ISLR), 3*, 91–118.

Halder, D., & Jaishankar K. (June, 2011). *Cyber crime and the Victimization of Women: Laws, ights, and Regulations*. Hershey, PA, USA: IGI Global.

———. (2014). Patterns of sexual victimization of children and women in the multipurpose social networking sites. In C. Marcum and G. Higgins (eds), *Social networking as a criminal enterprise* (pp. 129–143). Boca Raton, FL, USA: CRC Press, Taylor and Francis Group.

———. (2015a). Harassment via WhatsApp in urban and rural India: A baseline sur-vey report (2015). Tirunelveli, India: Centre for Cyber Victim Counselling. Available at http://www.cybervictims.org/CCVCresearchreport2015.pdf (Accessed on 12 January 2016).

———. (2015b). Irrational coping theory and positive criminology: A frame-work to protect victims of cyber crime. In N. Ronel and D. Segev (eds), *Positive criminology* (pp. 276–291). Abingdon, Oxon: Routledge.

Koops, B. (2011). Forgetting footprints, shunning shadows: A critical analysis of the 'right to be forgotten' in big data practice. *SCRIPTed, 8*(3), 229–256.

Kopecky, K. (2015). Misuse of web cameras to manipulate children within the so-called webcam trolling. *Telematics and Informatics, 33*(1), 1–7. Available at https://www.researchgate.net/publication/278031172_Misuse_of_Web_Cameras_to_Manipulate_Children_within_the_so-called_Webcam_Trolling (Accessed on 12 February 2016).

O'Connell, R. (2009). A typology of cybersexploitation and on-line grooming practices. Available at http://image.guardian.co.uk/sys-files/Society/docu-ments/2003/07/24/Netpaedoreport.pdf (Accessed on 2 February 2015).

Rege, A. (2009). What's love got to do with it? Exploring online dating scams and identity fraud. *International Journal of Cyber Criminology, 3*(2), 494–512.

Schrock, A., & Boyd, D. (2008). Online threats to youth: Solicitation, harassment, and problematic content. Final report of the internet safety technological task force. Enhancing Child Safety and Online Technologies. Available at http://www.danah.org/papers/ISTTF-RABLitReview.pdf (Accessed on 3 July 2015).

Van der Hof, S., & Koops, B.-J. (2011). Adolescents and cybercrime: Navigating between freedom and control. *Policy & Internet, 3*(2), Article 4.

Wachs, S., Wolf, K. D., & Pan, C. (2012). Cybergrooming: Risk factors, coping strategies and associations with cyberbullying. *Psicothema, 24*(4), 628–633.

Wall, D. (2007). *Cybercrime: The transformation of crime in the information age, polity.* Cambridge: Polity Press.

Zeynep, T. (2008). Grooming, gossip, Facebook and Myspace. *Information, Communication & Society, 11*(4), 544–564. DOI: 10.1080/13691180801999050. Available at http://www.tandfonline.com/doi/full/10.1080/13691180801999050 (Accessed on 12 January 2016).

5 गोपनीयता का उल्लंघन

इलेक्ट्रॉनिक मीडिया के संबंध में महिलाओं एवं लड़कियों के लिए गोपनीयता के अधिकार की अवधारणा को अक्सर यौन अपराधियों के खिलाफ सुरक्षा के अधिकार के रूप में संकीर्णता से समझा जाता है। परंपरागत रूप से, गोपनीयता (Privacy) के अधिकार का मतलब ये माना गया है कि किसी व्यक्ति की शख़्सियत, उसके परिवार, घर, प्रतिष्ठा और सम्मान के संबंध में उसे ये अधिकार है कि उसके जीवन में किसी भी प्रकार का हस्तक्षेप न किया जाय (न हो) और उसे अकेला छोड़ दिया जाए। नागरिक एवं राजनीतिक अधिकारों पर अंतर्राष्ट्रीय प्रसंविदा के अनुच्छेद 17(1) में कहा गया है, 'किसी भी व्यक्ति की गोपनीयता, परिवार, घर या किसी संबंधित चीज़ के साथ स्वेच्छाचारी या गैरक़ानूनी तरीकों से हस्तक्षेप नहीं किया जाएगा, ना ही उसके सम्मान एवं प्रतिष्ठा पर अनैतिक तरीकों से आक्षेप किया जाएगा।' जब अनुच्छेद 17(1) का सहायक प्रावधान कहता है कि 'हर किसी को ऐसे हस्तक्षेप या हमलों के खिलाफ क़ानूनी सुरक्षा का अधिकार है' तो यह इस अधिकार के दायरे को समानता के अधिकार के भीतर शामिल करने की तरफ आगे बढ़ता है (नागरिक एवं राजनीतिक अधिकारों पर अंतर्राष्ट्रीय प्रसंविदा का अनुच्छेद 17(2))। इंटरनेट युग के संदर्भ में देखा जाए तो गोपनीयता के अधिकार को पहले किसी की डिजिटल संपत्ति में अनधिकृत पहुंच के खिलाफ अधिकार के रूप में माना जाता था, जिसमें कंप्यूटर उपकरण, डिजिटल डेटा, ईमेल, सोशल मीडिया प्रोफाइल, बौद्धिक संपत्ति आदि शामिल हैं। डिजिटल संचार प्रौद्योगिकी के आगमन के साथ डिजिटल गोपनीयता उल्लंघन की अवधारणा को विस्तृत करते हुए इसके अंतर्गत अवांछित फोन कॉल, पर्यवेक्षण एवं डिजिटल माध्यमों से निगरानी और सार्वजनिक रूप से देखने योग्य मंचों पर निजी जानकारी के अनैतिक तरीकों से प्रकटीकरण को शामिल किया गया है। इलेक्ट्रॉनिक मीडिया में प्रतिशोध की भावना से प्रेरित पोर्न के प्रकाशन को शामिल करने के लिए इसे और विस्तारित किया गया है (Franks, 2015)। संक्षेप में, परंपरागत रूप से वास्तविक जीवन में गोपनीयता के उल्लंघन को गरिमा के साथ अकेले रहने का अधिकार माना जाता है तथा इलेक्ट्रॉनिक मीडिया के दृष्टिकोण से भी इसके अर्थ में भिन्नता नहीं है। गोपनीयता के अधिकार के उल्लंघन को लिंग-भेद किए बिना साइबर अपराधों के संबंध में समस्या का केंद्र माना जा सकता है। इस अवलोकन को 'डेटा' शब्द के विश्लेषण से समझाया जा सकता है जिसे IT अधिनियम, 2000, 2008 में संशोधित, की धारा 2(o) द्वारा परिभाषित किया गया है; यह परिभाषा निम्नानुसार है:

> 'डेटा' का अर्थ ऐसी सूचना, जानकारी, तथ्यों, अवधारणाओं या निर्देशों का निरूपण है जो औपचारिक तरीक़े से तैयार किए जा रहे हैं या तैयार किए गए हैं, और जिन्हें कंप्यूटर सिस्टम

या कंप्यूटर नेटवर्क में संसाधित किया जाना है, संसाधित किया जा रहा है या संसाधित किया गया है, और किसी भी रूप में हो सकता है (कंप्यूटर प्रिंटआउट मैग्नेटिक या ऑप्टिकल स्टोरेज मीडिया, छिद्रित कार्ड, छिद्रित टेप सहित) या कंप्यूटर की मेमोरी में आंतरिक रूप से स्टोर किया गया हो सकता है।

इस परिभाषा के अनुसार डेटा स्थिर या अस्थिर, असंसाधित या संसाधित हो सकता है जिसे कंप्यूटिंग तकनीक के साथ या डिजिटल संचार प्रौद्योगिकी की सहायता से संशोधित किया जा सकता है। वर्तमान में कंप्यूटर उपकरण या स्मार्टफोन, डिजिटल कैमरे, टैबलेट आदि सहित डिजिटल संगणन में सक्षम सभी उपकरण स्टोरेज डिवाइस हो सकते हैं। ऐसे उपकरण वाई-फाई या किसी अन्य माध्यम से दूरस्थ भौगोलिक स्थानों पर स्थित अन्य कंप्यूटर उपकरणों के साथ जुड़े नहीं होने के बावजूद वे सभी अनधिकृत पहुंच के लिए असुरक्षित हैं। यह समझा जाना चाहिए कि डिवाइस तक अनधिकृत पहुंच से न केवल इसमें संचित डेटा तक अभिगम्यता के जरिए डिवाइस के स्वामी की गोपनीयता का उल्लंघन हो सकता है बल्कि ऐसी अनधिकृत अभिगम्यता के बाद डिवाइस के हाथों से संचालन एवं इस प्रकार अनैतिक तरीके से निर्मित डेटा के उपयोग के जरिए या रिमोट कंट्रोल आधार पर संचालन करके अन्य लोगों की गोपनीयता का भी उल्लंघन किया जा सकता है। इलेक्ट्रॉनिक मीडिया में गोपनीयता के उल्लंघन का उद्देश्य एवं प्रभाव कामुक या गैर-कामुक हो सकता है (चित्र 5.1 देखें)।

चित्र 5.1 से देखा जा सकता है कि पहले मामले में, गोपनीयता के उल्लंघन का उद्देश्य टूट चुके प्रेम संबंधों का बदला लेना या बच्चों के प्रति यौन आकर्षण या वयस्क पोर्न सामग्रियों का आनंद लेना या तस्वीरों सहित व्यक्तिगत जानकारी प्रकट करके लाभ कमाना हो सकता है। पीड़ित की प्रतिष्ठा को नुकसान, शारीरिक और भावनात्मक विकार, आत्मघाती प्रवृत्ति का प्रभाव या पीड़ित और उसके परिवारिक सदस्यों की शारीरिक सुरक्षा के जोखिम में वृद्धि आदि इसके परिणामी प्रभाव हो सकते हैं। दूसरा मामला यौन उद्देश्यों से संबंधित नहीं है जिसमें अपराधकर्ता कार्यस्थल संबंधी ईर्ष्या की संतुष्टि के लिए धोखाधड़ी के विभिन्न तरीकों से गैरक़ानूनी वित्तीय लाभ के लिए गोपनीयता का उल्लंघन कर सकता है। तलाक या अलग होने के मुद्दों सहित पारिवारिक समस्याओं से संबंधित अदालती मामलों के लिए ठोस आधार स्थापित करने के लिए भी गोपनीयता उल्लंघन के उदाहरण पाए गए हैं। इसके अलावा, गोपनीयता में इस तरह के उल्लंघन निगरानी के नाम पर भी किए जा सकते हैं। इनके प्रभाव उस प्रकार के गोपनीयता उल्लंघन मामलों के समान हो सकते हैं या नहीं भी हो सकते जो यौन कारणों की वजह से है। हालांकि इस प्रकार के गोपनीयता उल्लंघन के कारण पीड़ित को अदालती मामलों का सामना करने के कारण वित्तीय नुकसान हो सकता है। यदि पीड़ित एक कंपनी है तो उसके कॉर्पोरेट डेटा का उल्लंघन हो सकता है।

चित्र 5.1: इलेक्ट्रॉनिक मीडिया में गोपनीयता उल्लंघन के उद्देश्य और प्रभाव

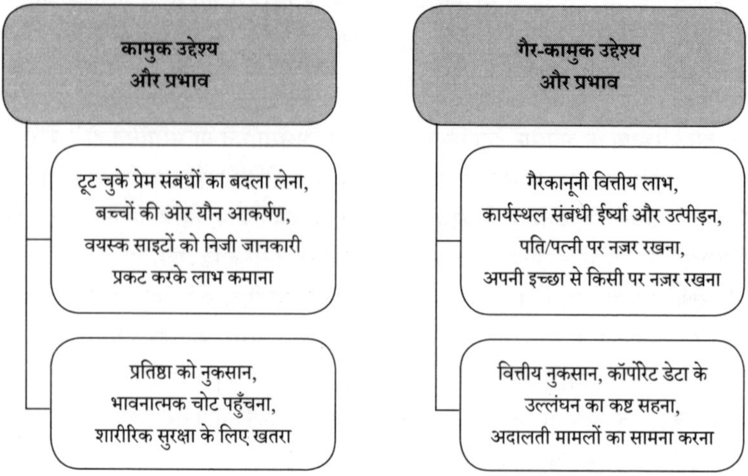

स्रोत: लेखक।

उपरोक्त विवरणों से यह समझा जा सकता है कि गोपनीयता के उल्लंघन के कुछ विशेष स्वरूप हैं विशेषकर महिलाओं एवं लड़कियों के लिए। यह एक दुर्भाग्यपूर्ण तथ्य है कि दक्षिण एशिया में, विशेषकर भारतीय उपमहाद्वीप में, महिलाएं और उनके परिवार अपने समुदायों में अपनी छवि के बारे में बेहद सचेत हैं। संबंधित महिला के चरित्र के बारे में किसी भी अपमानजनक टिप्पणी को प्रचारित करने के तरीके से उसकी प्रतिष्ठा को पहुंचा नुकसान या ऐसा होने की संभावना भी न केवल उसके लिए बल्कि उसके पूरे परिवार के लिए बेहद खतरनाक साबित हो सकती है। सम्मान की रक्षा हेतु की गई हत्या (ऑनर किलिंग) के मामलों पर विचार करें। भारत के कई हिस्सों में जब महिलाएं अपनी पसंद के अनुसार शादी कर लेती हैं या ऐसे व्यक्ति के साथ भावनात्मक संबंध विकसित कर लेती हैं जिसको उसका परिवार या उसका समुदाय स्वीकार नहीं करता; तो शर्म की भावना या ऐसा होने की संभावना महिला और उसके परिवार के सदस्यों को सख्त कदम उठाने के लिए मजबूर कर सकती है। इसी प्रकार, इलेक्ट्रॉनिक मीडिया के माध्यम से किसी भी स्वरूप में गोपनीयता का उल्लंघन महिलाओं के लिए बेहद खतरनाक साबित हो सकता है। ऐसे मामले भी हमारी जानकारी में आए हैं जिनमें डिजिटल माध्यमों से गोपनीयता के उल्लंघन के कारण महिलाओं को अपनी प्रतिष्ठा को नुकसान पहुंचने के डर के कारण, खासतौर पर विवाह को लेकर, गंभीर रूप से सदमा पहुंचा। हालांकि इसके प्रभाव बहुत गंभीर हो सकते हैं, लेकिन इसके बावजूद डिजिटल गोपनीयता के उल्लंघन या गोपनीयता के डिजिटल उल्लंघन को

गोपनीयता के मौलिक अधिकार के उल्लंघन के तौर पर स्थापित करने के लिए कोई केंद्रित क़ानून नहीं हैं। आधार योजना की संवैधानिक वैधता के संबंध में हालिया मामले में उच्चतम न्यायालय द्वारा इस पर ध्यान दिया गया था क्योंकि याचिकाकर्ताओं ने दावा किया था कि आधार योजना गोपनीयता के अधिकार का उल्लंघन करती है (Choudhary, 2015)। जस्टिस जे. चेलेश्वर, एस. ए. बॉबडे एवं सी. नागप्पा को भारत के तत्कालीन अटॉर्नी जनरल तथा याचिकाकर्ता के वकील द्वारा कहा गया कि भारत के संविधान के अनुच्छेद 21 को गोपनीयता के अधिकार को समाविष्ट करने के लिए विस्तारित किए जाने के बावजूद यह केवल आपराधिक कार्यवाही और सरकार द्वारा तलाशी व ज़ब्ती से संबंधित है। खड़क सिंह बनाम उत्तर प्रदेश सरकार[1] के मामले में इस बात पर विशेष ध्यान दिया गया था जो भारत में गोपनीयता न्यायशास्त्र में अब तक का ऐतिहासिक निर्णय रहा है। हालांकि, गोपनीयता का अधिकार भारत में मौलिक अधिकार नहीं है फिर भी भारत ने गोपनीयता के डिजिटल उल्लंघन के मामले में कई क़ानून बनाए हैं जिनमें से कुछ विशेष रूप से महिलाओं के लिए हैं। इस अध्याय में हम इलेक्ट्रॉनिक मीडिया में गोपनीयता के उल्लंघन के स्वरूपों पर चर्चा करेंगे जिनमें से कुछ की पहचान इन कानूनों द्वारा की गई है और इनमें से कुछ को अभी भी भारतीय कानून द्वारा पहचाने जाने की आवश्यकता है। चित्र 5.2 में देखा जा सकता है कि इलेक्ट्रॉनिक मीडिया में गोपनीयता के उल्लंघन के तीन विशेष स्वरूप हो सकते हैं। गोपनीयता के उल्लंघन के ये स्वरूप किसी भी लिंग के व्यक्ति को प्रभावित कर सकते हैं। लेकिन इस पुस्तक की उद्देश्य पूर्ति के लिए चर्चाओं को और अधिक लिंग उन्मुख बनाया गया है।

चित्र 5.2: इलेक्ट्रॉनिक मीडिया द्वारा गोपनीयता के उल्लंघन के स्वरूप

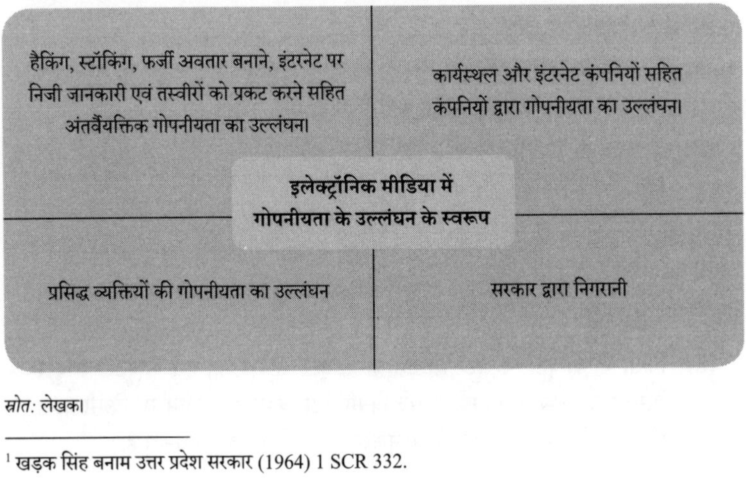

स्रोत: लेखक।

---

[1] खड़क सिंह बनाम उत्तर प्रदेश सरकार (1964) 1 SCR 332.

अंतर्वैयक्तिक गोपनीयता का उल्लंघन

इस तरह के गोपनीयता उल्लंघन पीड़ितों के परिचितों द्वारा किए जाते हैं जिन्हें वह व्यक्तिगत रूप से किसी मित्र या रिश्तेदार या सहयोगी या प्रतिस्पर्धी के रूप में जानती थी। निम्नलिखित कुछ ऐसे स्वरूप हैं जो इस श्रेणी के भीतर आ सकते हैं।

डेटा, कंप्यूटर उपकरणों तक अनधिकृत पहुंच और नेटवर्क तक पहुंच को बाधित करना

इस तरह के डिजिटल गोपनीयता उल्लंघन को आम तौर पर हैकिंग कहा जाता है। डिजिटल डेटा तक अनधिकृत पहुंच के माध्यम से गोपनीयता उल्लंघन की अवधारणा को ऐसे डेटा तक अनधिकृत संशोधन, जिस पर अधिकार प्राप्त किए बिना पहुंच की गई है, को शामिल करके विस्तृत किया गया था। अमेरिका, यूनाइटेड किंग्डम, कनाडा, ऑस्ट्रेलिया और भारत सहित कई देशों में डिजिटल गोपनीयता का ऐसा उल्लंघन गैर-क़ानूनी घोषित किया गया है। यह समझा जाना चाहिए कि भारतीय क़ानून, विशेष रूप से IT अधिनियम, 2000 (2008 में संशोधित) इस तरह के गोपनीयता उल्लंघन के नियंत्रण के दौरान 'हैकिंग' शब्द का उल्लेख नहीं करता है। इसके अलावा, इस तरह के अपराधों के लिए उपलब्ध उपचारों के आधार पर IT अधिनियम नागरिक एवं आपराधिक नियामक प्रावधान दोनों प्रदान करता है। दीवानी प्रकृति के नियामक प्रावधान का वर्णन धारा 43 के अंतर्गत किया गया है, जो विस्तृत है और यह अपराध को कंप्यूटर, कंप्यूटर सिस्टम, डेटा, नेटवर्क आदि को पहुंचे नुकसान के रूप में परिभाषित करती है। इसके अनुसार,

> यदि कोई व्यक्ति कंप्यूटर के स्वामी अथवा कंप्यूटर, कंप्यूटर सिस्टम या कंप्यूटर नेटवर्क के प्रभारी की अनुमति के बिना:
>
> (a) इस तरह के कंप्यूटर, कंप्यूटर सिस्टम या कंप्यूटर नेटवर्क या कंप्यूटर संसाधन तक पहुंच स्थापित करता है या पहुंच को रोकता है;
>
> (b) इस तरह के कंप्यूटर, कंप्यूटर सिस्टम या कंप्यूटर नेटवर्क से कोई भी डेटा, कंप्यूटर डेटाबेस या जानकारी को डाउनलोड करता है, उसकी प्रति बनाता है या डेटा निकालता है जिसमें किसी भी हटाने योग्य स्टोरेज माध्यम में रखा या स्टोर किया डेटा शामिल है;
>
> (c) किसी कंप्यूटर, कंप्यूटर सिस्टम या कंप्यूटर नेटवर्क में कंप्यूटर को नुकसान पहुंचने वाली कोई चीज़ या कंप्यूटर वायरस दाखिल करता है या दाखिल करने का कारण बनता है;
>
> (d) किसी भी कंप्यूटर, कंप्यूटर सिस्टम या कंप्यूटर नेटवर्क, या ऐसे कंप्यूटर, कंप्यूटर सिस्टम या कंप्यूटर नेटवर्क में रखे किसी डेटा, कंप्यूटर डेटाबेस या किसी अन्य प्रोग्राम को नुकसान पहुंचाता है या नुकसान पहुंचाने का कारण बनता है;

(e) किसी भी कंप्यूटर, कंप्यूटर सिस्टम या कंप्यूटर नेटवर्क को बाधित करता है या बाधित होने का कारण बनता है;

(f) किसी भी कंप्यूटर, कंप्यूटर सिस्टम या कंप्यूटर नेटवर्क तक पहुंच स्थापित करने के लिए अधिकृत किसी भी व्यक्ति की अभिगम्यता को बाधित करता है या अभिगम्यता को बाधित करने का कारण बनता है;

(g) इस अधिनियम के प्रावधानों, नियमों या विनियमों का उल्लंघन करते हुए कंप्यूटर, कंप्यूटर सिस्टम या कंप्यूटर नेटवर्क तक पहुंच आसान बनाने के लिए किसी भी व्यक्ति को कोई सहायता प्रदान करता है,

(h) किसी कंप्यूटर, कंप्यूटर सिस्टम या कंप्यूटर नेटवर्क में छेड़छाड़ करके या बदलाव करके किसी व्यक्ति द्वारा प्राप्त सेवाओं को किसी अन्य व्यक्ति के खाते में सौंपता है,

(i) कंप्यूटर संसाधन में रखी किसी भी जानकारी को नष्ट करता, मिटाता या बदलता है या इसके मूल्य या उपयोगिता को कम करता है या किसी भी माध्यम से इसे हानिकारक रूप से प्रभावित करता है (ITAA 2008 के माध्यम से शामिल किया गया);

(j) नुकसान पहुंचाने के इरादे से कंप्यूटर संसाधन के लिए इस्तेमाल किए गए किसी भी कंप्यूटर सोर्स कोड को चुराता, छिपाता, नष्ट करता या बदलता है या किसी भी व्यक्ति द्वारा इसे चोरी करने, छुपाने, नष्ट करने या बदलने का कारण बनता है, वह प्रभावित व्यक्ति को मुआवज़ा देकर क्षति के लिए भुगतान करने का उत्तरदायी होगा जो एक करोड़ रुपये से कम है (ITAA 2008 के माध्यम से बदला हुआ)।

यह धारा आगे कुछ स्पष्टीकरण प्रदान करती है जिसमें निम्नलिखित शब्दों को समझाया और परिभाषित किया गया है:

1. *कंप्यूटर दूषणकारी तत्व* (Contaminant) का अर्थ कंप्यूटर निर्देशों का कोई भी सेट है जिसे (a) कंप्यूटर, कंप्यूटर सिस्टम या कंप्यूटर नेटवर्क के भीतर मौजूद डेटा या प्रोग्राम को संशोधित करने, नष्ट करने, रिकॉर्ड करने, प्रसारित करने के लिए; या (b) कंप्यूटर, कंप्यूटर सिस्टम या कंप्यूटर नेटवर्क के सामान्य संचालन को किसी भी माध्यम से कम करने के लिए बनाया गया है;
2. *कंप्यूटर डेटाबेस* का मतलब व्याख्यान, तस्वीर, ऑडियो, वीडियो में सूचना, जानकारी, तथ्यों, अवधारणाओं या निर्देशों का निरूपण है जो औपचारिक तरीके से तैयार किए जा रहे हैं या तैयार किए गए हैं या कंप्यूटर, कंप्यूटर सिस्टम या कंप्यूटर नेटवर्क द्वारा बनाए गए हैं तथा कंप्यूटर, कंप्यूटर सिस्टम या कंप्यूटर नेटवर्क में उपयोग करने के लिए हैं;
3. *कंप्यूटर वायरस* का अर्थ कोई भी कंप्यूटर निर्देश, सूचना, डेटा या प्रोग्राम है जो कंप्यूटर संसाधन के कार्य-निष्पादन को नष्ट कर देता है, नुकसान पहुंचाता है, कम कर देता है या प्रतिकूल रूप से प्रभावित करता है या किसी अन्य कंप्यूटर संसाधन

से अपने आप को जोड़ता है तथा जब उस कंप्यूटर संसाधन में कोई प्रोग्राम, डेटा या निर्देश निष्पादित होता है या कोई अन्य घटना होती है तो यह परिचालित हो जाता है;

4. *नुकसान* का अर्थ किसी भी माध्यम से किसी भी कंप्यूटर संसाधन को नष्ट करना, बदलना, मिटाना, जोड़ना, संशोधित करना या पुन: व्यवस्थित करना है;
5. *कंप्यूटर सोर्स कोड* का अर्थ प्रोग्राम, कंप्यूटर कमांड, डिज़ाइन और लेआउट का सूचीकरण तथा कंप्यूटर संसाधन का किसी भी रूप में प्रोग्राम विश्लेषण है।

इस प्रावधान के अलावा IT अधिनियम की धारा 66 इस तरह के अपराधों के लिए आपराधिक उपचार निर्धारित करती है। इसके अनुसार 'यदि कोई व्यक्ति बेईमानी से या धोखाधड़ी से धारा 43 में निर्दिष्ट कोई कार्य करता है तो उसे दो से तीन साल तक की अवधि के कारावास या पांच लाख तक का जुर्माना या दोनों के साथ दण्डित किया जाएगा।'[2] हालांकि, कुछ मामलों में जहां डेटा के लिए अनधिकृत पहुंच धोखाधड़ी के माध्यम से प्राप्त की जाती है, जिसमें डिजिटल हस्ताक्षर या पासवर्ड जैसे अद्वितीय पहचान का उपयोग करना शामिल है, धारा 66 एवं धारा 43 को भी धारा 66C के साथ पढ़ा जाना चाहिए जिनमें पहचान की चोरी के लिए सज़ा निर्धारित की गई है। इन तरीकों का उपयोग ज्यादातर फिशिंग[3] सहित वित्तीय धोखाधड़ी के मामलों में किया जाता है। हालांकि, यह कहना गलत होगा कि महिलाओं के विरुद्ध साइबर अपराध में फ़िशिंग शामिल नहीं है। हमारे सामने कई उदाहरण आए हैं जहां महिलाओं एवं किन्नर महिलाओं को भी फिशिंग के कारण भारी वित्तीय नुकसान हुआ है जिसमें धोखाधड़ी से ATM/डेबिट/क्रेडिट कार्ड के विवरण, ऑनलाइन बैंकिंग के विवरण आदि प्राप्त करना शामिल हैं। हालांकि, हमारे अनुभव में इस तरह के अधिकांश फिशिंग या वित्तीय धोखाधड़ी के मामले अपराधियों द्वारा पीड़ित को ग्रूम किए जाने के बाद सामने आए हैं।[4]

भारत में महिलाओं का उत्पीड़न करने वाली हैकिंग एवं हैकिंग से संबंधित अपराधों के कई उदाहरण हैं। इनमें पीड़ित की निजी तस्वीरों सहित निजी जानकारी प्राप्त करने के लिए किसी महिला की ईमेल आईडी या सोशल मीडिया प्रोफ़ाइल या यहां तक कि कंप्यूटर डिवाइस को हैक करना और फिर उत्पीड़न हेतु इनमें बदलाव करना शामिल हो

---

[2] इस प्रावधान से जुड़ा स्पष्टीकरण कहता है (a) 'बेईमानी' शब्द का अर्थ भारतीय दण्ड संहिता की धारा 24 में वर्णित अर्थ के समान होगा; (b) 'धोखाधड़ी' शब्द का अर्थ भारतीय दण्ड संहिता की धारा 25 में वर्णित अर्थ के समान होगा।

[3] इलेक्ट्रॉनिक मीडिया के माध्यम से फ़िशिंग और विभिन्न प्रकार की वित्तीय धोखाधड़ी पर विस्तृत चर्चा के लिए अध्याय 4 देखें।

[4] ग्रूमिंग पर विस्तृत चर्चा के लिए, अध्याय 4 देखें।

सकता है।[5] पति/पत्नी की ईमेल तक अनधिकृत पहुंच इसी प्रकार का एक अन्य उदाहरण है। अलग होने या तलाक के लिए ठोस आधार प्राप्त के लिए पति/पत्नी के बारे में जानकारी प्राप्त करने के लिए सोशल मीडिया प्रोफाइल का उपयोग भी बेहद सामान्य हो गया है। ऐसे मामलों में अक्सर यह भी पूछा जाता है कि क्या किसी पति/पत्नी द्वारा (विशेष रूप से जब वे अलग हो रहे हैं) IT अधिनियम की धारा 2(o) के अर्थ में, अपनी पत्नी/पति के ईमेल खाते, सोशल मीडिया प्रोफाइल या किसी अन्य डेटा तक पहुंच करना अनधिकृत पहुंच माना जा सकता है या नहीं। यह विनोद कौशिक एवं अन्य बनाम निधि जोशी एवं अन्य[6] के मामले में हुआ था कि भले ही पति/पत्नी को एक-दूसरे का पासवर्ड पता हो लेकिन उनके द्वारा किए गए ऐसे कृत्यों को डेटा की अनधिकृत पहुंच के माध्यम से गोपनीयता का उल्लंघन माना जा सकता है। इस मामले में श्री राजेश अग्रवाल (IT अधिनियम, 2000 के तहत महाराष्ट्र में तत्कालीन निर्णायक अधिकारी) के विचार उल्लेखनीय हैं। उनके विचार निम्नानुसार हैं:

> जहां तक पासवर्ड पता होने का सवाल है, यह प्रतिवादी नं. 1 द्वारा पेश किए कागज़ातों से काफी स्पष्ट है कि शिकायतकर्ता नं. 2 (पति) ने उसके साथ पासवर्ड साझा किए हैं और उसे यह भी बताया है कि शिकायतकर्ता नं.1 का पासवर्ड शिकायतकर्ता नं. 2 के पासवर्ड के समान है। शिकायतकर्ताओं द्वारा पेश किए गए रिकॉर्ड यह साबित नहीं करते कि उन्होंने पासवर्ड बदले हैं। इसलिए, एक उचित निष्कर्ष यह है कि प्रतिवादी को पासवर्ड की जानकारी थी और उसने शिकायतकर्ता के जीमेल खातों तक पहुंच करके, सैकड़ों नहीं तो दर्जनों ईमेलों और चैट सत्रों को देखकर और उन ईमेल और चैट सत्रों को आगे भेजकर/प्रिंट करके, जिसे करना उसे लगा कि यह उसे दहेज के मामले में मदद करेगा, शिकायतकर्ता को आश्चर्यचकित किया। प्रतिवादी ने तर्क दिया कि पति और पत्नी के बीच 'विश्वास का बंधन' होता है और इसलिए उसे ईमेल तक पहुंच प्राप्त करने का अधिकार था। क्योंकि ईमेलों तक पहुंच विश्वास के इस बंधन के टूटने पर दहेज का मामला दर्ज होने और पति की गिरफ्तारी के बाद की गई है मुझे इस तर्क का कोई महत्त्व दिखाई नहीं देता। IT अधिनियम की धारा 43 अनधिकृत पहुंच के संबंध में स्पष्ट रूप से लागू होती है। प्रतिवादी ने ना केवल अपने पति के ईमेल खाते तक पहुंच बनाई बल्कि अपने ससुर की अपने रिश्तेदारों और मित्रों के साथ हुए चैट सत्रों तक भी पहुंच बनाई है। इस प्रकार, उसने ना केवल

---

[5] उदाहरण के लिए, मेहता ए. देखें। (2 मार्च, 2011) Spurned youth posts obscene pix of girlfriend. *द टाइम्स ऑफ़ इण्डिया*। http://timesofindia.indiatimes.com/city/jaipur/Spurned-youth-posts-obscene-pix-ofgirlfriend/articleshow/7605208.cms पर उपलब्ध है। (21 मई, 2015 को देखा गया)। इस मामले में, अपराधकर्ता ने पीड़ित के ईमेल खाते को हैक किया और उसकी निजी तस्वीरों को प्राप्त कर उनका अन्य वेबसाइटों पर दुरुपयोग किया।

[6] विनोद कौशिक एवं एक अन्य बनाम निधि जोशी एवं अन्य, 2010 की शिकायत नं. 2 देखें। https://it.maharashtra.gov.in/Site/Upload/ACT/Madhvika%20Vs%20Kaushik-Rajesh%20Aggarwal.pdf पर उपलब्ध।

> शिकायतकर्ताओं की गोपनीयता का उल्लंघन किया है बल्कि उनके मित्रों और रिश्तेदारों की भी गोपनीयता का उल्लंघन किया है, जिन्होंने इनके बारे में किसी ज्ञान के बिना उसे इन निजी चैट सत्रों को देखने के लिए अधिकृत किया। परिवार या कंपनी परिसर में भी अगर कोई लॉग आउट करना भूल जाता है और कोई अन्य व्यक्ति जब अपने जीमेल (या फेसबुक या स्काइप आदि के अन्य ईमेल) खाते में लॉग इन करने का प्रयास करते समय किसी की ईमेल को खुला पाता है तो उससे यह उम्मीद की जाती है कि वह दूसरों की ईमेल या चैट सत्रों को पढ़े बिना उनका खाता लॉग आउट कर दे। खुला ई-मेल पढ़ना एवं पासवर्ड का उपयोग करके बंद ई-मेल बॉक्स में लॉग-इन करना तथा ई-मेल पढ़ने में बहुत बड़ा अंतर है। यह अंतर पास पड़े खुले पत्र को पढ़ने एवं मुहरबंद लिफाफे, जो स्पष्ट रूप से किसी और के लिए है, को खोलने के बीच के अंतर के समान है। इसलिए इस तथ्य के बावजूद कि क्या प्रतिवादी नं. 1 को पासवर्ड की जानकारी थी या उसने अपनी बुद्धि का उपयोग कर अनुमान लगाए या पासवर्ड को क्रैक करने के लिए किसी सॉफ़्टवेयर का इस्तेमाल किया, यह स्पष्ट है कि उसने अनधिकृत रूप से ईमेल और चैट सत्रों तक पहुंच बनाई तथा IT अधिनियम के प्रावधानों का उल्लंघन किया। प्रतिवादी को इन जीमेल खातों को खोलने, खासतौर से अपने ससुर के खातों को खोलने और उनके चैट सत्र डाउनलोड करने का कोई अधिकार नहीं था। अगर उसे कोई संदेह था कि किसी गलत काम के सबूत इन खातों से मिल सकते हैं तो उसे इसके बारे में पुलिस से संपर्क करना चाहिए था और जांच एजेंसियों को क़ानून के अनुसार कार्रवाई करने देनी चाहिए थी।'[7]

इस मामले में हालांकि श्री अग्रवाल ने मुआवजे का भुगतान करने से उन्हें छूट दी क्योंकि याचिकाकर्ताओं द्वारा इसकी विनती की गई थी। लेकिन इस बात पर विचार करते हुए कि यह IT अधिनियम की धारा 66C[8] के तहत पहचान की चोरी है, प्रतिवादी को दोषी ठहराया गया था तथा उसे राज्य-कोष में टोकन राशि का भुगतान करने का आदेश दिया गया था। यह उल्लेख किया जा सकता है कि यह अवलोकन पीड़ितों/याचिकाकर्ताओं के लिए समान रहेगा यदि पीड़ित/याचिकाकर्ता महिला है तो।

---

[7] विनोद कौशिक एवं अन्य बनाम निधि जोशी एवं अन्य, 2010 की शिकायत नं. 2 में आदेश के पृष्ठ 5 और 6 को देखें। https://it.maharashtra.gov.in/Site/Upload/ACT/Madhvika%20Vs%20Kaushik-Rajesh%20Aggarwal.pdf पर उपलब्ध।

[8] IT अधिनियम, 2000 (2008 में संशोधित) की धारा 66C पहचान की चोरी में सज़ा के बारे में बताती है जिसके अनुसार,

> जो कोई भी, धोखाधड़ी या बेईमानी से किसी अन्य व्यक्ति के इलेक्ट्रॉनिक हस्ताक्षर, पासवर्ड या किसी अन्य अद्वितीय पहचान विशेषता का उपयोग करता है उसे तीन साल तक की अवधि के लिए कारावास के साथ दंडित किया जाएगा और उसे जुर्माना भी देना होगा जो एक लाख रुपये तक हो सकता है।

साइबर स्टॉकिंग

पारंपरिक रूप से साइबर स्टॉकिंग को साइबर जगत में हुआ व्यावहारिक दुर्व्यवहार माना जाता है। बोसीज, ग्रिफिथ्स एंड मैकफ़ारलेन (2002) के अनुसार साइबर स्टॉकिंग की परिभाषा निम्नलिखित है

> व्यवहारों का एक समूह जिसमें व्यक्ति, व्यक्तियों का समूह या संगठन एक या अधिक व्यक्तियों को परेशान करने के लिए सूचना और संचार प्रौद्योगिकी का उपयोग करता है। इस तरह के व्यवहार में धमकी देना और झूठे आरोप लगाना, पहचान की चोरी, डेटा की चोरी, डेटा या उपकरण को नुकसान पहुंचाना, कंप्यूटर निगरानी, यौन उद्देश्यों के लिए नाबालिगों को लालच देना और लड़ाई शामिल हो सकती है, लेकिन यह इन तक ही सीमित नहीं है।

हालांकि, ब्रेनर (2004) ने सही बताया है कि 'एक अर्थ में, साइबर स्टॉकिंग और साइबर उत्पीड़न उन घृणित या कष्टकर टेलीफोन कॉल अपराधों के अनुवांशिक वंशज हैं, जो उन्नीसवीं शताब्दी की प्रौद्योगिकी दुरुपयोग कर दूसरों का अहित करने के उद्देश्य से लगभग एक शताब्दी पूर्व किए गए थे।' साइबर स्टॉकिंग के बारे में क़ानून सबसे पहले अमेरिका में बने थे जिनमें साइबर स्टॉकिंग को समाविष्ट करने के लिए भौतिक स्टॉकिंग संबंधी क़ानूनों के दायरे बढ़ाए गए थे। क़ानूनी तौर पर साइबर स्टॉकिंग को 1990 के दशक के शुरू में ही अपराध के रूप में पहचाना गया था। 1993 में मिशिगन आपराधिक संहिता ने पहली बार साइबर स्टॉकिंग सहित स्टॉकिंग को अपराध घोषित किया था।[9] अमेरिकी क़ानूनों द्वारा साइबर स्टॉकिंग को 'उत्पीड़न' माना गया था,[10] जिसने 'उत्पीड़न' शब्द को 'पीड़ित के प्रति निर्देशित ऐसे आचरण' के तौर पर परभाषित किया था जिसमें बार-बार या सहमति के बिना संपर्क शामिल है जिसके कारण विचारपूर्ण व्यक्ति को भावनात्मक पीड़ा का सामना करना पड़े और जिसके कारण वास्तव में पीड़ित को भावनात्मक पीड़ा का सामना करना पड़ता है।'[11] मिशिगन आपराधिक संहिता ने आगे बताया कि 'सहमति के बिना संपर्क' का अर्थ 'पीड़ित को अनचाहे और अवांछित मेल या इलेक्ट्रॉनिक संचार भेजना' हो सकता है।[12] वर्तमान में संयुक्त राज्य अमेरिका के कई प्रांतों ने साइबर स्टॉकिंग विरोधी क़ानूनों को लागू किया है जो साइबर स्टॉकिंग को उत्पीड़न के समान संकेतार्थ में समझाते हैं। वायलेंस अगेंस्ट वीमेन एंड डिपार्टमेंट ऑफ़ जस्टिस रीऑथोराइज़ेशन एक्ट, 2005, जिसने धारा

---

[9] मिशिगन आपराधिक संहिता, स्टॉकिंग: धारा 28.643(8), परिभाषाएं। 1993 धारा 411h. http://www.haltabuse.org/resources/laws/michigan.shtml पर उपलब्ध। (12 दिसंबर, 2013 को देखा गया)।

[10] पूर्वोक्त।

[11] अध्याय 121, यूएससी 18 (भाग I) की धारा 2701 का 11 परिच्छेद (b) (2)।

[12] मिशिगन आपराधिक संहिता, स्टॉकिंग: धारा 28.643(8), परिभाषाएं। 1993 धारा 411h. http://www.haltabuse.org/resources/laws/michigan.shtml पर उपलब्ध। (12 दिसंबर, 2012 को देखा गया)।

114[13] के माध्यम से शीर्षक 18, USC की धारा 2261A को संशोधित किया, के आने साथ *साइबर स्टॉकिंग* की अवधारणा को और स्पष्ट रूप से समझाया गया था। 'साइबर स्टॉकिंग' शब्द को अभी भी यूनाइटेड किंग्डम में किसी विशेष क़ानूनी प्रावधान द्वारा परिभाषित नहीं किया गया है।[14] उत्पीड़न से सुरक्षा अधिनियम (PHA), 1987[15] के Ss.2–7 सहित प्रावधानों को वर्तमान में स्टॉकिंग और साइबर स्टॉकिंग के लिए नियामक प्रावधान के रूप में उपयोग किया जाता है। हालांकि PHA 'साइबर स्टॉकिंग' शब्द को विशेष रूप से परिभाषित नहीं करता है परंतु क्राउन प्रोसेस्यूशन सर्विस (CPS), S2A(3) की रूपरेखा के आधार पर साइबर स्टॉकिंग की एक विस्तृत परिभाषा प्रदान करता है। इसके अनुसार,

> उत्पीड़न इंटरनेट पर एवं ईमेल के दुरुपयोग के माध्यम से हो सकता है। इसे कभी-कभी 'साइबर स्टॉकिंग' के रूप में जाना जाता है। इसमें सोशल नेटवर्किंग साइट्स, चैट रूम और प्रौद्योगिकी द्वारा सुविधा प्राप्त अन्य मंचों का उपयोग शामिल हो सकता है। इंटरनेट का उपयोग उत्पीड़न से संबंधित कई उद्देश्यों के लिए किया जा सकता है, उदाहरण के लिए: पीड़ित के बारे में व्यक्तिगत जानकारी का पता लगाना; पीड़ित के साथ संवाद करना;

---

[13] इस प्रावधान ने शारीरिक एवं साइबर स्टॉकिंग की प्रक्रिया का वर्णन किया जिसे गैरक़ानूनी घोषित किया जा सकता है। इसमें कहा गया है कि,

> जो कोई भी (1) किसी अन्य व्यक्ति को मारने, चोट पहुंचाने, उत्पीड़न करने या अवैध यौन संबंध बनाने के इरादे से अंतरराज्यीय या विदेशी वाणिज्य में या संयुक्त राज्य के विशेष समुद्री या प्रादेशिक अधिकार-क्षेत्र के भीतर यात्रा करता है, या भारतीय देश में प्रवेश करता है या बाहर जाता है या किसी अन्य व्यक्ति को मारने, चोट पहुंचाने, उत्पीड़न करने या अवैध यौन संबंध बनाने के इरादे से निगरानी के अधीन स्थान में प्रवेश करता है या बाहर जाता है, और इसके दौरान या ऐसी यात्रा के कारण उस व्यक्ति को मौत या गंभीर शारीरिक चोट के भय में डालता है, या उस व्यक्ति, उस व्यक्ति के परिवारिक सदस्य (जैसा कि धारा 115 में वर्णित है), या पति/पत्नी या उस व्यक्ति के नज़दीकी व्यक्ति के लिए बहुत अधिक भावनात्मक परेशानी का कारण बनता है; या (2) (A) किसी अन्य व्यक्ति को मारने, चोट पहुंचाने, उत्पीड़ित करने या डराने, या संयुक्त राज्य के किसी अन्य राज्य या जनजातीय क्षेत्राधिकार में या विशेष समुद्री क्षेत्राधिकार या क्षेत्रीय क्षेत्राधिकार के भीतर किसी व्यक्ति की बहुत अधिक भावनात्मक परेशानी का कारण बनने; या (B) संयुक्त राज्य के किसी अन्य राज्य या जनजातीय क्षेत्राधिकार में या विशेष समुद्री क्षेत्राधिकार या क्षेत्रीय क्षेत्राधिकार के भीतर (i) उस व्यक्ति; (ii) नज़दीकी परिवारिक सदस्य (जैसा कि धारा 115 में वर्णित है), या (iii) उस व्यक्ति के पति/पत्नी या नज़दीकी व्यक्ति; को मौत या गंभीर शारीरिक चोट के उचित भय में डालने के इरादे से; ऐसे कार्य में शामिल होने के लिए मेल, किसी भी संवादात्मक कंप्यूटर सेवा, या अंतरराज्य या विदेशी वाणिज्य की किसी भी सुविधा का उपयोग करता है जो उस व्यक्ति के लिए बहुत अधिक भावनात्मक परेशानी का कारण बनता है या उस व्यक्ति को मौत या उपपरिच्छेद (B) के खंड (i) से (iii) के माध्यम से वर्णित किसी भी व्यक्ति को गंभीर शारीरिक चोट के वास्तविक उचित भय में डालता है।

[14] क्राउन अभियोग सेवा की वेबसाइट में स्टॉकिंग पर चर्चाएं देखें। http://www.cps.gov.uk/legal/s_to_u/stalking_and_harassment/#a02b पर उपलब्ध (14 मई 2014 को देखा गया)।

[15] उत्पीड़न से रक्षा अधिनियम, 1987 में उत्पीड़न से संबंधित प्रावधान देखें। http://www.legislation.gov.uk/ukpga/1997/40/contents पर उपलब्ध।

पीड़ित की निगरानी के साधन के रूप में; पहचान की चोरी जैसे कि पीड़ित को सेवाओं की सदस्यता देना, उनके नाम पर माल और सेवाएं खरीदना; पीड़ित की प्रतिष्ठा को नुकसान पहुंचाना; इलेक्ट्रॉनिक गड़बड़ी जैसे कि स्पैमिंग और वायरस भेजना; या अन्य इंटरनेट उपयोगकर्ताओं को चलाकी से पीड़ित का उत्पीड़न करने या धमकाने में शामिल करना।[16]

भारत में 2013 तक साइबर स्टॉकिंग के बारे में कोई क़ानून नहीं था। साइबर स्टॉकिंग क्या है, इस संबंध में बड़े पैमाने पर भ्रम की स्थिति थी। अपने पिछले प्रकाशन में हमने साइबर स्टॉकिंग की एक कार्यात्मक परिभाषा प्रस्तुत की जो इस प्रकार है: 'एक शब्द में, जब पुरूषों द्वारा 'पीछा करने' में नुकसान पहुंचाना शामिल होता है और ऐसा सफलतापूर्वक डिजिटल रूप से किया जाता है तो हम कह सकते हैं कि साइबर स्टॉकिंग हुई है' (Halder & Jaishankar, 2010; Halder, 2015)। इस पर भी ध्यान दिया जा सकता है कि साइबर स्टॉकिंग के दो चरण हो सकते हैं: (a) पीड़ित को नुकसान पहुंचाने के लिए पीछा करके एवं पीड़ित के बारे में जानकारी एकत्र करके पीड़ित का डिजिटल रूप से पीछा करना तथा (b) डिजिटल रूप से संचार करके पीड़ित की गोपनीयता का उल्लंघन करने की धमकी देना (Halder, 2015)। 2013 में, आपराधिक विधि संशोधन अधिनियम, 2013 के माध्यम से भारत सरकार ने IPC की धारा 354D के जरिए स्टॉकिंग विरोधी क़ानून (साइबर स्टॉकिंग भी शामिल) लागू किया जिसके द्वारा साइबर स्टॉकिंग के इन दो चरणों को शामिल किया गया। इस प्रावधान के अनुसार,

> महिला द्वारा अनिच्छा का स्पष्ट संकेत देने के बावजूद भी अगर कोई पुरुष उस महिला का पीछा करता है या व्यक्तिगत बातचीत को बढ़ाने के लिए बार-बार संपर्क करता है या संपर्क करने का प्रयास करता है या जो कोई भी महिला द्वारा इंटरनेट, ईमेल या इलेक्ट्रॉनिक संचार के किसी अन्य रूप के उपयोग पर निगरानी रखता है या किसी व्यक्ति को इस तरह देखता या उसकी जासूसी करता है कि जिसके परिणामस्वरूप ऐसी महिला के दिमाग में हिंसा या गंभीर बेचैनी या परेशानी का डर पैदा हो या ऐसी महिला की मानसिक शांति भंग हो वह पुरुष स्टॉकिंग का अपराध करता है।

इसके अलावा इस धारा में शामिल प्रावधानों के अनुसार,

> यदि पीछा करने वाला व्यक्ति यह साबित कर देता है कि—यह पीछा अपराध को रोकने या पहचानने के उद्देश्य से किया गया था और जिस व्यक्ति पर स्टॉकिंग का दोष लगाया गया है उसे सरकार द्वारा अपराध को रोकने और पहचानने की ज़िम्मेदारी सौंपी गई थी; या यह पीछा किसी भी क़ानून के तहत या किसी व्यक्ति द्वारा किसी क़ानून के तहत रखी किसी शर्त या आवश्यकता का अनुपालन करने के लिए किया गया था; या विशेष परिस्थितियों में

[16] पूर्वोक्त।

ऐसा आचरण मुनासिब और उचित था तो इस तरह के आचरण को स्टॉकिंग नहीं माना जाएगा।

इस प्रकार इस प्रावधान के तहत ईमेल, सोशल मीडिया द्वारा निगरानी और मिस्ड कॉल्स समेत बार-बार फोन कॉल के माध्यम से साइबर स्टॉकिंग को नियंत्रित किया जा सकता है। हालांकि इस पर ध्यान देना दिलचस्प है कि पुलिस अधिकारी मिस्ड कॉल्स के मामलों को किस तरह से समझते हैं। हालिया प्रेस विज्ञप्ति में यह देखा गया कि बिहार पुलिस उन मामलों के लिए IPC की धारा 354D को लागू करने पर विचार कर रही थी जहां महिलाओं ने बार-बार मिस्ड कॉल प्राप्त करने की शिकायत की थी। लेकिन यह भी निर्देश दिया गया था कि इस प्रावधान का उपयोग तब किया जाना चाहिए और ध्यान दिया जाना चाहिए जब मामला केवल एक या दो मिस्ड कॉल्स का नहीं बल्कि 'बार-बार मिस्ड कॉल्स' प्राप्त होने का है।[17] अब भारत के लगभग सभी भागों में इसका पालन किया जा रहा है। हालांकि, ऐसे मामलों में रिपोर्टिंग बेहद कम होती है।

ध्यातव्य हो कि पीड़ित डेटा प्रकटीकरण प्रौद्योगिकी के कारण जाने या अनजाने में डेटा प्रकट करके स्टॉकिंग में सहायता करने में महत्त्वपूर्ण भूमिका निभाता है। ऐसे मामलों में डेटा नियंत्रक के रूप में पीड़ित की भूमिका को नज़रअंदाज़ नहीं किया जाना चाहिए। लेकिन इसके लिए पीड़ित को दोषी नहीं ठहराया जाना चाहिए। भले ही पीड़ित इंटरनेट और डिजिटल संचार युग में केवल ज्ञात परिचितों को डेटा और जानकारी देने या अवांछित संपर्कों को ब्लॉक करने जैसे सावधानीपूर्वक उपाय करता है लेकिन फिर भी गोपनीयता की सुरक्षा के लिए इस तरह के सावधानीपूर्वक कदम हमेशा उपयोगी नहीं हो सकते हैं। इसी कारण से स्टॉकिंग को डिजिटल युग में गोपनीयता उल्लंघन की सबसे मुख्य प्रक्रियाओं में से एक माना जाता है। पुलिस एवं अभियोजन पक्ष को इस पहलू पर ग़ौर करना चाहिए कि स्टॉकर द्वारा डेटा या सूचना का दुरुपयोग कैसे और क्यों किया गया था। साइबर स्टॉकिंग मामलों से निपटने के दौरान पुलिस को मुख्य लेखक द्वारा बताए गए स्टॉकिंग को दो चरणों की प्रक्रिया के पहलू से देखना चाहिए। इस प्रक्रिया में IPC (आपराधिक धमकी) की धारा 503 और IPC की धारा 506 (आपराधिक धमकी के लिए सजा) सहित प्रावधानों को शामिल करना आवश्यक हो जाता है, क्योंकि स्टॉकिंग में आवश्यक तौर पर धमकी देना भी शामिल हो सकता है। इसके अलावा पुलिस को यह भी देखने की जरूरत है कि स्टॉकिंग की प्रक्रिया में पीड़ित के डेटा तक अनधिकृत पहुंच शामिल है या नहीं। ऐसे मामलों में तथ्यों

[17] PTI (24 सितंबर, 2014) देखें। महिलाओं को बार-बार मिस्ड कॉल देना स्टॉकिंग (पीछा करना) है और जेल की सजा को निमंत्रण देता है। *द हिन्दू*। http://www.thehindu.com/news/national/other-states/bihar-police-giving-repeated-missed-call-to-women-is-stalking-attracts-jail-term/article6442286.ece पर उपलब्ध (7 जून 2016 को देखा गया)।

के आधार पर धारा 43, 66 एवं 66C जैसे प्रावधान लागू किए जाने चाहिए। भले ही IPC की धारा 354D स्टॉकिंग की प्रक्रिया से संबंधित है, इसने IT अधिनियम में संशोधन नहीं किया है। इसलिए IT अधिनियम से कई प्रावधानों को शामिल करना आवश्यक हो जाता है। इसके अलावा यह याद रखा जाना चाहिए कि IPC की धारा 354D स्टॉकर के लिंग को केवल पुरुषों तक ही सीमित करता है। इसलिए यदि स्टॉकर एक महिला है तो IT अधिनियम से प्रावधानों को शामिल करना आवश्यक हो जाता है। यह भी ध्यान दिया जाना चाहिए कि यदि पीड़ित नाबालिग है और स्टॉकिंग संबंधित लड़की के यौन उत्पीड़न के तौर पर की गई है तो POCSO अधिनियम की धारा 11 (iv) को भी लागू किया जाना चाहिए।

हालांकि, साइबर स्टॉकिंग क़ानून के रूप में धारा 354D का अभी भी अदालतों द्वारा उचित रूप से विश्लेषण, जांच, विस्तार और संशोधन करने की आवश्यकता है। यह प्रावधान एक महिला केंद्रित क़ानून है और पीड़ित को पूर्ण सुरक्षा प्रदान नहीं करता है क्योंकि यह एक जमानती अपराध है और एकमात्र उपलब्ध दण्डात्मक सजा जेल है जिसमें जुर्माना और एक से तीन वर्ष तक की सजा हो सकती है। इस धारा के तहत साइबर स्टॉकिंग केवल दूसरी बार अपराध सिद्धि के मामले में गैर-जमानती हो जाती है। दंडनीय सज़ा जुर्माने के साथ पांच साल की जेल तक है। लेकिन यह समझने की भी आवश्यकता है कि यदि स्टॉकर जमानत पाने में सफल रहता है या उसकी जेल अवधि समाप्त हो जाती है तो वह वापस आकर पीड़ित का दोबारा उत्पीड़न कर सकता है (और यहां तक कि पुलिस में की गई शिकायत के लिए भी बदला भी ले सकता है)। यह कई कारणों से हो सकता है जिसमें स्टॉकर की पहचान गुप्त होना, सेवा प्रदाता द्वारा स्टॉकर के प्रोफाइल/प्रोफाइलों पर निगरानी रखने के लिए कोई कार्रवाई ना करना आदि शामिल है (Halder, 2015)। संयुक्त राज्य और यूनाइटेड किंगडम जैसे देशों में स्टॉकर को अधिक समय तक पीड़ित से संपर्क करने से रोकने के लिए नागरिक उपचार के रूप में साइबर स्टॉकिंग प्रावधानों में अनिवार्य रूप से 'संपर्क ना करने के आदेश' शामिल हैं (Halder, 2015, p. 120)। साइबर स्टॉकिंग पर भारतीय क़ानून इस प्रकार के (IPC की धारा 354D और POCSO अधिनियम की धारा 11 (iv) और 12 दोनों में) 'संपर्क ना करने के आदेश' के बारे में कोई भी उल्लेख नहीं करते हैं। इसे समझा जाना चाहिए कि साइबर स्टॉकिंग के पीड़ितों को साइबर स्टॉकिंग के लिए दण्डात्मक सज़ा से आवश्यक रूप से लाभ हो सकता है विशेषकर अधिनियम के प्रभावों के लिए पीड़ितों की सबसे महत्त्वपूर्ण आवश्यकता निश्चित रूप से स्टॉकर द्वारा किसी भी प्रकार के संपर्क से सुरक्षित किया जाना है (Halder, 2015)। इसके अलावा प्रावधान लागू करते समय, अदालतों को इससे जुड़े प्रावधानों के बारे में भी सतर्क रहना चाहिए, जो 'साइबर स्टॉकिंग' शब्द के दायरे में विशेष प्रकार की 'निगरानी' से रहित हैं हैं जैसा कि इस प्रावधान द्वारा उल्लेख किया गया है (Halder, 2015, pp. 118–119)। भारत में अदालतों को अभी तक इस

क़ानून की प्रभावशीलता का परीक्षण करने के लिए बहुत अधिक दायरा नहीं मिला है। यह उम्मीद की जाती है कि यदि अदालत लेखकों की राय के अनुसार पीड़ितों के हितों की रक्षा पर सतर्कतापूर्वक विचार करे तो इस क़ानून का उद्देश्य पूरा हो सकता है।

नकली अवतार (Fake Avatars) बनाकर गोपनीयता का उल्लंघन

मुख्य लेखक द्वारा नकली अवतार को इस तरह परिभाषित किया गया है,

> पीड़ित का झूठा निरूपण, जिसे पीड़ित की दृश्य तस्वीरों के साथ या बिना डिजिटल प्रौद्योगिकी के माध्यम से अपराधकर्ता द्वारा किया गया है और जिसमें पीड़ित के बारे में मौखिक जानकारी शामिल है जो पूरी तरह से सच या झूठ हो सकती है और जिसे जानबूझकर पीड़ित के चरित्र को बदनाम करने और दर्शकों को पीड़ित की मूल पहचान के बारे में गुमराह करने के लिए बनाया और इंटरनेट पर डाला गया है। (Halder 2013, p. 197)

परिभाषा से यह स्पष्ट है कि नकली अवतार आमतौर पर डेटा तक अनधिकृत पहुंच के परिणामस्वरूप या पीड़ितों को परेशान करने और बदनाम करने के लिए बनाए जाते हैं। यह गोपनीयता का उल्लंघन करने का एक तरीका है खासकर जब पीड़ित की व्यक्तिगत जानकारी पीड़ित द्वारा उचित अधिकार दिए बिना प्रकट की जाती है। नकली अवतार यौन और गैर-यौन उद्देश्यों के कारण बनाए जा सकते हैं। नकली अवतार बनाने के उदाहरणों के अंतर्गत सोशल मीडिया पर पीड़ित की गलत जानकारी पोस्ट करना, उसकी तस्वीरों से छेड़-छाड़ कर वयस्क नेटवर्किंग साइटों पर पोस्ट करना या यहां तक कि ईमेल, ब्लॉग, चैट लॉग या व्हाट्सएप जैसे मोबाइल संचार ऐप्स के माध्यम से उसके बारे में निन्दात्मक, झूठी, अपमानजनक जानकारी पोस्ट करना शामिल हो सकते हैं। इसलिए नकली अवतार बनाना केवल यौन उत्पीड़न के मामलों तक ही सीमित नहीं हो सकता है। जब पीड़ित किसी भी तरह की अपमानजनक तस्वीरों, नकली प्रोफाइलों या इंटरनेट पर निजी जानकारी प्रकट करने के बारे में शिकायत करता है तो इसे नकली अवतार बनाने के रूप में समझा जा सकता है तथा मामले के कारकों के आधार पर उचित प्रावधान लागू किए जाने चाहिए।[18]

जब नकली अवतार डेटा की अनधिकृत पहुंच, पहचान के विशिष्ट लक्षणों का धोखाधड़ी से उपयोग करके और इसी प्रकार बनाया जाता है तो पुलिस अधिकारी को IT अधिनियम की धारा 43, 66 और 66C लागू करने पर विचार करना चाहिए। नकली अवतार बनाने के प्रभाव के आधार पर संबंधित अधिकारी को IPC की धारा 499 और 500 और आवश्यक तौर पर IPC की धारा 509 सहित मानहानि से संबंधित क़ानूनों को लागू करने पर विचार

---

[18] नकली अवतारों से निपटने के तरीके पर विस्तृत चर्चा अगले अध्यायों में की गई है।

करना चाहिए क्योंकि यह संबंधित महिला के सतीत्व को नुकसान पहुंचा सकता है। यदि बनाया गया नकली अवतार यौन अपराधों की प्रकृति का है तो संबंधित अधिकारी को IT अधिनियम के संबंधित क़ानूनों जिनमें धारा 67 (इलेक्ट्रॉनिक रूप में अश्लील सामग्री को प्रकाशित करने या प्रसारित करने के लिए सज़ा), 67A (यौन संबंधी स्पष्ट कृत्य आदि वाली सामग्री को इलेक्ट्रॉनिक रूप में प्रकाशित करने या प्रसारित करने के लिए सज़ा), 67B (यदि पीड़ित नाबालिग है; बच्चों को यौन संबंधी स्पष्ट कृत्य आदि में चित्रित करती सामग्री को इलेक्ट्रॉनिक रूप में प्रकाशित या प्रसारित करने के लिए सज़ा), 66E (गोपनीयता का उल्लंघन करने के लिए सज़ा) शामिल है और IPC की धारा 354C (दृश्यता और इसके लिए सज़ा) सहित IPC से संबंधित प्रावधानों को लागू करने के बारे में विचार करना चाहिए। यदि पीड़ित एक नाबालिग लड़की है और ऐसे नकली अवतार का उपयोग पोर्नोग्राफिक सामग्री बनाने के लिए किया जाता है तो पुलिस को POCSO अधिनियम की धारा 11 (यौन उत्पीड़न) एवं धारा 12 (यौन उत्पीड़न के लिए सज़ा) के साथ POCSO अधिनियम की धारा 13 (पोर्नोग्राफिक उद्देश्यों के लिए बच्चे का उपयोग) एवं धारा 14 (पोर्नोग्राफिक उद्देश्यों के लिए बच्चे का उपयोग करने पर सज़ा) को लागू करने पर विचार करना चाहिए। हालांकि नकली अवतार स्टॉकिंग या डेटा की अनधिकृत पहुंच के परिणाम हो सकते हैं इसलिए पूर्ववर्णित सभी स्थितियों में संबंधित अधिकारी को स्टॉकिंग या डेटा की अनधिकृत पहुंच के मामलों में प्रावधान लागू करने के लिए सबूतों, उद्देश्यों आदि की जांच करनी चाहिए।

प्रतिशोध की भावना से प्रेरित पोर्नोग्राफी

अपने पिछले प्रकाशन (Halder & Jaishankar, 2013) में हमने बदला लेने के लिए बनाए पोर्न को इस तरह परिभाषित किया है

> ऐसा कार्य जिसके द्वारा अपराधकर्ता टूट चुके रिश्ते के लिए अपने क्रोध और निराशा को अपने पीड़ित के गलत, यौन उत्तेजक चित्रण को सार्वजनिक करके, ऐसी जानकारी का दुरुपयोग करके जो उसे सहज रूप से ज्ञात हो सकती है और उसने अपने कंप्यूटर में स्टोर की हो सकती है, या हो सकता है खुद पीड़ित द्वारा उसके इलेक्ट्रॉनिक डिवाइस में रखी गई हो, या हो सकता है पीड़ित की स्वयं की सहमति से डिवाइस में स्टोर की गई हो; और ऐसा वास्तव में पीड़ित को सार्वजनिक रूप से बदनाम करने के लिए किया जा सकता है।

प्रतिशोध की भावना से प्रेरित पोर्न बनाकर उत्पीड़न करना अब भारत में एक आम घटना बन गई है। यह समझने की जरूरत है कि जब कि प्रतिशोध की भावना से प्रेरित पोर्न इंटरनेट पर अनिवार्य रूप से महिलाओं के साथ यौन हिंसा है जिसमें अनिवार्यतः दर्शनरति, हैकिंग और स्टॉकिंग शामिल है। भारत में, प्रतिशोध की भावना से प्रेरित पोर्न को नियंत्रित करने के

लिए कोई विशिष्ट क़ानून नहीं है। यह आवश्यक रूप से महिलाओं के सतीत्व को नुकसान पहुंचाता है अतः इसे IPC की धारा 354C (दर्शनरति), IT अधिनियम की धारा 66E (गोपनीयता का उल्लंघन) और IPC की धारा 509 (महिलाओं के सतीत्व को नुकसान पहुंचाने के लिए सज़ा) के माध्यम से नियंत्रित किया जा सकता है। प्रतिशोध की भावना से प्रेरित पोर्न को महिलाओं के अश्लील निरूपण के दृष्टिकोण से भी देखा जाना चाहिए।

हालांकि, प्रतिशोध की भावना से प्रेरित पोर्न को नियंत्रित करते समय, पीड़ितों पर हुए उत्पीड़न के विभिन्न रूपों के साथ-साथ पीड़ित की गोपनीयता के उल्लंघन पर विचार दिया जाना चाहिए। संयुक्त राज्य अमेरिका में साइबर नागरिक अधिकार आंदोलनों के पहले मुख्य संस्थापकों में से एक प्रोफेसर फ्रैंक्स ने कहा:

> 2013 से पहले अमेरिका में केवल तीन राज्यों ने निजी यौन तस्वीरों के अनधिकृत वितरण को अपराध घोषित किया था। 21 जून, 2015 तक यह संख्या बढ़ कर तेईस हो गई, जिसमें क़ानून तैयार करने या बनाने की प्रक्रिया में कम से कम सत्रह और राज्य शामिल थे। ये सारे राज्य इस मुद्दे को गंभीरता से ले रहे हैं। हालांकि, यह सुनिश्चित करना महत्त्वपूर्ण है कि बनाए जा रहे क़ानून वास्तव में पीड़ितों की रक्षा करते हैं और वे स्पष्ट, अनुशासित और संवैधानिक रूप से समर्थ हैं।
>
> दुर्भाग्यवश इनमें से कई राज्यों के क़ानून इन मानदंडों को पूरा नहीं करते हैं। इनमें से अधिकतर क़ानून सहमति के बिना बनाई पोर्नोग्राफी को गोपनीयता उल्लंघन की बजाए उत्पीड़न के तौर पर मानते हैं। इन क़ानूनों को लागू करने के लिए पीड़ित को 'नुकसान पहुंचाने या उत्पीड़ित करने' के इरादे से अपराधकर्ता द्वारा कार्य किया जाना शामिल होना आवश्यक है। कुछ क़ानूनों में अपराधकर्ता को पीड़ित का मौजूदा या पूर्व अंतरंग साथी होना आवश्यक है। निस्संदेह, अक्सर ऐसा देखा गया है कि सहमति के बिना बनाई गई पोर्नोग्राफी की घरेलू हिंसा में भूमिका होती है परंतु अपराध के इस घटक को नुकसान पहुंचाने अथवा उत्पीड़ित करने की मंशा के तौर पर प्रस्तुत किया जाना घरेलू हिंसा से पीड़ित महिलाओं के सर्वोत्तम हित में नहीं है। अजनबियों द्वारा पीड़ित लोगों के लिए तर्क की कसौटी पर हर दुविधा को दूर करते हुए नुकसान पहुंचाने अथवा उत्पीड़ित करने की मंशा को साबित करना व्यावहारिक रूप से असंभव होगा; साथ ही घरेलू हिंसा के मामलों में भी इससे बार-बार मुश्किलें पैदा होंगी क्योंकि अपराधकर्ता विश्वसनीय प्रतीत होने वाले विभिन्न वैकल्पिक इरादों को दृढ़तापूर्वक प्रस्तुत कर सकते हैं। सहमति के बिना बनाई पोर्नोग्राफी हमेशा बदला लेने से संबंधित नहीं है परंतु इसका संबंध गोपनीयता से अवश्य होता है। इसका समुचित कारण भी है, क्योंकि अतिचार क़ानूनों के साथ-साथ गोपनीयता की आवश्यकता एवं दर्शनरति निषेध जैसे गोपनीयता संबंधी क़ानूनों के अनुसार यह जरूरी नहीं है कि अपराधकर्ता पीड़ितों को नुकसान पहुंचाने अथवा उत्पीड़ित करने की मंशा से प्रेरित हो। सुविचारित तरीके से गोपनीयता का उल्लंघन ही पीड़ित को हुई क्षति का मूल घटक है। सहमति के बिना बनाई पोर्नोग्राफी के क़ानूनों में नुकसान पहुंचाने या उत्पीड़न

करने के इरादे की आवश्यकता के बारे में अज्ञानता को इस बात पर विचार करके स्पष्ट किया गया है कि इनमें से किसी भी (वास्तविक) मामलों में ऐसी परिभाषा के तहत कोई अपराध नहीं माना जाएगा:

- बिटकॉइन प्राप्त करने या सामाजिक स्थिति को बेहतर बनाने की उम्मीद से सौ से अधिक हस्तियों से चुराई गई निजी, अंतरंग तस्वीरों को वितरित करते बेनाम पोस्टर;
- कैलिफ़ोर्निया का एक राजमार्ग गश्ती अधिकारी गिरफ्तार की गई महिला के सेलफोन से प्राप्त अंतरंग चित्रों को 'खेल' के हिस्से के रूप में अधिकारियों के बीच फैला रहा है;
- पेंसिलवेनिया राज्य के भाई-बंधु बेहोश, नग्न महिलाओं की तस्वीरें को मनोरंजन उद्देश्यों के लिए मेंबर्स-ओनली फेसबुक पेज पर अपलोड कर रहे हैं;
- हंटर मूरे एवं क्रेग ब्रिटान जैसे प्रतिशोध की भावना से प्रेरित बनाए पोर्न संबंधी अश्लील साइटों के मालिक लाभ और मनोरंजन के लिए हज़ारों निजी, यौन संबंधी स्पष्ट निजी तस्वीरों को प्रकाशित कर रहे हैं।

आवश्यकताओं को क्षति पहुंचाने का इरादा सिर्फ खराब नीति नहीं है; बल्कि बुरे क़ानून भी हैं। हालांकि कुछ लोग दावा करते हैं कि ऐसी आवश्यकताएं संविधान के अनुपालन को सुनिश्चित करने के लिए आवश्यक हैं जबकि वास्तविकता इसके बिल्कुल विपरीत है: उद्देश्य के बारे में एकपक्षीय भेदभाव उन्हें हल करने के बजाय संवैधानिक मुद्दे बनाते हैं। परेशानी पैदा करने के लिए कामोत्तेजक तस्वीरों के प्रकटीकरण को रोकना जब कि लाभ कमाने या मनोरंजन प्रदान करने के लिए ऐसे प्रकटीकरण की अनुमति देना जो पहले संशोधन के तहत पर्याप्त समावेशी ना होने और दृष्टिकोण विभेद दोनों की आपत्तियों के लिए कमजोर क़ानून प्रदान करता है।

सहमति के बिना बनाई पोर्नोग्राफी को नियंत्रित करने वाले कई राज्य क़ानूनों के साथ ये और अन्य समस्याएं तथा इनके साथ इस सीमाहीन अपराध के लिए उपयुक्त न्यायिक कमियां, संघीय आपराधिक क़ानून की आवश्यकता को स्पष्ट करती हैं। एक संघीय आपराधिक क़ानून ना केवल अपराध के प्रासंगिक तत्वों की एकल, स्पष्ट अभिव्यक्ति प्रदान करने के लिए आवश्यक है बल्कि इस गंभीर अन्याय के प्रति समाज की स्वीकृति और निंदा का संकेत देने के लिए भी आवश्यक है।

अप्रैल 2015 में सीनेटर अल फ्रैंकन, जो गोपनीयता, प्रौद्योगिकी और क़ानून पर सीनेट न्यायपालिका समिति की उपसमिति पर कार्य करते हैं ने FBI को 'वर्तमान क़ानून में किन्हीं भी ऐसी कमियों पर जानकारी प्रदान करने के लिए कहा... जिन्होंने FBI को यौन संबंधी स्पष्ट तस्वीरों के बिना सहमति के प्रकटीकरण के मामलों में जांच और गिरफ्तारियां करने से रोका हो सकता है।' प्रतिनिधि जैकी स्पीयर (D-CA) एवं ग्रेगरी मीक्स (D-NY) अंतरंग गोपनीयता की रक्षा करने वाले संघीय आपराधिक प्रावधान पर कांग्रेस के प्रयासों के नेतृत्व में उन कमियों को संबोधित कर रहे हैं। एक वर्ष से अधिक समय तक मैंने तकनीकी उद्योग, नागरिक स्वतंत्रता समूहों, संवैधानिक विद्वानों, पीड़ितों और वकालत

> समूहों से जानकारी के साथ अंतरंग गोपनीयता संरक्षण अधिनियम का प्रारूप तैयार करने के लिए इन कार्यालयों के साथ मिलकर काम किया है। इस विधेयक को निकट भविष्य में पेश किया जाएगा।
>
> गोपनीयता की रक्षा करने वाले क़ानूनों का इस देश में लंबा और महत्त्वपूर्ण इतिहास है। अभिव्यक्ति एवं वाक् स्वतंत्रता के साथ-साथ समानता और व्यक्तिगत स्वायत्तता के लिए प्रतिबद्ध लोकतांत्रिक समाज में मौलिक अधिकार के तौर पर गोपनीयता आवश्यक है। यह वित्तीय या चिकित्सा गोपनीयता की तरह यौन गोपनीयता के लिए भी सच है और इसे पहचानने वाला एक संघीय बिल लंबे समय से लंबित है (Franks, 2015)।

भारत में इस दृष्टिकोण का पालन किया जाना चाहिए। भले ही IPC की धारा 354C एवं IT अधिनियम की धारा 66E दर्शनरति को गोपनीयता में दखल के तौर पर अपराध घोषित करने के लिए बनाई गई हैं, इसे समझने की आवश्यकता है कि ये प्रतिशोध की भावना से प्रेरित पोर्न को नियंत्रित करने में पूरी तरह से मददगार नहीं हो सकती। संसद को प्रतिशोध की भावना से प्रेरित पोर्न के सभी कारकों पर विचार करते हुए इसे अपराध घोषित करने के लिए क़ानून बनाने पर विचार करना चाहिए।[19] हालांकि, जब पुलिस को प्रतिशोध की भावना से प्रेरित पोर्न संबंधी किसी भी शिकायत के साथ संपर्क किया जाता है तो उन्हें मौजूदा प्रावधानों को लागू करने पर विचार करना चाहिए जो दर्शनरति के माध्यम से संबंधित महिला के सतीत्व को पहुंचे नुकसान द्वारा इसके प्रभावों और बड़े पैमाने पर मानहानि जो प्रतिशोध की भावना से प्रेरित पोर्न के परिणामस्वरूप हो सकती है, गोपनीयता के उल्लंघन को समाविष्ट करते हैं।

कंपनियों द्वारा गोपनीयता के उल्लंघन के स्वरूप

अक्सर यह सुनने में आता है कि फेसबुक जैसी वेब कंपनियां उपयोगकर्ताओं के डेटा उल्लंघन में किस तरह से शामिल हैं। ऐसा डेटा उल्लंघन लगभग हमेशा ही वेब कंपनी की अपनी विपणन खोज नीतियों से संबंधित है। कंपनियां उपयोगकर्ता की प्रोफाइल, अपडेट्स, ब्राउज़िंग आदतों, खरीद खातों आदि से छलावरण के वैध तरीके से डेटा प्राप्त कर सकती हैं, खासकर जब ऐसी वेब कंपनियां अपने दिशानिर्देशों में ऐसी नीतियों को प्रकट करती हैं जिन्हें ग्राहकों द्वारा हस्ताक्षरित किया जाना होता है। कई मौकों पर इंटरनेट कंपनियों ने यह दिखाकर इसका बचाव किया है कि कुछ खंड उल्लेख करते हैं कि ये डेटा किसी तीसरे पक्ष को प्रकट नहीं किया जाएगा। शोधकर्ताओं ने अनुभव किया है कि मध्यस्थों द्वारा व्यक्तिगत जानकारी (Tavani & Grodzinsky, 2002) को निरंतर उत्पाद बनाकर उपयोग किया जाता है, जो

[19] प्रतिशोध की भावना से प्रेरित पोर्न की प्रकृति, प्रभाव और कार्यात्मक परिभाषा के बारे में बाद में दी गई विस्तृत चर्चा देखें।

साइबर स्टॉकिंग के लिए व्यापक अवसर प्रदान कर सकता है (Halder, 2015, p. 111)। साथ ही वेब कंपनियों द्वारा उपयोग की जाती बड़ी डेटा नीतियों के माध्यम से उपयोगकर्ताओं की निजी जानकारी हर दिन प्रसारित होती है।

गूगल, फेसबुक, ट्विटर, लिंक्डइन जैसे सेवा प्रदाताओं के नीति दिशानिर्देशों को देखने के बाद यह कहा जा सकता है कि वे इन वेबसाइटों के माध्यम से 'प्राइवेट' के तौर पर व्यक्त की गई जानकारी एवं बातचीत को सुरक्षित करने के लिए उपयोगकर्ताओं को विकल्प प्रदान करते हैं; और उनमें से कोई भी उस डेटा के संबंध में उपयोगकर्ताओं की गोपनीयता की रक्षा नहीं करता है जो डेटा के मालिक की सहमति से पहले ही सार्वजनिक रूप से प्रकट हो चुका है।[20] यह जानना दिलचस्प है कि गोपनीयता नीति जो उपयोगकर्ता और वेब-सेवा प्रदाताओं के बीच अनुबंध प्रपत्र का हिस्सा है, साइबर स्टॉकिंग के किसी भी रोकथाम की गारंटी नहीं देती है खासकर उन मामलों में जब यह अपेक्षा की जाती है कि उपयोगकर्ता गोपनीयता नीतियों को पढ़ेंगे। दूसरे शब्दों में नागरिक उत्तरदायित्व क़ानून, जो इंटरनेट की मुख्य वेबसाइटों का मार्गदर्शन करते हैं, सेवा प्रदाताओं पर उपभोक्ता के हित की सुरक्षा के लिए केवल गोपनीयता सुरक्षा की ज़िम्मेदारी तब लागू करते हैं जब ग्राहक के प्रतिलिप्याधिकार का उल्लंघन होता है। लेकिन दूसरे पहलू से यह देखा जा सकता है कि ऐसे गोपनीयता सुरक्षा दिशानिर्देश उपयोगकर्ताओं को यह निर्णय लेने के लिए अधिक अधिकार प्रदान करते हैं कि उन तक पहुंचा जाए या नहीं (Glancy, 2000)। इस प्रकार, 'सार्वजनिक रूप से निजी (पब्लिकली प्राइवेट)' उपलब्ध होने का विकल्प इस बात पर निर्भर करता है कि (यानी सोशल मीडिया पर होना और सीमित जानकारी जैसे कि वर्तमान भौगोलिक जानकारी, वैवाहिक स्थिति आदि को दुनिया भर के दर्शकों के साथ साझा करना और कुछ चुनी हुई जानकारी जैसे कि व्यक्तिगत तस्वीरें, व्यक्तिगत पसंदीदा चीज़ें या राय आदि को केवल 'दोस्तों' के साथ साझा करना) उपयोगकर्ता की गोपनीयता सेटिंग का चयन क्या है और वह खुद को किस प्रकार से व्यक्त करना चाहता है। साथ ही 'निजी तौर पर निजी (प्राइवेटली प्राइवेट)' होने के विकल्प (यानी, सोशल मीडिया पर करीबी दोस्तों से जुड़ा होना, लेकिन

---

[20] ये सभी वेबसाइटें अमेरिकी प्रतिलिप्याधिकार क़ानूनों पर निर्भर करती हैं विशेष रूप से डिजिटल मिलेनियम प्रतिलिप्याधिकार क़ानूनों की धारा 512 पर, जो सुरक्षित हार्बर नीति बनाती है। यह प्रावधान विशेष रूप से उपयोगकर्ताओं के खिलाफ बौद्धिक संपदा उल्लंघन को रोकने और उपयोगकर्ताओं के लिए गोपनीयता नीति विकसित करने और उसका कार्यान्वित करने के लिए उपयोग किया जाता है। इनके अलावा ये सभी साइटें उपयोगकर्ताओं को 'सुरक्षा सुझाव' प्रदान करके सम्यक उद्यम का प्रयोग करती हैं जो गोपनीयता उल्लंघनों के खिलाफ उनके खातों की रक्षा कर सकते हैं। इस तरह के कुछ सुरक्षा सुझाव ये हैं: पासवर्ड और ऐसे कार्य के लिए आसान विकल्प बदलने के लिए सलाह; यदि और जब उपयोगकर्ता को लगता है कि पासवर्ड 'चोरी' या दुरुपयोग किया गया है तो इसे रिपोर्ट करने के विकल्प; उपयोगकर्ता के कंप्यूटर की मालवेयर हमले से सुरक्षा करने के लिए निवारक उपाय के रूप में 'अज्ञात' लिंक और 'स्क्रैप्स' पर क्लिक ना करने की सलाह; व्यक्तिगत संवेदनशील डेटा प्रकट ना करने की सलाह आदि।

खुद के बारे में कुछ भी साझा ना करना) को हमेशा गोपनीयता सेट अप और 'निजी वातावरणों' की अवधारणा द्वारा चुनौती दी जाती है। इस संबंध में संबंधित वेबसाइटों द्वारा उपयोग की जाने वाली गोपनीयता, प्रतिरक्षा एवं सम्यक उद्यम और उनके मूल के बारे में समझना आवश्यक है जिस पर अध्याय 7 में विस्तार से चर्चा की गई है।

यह भी ध्यान दिया जाना चाहिए कि सम्यक उद्यम की ओर मध्यस्थ के उत्तरदायित्व के साथ वेब कंपनियों द्वारा प्रयुक्त व्यापक डेटाबेस अवधारणा पर विचार किया जाना चाहिए। इस पर भी ध्यान देना चाहिए कि सामाजिक माध्यम, ईमेल/संदेश/डिजिटल संचार सेवा प्रदाता और सर्च इंजन व्यापक डेटाबेस का भाग हो सकते हैं जो उपयोगकर्ता की इच्छा पर उसकी जानकारी साझा कर सकते हैं (Armbarst et al., 2009); उदाहरण के लिए, एक फेसबुक उपयोगकर्ता Academia.edu पर अपनी फेसबुक प्रोफ़ाइल के लिए उपयोग किए जाने वाले यूज़रनेम और पासवर्ड के साथ लॉग इन कर सकता है जो उपयोगकर्ता द्वारा प्रकाशित अकादमिक अभिरुचियों, विद्वान लेखों को साझा करने के लिए बनाई गई साइट है। उपयोगकर्ता को उस साइट पर अपनी ईमेल आईडी के माध्यम से केवल भागीदारी की पुष्टि करनी होती है।

वेब कंपनियों के अलावा गोपनीयता के उल्लंघन से संबंधित संगठनों जैसे कि कार्यस्थल, अस्पतालों, शैक्षिक संस्थानों और कमीशन-प्राप्त निजी संगठनों द्वारा निजी डेटा प्रकट करके भी किया जा सकता है जो जनता से डेटा एकत्र करने के लिए सरकार की ओर से काम करते हैं। आधार योजना की संवैधानिक वैधता से संबंधित हालिया मामले में याचिकाकर्ताओं द्वारा यह आखिरी उदाहरण विशेष रूप से पाया गया था (Choudhary, 2015)। संयुक्त राज्य अमेरिका, यूनाइटेड किंग्डम जैसे देशों में, डेटा प्रकट करने के माध्यम से गोपनीयता उल्लंघन के उदाहरण अक्सर पाए जाते हैं। भारत में ऐसे कई उदाहरण हैं जहां नेट न्यूट्रैलिटी के समर्थकों की ईमेल आईडियां एवं प्रासंगिक जानकारी प्रकट की गई थी और ये ईमेल आईडियां और कोई नहीं बल्कि भारतीय दूरसंचार विनियामक प्राधिकरण (TRAI) की वेबसाइट द्वारा प्रकट की गईं थी जो कथित रूप से हैक की गई थी।[21] इस तरह के गोपनीयता उल्लंघन के बाद देश की सामाजिक संरचना के कारण महिलाओं के पीड़ित होने की संभावना अधिक है। इस अध्याय में पहले भी बताया जा चुका है कि इलेक्ट्रॉनिक मीडिया में किसी भी रूप में महिलाओं एवं लड़कियों के बारे में किसी भी संवेदनशील जानकारी को प्रकट करना ना केवल पीड़ित के लिए बल्कि उसके परिवार के लिए भी खतरनाक साबित हो सकता है। ऐसे मामलों में पीड़ितों को पुलिस में दी गई अपनी रिपोर्ट में निजी डेटा की सुरक्षा में विफलता

---

[21] खंडेलवाल, एस. (27 अप्रैल, 2015) देखें। TRAI leaked over million email addresses; anonymous India takes revenge. http://thehackernews.com/2015/04/net-neutrality-trai-emails.html पर उपलब्ध (7 जून 2016 को देखा गया)।

के लिए कंपनियों को शामिल करने पर विचार करना चाहिए। IT अधिनियम की धारा 43A बॉडी कॉरपोरेट्स द्वारा ऐसी विफलता के लिए मुआवजे का भुगतान निर्धारित करती है।[22] हालांकि यह प्रावधान सिविल दंड निर्धारित करता है परंतु IT अधिनियम की धारा 72 एवं 72 A में किसी भी व्यक्ति (पहले वाले मामले में) और बॉडी कॉर्पोरेट (बाद वाले मामले में) द्वारा इस तरह के डेटा का उल्लंघन करने के लिए आपराधिक दंड निर्धारित किए गए हैं।

कंपनियों द्वारा इस प्रकार के गोपनीयता के उल्लंघन के संभावित पीड़ितों का दूसरा समूह सुप्रसिद्ध व्यक्तियों एवं सार्वजनिक हस्तियों का है जिनमें अभिनेता, राजनेता, पत्रकार आदि शामिल हैं। ऐसी हस्तियों विशेष रूप से महिलाओं की निजी तस्वीरों को बेचकर या वितरित करके लाभ कमाने के उद्देश्य से इंटरनेट का बाज़ार बहुत बड़ा है। इस मामले में महिला हस्तियों, ज़्यादातर हॉलीवुड अभिनेत्रियों की सैकड़ों नग्न तस्वीरें (जिनमें से कुछ सेक्सटड तस्वीरें, कुछ नग्न सेल्फियां हैं) प्रकट करने का हालिया मामला उल्लेखनीय है। इस तरह के गोपनीयता उल्लंघन के कारण ना केवल संबंधित महिलाओं का विभिन्न रूपों में उत्पीड़न होता है बल्कि इसके कारण उनके व्यावसायिक क्षेत्र में उनके अच्छे विकास में भी बाधा आ सकती है। भले ही कई लोगों का यह मानना है कि ऐसी स्थितियां ऐसे कलाकारों द्वारा फिल्म के प्रचार को तत्काल बढ़ाने के लिए उपयोग की जाती हैं। परंतु वास्तव में ऐसा नहीं भी हो सकता है विशेष रूप से यदि ऐसी तस्वीर या उसका वितरण किसी भी मौजूदा क़ानून/क़ानूनों का उल्लंघन करता है। इस विशेष मामले में नग्न फोटो घोटाले के ऐसी कई पीड़ित हस्तियों ने गूगल के खिलाफ एक वेब कंपनी के रूप में क़ानूनी मुक़दमा दायर करने को प्राथमिकता दी है क्योंकि यह कथित तौर पर इस तरह के व्यापक गोपनीयता उल्लंघन पर ध्यान देने और इस पर नज़र रखने में असफल रही है (Hern & Rushe, 2014)। हालांकि, पीड़ितों से क़ानूनी नोटिस प्राप्त करने के बाद गूगल ने कई तस्वीरों को हटाया है और इस तरह की निजी तस्वीरों के प्रसारण को प्रतिबंधित करने के लिए कार्रवाई की है। भारत में ऐसे ही गोपनीयता उल्लंघन की कुछ अलग-अलग घटनाएं हुई हैं जहां मशहूर हस्तियों को लक्षित किया गया हैं। इस प्रकार के ज्यादातर मामलों में यह देखा जा सकता है कि संबंधित अभिनेत्रियों ने पुलिस में मामले संबंधी शिकायत दायर की है। यदि समाचार रिपोर्टों का विश्लेषण किया जाए तो यह पता चलता है कि पुलिस रिपोर्टें आमतौर पर अपराधियों की तलाश करने एवं वेबसाइटों से सामग्रियों को हटाने के लिए निर्देशित की जाती हैं। भले ही भारत में हमारे पास धारा 79 (ज़िम्मेदारी से छूट), विशेष रूप से इसका परिच्छेद 2(c) है जो कि सम्यक उद्यम के बारे में मध्यस्थ ज़िम्मेदारियां एवं व्यक्तियों की गोपनीयता सुरक्षा के संबंध में कई मध्यस्थ दिशानिर्देश विनियम निर्धारित करते हैं[23] गोपनीयता उल्लंघन के पीड़ित बहुत ही कम

[22] इस प्रावधान पर विस्तृत चर्चा के लिए, अध्याय 7 देखें।

[23] पूर्वोक्त।

मामलों में अपनी पुलिस रिपोर्ट में मध्यस्थों को शामिल करते हैं विशेषकर जब इंटरनेट से 'सामग्री हटाने' की उनकी रिपोर्टों को नज़रअंदाज़ किया जाता है या मध्यस्थों द्वारा उनका अनुपालन नहीं किया जाता है।

लेकिन यहां इस बात पर ध्यान देना महत्त्वपूर्ण है कि इस तरह के गोपनीयता उल्लंघन के पीड़ित को किसी भी क़ानूनी उपाय का लाभ नहीं मिल सकता अगर उनकी कुछ जानकारी (जिसका उल्लंघन किया गया है या जो पीड़ितों का उत्पीड़न करने के लिए इस्तेमाल की हो सकती है) सार्वजनिक वेबसाइटों या सार्वजनिक गैज़ेटों में पहले ही प्रकट हो चुकी है। ऐसी जानकारी 'निजी जानकारी' की श्रेणी के अंतर्गत नहीं आती है। हालांकि ऐसे मामलों में भी एक उपाय उपलब्ध है जब ऐसी जानकारी का दुरुपयोग किसी अन्य प्रकार के साइबर अपराधों या किसी अन्य ऑफ़लाइन अपराधों से संबंधित व्यक्ति को पीड़ित करने के लिए किया जाता है जिसमें सुरक्षा जोखिम, वित्तीय हानि या मानहानि करना शामिल है। इसके अलावा सूचना का अधिकार अधिनियम, 2005 भी कुछ ऐसे अपवाद प्रदान करता है जिससे लोग सूचना प्राप्तकर्ता को सूचना के अधिकार के तौर पर व्यक्तिगत जानकारी देने से इनकार कर सकते हैं।[24]

---

[24] सूचना का अधिकार अधिनियम, 2005 की धारा 8 छूटों पर चर्चा करती है। यह निम्नानुसार है:

(1) इस अधिनियम के अंतर्विष्ट होते हुए भी, किसी नागरिक को निम्नलिखित सूचना देने की बाध्यता नहीं होगी–

(a) सूचना, जिसके प्रकटन से भारत की संप्रभुता एवं अखण्डता, राज्य की सुरक्षा, रणनीति, वैज्ञानिक या आर्थिक हित, विदेश से संबंध पर प्रतिकूल प्रभाव पड़ता हो या किसी अपराध को प्रेरित करने में सक्षम हो;

(b) सूचना, जिसके प्रकाशन को किसी न्यायालय या अधिकरण द्वारा स्पष्ट रूप से निषिद्ध किया गया है या जिसके प्रकटन से न्यायालय की अवमानना होती है;

(c) सूचना, जिसके प्रकटन से संसद या किसी राज्य के विधान–मंडल के विशेषाधिकार का हनन हो;

(d) सूचना, जिसमें वाणिज्यिक विश्वास, व्यापार गोपनीयता या बौद्धिक संपदा सम्मिलित है, जिसके प्रकटन से किसी पर व्यक्ति की प्रतियोगी स्थिति को नुकसान होता है, जब तक की सक्षम प्राधिकारी का यह समाधान नहीं हो जाता है की ऐसी सूचना के प्रकटन से विस्तृत लोक हित का समर्थन होता है;

(e) किसी व्यक्ति को उसकी वैश्वासिक नातेदारी में उपलब्ध सूचना, जब तक की सक्षम प्राधिकारी का यह समाधान नहीं हो जाता है की ऐसी सुचना के प्रकटन से विस्तृत लोक हित का समर्थन होता है;

(f) किसी विदेशी सरकार से विश्वास पर प्राप्त सूचना;

(g) सूचना जिसको प्रकट करना किसी व्यक्ति के जीवन या शारीरिक सुरक्षा को खतरे में डाल दे अथवा जो विधि प्रवर्तन या सुरक्षा प्रयोजनों के लिए विश्वास में दी गयी किसी सूचना या सहायता के स्रोत की पहचान करेगा;

(h) सूचना, जिससे अपराधियों की तलाश, पकड़े जाने या अभियोजन की प्रक्रिया में बाधा पहुंचे;

(i) मंत्रिमंडल के दस्तावेज़ जिसमें मंत्रिपरिषद, सचिवों एवं अन्य अधिकारियों के विचार–विमर्श के अभिलेख सम्मिलित हैं: बशर्ते कि मंत्रिपरिषद के विनिश्चय, उनके कारण तथा वह सामग्री, जिसके

सरकार द्वारा निगरानी

गोपनीयता के उल्लंघन का यह स्वरूप सबसे उल्लेखनीय है क्योंकि स्नोडन व असांज जैसे मुखबिरों ने अमेरिकी सरकार के कई संवेदनशील मुद्दों का खुलासा किया। गोपनीयता अधिकारों के कई रक्षकों ने सरकार द्वारा निगरानी को गोपनीयता उल्लंघन के सबसे खतरनाक स्वरूपों में से एक माना है। ऐसा इसलिए है क्योंकि डिजिटल मीडिया में गोपनीयता सुरक्षा से संबंधित लगभग सभी क़ानूनों में अपवाद खंड है जो सरकार द्वारा निगरानी को आपराधिक या नागरिक देनदारियों से मुक्त करता है। भारत में भी ऐसा ही है। विशेष रूप से धारा 43 एवं 43A, 66, 66c, 66E, और अप्रत्यक्ष रूप से, 67, 67A, 67B, गोपनीयता की सुरक्षा से संबंधित है जबकि धारा 69 जैसे क़ानून, और इसकी श्रृंखला भी है। इसके अंतर्गत धारा 69A एवं 69B शामिल हैं जो संविधान (धारा 69) के अनुच्छेद 19(2) में उल्लिखित आधारों पर किसी भी कंप्यूटर संसाधन के माध्यम से किसी भी जानकारी की निगरानी या विकोडन के लिए दिशा जारी करने का अधिकार, उपर्युक्त आधार पर किसी भी सामग्री की सार्वजनिक को अवरुद्ध करने के लिए दिशानिर्देश जारी करने का अधिकार

आधार पर विनिश्चय किये गए थे, विनिश्चय किए जाने और विषय के पूरा या समाप्त होने के पश्चात् जनता को उपलब्ध कराए जाएंगे: बशर्ते यह भी कि वे विषय, जो इस धारा में विनिर्दिष्ट छूटों के अंतर्गत आते हैं, प्रकट नहीं किए जाएंगे;

(j) सूचना, जो व्यक्तिगत सूचना से संबंधित है, जिसका प्रकटन किसी लोक क्रियाकलाप या हित से संबंध नहीं रखता है या जिससे व्यष्टि की एकांतता पर अनावश्यक अतिक्रमण होगा, जब तक कि यथास्थिति, केंद्रीय लोक सूचना अधिकारी या राज्य लोक सूचना अधिकारी या अपील प्राधिकारी का यह समाधान नहीं हो जाता कि ऐसी सूचना का प्रकटन विस्तृत लोक हित में न्यायोचित है: बशर्ते कि ऐसी सूचना के लिए, जिसको, यथास्थिति, संसद या किसी राज्य विधान मंडल को देने से इंकार नहीं किया जा सकता है, किसी व्यक्ति को इंकार नहीं किया जा सकेगा।

(2) शासकीय गुप्त बात अधिनियम, 1923 में, उपधारा (1) के अनुसार अनुज्ञेय किसी छूट में किसी बात के होते हुए भी, किसी लोक प्राधिकारी को सूचना तक पहुंच अनुज्ञात की जा सकेगी, यदि सूचना के प्रकटन में लोक हित, संरक्षित हितों के नुकसान से अधिक है।

(3) उपधारा (1) के परिच्छेद (a), परिच्छेद (c) और परिच्छेद (i) के प्रावधानों के अधीन रहते हुए, किसी ऐसी घटना, वृतांत या विषय से संबंधित कोई सूचना, जो उस तारीख़ से, जिसको धारा 6 के अधीन कोई अनुरोध किया जाता है, बीस वर्ष पूर्व घटित हुई थी या हुआ था, उस धारा के अधीन अनुरोध करने वाले किसी व्यक्ति को उपलब्ध कराई जाएगी: बशर्ते कि जहां उस तारीख के बारे में, जिससे बीस वर्ष की उक्त अवधि को संगणित किया जाता है, कोई प्रश्न उदभूत होता है, वहां इस अधिनियम में उसके लिए उपबंधित प्रायिक अपीलों के अधीन रहते हुए केन्द्रीय सरकार का विनिश्चय अंतिम होगा।

धारा 9 में आगे वर्णित

धारा 8 के उपबन्धों पर प्रतिकूल प्रभाव डाले बिना, यथास्थिति, कोई केन्द्रीय लोक सूचना अधिकारी या कोई राज्य लोक सूचना अधिकारी सूचना के किसी अनुरोध को वहाँ अस्वीकार कर सकेगा, जहाँ पहुँच उपलब्ध कराने के लिए ऐसा अनुरोध राज्य से भिन्न किसी व्यक्ति के अस्तित्वयुक्त प्रतिलिप्याधिकार का उल्लंघन अन्तर्वलित करेगा।

(धारा 69A) और विशेषकर साइबर सुरक्षा के लिए किसी भी कंप्यूटर संसाधन की निगरानी आदि के लिए दिशा जारी करने का अधिकार (धारा 69B) प्रदान करता है। यहां यह बताना आवश्यक है कि इन प्रावधानों का उपयोग आम तौर पर उनमें उल्लिखित कारणों के लिए किया जाता है। हाल के वर्षों में इनका प्रयोग विशेषकर बड़े पैमाने पर दंगों को प्रेरित करने में सक्षम अफ़वाहों सहित राष्ट्रीय अशांति की भावी घटनाओं को रोकने के लिए किया जाने लगा है। वर्तमान में इन प्रावधानों का उपयोग व्यापक हिंसा को रोकने के लिए मुख्य रूप से सामान्य चुनाव सहित संवेदनशील अवधि अथवा अदालतों में संवेदनशील मामलों की सुनवाई के दौरान के लिए किया जाता है। श्रेया सिंघल के मामले में धारा 69A को असंवैधानिक घोषित करने के लिए भी याचिका दी गई थी। लेकिन अदालतों ने कहा कि धारा 66A के विपरीत, धारा 69A सूचना प्रौद्योगिकी (सूचना तक सार्वजनिक रूप से पहुंच को रोकने के लिए प्रक्रिया और सुरक्षा उपाय) नियमों, 2009 द्वारा अच्छी तरह से संरक्षित है। इसलिए यह वैध है। इसी प्रकार धारा 69 एवं 69B के साथ-साथ धारा 79, 2011 के विभिन्न मध्यस्थ दिशानिर्देश नियमों द्वारा समर्थित हैं। अतः उन्हें धारा 66A की तरह गलत नहीं समझा जा सकता और नहीं समझा जाना चाहिए और दुरुपयोग नहीं किया जा सकता और नहीं किया जाना चाहिए। लेकिन हम दलील देते हैं कि इसका मतलब यह नहीं है कि जब गोपनीयता की सुरक्षा की बात आती है तो सरकार द्वारा की जाने वाली निगरानी पूरी तरह से सुरक्षित है। दिल्ली मेट्रो CCTV फुटेज के लीक होने की घटनाएं सरकार द्वारा निगरानी के ऐसे नकारात्मक प्रभावों के स्पष्ट उदाहरण हैं। इन दोनों घटनाओं में सार्वजनिक स्थानों पर आम CCTV निगरानी के भाग के रूप में सहेजी गईं पुरुषों और महिलाओं के निजी क्षणों की CCTV फुटेज को इंटरनेट पर और विशेषकर अश्लील वेबसाइटों पर लीक किया गया था।[25] अगस्त 2015 तक 'दिल्ली मेट्रो CCTV फुटेज' टैग के तहत तस्वीरें अभी भी इंटरनेट पर उपलब्ध थीं।

यह भी उल्लेखनीय है कि IPC की धारा 354D, जो महिलाओं के लिए बहुत ही सुरक्षित गोपनीयता क़ानून है, भी इस दोष से मुक्त नहीं है। इससे जुड़ी शर्तें, जिसका उल्लेख पहले भी किया जा चुका है, सरकार द्वारा निगरानी सहित कुछ अपवाद शामिल करती हैं। इसलिए यह उम्मीद की जाती है कि इन क़ानूनों का सावधानी से उपयोग किया जाना चाहिए। अन्यथा यह न केवल पीड़ितों के लिए बल्कि पूरे समाज के लिए भी घातक हो सकता है।

---

[25] IANS (23 जुलाई, 2013) देखें। Delhi Metro video of intimate couple leaked, again. *द हिंदुस्तान टाइम्स।* http://www.hindustantimes.com/newd-elhi/delhi-metro-video-of-intimate-couple-leaked -again/article1-1097064.aspx पर उपलब्ध (7 जून 2015 को देखा गया)।

संदर्भ

Armbarst, M., Fox, M., Griffith, R., Joseph, A. D., Katz, R. H., Konwinski, A., Lee G., Patterson, D. A., Rabkin, A., Stoica, I., & Zaharia, M. (2009). Above the clouds: A Berkeley view of cloud computing. Technical Report No. UCB/EECS-2009-28. Available at http://www.eecs.berkeley.edu/Pubs/TechRpts/2009/EECS-2009-28.html (Accessed on 11 May 2014).

Bocij, P., Griffiths, M. D., & McFarlane. L. (2002). Cyber stalking: A new challenge for criminal law. *The Criminal Lawyer, 122*, 3–5. Available at https://www.aca-demia.edu/759647/Bocij_P._Griffiths_M.D._and_McFarlane L. 2002_._Cyberstalking_A_new_challenge_for_criminal_law._The Criminal_Lawyer_122_3-5 (Accessed 10 May 2014).

Brenner, S. (2004). Cyber crimemetrics: Oldwineinnew bottles? *Virginia Journal of Law and Technology, 9*(13), 1–53. Available at http://www.vjolt.net/vol9/issue4/v9i4_a13-Brenner.pdf (Accessed on 10 May 2014).

Choudhary, A. (22 July 2015). No fundamental right to privacy to citizens: Centre tells SC. *The Times of India*. Available at http://timesofindia.indiatimes.com/india/No-fundamental-right-to-privacy-to-citizens-Centre-tells-SC/articleshow/48171323.cms (Accessed on 22 July 2015).

Franks, A. (22 June 2015). How to defeat 'revenge porn': First, recognize it's about privacy, not revenge. *The Huffington Post*. Available at http://www.huffing-tonpost.com/mary-anne-franks/how-to-defeat-revenge-porn_b_7624900. html?ir=India&adsSite verride=in (Accessed on 2 July 2015).

Glancy, D. (2000). At the intersection of visible and invisible worlds: United States privacy law and the internet. *Santa Clara High Tech. L. J., 16*, 357. Available at http://digitalcommons.law.scu.edu/chtlj/vol16/iss2/8 (Accessed on 10 May 2014).

Halder, D. (2013). Examining the scope of indecent representation of women (Prevention) Act, 1986, in the light of cyber victimization of women in India. *National Law School Journal, 11*, 188–218.

———. (2015). Cyber stalking victimisation of women: Evaluating the effec-tiveness of current laws in India from restorative justice and therapeutic jurisprudential perspectives. *TEMIDA, 18*(3–4), 103–130: doi: 10.2298/TEM1504103H

Halder, D., & Jaishankar, K. (2010). Cyber victimization in India: A baseline survey report. Tirunelveli, India. Centre for Cyber Victim Counselling. Available at http://www.cybervictims.org/CCVCresearchreport2010.pdf (Accessed on 11 January 2016).

———. (2013). Revenge porn by teens in the United States and India: A socio-legal analysis. *International Annals of Criminology, 51*(1–2), 85–111.

Hern, A., & Rushe, D. (October 2, 2014). Google threatened with $100m law-suit over nude celebrity photos. *The Guardian*. Available at http://www. theguardian.com/technology/2014/oct/02/google-lawsuit-nude-celebrity-photos (Accessed on 2 May 2015).

Tavani, H. T., & Grodzinsky, S. (2002) Cyberstalking, personal privacy, and moral responsibility. *Ethics and Information Technology, 4*(2), 123–132. Available at http://www.redwoods.edu/instruct/jjohnston/Philosophy20/Readings/Issues/CyberstalkingMoralResponsibility.pdf (Accessed on 9 May 2015).

6 ऑनलाइन यौन अपराध

जब हम इंटरनेट पर विशेषकर भारत के संदर्भ में यौन अपराधों के बारे में बात करते हैं तो हम देखते हैं कि इस अवधारणा को पोर्नोग्राफी एवं अश्लीलता के अर्थ में समझा जाता है तथा इन दो अवधारणाओं को अक्सर समानार्थी माना जाता है। इसके अलावा जब हम महिलाओं एवं लड़कियों के खिलाफ साइबर अपराधों के बारे में बात करते हैं तो अक्सर यह समझा जाता है कि सभी प्रकार के अपराध यौन अपराध हो सकते हैं। वास्तव में, हो सकता है कि ऐसा ना हो। इंटरनेट पर महिलाओं एवं लड़कियों के साथ कई अन्य प्रकार के अपराध भी हो सकते हैं जिनमें अवपीड़न, स्टॉकिंग, ग्रूमिंग आदि शामिल हैं जो प्रकृति में यौन संबंधी हो भी सकते हैं और नहीं भी। हालांकि, यौन प्रकृति के अपराध सबसे अधिक भारत में सूचित किए जाने के बावजूद न्यायाधीशों समेत कई शोधकर्ता एवं क़ानूनी विशेषज्ञ अक्सर महिलाओं के खिलाफ साइबर अपराधों को यौन अपराधों से अधिक महत्त्व देते हैं जिनमें से कुछ अपराधों को क़ानून द्वारा पहचाना गया है और इस तरह के अपराध महिलाओं व लड़कियों को गंभीर नुकसान पहुंचा सकते हैं। साथ ही अवपीड़न, स्टॉकिंग या ग्रूमिंग सहित अन्य प्रकार के अपराधों के कारण भी महिलाओं और लड़कियों के खिलाफ यौन अपराध हो सकते हैं।[1]

यह सर्वविदित है कि इंटरनेट पर यौन अपराधों का पीड़िताओं पर गंभीर प्रभाव हो सकता है विशेषतः उनकी प्रतिष्ठा को होनेवाले नुकसान के संदर्भ में, जब एक बार संबंधित महिला की कामोत्तेजक तस्वीर या अश्लील सामग्री इंटरनेट पर वायरल हो जाती है (जो दुर्भाग्य से एक कड़वा सच है) तो यह किसी न्यायाधिकार-क्षेत्र की परवाह किए बिना एक वेबसाइट से दूसरी वेबसाइट तक तथा एक डिवाइस से दूसरी तक पहुंच सकती है। पुलिस के लिए पीड़िता की मदद करना बेहद मुश्किल हो सकता है खासकर तब जब यह न्यायाधिकार-क्षेत्र से बाहर जाकर विभिन्न वेबसाइटों पर प्रचलित हो जाती है (Citron, 2014)। जब यह सामग्री एक निश्चित अंतराल के बाद पुनः प्रकट होती है तो पीड़िता के लिए बार-बार ऐसी स्थिति का सामना करना बेहद कष्टदायक हो सकता है। ध्यातव्य हो कि संभवतः ये सभी सामग्री अपराधकर्ता द्वारा बनाए गए नकली अवतार ना हों; यह एक सेक्सटेड तस्वीर हो सकती है जो पीड़िता द्वारा खुद अपने दोस्तों या अपने प्रेमी को दी गई हो (Halder & Jaishankar, 2014b) और जो किसी भी प्राप्तकर्ता की प्रोफ़ाइल या ईमेल

---

[1] भारत के पूर्व मुख्य न्यायाधीश श्री बालकृष्णन द्वारा 1 अगस्त, 2009 को महाराजा कॉलेज, एर्नाकुलम में आयोजित सार्वजनिक जागरूकता बैठक में 'महिलाओं के खिलाफ साइबर अपराध पर संगोष्ठी' में महिलाओं के खिलाफ साइबर अपराध पर दिए भाषण पर विचार करें। http://www.supremecourtofindia.nic.in/speeches/speeches_2009/seminar_cyber_crimes_against_women_1–08–09.pdf पर उपलब्ध (9 मार्च 2015 को देखा गया)। इसमें यौन अपराधों के बारे में विचार निहित थे।

आईडी या डिवाइस की हैकिंग के कारण प्रकट हुई हो सकती है, या हो सकता है कि पीड़िता के दोस्त या प्रेमी का उसके साथ झगड़ा होने पर उसके द्वारा प्रतिशोध की भावना से प्रेरित पोर्न के रूप में प्रसारित की गई हो (Halder & Jaishankar, 2013)। प्रश्न यह है कि: इंटरनेट पर यौन संबंधी आपत्तिजनक सामग्री कौन बनाता है तथा यह दंडनीय अपराध क्यों बन जाता है?

भारतीय दंड संहिता (IPC) की धारा 354C (दर्शनरति के लिए सज़ा) या बाल यौन अपराध सुरक्षा अधिनियम (POCSO अधिनियम) (बच्चों की पोर्नोग्राफी बनाना) की धारा 13 को छोड़कर, सूचना प्रौद्योगिकी अधिनियम, 2000 (2008 में संशोधित) की धारा 67 (अश्लील सामग्री को इलेक्ट्रॉनिक रूप में प्रकाशित या प्रसारित करने के लिए सज़ा), 67A (कामोत्तेजक सामग्री को इलेक्ट्रॉनिक माध्यमों में प्रकाशित या प्रसारित करने के लिए सज़ा), 67B (बच्चों से संबंधित कामोत्तेजक सामग्री को प्रकाशित, प्रसारित करने के लिए सज़ा) या 66E (गोपनीयता का उल्लंघन करने के लिए सज़ा) के अनुसार, 'जो भी' या 'कोई भी व्यक्ति' जो इन कृत्यों को करता है, दंड का भागी हो सकता है। इस तरह की व्यापक परिभाषा में न केवल अपराधकर्ता शामिल हो सकते हैं बल्कि ऐसी महिलाएं भी शामिल हो सकती हैं जो अपने साथी के साथ अपने निजी पलों की तस्वीर लेना या वीडियो बनाना चाहती हैं। इनमें ऐसे किशोर व युवा जो सेक्सटिंग करना चाहते हैं तथा ऐसे ईमानदार सामाजिक कार्यकर्ता भी शामिल हो सकते हैं जो सामान्य जागरूकता पैदा करने के उद्देश्य से आम लोगों को आपत्तिजनक यौन सामग्री साझा करने के लिए कह सकते हैं। सामाजिक कार्यकर्ताओं द्वारा सामान्य जागरूकता पैदा करने के उद्देश्य से यौन सामग्रियों के संचार को प्रत्यक्षतः यौन अपराध मानना बहस का विषय बन सकता है लेकिन इसके दुरुपयोग की भी पर्याप्त संभावनाएं हैं। पूर्ववर्णित लोग क़ानून की दूसरी तरफ आ सकते हैं क्योंकि सेल फोन के माध्यम से सेक्सटेड तस्वीरें या संदेश भेजना अथवा अश्लील चुटकुलों के नाम पर इलेक्ट्रॉनिक माध्यमों से आपत्तिजनक सामग्री को साझा करना भारतीय कानूनों में अस्पष्ट रहा है।

प्रकाशन या संचार दो सामान्य स्थितियों में दंडनीय अपराध बन जाता है: (a) जब यह दूसरों की गरिमा के साथ जीने के अधिकार का उल्लंघन करता है तथा (b) जब यह वाक् एवं अभिव्यक्ति की स्वतंत्रता का उल्लंघन करता है। पहली स्थिति संविधान एवं देश के नागरिक कानूनों एवं दंड विधियों द्वारा प्रदत्त अधिकारों के उल्लंघन को दर्शाती है; परवर्ती स्थिति किसी व्यक्ति के अधिकारों को सही ढंग से लागू करने के लिए उसके स्वयं के कर्तव्यों एवं जिम्मेदारियों के उल्लंघन को दर्शाती है। ये एक दूसरे से जुड़े हुए हैं। लेकिन हम अक्सर इन दो अवधारणाओं को अतिव्यापी भी पाते हैं। वाक् स्वतंत्रता के बारे में न्यायिक समझ भारत, अमेरिका, ब्रिटेन आदि देशों के न्यायाधिकार-क्षेत्र में तेजी से फैल रही है।

इलेक्ट्रॉनिक स्वरूप में यौन सामग्रियों के सृजन को अक्सर वाक् स्वतंत्रता का एक भाग माना जाता है और इसे अमेरिका के साथ-साथ भारत में कई अवसरों में बोलने पर प्रतिबंध से छूट मिली है। पोर्न वेबसाइटों पर पूर्ण प्रतिबंध लगाने के लिए भारत में अदालतों द्वारा लगातार अस्वीकृति इसके प्रमुख उदाहरणों में से एक है।[2] इस बात को समझना जरूरी है कि क़ानून के जरिए सामान्य यौन इच्छाओं को प्रतिबंधित नहीं किया जा सकता है, लेकिन जब ये यौन इच्छाएं या अभिव्यक्तियां दूसरों के अधिकारों को नुकसान पहुंचाती हैं तो इन्हें निश्चित रूप से प्रतिबंधित किया जा सकता है। यहां महत्त्वपूर्ण प्रश्न यह है कि: क्या वयस्कों द्वारा घर में इंटरनेट पर यौन सामग्री देखने को अपराध माना जा सकता है? वर्तमान में भारत का उच्चतम न्यायालय भी इसी प्रश्न पर विचार कर रहा है। इसका उत्तर 'नहीं' हो सकता है, जब ऐसी ज़रूरतों को पूरा करने वाली वेबसाइट वैध सामग्री दिखाती हैं, जिसमें ऐसे अभिनेता शामिल हैं जो इन वेबसाइटों के लिए यौन सामग्री बनाने के अनुबंधों में शामिल होने के लिए क़ानूनी रूप से योग्य हैं तथा इस प्रकार की सामग्री बनाने, प्रसारित करने या बेचने के दौरान मानवाधिकारों, महिला अधिकारों या बाल अधिकारों का कोई उल्लंघन नहीं किया गया है।[3]

लेकिन वास्तव में यूट्यूब या व्हाट्सएप आदि सहित अन्य सेक्स साइटों पर अक्सर कामोत्तेजक तस्वीरें, बदला लेने की भावना से तैयार की गई पोर्न सामग्री, बाल पोर्न सामग्री और वास्तविक जीवन में हुए बलात्कार की वीडियो बहुत अधिक मात्रा में पाई जाती हैं। ऐसे मामलों में अदालतें भी पोर्न वेबसाइटों को पूरी तरह से हरी झंडी नहीं दे सकती हैं। इसके अलावा ऐसे मामलों में अदालतों को यह तय करना पड़ सकता है कि ऐसी सामग्री को हानिकारक पोर्नोग्राफी, कामोत्तेजक सामग्री या अश्लील सामग्री माना जाए अथवा नहीं। कई समाचार रिपोर्टों के साथ-साथ अदालत के फैसलों में हमने यह देखा है कि पुलिस ने कामोत्तेजक सामग्री (IT अधिनियम की धारा 67A) के साथ-साथ अश्लीलता (IT अधिनियम की धारा 67) के लिए बनाए प्रावधानों के तहत अपराधों को निर्धारित किया है। यह समझना चाहिए कि इस तरह के भ्रमों के कारण अंततः उन पीड़िताओं के साथ अन्याय

---

[2] यह बताना आवश्यक है कि पहले बॉम्बे हाईकोर्ट ने पोर्न साइटों पर पूर्ण प्रतिबंध लगाने से इनकार कर दिया था। फिर, अगस्त 2015 में उच्चतम न्यायालय ने वही बात दोहराई जिसमें कहा गया था कि न तो सरकार और न ही अदालतें नैतिक नीतियों के आधार पर एक वयस्क को उसके घर की चारदीवारी के भीतर पोर्न सामग्री देखने से प्रतिबंधित कर सकती हैं। (अश्लील साइटों को प्रतिबंधित करने के विषय पर अधिक जानकारी के लिए देखें, NDTV (2015) कॉन्ट बी प्रजेन्ट इन एव्रीवन्स बेडरूम: सेन्टर टू सुप्रीम कोर्ट, 10 अगस्त, 2015 को NDTV पर प्रसारित। http://www.ndtv.com/india-news/cant-be-present-in-everyones-bedroom-centre-to-supreme-court-on-banning-porn-sites-1205677 पर उपलब्ध (10 अगस्त, 2015 को देखा गया)।

[3] इस प्रकार की वयस्क नेटवर्किंग साइट या पोर्न वेबसाइट विशेष लाइसेंस प्रपत्रों, जो उन्हें RFA (वयस्कों के लिए प्रतिबंधित) चिह्नों का उपयोग करने की अनुमति देते हैं, के द्वारा बाल शोषण या चाइल्ड पोर्नोग्राफी या यहां तक कि अवैध तस्करी के संबंध में किसी भी क़ानून का उल्लंघन करने की ज़िम्मेदारी से बच जाते हैं।

हो सकता है जिन्होंने मामलों के अंत तक लड़ने के लिए सभी सामाजिक बाधाओं का बहादुरी से सामना किया है। जिस तरह साइबर स्टॉकिंग की अवधारणा की व्याख्या केवल साइबर अवपीड़न के अर्थ में नहीं की जा सकती है और न ही की जानी चाहिए, उसी तरह हमारे विचार से साइबर पोर्नोग्राफी और अश्लीलता की अवधारणाओं की व्याख्या समान रूप से नहीं की जानी चाहिए। यह अध्याय ऐसे भ्रमों को खत्म करने और स्पष्ट दृष्टिकोण प्रदान करने के लिए तैयार किया गया है।

नियमन करने योग्य साइबर पोर्नोग्राफी

कामसूत्र के रूप में काम-साहित्य[4] की औपचारिक मार्गदर्शिका पेश करने वाला भारत दुनिया का पहला देश है। दिलचस्प बात यह है कि स्वदेशी एवं अंतर्राष्ट्रीय शोधकर्ताओं द्वारा पोर्न देखने को अपराध घोषित करने के लिए क़ानूनी सीमाओं के बारे में हमसे अक्सर ऐसे दिलचस्प प्रश्न पूछे जाते हैं कि जब हमारे देश में खजुराहो जैसी मंदिर की शिल्पकलाएं हैं जो कामोत्तेजक तथा कभी-कभी XXX वीडियो में देखी जाने वाली पोर्नोग्राफिक मुद्राओं जैसी हैं और हर आयु वर्ग, लिंग एवं देश के पर्यटकों को आकृष्ट करती हैं तो हमें इसकी क्या आवश्यकता है। हालांकि, एक शब्द के रूप में पोर्नोग्राफी, अश्लीलता के विपरीत लंबे समय तक कानूनों द्वारा अपरिभाषित रही है। इसने व्यावहारिक रूप से क़ानून के शोधकर्ताओं के लिए कभी न खत्म होने वाले प्रश्न पैदा किए हैं कि क्या एक शब्द के रूप में पोर्नोग्राफी किसी अपराध को दर्शाता है और क्या यह अश्लीलता के समानार्थी है। लेकिन हक़ीक़त में, पोर्नोग्राफी एवं अश्लीलता शब्द दो अलग-अलग अवधारणाओं को दर्शाते हैं। रुसेल (1993) के अनुसार पोर्नोग्राफी उन सामग्रियों को दर्शाता है जो संभोग और/या जननांगों को दिखाने को दुर्व्यवहार या अप्रतिष्ठा के साथ जोड़ता है और इस तरह के व्यवहार का समर्थन, अनुमोदन या प्रोत्साहन करता प्रतीत होता है। 'डवॉरकिन और मैककिन्नोन (1998) के अनुसार, पोर्नोग्राफी 'महिलाओं की यौन चित्रात्मक परतंत्रता को स्पष्ट रूप से दिखाती है।' मालामुथ (1999) के अनुसार, 'पोर्नोग्राफी का शाब्दिक अर्थ "वेश्याओं से संबंधित रचना" या वेश्याओं के कृत्यों का चित्रण है। इसका मतलब उन सामग्रियों से है जो यौन भावनाओं को उत्तेजित करती हैं तथा जिनमें यौनवादी या हिंसक तत्व शामिल हो सकते हैं।'

इस तरह 'पोर्नोग्राफी' शब्द, जब तक कि 'बाल (Child)' शब्द के साथ न जुड़ा हो तब तक इसकी भारत, अमेरिका, ब्रिटेन आदि सहित किसी भी न्यायाधिकार-क्षेत्र में कोई

---

[4] नील. एम. मालामुथ (1999) के अनुसार, 'ऐरॉटिक' शब्द यूनानी शब्द एरोस (प्रेम के यूनानी देवता) से बना है और यह 'यौन प्रेम' को संदर्भित करता है। वह कहते हैं कि, 'इसे आमतौर पर यौन भावनाओं को उत्तेजित करने वाली सामग्रियों के रूप में परिभाषित किया जाता है, जो पारस्परिक रूप से स्वीकार्य कृत्यों को व्यक्त करती हैं। कुछ लेखकों ने इस बात पर ज़ोर दिया है कि इस तरह की सामग्रियों में कोई यौनवादी या हिंसक संकेतार्थ नहीं हैं।

क़ानूनी परिभाषा नहीं है। चाइल्ड पोर्नोग्राफी लंबे समय तक चिंता का विषय बना रहा है और यह साइबर अपराध के यूरोपीय संघ सम्मेलन, 2001[5] में दर्शाया गया था जिसके कारण भारत में भी कई साइबर अपराध विनियम बनाए गए। हालांकि, पोर्नोग्राफी को सनस्टीन (1986, पृष्ठ 592) जैसे क़ानूनी विद्वानों द्वारा अलग-अलग शब्दों में व्यक्त किया गया है, जो 'नियमन करने योग्य पोर्नोग्राफी' को इस तरह परिभाषित करते हैं जो '(a) यौन रूप से स्पष्ट होनी चाहिए, (b) महिलाओं को शारीरिक दुर्व्यवहार के किसी रूप का आनंद लेते हुए दिखाया जाना चाहिए तथा (c) इसका उद्देश्य और परिणाम यौन उत्तेजना पैदा करना होना चाहिए। भारत में पोर्नोग्राफी क़ानून, विशेषतः साइबर पोर्नोग्राफी क़ानून (साइबर अश्लीलता क़ानून नहीं) मुख्य रूप से 'कामोत्तेजक' सामग्रियों की स्पष्ट समझ के आधार पर बनाया गया है। 'स्पष्ट' का भाषाई अर्थ साफ़, ज़ाहिर, विशिष्ट, निष् या ग्राफिक हो सकता है। अगर हम नियमन करने योग्य पोर्नोग्राफी की सनस्टीन की परिभाषा का बारीकी से विश्लेषण करते हैं तो वर्तमान भारतीय क़ानूनों में इसके प्रतिबिंब को देखा जा सकता है जो साइबर पोर्नोग्राफी को नियंत्रित करते हैं; इनमें IT अधिनियम, 2000 (2008 में संशोधित) की धारा 67A (ऐसी सामग्रियों को इलेक्ट्रॉनिक माध्यमों से प्रकाशित, प्रसारित करने के लिए सज़ा, जिनमें कामोत्तेजक कृत्य शामिल हैं), 67B (बच्चों को कामुक तौर पर चित्रित करने वाली सामग्री को इलेक्ट्रॉनिक माध्यमों से प्रकाशित, प्रसारित करने के लिए सज़ा), POCSO अधिनियम, 2012 की धारा 13 (पोर्नोग्राफिक उद्देश्यों के लिए बच्चे का उपयोग करने के लिए सज़ा) आदि शामिल की जा सकती हैं।

यह IPC की धारा 292 (अश्लील किताबों की बिक्री आदि), 294 (अन्य लोगों को परेशान करने के लिए सार्वजनिक स्थानों पर अश्लील कृत्य करने एवं गाने के लिए सज़ा), और फिर IT अधिनियम, 2000 (2008 में संशोधित) की धारा 67 (अश्लील सामग्रियों को इलेक्ट्रॉनिक रूप में प्रसारित, प्रकाशित करने के लिए सज़ा) द्वारा अश्लीलता संबंधी कानूनों के इन प्रावधानों को बनाने तथा इसके माध्यम से पोर्नोग्राफी क़ानून को अलग करने की दिशा में भारतीय विधिनिर्माताओं द्वारा उठाया गया एक अच्छा कदम है। जैसा कि तमिलनाडु सरकार बनाम सुहास कट्टी के मामले, जिसका निर्णय 2004 में मुख्य मेट्रोपॉलिटन मजिस्ट्रेट, चेन्नई द्वारा लिया गया था[6] या 'सेक्स डॉक्टर' एल. प्रकाश के मामले, जिसे उसके

---

[5] साइबर अपराधों पर EU सम्मेलन, 2001 के लेख 9(2) में कहा गया था कि "चाइल्ड पोर्नोग्राफी" शब्द में पोर्नोग्राफिक सामग्री शामिल होगी, जो दर्शाती है: (a) नाबालिग का यौन संबंधी स्पष्ट आचरण में शामिल होना; (b) नाबालिग दिखने वाले व्यक्ति का यौन संबंधी स्पष्ट आचरण में शामिल होना; (c) नाबालिग के यौन संबंधी स्पष्ट आचरण में शामिल होने को दिखाती यथार्थवादी तस्वीरें।'

[6] मामले की पूरी जानकारी के लिए, तमिलनाडु सरकार बनाम सुहास कट्टी देखें। 30 जुलाई, 2013 को प्रकाशित। http://www.legalserviceindia.com/lawforum/index.php/topic,2238.msg2547.html#msg2547 पर उपलब्ध। (5 मार्च 2015 को देखा गया)।

फार्म हाउस में बंद लड़कियों की अश्लील तस्वीरें लेने और उन्हें इंटरनेट पर पोस्ट करने के लिए 2001 में महिलाओं के अश्लील निरूपण (रोकथाम) अधिनियम के विभिन्न प्रावधानों, अनैतिक तस्करी (रोकथाम) अधिनियम और मुख्य रूप से IT अधिनियम की धारा 67 के तहत आरोपित और गिरफ्तार किया गया था और मद्रास में निचली अदालत द्वारा 2008 में लिए गए फैसले में आजीवन कारावास की सज़ा सुनाई गई थी। लेकिन बाद में मद्रास उच्च न्यायालय द्वारा आजीवन कारावास की सज़ा में बदलाव करने के बाद उसे विमुक्त कर दिया गया था क्योंकि वह पहले ही 13 वर्षों की सज़ा काट चुका था।[7] जैसा कि पूर्व मामलों में देखा गया है, साइबर पोर्नोग्राफी और अश्लीलता की क़ानूनी अवधारणा अदालतों द्वारा अच्छी तरह से विकसित या उचित ढंग से निष्पादित नहीं की गई थी। हालांकि, अब इस संदर्भ में सकारात्मक सुधार हुए हैं।

जब हम 'नियमन करने योग्य पोर्नोग्राफी' (Sunstein, 1986) के बारे में बात करते हैं, तो हमें यह याद रखना चाहिए कि इंटरनेट पर उपलब्ध कामोद्दीपक सामग्रियों के अन्य रूप भी हैं जो वैध हो सकते हैं। पहले वर्णित प्रत्येक खंड से जुड़े प्रतिबंधों पर विचार करें; जैसा कि हमने अपने पहले के शोधों में उल्लेख किया है, '...यह ध्यान दिया जाना चाहिए कि पोर्नोग्राफी को तब अपराध नहीं माना जा सकता है जब एक महिला, जिसे उसमें मॉडल के रूप में चित्रित किया गया है, अपनी भागीदारी के लिए सहमति देती है' (Halder & Jaishankar, 2011, p. 30)। इनमें ऑनलाइन पोर्न वीडियो शामिल हो सकते हैं जिनमें वयस्क पोर्न अभिनेताओं द्वारा अभिनय किया गया है जो पोर्न वेबसाइटों के लिए ऐसी पोर्न सामग्री के बनाने/निर्मित करने के लिए अनुबंधित होने के लिए क़ानूनी रूप से योग्य हैं। वास्तव में जब कोई वयस्क मनोरंजन साइट खोलता है तो वह या तो 'अक्सर पूछे जाने वाले प्रश्न' (FAQ) मेन्यू में या 'सेवाओं की शर्तें' मेन्यू में या डिजिटल मिलेनियम कॉपीराइट एक्ट (DMCA) नोटिस मेन्यू में या 'गोपनीयता' मेन्यू में ज़िम्मेदारी से बचाव की शर्तों को देख सकता है, जहां वेबसाइट अधिसूचनाओं के साथ अपने प्रतिरक्षा उपनियमों को घोषित करते हैं। जैसे कि यह ग्राहकों द्वारा अपलोड किए गए वीडियो के लिए उत्तरदायी नहीं है, अभिनेता नाबालिग नहीं हैं, साइट DMCA नीतियों का अनुपालन करती है आदि। अमेरिका की कई वेबसाइट पर 'वयस्कों के लिए प्रतिबंधित' (RFA) का चिह्न भी देखा जा सकता है।

इस संदर्भ में कमलेश वासवानी बनाम भारतीय संघ एवं अन्य (2013)[8] के मामले का उल्लेख किया जाना चाहिए जो आगे की सुनवाई के लिए अदालतों में अभी भी लंबित है।

---

[7] अधिक जानकारी के लिए, जेसूदासन, डी. (2015) देखें। Convict in cyber porn case released. 26 अप्रैल 2015 को द *हिंदू* में प्रकाशित। http://www.thehindu.com/news/cities/chennai/convict-in-cyber-porn-case-released/article7142399.ece पर उपलब्ध (9 जून 2015 को देखा गया)।

[8] भारत के उच्चतम न्यायालय में रिट याचिका (सिविल) सं. 177/2013.

इस मामले में याचिकाकर्ता द्वारा दायर की गई जनहित याचिका (PIL) में यह उल्लेख किया गया था कि पोर्नोग्राफी क़ानून में एक कमी थी जिसके कारण भारतीय समाज में अत्यधिक अश्लील वीडियो का प्रवेश हुआ और इससे युवाओं, खासकर बच्चों को गंभीर नुकसान पहुंचा है। ऐसे सामाजिक विचार हैं कि पोर्नोग्राफी देखना एक तरीक़े से समाज में यौन अपराधों, खासकर बलात्कार, महिलाओं व लड़कियों के यौन उत्पीड़न और पाशविकता को प्रेरित करता है। यही राय उपर्युक्त मामले में भी व्यक्त की गई थी। यह एक दुर्भाग्यपूर्ण तथ्य है कि भारत के कानूनों ने इलेक्ट्रॉनिक माध्यमों से कामोत्तेजक सामग्रियों द्वारा पोर्नोग्राफी के प्रकाशन, प्रसारण या पोर्नोग्राफिक सामग्री बनाने के लिए बच्चों के उपयोग को स्पष्ट रूप से अपराध घोषित किया है लेकिन वयस्कों द्वारा गुप्त रूप में पोर्नोग्राफी देखने पर प्रतिबंध लगाने के लिए कोई क़ानून नहीं है। विनय कुमार एवं अन्य बनाम महाराष्ट्र सरकार (2010)[9] के मामले में बंबई उच्च न्यायालय का फैसला इस संबंध में उल्लेखनीय है। इस मामले में बंबई उच्च न्यायालय ने कहा कि किसी व्यक्ति द्वारा अपने निजी निवास की चारदीवारी के अंदर पोर्नोग्राफिक सामग्रियां देखना कोई अपराध नहीं है खासकर जब यह सामग्रियां, डिजिटल रूप, सीडी आदि के द्वारा बिक्री, किराये पर देने, वितरण आदि के लिए नहीं हैं।

सम्मति के बिना पोर्नोग्राफी या 'जबरन (Forced) पोर्नोग्राफी' और 'नकली अवतार' की अवधारणा

अगर पोर्न सामग्री सम्मति के बिना, 'जबरन' या फिर 'नकली अवतार' है तो यह अपमानजनक सामग्री हो सकती है। पहले वर्णन किया गया बंबई उच्च न्यायालय का निर्णय पोर्नोग्राफी के संबंध में विनियमों के बारे में सामान्य मानसिकता को नियंत्रित नहीं कर सकता है, विशेष रूप से जब यह पोर्नोग्राफी, सम्मति के बिना या 'जबरन' हो (Halder & Jaishankar, 2011)।

पूर्व के अपने प्रकाशन में हमने 'जबरन पोर्नोग्राफी' का वर्णन कुछ इस प्रकार से किया है:

> जबरन पोर्नोग्राफी ... अपने आप में एक अपराध है जब महिला को या तो उसकी जानकारी के बिना लक्षित किया गया है या उसे धमकाकर सहमति देने के लिए मजबूर किया गया है। जबरन पोर्नोग्राफी में निम्नलिखित तत्व शामिल हैं: पीड़िता की व्यक्तिगत तस्वीरों को चुराना, या गुप्त कैमरे के द्वारा उसकी तस्वीरें लेना और उनका उपयोग करना, जो पीड़िता को आपत्तिजनक स्थितियों में दिखा भी सकती हैं या नहीं भी पीड़िता की तस्वीरों (असल

[9] विनय कुमार एवं अन्य बनाम महाराष्ट्र सरकार, बंबई उच्च न्यायालय के न्यायाधिकरण में 2010 की आपराधिक आवेदन सं. 2809. https://docs.google. com/document/d/1ZyBevXbdC-FXzkSNA9itU5oFjhwO7CNSmZ7_H0Ji_B0/edit?pli=1 पर उपलब्ध है। (2 फरवरी 2015 को देखा गया)।

> तस्वीर या उसमें छेड़-छाड़ कर बदली हुई तस्वीर) को वित्तीय लाभ पाने की खातिर दूसरों की यौन संतुष्टि के लिए उसकी अनुमति के बिना पोर्नोग्राफिक क्लिपिंग, गैलरी आदि बनाने के लिए उपयोग करना; पीड़िता को गंभीर परिणामों की धमकी देना और पोर्नोग्राफिक उपयोगों के लिए उसे अपनी तस्वीरें भेजने या पोर्न स्टार के रूप में अभिनय करने के लिए सहमति देने के लिए जबरन दबाव डालना। (Halder & Jaishankar, 2011, p. 30)

हमने आगे यह पाया कि:

> एक महिला जबरन पोर्नोग्राफी का शिकार हो सकती है जब: a) इंटरनेट पर पहले से उपलब्ध या उसकी सहमति के बिना डिजिटली स्कैन की गई उसकी तस्वीर में उसकी सहमति के बिना छेड़-छाड़ की जाती है और गलत उद्देश्य के लिए दर्शकों के बीच वितरित की जाती है; b) उसकी तस्वीर का प्रयोग डिजिटल तरीके से ऐसे ग्राफिक्स डिज़ाइन करने के लिए किया जाता है, जो उसे पुरुष/पुरुषों के समूहों के साथ यौन गतिविधियों में शामिल होते हुए दिखाते हैं; c) उसकी तस्वीर का उपयोग उसकी सहमति के बिना वयस्क वेबसाइटों में दूसरों द्वारा उसे आभासी तरीक़े से स्ट्रिपटीज़, उसके साथ बलात्कार या छेड़छाड़ करने के लिए किया जाता है (Sanders, 2010); d) उसकी प्रोफाइल हैक करने के बाद, प्रोफाइल में मौजूद उसकी तस्वीरों के साथ छेड़-छाड़ की जाती है। उत्पीड़न तब शुरू होता है, जब हैक किये गए प्रोफाइल का उपयोग यौन रूप से विकृत इंटरनेट उपयोगकर्ताओं की आवश्यकताओं को पूरा करने के लिए किया जाता है; e) उत्पीड़नकर्ता दर्शनरति के माध्यम से उसके निजी क्षणों की तस्वीर लेता या वीडियो बनाता है और इन तस्वीरों का उपयोग मौद्रिक लाभ के लिए करता है। (Halder & Jaishankar, 2011, p. 30)

इस ज्ञान के आधार पर, मुख्य लेखक ने आगे 'नकली अवतार' की अवधारणा विकसित की है (Halder, 2013)। मुख्य लेखक के अनुसार:

> महिलाओं के ऑनलाइन उत्पीड़न के सबसे आम रूपों में से एक पीड़िता को, ज्यादातर फेसबुक जैसी सोशल वेबसाइटों और वयस्क वेबसाइटों के माध्यम से, झूठी और अपमानजनक पहचानों के माध्यम से दर्शाना है। पश्चिम के देशों में क्रेगलिस्ट का इस्तेमाल पीड़िताओं को यौन संबंधों के लिये आग्रह करने वाले के रूप में टैग करने के लिए उसके आवासीय पते सहित व्यक्तिगत जानकारी को प्रकट करने के लिए भी किया जाता है जबकि भारत में उत्पीड़न का माध्यम काफी हद तक फेसबुक और पोर्न वेबसाइटों सहित वयस्क वेबसाइटों तक सीमित है। उत्पीड़न की सामान्य प्रकृति में पीड़िता की ऐसी प्रोफाइल बनाना शामिल है जिसमें तस्वीर (तस्वीरें) और आवासीय पते, स्कूली शिक्षा व स्नातक जानकारी और व्यावसायिक पदों सहित व्यक्तिगत जानकारी शामिल हो सकती है। ज्यादातर मामलों में ऐसी प्रोफाइलें सार्वजनिक तौर पर देखने के लिए खुली रखी जा सकती हैं और उन्हें सर्च इंजनों में लगातार अपडेट किया जाता है। बाद में, पीड़िताओं को फेसबुक और ट्विटर में वयस्क

> अवपीड़न व ट्रॉलिंग के माध्यम से 'वेश्या' या 'यौनकर्मी' के रूप में बेहद अपमानजनक तरीके से वर्णित करने की प्रवृत्ति का विस्तार हुआ। (Halder, 2013, p. 188)

फेसबुक, ट्विटर या वयस्क मनोरंजन साइटों पर पाई जाने वाली महिला टीवी/सिनेमा सितारों की सैकड़ों प्रोफाइलों पर विचार करें। भले ही संबंधित महिला सामान्य अर्थ में 'पोर्न स्टार' ना हो फिर भी बनाई गई प्रोफाइल उसे पोर्न स्टार के रूप में पेश कर सकती है। सैकड़ों सामान्य महिलाओं के साथ भी ऐसा ही होता है जिन्हें उत्पीड़नकर्ताओं द्वारा वर्ल्ड वाइड वेब एवं समाज के सामने उनकी गलत छवि बनाने के लिए निशाना बनाया जा सकता है। किन्नरों के साथ भी ऐसा हो सकता है। ऐसी कई प्रोफाइलें उन किन्नरों को परेशान करने के लिए बनाई जाती हैं जिन्होंने उन व्यक्तियों को अपने फोन नंबर देने या दोस्ती के लिए अनुरोधों को स्वीकार करने से इनकार कर दिया है जो उन्हें सोशल मीडिया के माध्यम से संभोग में साथी बनाना चाहते हैं। ये सभी प्रोफाइलें या तस्वीरें वास्तव में पीड़िता के लिए एक अलग अवतार बनाती हैं जो उसके असली रूप से अलग हैं। ये अवतार सोशल मीडिया में लंबे समय तक रह सकते हैं या मोबाइल संदेश सेवाओं या वेबसाइटों के माध्यम से महिलाओं और लड़कियों को परेशान करने के लिए प्रचारित हो सकते हैं। मुख्य लेखक ने इन अवतारों को 'नकली अवतार' कहा है और इस शब्द को इस तरह परिभाषित किया:

> पीड़िता का गलत निरूपण, जो अपराधकर्ता द्वारा डिजिटल प्रौद्योगिकी के माध्यम से पीड़िता की दृश्य छवियों के साथ या उसके बिना बनाया गया है और जिसमें पीड़िता के बारे में मौखिक जानकारी शामिल है, जो पूरी तरह से सत्य या असत्य हो सकती है तथा यह पीड़िता के चरित्र को जानबूझ कर बदनाम करने और पीड़िता की मूल पहचान के बारे लोगों को गुमराह करने के लिए बनाई और इंटरनेट पर डाली जाती है। (Halder, 2013, p. 197)

महिलाओं को परेशान करने के लिए इलेक्ट्रॉनिक रूप में ऐसी तस्वीरें या प्रोफाइल बनाने की ओर क़ानून बनानेवालों का ध्यान कई तरीकों से आकर्षित हुआ है। लेकिन इस अध्याय एवं अन्य अध्यायों में आगे चर्चा किए जाने वाले विभिन्न कानूनों को देखते हुए यह समझा जा सकता है कि इस ख़तरे के लिए कोई समान शब्द नहीं है। विभिन्न क़ानून इसे 'अश्लील', कामोत्तेजक, अभद्र निरूपण या निन्दात्मक रूप में संबोधित करते हैं; ये समाज की नैतिक समझ, आपराधिक न्याय तंत्र और पीड़िता द्वारा इसे अधिकार उल्लंघन (उल्लंघनों) के विशेष प्रकार (प्रकारों) के तौर पर लेने या ना लेने की न्यायिक शक्ति के आधार पर सामग्रियों की प्रकृति को अलग करने के लिए किए जाते हैं। 'नकली अवतार' शब्द का उपयोग, महिलाओं व लड़कियों और पुरुषों को परेशान करने के लिए बनाई गई प्रोफाइलों/तस्वीरों की एक विस्तृत श्रृंखला को समाविष्ट करने वाले शब्द के रूप में किया जा सकता है। यह समझना आवश्यक है कि नकली अवतार न केवल महिलाओं व लड़कियों की गलत

तस्वीरों को इलेक्ट्रॉनिक मीडिया में प्रसारित करके और पीड़िता की प्रतिष्ठा को नुकसान पहुंचाकर महिलाओं के उत्पीड़न के लिए बनाए जा सकते हैं, बल्कि ये लाभार्जन के उद्देश्य से भी बनाए जा सकते हैं। यदि नकली अवतार 'जबरन पोर्नोग्राफी' के रूप में बनाए गए हैं जिसमें पीड़िता को कामोत्तेजक तरीके से दिखाया गया है तो इसे पोर्न तस्वीरों के रूप में पोर्न वेबसाइटों को भी बेचा जा सकता है। इसका सबसे बेहतरीन भारतीय उदाहरण Baazee.com का मामला हो सकता है जिसमें IIT के एक छात्र ने किसी सहपाठी से अन्य किशोरों की कामोत्तेजक तस्वीरों को प्राप्त किया (जो संबंधित पीड़ितों से स्पष्ट रूप से क्रुद्ध और निराश था) और लाभ प्राप्त करने के लिए इसे वेबसाइटों को बेच दिया था। नकली अवतार की परिभाषा के दृष्टिकोण से देखने पर यह स्पष्ट है कि इन तस्वीरों ने 'पोर्न अभिनेताओं' के रूप में पीड़िताओं की झूठी छवि पेश की या लड़कियों को ख़राब आचरण वाली लड़कियों के रूप में प्रस्तुत किया जबकि पीड़िता वास्तविक जीवन में ऐसी नहीं थी।

इस तरह जबरन पोर्नोग्राफी, जिसमें आवश्यक तौर पर नकली अवतार शामिल हो सकते हैं और जो नियमन करने योग्य पोर्नोग्राफी की श्रेणी में आती है, को 'दृश्यता', 'इलेक्ट्रॉनिक रूप में कामोत्तेजक सामग्री बनाने', 'बच्चों के साथ कामोत्तेजक सामग्री बनाने' और 'बदला लेने के लिए बनाई पोर्नोग्राफी' विषयों के अंतर्गत रखा जा सकता है।

दर्शनरति (Voyeurism)

इससे पहले दर्शनरति को IT अधिनियम, 2000 (2008 में संशोधित) की धारा 66E के अनुसार नियंत्रित किया गया था। यह प्रावधान लैंगिक रूप से निष्पक्ष है और इसके तहत तीन साल तक की अवधि का कारावास या रुपये 1 लाख का जुर्माना हो सकता है या कारावास एवं जुर्माना दोनों हो सकते हैं। संक्षेप में यह प्रावधान इसे एक दंडनीय कार्य निर्धारित करता है जब कोई किसी भी पुरुष या महिला के नग्न या अंदरूनी वस्त्रों से ढके हुए जननांगों, जघन क्षेत्र, नितम्बों या स्तनों की वीडियो बनाता है या किसी तरीक़े से इन्हें रिकॉर्ड करता है और जिस व्यक्ति की तस्वीर ली गई या वीडियो आदि बनाई गई है उसको, (a) इस बात की चिंता नहीं हो सकती है कि उसके जननांगों की तस्वीर ली जा रही है या वीडियो बनाई जा रही है और वह एकान्त में कपड़े उतार सकता या सकती है, या (b) उसे यह महसूस होता है कि सार्वजनिक स्थल पर मौजूदगी के बावजूद उसके जननांगों का कोई भी हिस्सा जनता के लिए दृश्यमान नहीं होगा और/या जो व्यक्ति ऐसी तस्वीरें लेता है वह दृश्य तस्वीरों को इलेक्ट्रॉनिक रूप में इस इरादे से भेजता है कि इसे व्यक्ति (व्यक्तियों) द्वारा देखा जाए और/या प्रकाशित यानी इनका पुन:निर्माण करता है या मुद्रित अथवा इलेक्ट्रॉनिक रूप में पुन:निर्माण करने का इरादा रखता है तथा इसे सार्वजनिक रूप से उपलब्ध करवाता है।

कालांतर में आपराधिक विधि संशोधन अधिनियम, 2013 के साथ, धारा 354C को लगभग उन्हीं शब्दों के साथ लेकिन विशेष रूप से महिलाओं के हितों की रक्षा करते हुए बनाया एवं IPC में शामिल किया गया था। IPC की धारा 354C इसे किसी भी ऐसे व्यक्ति के लिए दंडनीय अपराध घोषित करती है जो ऐसी परिस्थितियों में निजी कार्य में शामिल महिला की तस्वीर लेता है जहां उसे आमतौर पर अपराधकर्ता या अपराधकर्ता के आदेश पर किसी और व्यक्ति द्वारा देखे जाने की उम्मीद नहीं है या ऐसी तस्वीर को प्रसारित करता है। इस धारा में आगे यह स्पष्ट है कि 'निजी कार्य' में ऐसे किसी स्थान पर ऐसी परिस्थितियों में यौन गतिविधियों में संलग्न महिला को देखना या तस्वीरें लेना शामिल है जहां गोपनीयता की अपेक्षा की जाती है और जहां पीड़िता के जननांग, नितंब या स्तन नग्न हैं या केवल अंदरूनी वस्त्रों से ढके हुए हैं; या पीड़िता शौचालय का उपयोग कर रही है या पीड़िता ऐसा यौन कृत्य कर रही है जो कि आमतौर पर सार्वजनिक स्थान में नहीं किया जाता है। इसमें एक बहुत ही महत्त्वपूर्ण बात संबंधित महिला द्वारा 'यौन कृत्य' का उल्लेख है। दूसरी व्याख्या से यह स्पष्ट है कि जहां पीड़िता तस्वीरें लेने या वीडियो बनाने की सहमति देती है, लेकिन किसी अन्य व्यक्ति को उनके प्रसार की सहमति नहीं देती है और जब ऐसी तस्वीर या कृत्य को प्रसारित किया जाता है तो उसे इस धारा के तहत अपराध माना जाएगा। कपड़ों की दुकानों, रेस्तरां के शौचालय, होटलों के स्नानघरों या यहां तक कि महिला छात्रावासों में ट्रायल रूम्स में दर्शनरति के संबंध में कई समाचार रिपोर्टें पाई गई हैं।[10] इस तरह के सभी कृत्य इस प्रावधान के तहत आ सकते हैं। IPC की धारा 354C इसके लिए सज़ा निर्धारित करती है जो कम से कम एक वर्ष का कारावास है लेकिन अपराध सिद्धि की पहली घटना पर तीन साल तक बढ़ सकता है और साथ में जुर्माना भी होता है। ऐसे मामले में अपराध गैर-संज्ञेय और जमानती है। अपराध सिद्धि की दूसरी घटना पर, तीन से सात साल तक की सजा हो सकती है और दोषी को जुर्माने का भुगतान भी करना होता है। ऐसे मामले में अपराध संज्ञेय और गैर-जमानती हो जाता है।

सेक्सटिंग (Sexting)

जब हम दर्शनरति की बात करते हैं तो हमारा ध्यान सहज ही सेक्सटिंग विषय की ओर आकृष्ट हो सकता है। हाल ही में हम किशोर लड़कियों, युवा वयस्क महिलाओं के साथ-साथ विवाहित जोड़ों और लिव-इन जोड़ों के बीच सेक्सटिंग में शामिल होने तथा भेदक एवं गैर

---

[10] इस संबंध में मधुकल्या, ए. 2015 में मीडिया के साथ मुख्य लेखक का साक्षात्कार देखें। Smriti Irani brings back focus on voyeurism prevailing in our country. 6 अप्रैल 2015 को DNA में प्रकाशित। http://www.dnaindia.com/india/report-smriti-irani-brings-back-focus-on-voyeurism-prevailing-in-our-country-2075010 पर उपलब्ध (3 जुलाई 2015 को देखा गया)।

भेदक-कृत्यों सहित यौन कृत्यों की रिकॉर्डिंग की प्रवृत्ति में बढ़ोत्तरी देख रहे हैं। अपने लेख में (Halder & Jaishankar, 2014b) हमने सेक्सटिंग को निम्नलिखित शब्दों में समझाया है:

> सेक्सटिंग का अर्थ मोबाइल फोन के माध्यम से यौन अभिव्यक्तियों एवं यौन तस्वीरों वाले संदेश भेजना और प्राप्त करना है। भले ही तकनीकी रूप से सेक्सटिंग का अर्थ इलेक्ट्रॉनिक माध्यमों से संचारित संदेश है जिसमें ईमेल संदेश और मोबाइल फोन संदेश शामिल हो सकते हैं लेकिन सेक्सटिंग शब्द का उपयोग मुख्य रूप से केवल मोबाइल फोन के टेक्स्ट संदेशों को दर्शाने के लिए किया जाता है। इस तरह के कामोत्तेजक संदेश इंटरनेट की शुरुआत से ही मौजूद हैं जहां संचार करने वाले (i) केवल वयस्क या (ii) वयस्क-बच्चे या (iii) केवल किशोरावस्था के किशोर या (iv) वयस्क-किशोर हो सकते हैं। हालांकि मीडिया के एक वर्ग द्वारा किशोरों के बीच प्रौद्योगिकी के माध्यम से यौन पारस्परिक क्रिया के खतरों को उजागर करने के लिए 'सेक्सटिंग' शब्द का उपयोग करना शुरू किया गया जिसके बाद यह शब्द मोबाइल फोन के माध्यम से यौन संदेशों के उद्देश्य के लिए व्यापक रूप से प्रसिद्ध हो गया (Roberts, 2005)। वर्तमान में सेक्सटिंग का उपयोग ऐसे टेक्स्ट संदेशों के लिए किया जाता है, जिसमें व्यक्तियों (विशेष रूप से किशोरों) के नग्न चित्र या स्तन, जननांग जैसे निजी नग्न हिस्सों या दो साथियों की आपत्तिजनक यौन स्थितियों की तस्वीरें शामिल हैं, जो उनके खुद के द्वारा मोबाइल कैमरे से ली गई हैं तथा मोबाइल फोन या ईमेल संदेशों या इन संदेशों को कैमरा फोन से सोशल नेटवर्किंग साइटों पर अपलोड करके अन्य ऐसे व्यक्तियों को भेजी गई हैं जो आमतौर पर उस व्यक्ति के हमउम्र दोस्त हैं। मोबाइल फोन टेक्स्टिंग के उद्देश्य से सेक्सटिंग को कई लोगों द्वारा कई तरीकों से परिभाषित किया गया है। माई सिक्योर साइबरस्पेस (2012) के अनुसार, 'सेक्सटिंग' का अर्थ, 'एक-दूसरे को कामोत्तेजक या सांकेतिक सामग्री, आम तौर पर तस्वीरें भेजने की प्रवृत्ति है।' जयशंकर (2009) ने सेक्सटिंग को 'स्वयं के नग्न शरीर या शरीर के अंगों को चित्रित करने और दूसरों को भेजने और साथ ही मोबाइल फोन के उपयोग से जान-पहचान वाले व्यक्तियों (ज्यादातर मामलों में) को अश्लील शब्द भेजने के रूप में परिभाषित किया है' ... जबकि सेक्सटिंग एक दूसरे के साथ संबंध रखने वाले लोगों के बीच सहमति से हो सकती है, यह अनजाने में या उस व्यक्ति की इच्छाओं के खिलाफ भी होती है जो सामग्री का विषय है (माई सिक्योर साइबरस्पेस, 2012)। इसलिए, सेक्सटिंग को ऐसे इलेक्ट्रॉनिक संचार के रूप में परिभाषित किया जा सकता है जिसमें 'विभिन्न प्रकार के आपत्तिपूर्ण स्टंट' शामिल हैं। लड़की द्वारा खुद अपने प्रेमी को नग्न चित्र भेजना, साथ ही एक अजनबी द्वारा लॉकर रूम में अश्लील तस्वीरें लेना और फिर इन्हें अनेकों दर्शकों को वितरित करना भी सेक्सटिंग में शामिल किया जा सकता है। किशोरों द्वारा इलेक्ट्रॉनिक संचार के माध्यम से इश्कबाज़ी करना आम प्रवृत्ति है (माई सिक्योर साइबरस्पेस, 2012)। WHOA (वर्किंग टू हॉल्ट ऑनलाइन एब्यूज़, यूआरएल: www.haltbause. org) के अध्यक्ष जेन हिचकॉक के अनुसार, सेक्सटिंग तब होती है 'जब कोई सेलफोन के माध्यम से नग्न या

अर्ध-नग्न चित्र भेजता है'। (व्यक्तिगत संचार, 19 जून, 2012) (Halder & Jaishankar, 2014b, pp. 28–29)

इस प्रकार यह दो ऐसे किशोरों के बीच परंपरागत 'कामुक शरारत भरी वार्ता' का डिजिटल तरीका है जो एक-दूसरे को प्रभावित करना चाहते हैं। किशोरों द्वारा सेक्सटिंग की कुछ अद्वितीय विशिष्टताएं हैं जिन्हें हमने इस विशेष लेख में शामिल किया है; ये निम्नानुसार हैं:

- सेक्सटिंग अल्पवय किशोरों (13–18) द्वारा की जाती है। 'किशोरों के बीच सेक्सटिंग' के मामलों में मूल रचयिता के साथ-साथ मूल प्राप्तकर्ता दोनों किशोर होते हैं। अन्य शब्दों में, ऐसे मामलों में वयस्क प्रतिभागी नहीं होते हैं।
- कैमरे वाला मोबाइल फोन सेक्सटिंग के लिए मुख्य उपकरण है।
- किशोर अपने नग्न शरीर या नग्न जननांगों की तस्वीरें लेते हैं और इन्हें लिखित अवतरण संदेशों के साथ या इसके बिना अपने दोस्तों को भेजते हैं।
- इसमें आपत्तिजनक स्थितियों में चित्र लेना और इन्हें दूसरों को भेजना भी शामिल हो सकता है।
- सेक्सटिंग के अधिकतर मामले सबसे पहले बॉयफ्रेंड या गर्लफ्रेंड के बीच या तो मांग पर या दूसरे व्यक्ति को प्रभावित करने के लिए शुरू होते हैं।
- यह किशोरों द्वारा अपने सहित दूसरे दोस्तों की तस्वीरें लेने और बहुत सारे अन्य दोस्तों को भेजने से भी किया जा सकता है।
- कुछ मामलों में स्वयं द्वारा ली गई या यहां तक कि प्राप्त की गई तस्वीरों को या तो सेल फोन द्वारा या ईमेल और सोशल नेटवर्किंग साइटों द्वारा पहचान वाले या यहां तक कि अजनबी व्यक्तियों को वितरित किया जाता है। यह केवल तब होता है जब कोई वयस्क प्राप्तकर्ता, जो बहुत सारे ऐसे संदेश प्राप्त करता है, गलती से भागीदार बन जाता है। लेकिन वयस्क कभी भी पहला प्राप्तकर्ता नहीं होता है।
- ऐसा वितरण भावनात्मक रिश्ते के टूटने के कारण बदला लेने के लिए भी हो सकता है।
- सेक्सटिंग मुख्य रूप से समान विद्यालय के बच्चों द्वारा किया जाता है; हालांकि, इसमें कभी-कभी अलग-अलग विद्यालयों के बच्चे भी शामिल हो सकते हैं जब वे प्रेषक को व्यक्तिगत रूप से या सोशल नेटवर्किंग साइटों के माध्यम से जानते हैं या यहां तक कि जब क्रोधित किशोर चित्रों को यादृच्छिकता से व्यापक दर्शकों तक फैलाना चाहता है।
- सेक्सटिंग उन किशोरों द्वारा की जाती है जिन्हें यह नहीं पता होता कि इसके कारण वे क़ानूनी परेशानी में पड़ सकते हैं।
- सेक्सटिंग इसके रचयिता और प्राप्तकर्ता पर भयानक मानसिक आघात पैदा कर सकता है। इसके कारण रचयिता आत्महत्या भी कर सकता है। इसके कारण कुछ

> प्राप्तकर्ता रचयिता का अवपीड़न भी कर सकते हैं। (Halder & Jaishankar 2014b, pp. 29–30)

इस पर ध्यान दिया जा सकता है कि, वयस्क सेक्सटर्स (Sexters) को शामिल करने के लिए सेक्सटिंग की इन विशिष्टताओं का दायरा भी बढ़ाया जा सकता है। इस लेख में हमने इस बारे में भी चर्चा की है कि सेक्सटिंग कब अवैध हो सकती है। हमने पाया कि:

> हालांकि इस संदर्भ में सेक्सटिंग आमतौर पर विद्यालय के दोस्तों के बीच की जाती है, यह ध्यान रखना महत्त्वपूर्ण है कि चाहे परिस्थिति कोई भी हो, ऐसी पोर्नोग्राफी रखना, वितरित करना या बनाना गैर-क़ानूनी है जिसमें 18 वर्ष से कम आयु का कोई व्यक्ति शामिल है। इसलिए जो छात्र नाबालिग हैं और ऐसी तस्वीरों को वितरित करते या रखते पाए जाते हैं उन्हें चाइल्ड पोर्नोग्राफी का दोषी पाया जा सकता है ... और उन्हें 10 वर्ष तक का कारावास हो सकता है। (Wilson, 2008)

बाल अश्लीलता की विशिष्टताओं वाली सेक्सटिंग को क़ानूनी रूप से चाइल्ड पोर्नोग्राफी का एक नया रूप माना जा रहा है। रिपोर्ट किए गए विभिन्न मामलों से यह देखा जा सकता है कि मूल प्रेषक को परेशान करने के लिए सेक्सटेड संदेशों को समान वेब आधारित संदेश सेवाओं जैसे कि व्हाट्सएप या ईमेल या सोशल नेटवर्किंग वेबसाइटों के माध्यम से व्यापक दर्शकों को वितरित करके उनका दुरुपयोग किया जा रहा है। अमेरिका में इस तरह के कार्यों को दंडित करने वाले मौजूदा संघीय कानूनों के अलावा लगभग हर राज्य ने चाइल्ड पोर्नोग्राफी बनाने, वितरित करने के साथ-साथ उन्हें अपने पास रखने को दंडित किया है। दो महत्त्वपूर्ण मामले, जिन्होंने सेक्सटिंग को 'चाइल्ड पोर्नोग्राफी बनाने का मार्ग प्रशस्त किया है, वे ओसबोर्न बनाम ओहियो (495 USE103), 1990 तथा एशक्रॉफ्ट बनाम फ्री स्पीच कोअलिशन 535 US 234 (2002) हैं' (पृष्ठ 31–32)। हम आगे देखते हैं कि भारत में भले ही 'सेक्सटिंग' शब्द किसी भी क़ानून द्वारा दंडनीय अपराध या क़ानूनी रूप से चिंता के विषय के रूप में पहचाना नहीं गया है फिर भी ऐसे दो विशिष्ट प्रावधान मौजूद हैं जो इस मुद्दे को व्यापक रूप से छूते हैं; IT अधिनियम, 2000 (2008 में संशोधित) की धारा 67B बच्चों को कामुक गतिविधियों में चित्रित करने वाली सामग्री को बनाने, प्रकाशित करने या प्रसारित करने पर रोक लगाती है एवं दंडित करती है। इस प्रावधान में, चाइल्ड पोर्नोग्राफिक सामग्री बनाने के लिए बच्चों की ग्रूमिंग के साथ-साथ अपने या दूसरों के यौन दुर्व्यवहार की रिकॉर्डिंग शामिल है।[11] हालांकि, यह प्रावधान 2012 में IT अधिनियम में सम्मिलित बाल

[11] सूचना प्रौद्योगिकी अधिनियम, 2000 (2008 में संशोधित) की धारा 67B के अनुसार:

जो कोई भी (a) बच्चों को कामुक कृत्य या व्यवहार में दर्शाती सामग्री को इलेक्ट्रॉनिक माध्यमों से प्रकाशित या प्रसारित करता है, या प्रकाशित या प्रसारित करने का कारण बनता है, या (b) बच्चों की अश्लील या अभद्र या

अश्लीलता को विनियमित करने के लिए विशेष रूप से बनाया गया था परंतु भारत सरकार द्वारा विशेष रूप से बच्चों के खिलाफ यौन अपराधों को संबोधित करने के लिए एक नया कानून, POCSO अधिनियम बनाया गया। इस क़ानून की धारा 11 में यौन उत्पीड़न के लिए बच्चों के उपयोग के बारे चर्चा की गई है जिसमें डिजिटल मीडिया के माध्यम से यौन संतुष्टि के लिए बच्चों को अपने गुप्तांगों को दिखाने के लिए दबाव डालना/ग्रूम करना/मजबूर करना भी शामिल है। इस क़ानून की धारा 13 बच्चों के पोर्नोग्राफिक उद्देश्यों के लिए उपयोग को दंडनीय बनाती है और धारा 15 किसी भी व्यक्ति द्वारा किसी भी व्यावसायिक उद्देश्य के लिए किसी भी डिजिटल चाइल्ड पोर्नोग्राफिक सामग्री रखने को अपराध मानती है।[12] लेकिन इन सभी कानूनों में मुख्य रूप से चाइल्ड पोर्नोग्राफी एवं विशेष रूप से सेक्सटिंग का मुद्दा शामिल है (Halder & Jaishankar, 2014b, pp. 36–37)।

पिछले अवतरणों में हमने बच्चों और चाइल्ड पोर्नोग्राफी एवं सेक्सटिंग के बारे में बात की है तथा यह विचार किया कि क्या सेक्सटिंग को वयस्कों द्वारा अपराध माना जा सकता है। अब हम फिर से IT अधिनियम, 2000 (2008 में संशोधित) की धारा 67, 67A और IPC की धारा 354C पर विचार करते हैं। यदि सेक्सटिंग को स्वयं द्वारा कामोत्तेजक सामग्री या अश्लील सामग्री बनाने के संबंध में देखा जाए और अगर ली गई एवं प्रसारित की गई तस्वीरें या कृत्य समाज के लिए अहितकर हैं तो यह धारा 67 (इलेक्ट्रॉनिक रूप में अश्लील सामग्रियां प्रकाशित, प्रसारित करने के लिए सज़ा) के अत्यन्त निकट हैं। इसके अलावा अगर ली गई और प्रसारित की गई तस्वीरों में कामोत्तेजक कृत्य या व्यवहार शामिल हैं तो यह धारा 67A (कामोत्तेजक सामग्री को इलेक्ट्रॉनिक रूप में प्रकाशित या प्रसारित करने के लिए सज़ा) के

कामोत्तेजक तरीक़े से किसी भी इलेक्ट्रॉनिक माध्यम से या डिजिटल तस्वीरें बनाता है, सामग्री एकत्र करता, खोजता, ब्राउज़ करता, डाउनलोड करता, विज्ञापित करता, प्रचार करता, आदान-प्रदान या वितरित करता है, या (c) बच्चों को कामोत्तेजक कृत्य के लिए या ऐसे तरीक़े से जो कंप्यूटर संसाधन पर विवेकी वयस्क को बुरा लग सकता है, एक या अधिक बच्चों के साथ ऑनलाइन रिश्ता बनवाता, इसके लिए लुभाता या उकसाता है, या (d) बच्चों के साथ ऑनलाइन दुर्व्यवहार को बढ़ावा देता है, या (e) बच्चों के साथ कामोत्तेजक कृत्य से संबंधित अपने या दूसरों के दुर्व्यवहार को किसी भी इलेक्ट्रॉनिक रूप में रिकॉर्ड करता है, उसे पहली अपराध सिद्धि पर पांच वर्ष तक का कारावास हो सकता है एवं दस लाख रुपये तक का जुर्माना हो सकता है, तथा दूसरी या अगली अपराध सिद्धि पर सात वर्षों तक का कारावास के साथ-साथ दस लाख रुपये तक का जुर्माना हो सकता है, के साथ दंडित किया जाएगा। बशर्ते कि धारा 67, धारा 67A एवं इस धारा के प्रावधान इलेक्ट्रॉनिक रूप में किसी भी ऐसी पुस्तक, पत्रिका, कागज़, लेख, रेखांकन, चित्रकला, निरूपण या रेखा-चित्र तक विस्तृत नहीं हैं- (i) जिसका प्रकाशन लोक भलाई के लिए इस आधार पर उचित साबित हुआ है कि ऐसी पुस्तक, पत्रिका, दस्तावेज़, लेखन, रेखांकन, चित्रकला, निरूपण या रेखा-चित्र विज्ञान, साहित्य, कला या सीखने या सामान्य चिंता के अन्य विषयों के हित में है; या (ii) जिसे वास्तविक विरासत या धार्मिक उद्देश्यों के लिए रखा या उपयोग किया गया है। स्पष्टीकरण: इस धारा के उद्देश्यों के लिए, 'बच्चों' का अर्थ वह व्यक्ति है जिसकी आयु 18 वर्ष से कम है।

[12] POCSO अधिनियम, 2012 की धारा 11, 13 और 14 देखें। 11 जुलाई 2014 को प्राप्त की जानकारी। http://wcd.nic.in/childact/childprotection31072012.pdf पर उपलब्ध।

अत्यन्त निकट हैं। ऐसा इसलिए है क्योंकि ये दोनों प्रावधान अपने दायरे को 'जो कोई भी' आपत्तिजनक सामग्रियों को प्रकाशित या प्रसारित करता है, उस तक विस्तृत करते हैं। जैसा कि हम सेक्सटिंग पर पहले की चर्चाओं से देख सकते हैं आम तौर पर सेक्सटर दूसरों, विशेष रूप से बॉयफ्रेंड, पति और यहां तक कि अपनी गर्लफ्रेंड (अगर सेक्सटिंग महिलाओं द्वारा की जाती है) सहित अपने सहयोगियों के देखने के लिए सेक्सी-सेल्फियों को प्रकाशित या प्रसारित करते हैं। लेकिन अब तक उपरोक्त प्रावधानों के तहत भारत में सेक्सटिंग मामलों में यहां तक कि वयस्कों के लिए भी अपराध सिद्धि का कोई मामला सामने नहीं आया है। ऐसा इसलिए हो सकता है क्योंकि सेक्सटिंग को अभी भी एक व्यवहारिक मुद्दे के रूप में माना जा रहा है जिसमें संभवतः सेक्सटर का मकसद जानबूझकर कोई नुकसान पहुंचाना नहीं है।

पूनम पांडे या शर्लिन चोपड़ा द्वारा ट्विटर सहित अपने सोशल मीडिया खातों पर प्रकाशित सेल्फियों की विभिन्न समाचार रिपोर्टों पर विचार करें; पोस्ट की गई ज़्यादातर सेल्फियां सेक्सटिंग की प्रकृति की हैं। इस तरह की सेक्सटिंग से सेक्सटर को ना केवल बड़ी मात्रा में प्रशंसक मिलते हैं बल्कि वे अपने सोशल मीडिया खातों के माध्यम से वर्ल्ड वाइड वेब पर अच्छा पैसा भी कमा सकते हैं। हालांकि, यहां स्वयं की यौन अपील को व्यक्त करने का अधिकार बनाम किसी को भी, विशेष रूप से नाबालिग दर्शकों को, नुकसान ना पहुंचाने के कर्तव्य का विवादास्पद प्रश्न आता है। इस संदर्भ में IPC की धारा 354C का एक संक्षिप्त विश्लेषण आवश्यक है। IPC की धारा 354C के स्पष्टीकरण में इस विशेष वाक्य पर फिर से विचार करें, जिसके अनुसार '...पीड़िता ऐसा यौन कृत्य कर रही है जो आमतौर पर सार्वजनिक स्थान पर नहीं किया जाता है'; और फिर दूसरे स्पष्टीकरण के अनुसार 'जहां पीड़िता तस्वीरें लेने या किसी कृत्य की तस्वीरें लेने या वीडियो बनाने की सहमति देती है, लेकिन किसी और को उनके प्रसार की सहमति नहीं देती है'। 2008 में संशोधित IT अधिनियम की धारा 67 एवं 67A में कहा गया है कि यह प्रावधान सेक्सटर के लिए क़ानूनी उत्तरदायित्वों से रक्षा के रूप में आ सकता है। यह वास्तव में सेक्सटर एवं उसके प्राप्तकर्ता के बीच विश्वास और निश्चित रूप से केवल प्राप्तकर्ता के साथ प्रशंसा या यौन उत्तेजना की भावना स्थापित करने का अंतिम उद्देश्य ही है जो धारा 354C के तहत सेक्सटर के अधिकारों को सुरक्षित कर सकता है खासकर जब प्रावधान के दूसरे स्पष्टीकरण में आगे कहा गया है 'और जहां ऐसी तस्वीर या कृत्य को प्रसारित किया जाता है, ऐसे प्रसार को इस धारा के तहत अपराध माना जाएगा।' लगभग इसी संदर्भ में, हस्तियों के नग्न-सेल्फी पोस्टर या पूनम पांडे या शर्लिन चोपड़ा जैसे सेक्स्टर्स क़ानूनी उत्तरदायित्वों से बच सकते हैं जैसा कि IT अधिनियम, 2000 (2008 में संशोधित) की धारा 67 और 67A में स्थापित किया गया है, खासकर अगर वे इस तथ्य को स्थापित कर सकते हैं कि इंटरनेट पर अपनी सेक्सटेड तस्वीरों के वायरल होने और नाबालिग उपयोगकर्ताओं के लिए ऐसी तस्वीरों को फ़िल्टर करने के

संदर्भ में सोशल मीडिया के उत्तरदायित्व को नियंत्रित करना उनकी ज़िम्मेदारी नहीं है। परंतु व्यावहारिक दृष्टि से अगर कोई व्यक्ति मशहूर हस्तियों के इस तरह के नग्न-सेल्फी पोस्टर्स को प्रतिबंधित करने और इन पर मुकदमा चलाने के लिए IT अधिनियम, 2000 (2008 में संशोधित) की धारा 67 एवं 67A के संदर्भ में अपने दावे को प्रमाणित करता है तो अदालत को आरोपी के अधिकार के साथ-साथ नाबालिग दर्शकों के अधिकार की रक्षा करने के लिए बेहद सचेत सामाजिक निर्णय लेने की आवश्यकता है।

IPC की धारा 354C का दूसरा स्पष्टीकरण महिला के हितों की तब रक्षा करता है जब उसने अपने साथी के साथ यौन कृत्यों की तस्वीरें लेने या वीडियो बनाने की सहमति दी है। पेशेवरों, सलाहकारों और शोधकर्ताओं के रूप में हमने कई ऐसे मामले देखे हैं जहां ऐसी गोपनीय तस्वीरें संबंधित महिला के ज्ञान या सहमति के बिना प्रसारित की गई हैं। इस तरह के प्रसार दो मुख्य कारणों से हो सकते हैं: (a) महिला या उसके साथी का उस उपकरण तक अनधिकृत पहुंच जिसका उपयोग तस्वीरें लेने/रखने के लिए करना साथ ही सेक्सटॉरशन,[13] या ब्लैकमेलिंग एवं आपराधिक धमकी के माध्यम से इससे लाभ कमाने के लिए इसका गैर-क़ानूनी प्रसारण करना तथा (b) महिला साथी पर क्रोध या निराशा के कारण पुरुष साथी द्वारा तस्वीरों को प्रसारित करना और यह प्रसार प्रतिशोध की भावना से प्रेरित पोर्न के रूप में किया जाता है।

पहला प्रकरण दर्शनरति का 'जबरन पोर्नोग्राफी' में बदलने से संबंधित है जिसे इलेक्ट्रॉनिक उपकरणों तक अनधिकृत पहुंच और इसके प्रसारण के मामले के रूप में देखा जाना चाहिए। ऐसे मामलों में पीड़िता को इलेक्ट्रॉनिक उपकरण तक अनधिकृत पहुंच, इसमें संग्रहित तस्वीरों के अनधिकृत उपयोग और आपत्तिजनक तस्वीरों को प्रकाशित करने के द्वारा गोपनीयता के उल्लंघन के बारे में विस्तृत शिकायत दर्ज करनी होती है। ऐसे मामलों में पुलिस अधिकारी को यह ध्यान में रखना चाहिए कि पीड़ित महिला को तस्वीरों के निर्माता/प्रकाशक के रूप में दोषी नहीं ठहराया जाना चाहिए। अधिकारी को यह याद रखना चाहिए कि इन तस्वीरों को सार्वजनिक तौर पर देखने के लिए प्रसारित करने के लिए नहीं खींचा गया था बल्कि उपकरण या कंप्यूटर नेटवर्क तक अनधिकृत पहुंच के कारण तस्वीरें प्रसारित की गई हैं। इसे दृष्टिकोण से इसे हैकिंग माना जा सकता है। हमने पहले देखा कि,

> वॉल (2007, पृष्ठ 53) ने हैकिंग का वर्णन 'साइबर स्पेस में जानबूझकर अनधिकृत पहुंच के रूप में किया है जिस पर स्वामित्व या पहुंच के अधिकार पहले ही निर्धारित किए जा चुके हैं तथा इस कार्य को कंप्यूटर सिस्टम की संकलित सुरक्षा का उल्लंघन करने के प्राथमिक उद्देश्य से किया जाता है।' इससे पहले, हैकिंग का उपयोग इलेक्ट्रॉनिक वाणिज्य

[13] सेक्सटॉरशन (सेक्स (यौन) + एक्सटॉरशन (ज़बर्दस्ती)) एक ऐसा शब्द है, जिसका उपयोग बच्चों के साथ-साथ वयस्कों के यौन शोषण को दर्शाने के लिए किया जाता है, जिसमें पीड़िता को सेक्सटेड सेल्फियां दिखाना/प्रकट करना जारी रखने, वेबकैम पर नग्न या अर्ध-नग्न होकर चैट करने आदि के लिए ब्लैकमेल और मजबूर किया जाता है।

> और सरकारी वेबसाइटों को लक्षित करने वाले साइबर अपराधों को वर्णित करने के लिए किया जाता था। धीरे-धीरे उत्पीड़न से संबंधित हैकिंग के स्वरूप बदल गए और वर्तमान में ईमेल, व्यक्तिगत गैर-वाणिज्यिक वेबसाइटों या वेब लिंकों एवं नेटवर्किंग साइटों में व्यक्तिगत प्रोफाइल की हैकिंग एक आम घटना बन गई है ...। यह देखा गया है कि जब हैकिंग साइबर उत्पीड़न या महिलाओं के संदर्भ में साइबर अपराध को गठित करने वाले तत्वों में से एक बन जाती है तो यह टूट चुके भावनात्मक रिश्तों के लिए बदला लेने या पेशेवर ईर्ष्या के तरीके के रूप में की जाती है। यह शरारती व्यक्तियों और इंटरनेट के नए उपयोगकर्ताओं द्वारा डिजिटल 'प्रयोगों' के परिणामस्वरूप भी हो सकता है जिन्हें इनके गंभीर परिणामों के बारे में समझ नहीं होती है। गैर-यौन उद्देश्यों से प्रेरित हैकिंग के मामलों में यह देखा गया है कि:
> हैकर पीड़िता का उत्पीड़न करने के लिए उसकी ईमेल आईडी हैक कर सकता है, दुर्भावनापूर्ण मेल और सामग्रियों के साथ उसके दोस्तों तक पहुंच सकता है, उसे बदनाम कर सकता है और उसकी हैक की गई ईमेल आईडी के माध्यम से उसे अपने परिचितों के साथ और संवाद करने से रोक सकता है।
> हैकर विभिन्न सोशल साइटों में पीड़िता के प्रोफाइल पेजों को भी हैक और ब्लॉक कर सकता है (Halder & Jaishankar, 2011, pp. 27–28)।

ऐसी परिस्थिति में संबंधित अधिकारी को IT अधिनियम (कंप्यूटर से संबंधित अपराधों के लिए सज़ा) की धारा 66[14] और IPC की धारा 354C में वर्णित दूसरे स्पष्टीकरणं पर विशेष ध्यान देते हुए, शिकायतकर्ता/पीड़िता द्वारा प्रदान की गई जानकारी के आधार पर धारा 43 (कंप्यूटर, कंप्यूटर सिस्टम आदि को नुकसान पहुंचाने के लिए दंड और जुर्माना) के साथ विशेष रूप से उपधारा (a) (जिसके अनुसार, यदि कोई व्यक्ति किसी कंप्यूटर, कंप्यूटर सिस्टम या कंप्यूटर नेटवर्क के मालिक या प्रभारी व्यक्ति की आज्ञा के बिना ऐसे कंप्यूटर, कंप्यूटर सिस्टम या कंप्यूटर नेटवर्क या कंप्यूटर संसाधन तक पहुंचता है, तो वह इससे प्रभावित व्यक्ति को 1 करोड़ रुपये तक के मुआवजे के जरिए क्षति का भुगतान करने के लिए उत्तरदायी होगा), (b) (जिसके अनुसार, यदि कोई व्यक्ति कंप्यूटर, कंप्यूटर सिस्टम या कंप्यूटर नेटवर्क के मालिक या प्रभारी व्यक्ति की आज्ञा के बिना, किसी हटाने योग्य स्टोरेज माध्यम में रखी गई जानकारी या डेटा के सहित ऐसे कंप्यूटर, कंप्यूटर सिस्टम या कंप्यूटर नेटवर्क से कोई डेटा, कंप्यूटर डेटा बेस या जानकारी कॉपी करता या निकालता है तो वह

---

[14] IT अधिनियम, 2000 (2008 में संशोधित) की धारा 66 के अनुसार:

यदि कोई व्यक्ति बेईमानी से या धोखाधड़ी से धारा 43 में निर्दिष्ट कोई कार्य करता है तो वह दो से तीन वर्षों तक की अवधि के लिए कारावास या पांच लाख तक के जुर्माने या दोनों के साथ दंडनीय होगा। स्पष्टीकरण: इस धारा के उद्देश्य के लिए- a) 'बेईमानी से' शब्द का अर्थ भारतीय दंड संहिता की धारा 24 में वर्णित अर्थ के समान होगा; b) 'धोखाधड़ी से' शब्द का अर्थ भारतीय दंड संहिता की धारा 25 में वर्णित अर्थ के समान होगा।

इससे प्रभावित व्यक्ति को 1 करोड़ रुपये तक के मुआवजे के भुगतान के लिए उत्तरदायी होगा), और (c) (जिसके अनुसार, अगर कोई व्यक्ति कंप्यूटर, कंप्यूटर सिस्टम या कंप्यूटर नेटवर्क के मालिक या के प्रभारी व्यक्ति की अनुमति के बिना कंप्यूटर संसाधन में मौजूद किसी भी जानकारी को नष्ट करता, मिटाता या बदलता है अथवा इसके मूल्य या उपयोगिता को कम करता है, या इसे किसी भी तरीक़े से हानिकारक रूप से प्रभावित करता है, तो वह इससे प्रभावित व्यक्ति को 1 करोड़ रुपये तक के मुआवजे के भुगतान के लिए उत्तरदायी होगा), जैसे प्रावधान लागू करने के लिए अपनी समझ का उपयोग करना चाहिए। लेकिन पीड़िता को यह जानने की आवश्यकता है कि धारा 43 में अपराध एवं न्याय की क्षतिपूर्ति को नागरिक दृष्टिकोणों से अधिक देखा जाता है। दूसरी तरफ IPC न केवल पीड़िताओं की सहमति के बिना निजी तस्वीरों के प्रसार के लिए बल्कि पीड़िता की गोपनीयता के उल्लंघन के लिए भी आपराधिक सज़ा प्रदान कर सकता है। हालांकि हम ऐसे मामलों में धारा 67A (इलेक्ट्रॉनिक रूप में कामोत्तेजक सामग्री के प्रकाशन, प्रसारण के लिए सज़ा) या धारा 67 (इलेक्ट्रॉनिक रूप में अश्लील सामग्री के प्रकाशन, प्रसारण के लिए सज़ा) के उपयोग के विचार का बहुत अधिक समर्थन तब तक नहीं करेंगे जब तक कि इन प्रावधानों का उपयोग पीड़िता को नहीं बल्कि उस व्यक्ति को विशेष रूप से आरोपित करने के लिए किया जाता है जिसने अनधिकृत रूप से तस्वीरों का प्रसार किया है (जैसा कि पहले उल्लेख किया गया है इन प्रावधानों का दायरा ऐसी तस्वीरों के रचनाकारों को आरोपित करने के लिए बढ़ाया जा सकता है)।

प्रतिशोध की भावना से प्रेरित पोर्न

यदि पोर्न का प्रसार बदला लेने के लिए किया जाता है तो मामले को प्रतिशोध की भावना से प्रेरित पोर्न के रूप में देखा जाना चाहिए। भारत में, इस समय हमारे पास प्रतिशोध की भावना से प्रेरित पोर्न विरोधी क़ानून नहीं है। अपने लेख में (Halder & Jaishankar, 2013), हमने प्रतिशोध की भावना से प्रेरित पोर्न पर संक्षिप्त शोध किया है, जो निम्नानुसार है:[15]

> शब्द 'प्रतिशोध' और 'प्रतिशोध की भावना से प्रेरित पोर्न' का उपयोग साइबर उत्पीड़न के संदर्भ में ज्यादातर वयस्क महिलाओं के डेटिंग साथियों या साइबर परिचितों द्वारा इंटरनेट पर झूठी, घृणित और यौन उत्तेजक प्रोफाइल बनाने के रूप में उनके उत्पीड़न को दर्शाने के लिए किया जाता है। प्रतिशोध की भावना से प्रेरित पोर्न बनाने का सबसे आम तरीका, पीड़िता की व्यक्तिगत जानकारी और तस्वीर का उपयोग करना, जिनमें बदलाव किया गया हो या नहीं भी किया गया हो और विभिन्न साइबर पोर्टलों पर यह संदेश प्रसारित करने के लिए अपलोड किया जाता है कि पीड़िता पुरुषों की यौन संतुष्टि के लिए उपलब्ध है। भले ही मूल पोर्न साइट और फेसबुक जैसे लोकप्रिय विभिन्न सोशल नेटवर्किंग पोर्टल केवल

[15] इन उद्धरणों को पत्रिका के संपादक की अनुमति के साथ यहां पुनः प्रकाशित किया गया है।

> वास्तविक डेटा, जो दूसरों के अधिकारों को नुकसान नहीं पहुंचाता है, डालने के लिए उपयोगकर्ताओं पर पूरी तरह से दायित्व स्थानांतरित करते हैं,[16] फिर भी इंटरनेट पर इस दिशानिर्देश के उल्लंघन के विभिन्न उदाहरण उपलब्ध हैं।[17] हालांकि, यह कहना गलत होगा कि केवल वयस्क महिलाएं ही प्रतिशोध की भावना से प्रेरित पोर्न की पीड़िता बनती हैं। 14 से 19 वर्ष के आयु वर्ग के बच्चे, विशेष रूप से किशोर लड़कियां इस मामले में पीड़िता बनने के लिए उतनी ही असुरक्षित हैं। (पृष्ठ 88–89)

प्रतिशोध की भावना से प्रेरित पोर्न की विशिष्टताओं के बारे में हमने निम्नानुसार कहा है:

> ऑनलाइन प्रतिशोध की भावना से प्रेरित पोर्न, साइबर पोर्न की पारंपरिक अवधारणा से इस अर्थ में अलग है कि अपराधकर्ता पीड़िता के बारे में जानकारी का दुरुपयोग जान-बूझकर करता है ताकि वह उसके लिए भावनात्मक परेशानी पैदा कर सके। सेक्सटिंग एवं अन्य गैर सेक्सटेड पीड़िता सहायतायुक्त सामग्री के साथ प्रतिशोध की भावना से प्रेरित पोर्न, पीड़िता के लिए भारी बदनामी लाने का प्रमुख तरीक़ा भी है। सेक्सटिंग के कारण होने वाली बदनामी के मामलों में पूरे चक्र को चित्र 6.1 के माध्यम से व्यक्त किया जा सकता है।

चित्र 6.1: पीड़ितों के लिए सेक्सटिंग का बदनामी में बदलना

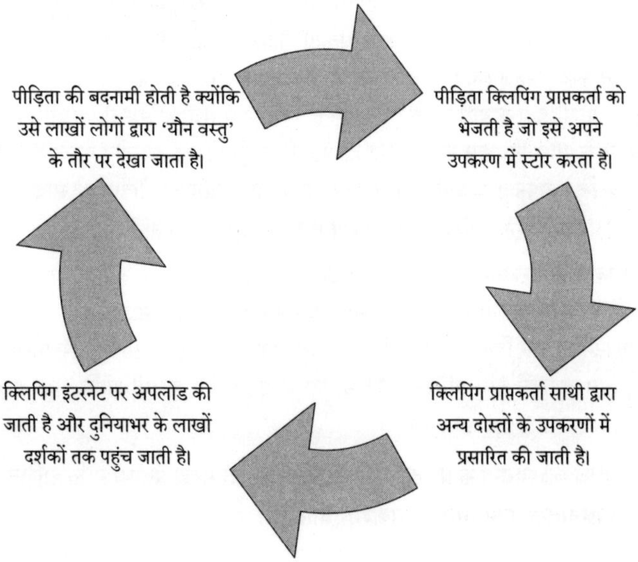

स्रोत: लेखक।

---

[16] सुरक्षा के संबंध में फेसबुक के नियम देखें। https://www.facebook.com/terms.php पर उपलब्ध।

[17] बार्न्स बनाम याहू देखें! http://www.ca9.uscourts.gov/datastore/opinions/2009/05/07/05-36189.pdf पर उपलब्ध।

चित्र 6.1 में दर्शाया गया है कि पूरे चक्र में चार प्रमुख चरण शामिल हैं अर्थात्,

1. पीड़िता अपने मोबाइल फ़ोन में अपनी नग्न/अर्ध-नग्न तस्वीरें लेती है या मोबाइल फ़ोन कैमरा या वेबकैम से अपने साथी के साथ अपनी आपत्तिजनक स्थिति की तस्वीर लेने या वीडियो बनाने के लिए सहमति देती है तथा इसे अपने चुने हुए साथी को भेजती है और साथी इस तस्वीर/क्लिपिंग को अपने डिवाइस में स्टोर करता है।
2. साथी क्लिपिंग को अपने दोस्त (दोस्तों) को भेज सकता है क्योंकि वह अपनी प्रेमिका से बदला लेने के लिए उसे अपमानित करना चाहता है।
3. फिर साथी स्वयं या उसके दोस्त, जो मुख्य प्राप्तकर्ता नहीं हैं, क्लिपिंग को इंटरनेट पर अपलोड कर सकते हैं।
4. क्लिपिंग तेज़ी से उन लाखों दर्शकों का ध्यान आकर्षित करती है जिन्होंने इस क्लिपिंग को देखा है तथा मूल रचयिता एक 'यौन वस्तु' बन सकती है और उसकी प्रतिष्ठा को गंभीर रूप से नुकसान पहुंचता है।

इन बुनियादी विशिष्टताओं के आधार पर हमने ऑनलाइन प्रतिशोध की भावना से प्रेरित पोर्न को निम्नानुसार परिभाषित किया है:

> यह एक ऐसा कृत्य है जिसके द्वारा अपराधकर्ता पीड़िता के झूठे, यौन उत्तेजक निरूपण को प्रचारित करके, सहज रूप से ज्ञात हो सकती और उसके द्वारा अपने कंप्यूटर में स्टोर की हो सकती, या पीड़िता के द्वारा उसके इलेक्ट्रॉनिक उपकरण में भेजी हो सकती, या पीड़िता की सहमति के साथ डिवाइस में स्टोर की हो सकती जानकारी का दुरुपयोग करके टूट चुके रिश्ते के लिए अपने क्रोध और निराशा को संतुष्ट करता है; और जो पीड़िता को सार्वजनिक तौर पर बदनाम करने के लिए अनिवार्य रूप से किया गया हो सकता है।
>
> इसके विपरीत पारंपरिक साइबर पोर्न ऐसे पेशेवर मॉडलों की मदद से बनाया जाता है जो दर्शकों की दृश्य यौन संतुष्टि के लिए अभिनय करते हैं। पारंपरिक साइबर पोर्न का मुख्य उद्देश्य निर्माता और वितरक के लिए वित्तीय लाभ पाना है (Bartow, 2008)। इस परिभाषा का दायरा वयस्कों द्वारा प्रतिशोध की भावना से प्रेरित पोर्न को भी शामिल करता है। (Bartow, 2008, pp. 89–90)

हमने प्रतिशोध की भावना से प्रेरित पोर्न के स्वरूपों को दो मुख्य प्रकारों में विभाजित किया है जो, (a) छलावरण पोर्न और (b) किशोर पोर्न हैं।

(a) छलावरण (Camouflaged) पोर्न

इस तरह की पोर्न तस्वीरों में उपयोगकर्ता द्वारा बनाई (George & Scerri, 2007) और साथ ही उपयोगकर्ता द्वारा ग्रहण की गई सामग्री हो सकती है। सामग्रियों की पहली श्रेणी में पीड़िता की ऐसी दृश्य तस्वीरों को स्टोर करना (सहेजना) शामिल हो सकता है जो पीड़िता

द्वारा अपराधकर्ता को दी गई हैं। ये सामग्रियां सेक्सटेड संदेश, ईमेल फोटो अटैचमेंट्स, ऑनलाइन वीडियो चैट सत्रों से ली गई तस्वीरें या पीड़िता के अपराधकर्ता द्वारा ली ऐसी तस्वीरें हो सकती हैं जिनके लिए पीड़िता ने सहमति दी है। उपयोगकर्ता द्वारा ग्रहण की गई सामग्री की श्रेणी में पीड़िता की बदली गई तस्वीरें, पीड़िता की चोरी की गई तस्वीरें आदि शामिल हो सकती हैं। ऐसी सामग्री फेसबुक, ऑर्कुट, माइस्पेस, बेबो आदि जैसी लोकप्रिय सोशल नेटवर्किंग साइटों पर अपलोड की जा सकती है।

इन विशिष्ट छलावरण पोर्न को उपरोक्त सोशल नेटवर्किंग साइटों (SNSs) में किशोर लड़कों द्वारा अन्य प्रोफाइलें बनाने की तरह नियमित रूप से बनाया जा सकता है। हालांकि, इनमें दी गई जानकारी की मौलिकता और उसी प्रोफाइल को बनाने के पीछे के उद्देश्य में अंतर है। इस तरह की प्रोफाइल में पीड़िता की प्रोफाइल तस्वीर; पीड़िता का प्रोफाइल नाम शामिल हो सकता है; इसमें ऐसा एल्बम हो सकता है जिसमें पीड़िता को अर्ध-नग्न या कम कपड़ों में दर्शाती सेक्सटेड और गैर-सेक्सटेड तस्वीरें हो सकती हैं। ऐसी प्रोफाइल पीड़िता को यौन संबंधों के लिए आग्रह करते विभिन्न आयु वर्गों के पुरुषों के लिए तैयार लड़की के रूप में दर्शा सकती है।

हमने इसे 'छलावरण पोर्न' का नाम दिया है क्योंकि चाइल्ड पोर्नोग्राफी के मामलों के विपरीत ऐसी प्रोफाइलें स्पष्ट रूप से इन सोशल नेटवर्किंग साइटों के नियमों और नीतियों का उल्लंघन नहीं करती हैं तथा वे पहले संशोधन सुरक्षा के कपटवेश के तहत छलावरण से छिपाई जाती हैं। इस पर ध्यान दिया जाना चाहिए कि सभी SNSs चाइल्ड पोर्नोग्राफी के दृष्टिकोण से चाइल्ड पोर्नोग्राफी के मुद्दे पर और ऑफ़लाइन दुर्व्यवहार या ऑनलाइन यौन संतुष्टि के लिए बच्चे को ग्रूम करने पर ज़ोर देते हैं।[18] हाल ही में, फेसबुक ने अवपीड़न के दृष्टिकोण से सेक्सटेड संदेशों की ओर ध्यान देना प्रारंभ किया है।[19] लेकिन बहुत कम लोगों ने गलत प्रोफाइल बनाने के लिए सेक्सटेड संदेशों या स्टोर किए संदेशों का उपयोग करने के मुद्दे पर विशेष ध्यान दिया है जो छलावरण पोर्न की विशिष्टताओं को दर्शाते हैं।

स्टोर किए डेटा को ईमेल या SMS के माध्यम से दूसरों को प्रसारित करके भी छलावरण पोर्न बनाया जा सकता है। यह किशोरों द्वारा प्रतिशोध की भावना से प्रेरित पोर्न बनाने का सबसे आम रूप है। भले ही कई विद्वानों द्वारा गोपनीयता के उल्लंघन के दृष्टिकोण से इस विसामान्य व्यवहार पर विशेष ध्यान दिया गया है लेकिन इससे किशोर पोर्न बनाने के दृष्टिकोण से नहीं निपटा जाता है।

---

[18] सुरक्षा पर फेसबुक की शर्तें देखें। https://www.facebook.com/terms.php?ref=pf पर उपलब्ध। जस्टिन (22 फरवरी, 2011) भी देखें। You received a 'Sext', now what? advice for teens. http://cyberbullying.us/blog/you-received-a-sext-now-what-advice-for-teens.html पर उपलब्ध।

[19] सुरक्षा के लिए फेसबुक टूल्स देखें। https://www.facebook.com/safety/tools पर उपलब्ध।

(b) किशोर पोर्न (Teen Porn)

इस प्रकार के पोर्न आमतौर पर वयस्क वेबसाइटों में मौजूद पोर्न की विभिन्न श्रेणियों में से एक के रूप में पाए जाते हैं। फिर भी ये वेबसाइट 47 संयुक्त राज्य संहिता (USC) में संहिताबद्ध संचार शिष्टता अधिनियम की धारा 230 की प्रतिरक्षा धारा द्वारा प्रदत्त सुरक्षा कवच[20] को प्रदर्शित करते हैं। ये नियमित घोषणा कि पोर्न मॉडल पेशेवर मॉडल हैं जिन्होंने इस तरह के प्रदर्शन के लिए सहमति दी है, दर्शकों को यह प्रमाणित करना चाहिए कि उनकी आयु 18 वर्ष से अधिक है तथा इस तरह इन साइटों को देखने के लिए क़ानूनी तौर पर योग्य हैं और DMCA20 के टाइटल 512[21] के माध्यम से प्रदान किए प्रतिरक्षा खंड के द्वारा स्वयं को सुरक्षित करते हैं, जिसके अनुसार योगदानकर्ताओं को दूसरों के प्रतिलिप्याधिकार एवं गोपनीयता का उल्लंघन करके अन्य अधिकारों का उल्लंघन नहीं करना चाहिए। लेकिन इन नीतियों का बारीकी से विश्लेषण और इन साइटों के निष्पादन का तरीका एक अलग तस्वीर दिखाता है। ऐसी साइटें किशोरों को स्टोर किए डेटा जैसे कि सेक्सटेड संदेशों एवं तस्वीरों की सहायता से टूट चुके प्रेम संबंधों के लिए बदला लेने के लिए तैयार मंच पेश करती हैं। इस तरह का पोर्न छलावरण पोर्न से विशेष रूप से अलग होता है क्योंकि इसमें योगदानकर्ता क्लिपिंग को पोर्न क्लिपिंग के रूप में टैग करने और पीड़िता को असली पोर्न मॉडल के रूप में प्रदर्शित करने के अपने इरादे की घोषणा खुले तौर पर करता है (पृष्ठ 91–92)।

प्रतिशोध की भावना से प्रेरित पोर्न के संबंध में इन चर्चाओं का दायरा वयस्कों को शामिल करने के लिए भी बढ़ाया जा सकता है। प्रतिशोध की भावना से प्रेरित पोर्न को नियंत्रित करने के लिए हमारी चर्चा में दो अमेरिका-आधारित मामले अर्थात् न्यू यॉर्क बनाम फेबर (458 US 747 (1982) और केंटकी में सेक्सटिंग से जुड़ा 2011 का मामला), शामिल हैं।[22] हमने देखा है:

> बार्टोव[23] ने कॉपीराइट उल्लंघनों के दृष्टिकोण से प्रतिशोध की भावना से प्रेरित पोर्न के मुद्दे को संबोधित किया है; हालांकि बार्टोव ने महिलाओं से जुड़े प्रतिशोध की भावना से प्रेरित

---

[20] सेवा प्रदाता द्वारा आचरण की चार श्रेणियों पर ऑनलाइन सेवा प्रदाताओं द्वारा प्रतिलिप्याधिकार उल्लंघन के लिए उत्तरदायित्व पर चार सीमाएं बनाने के लिए DMCA, 1998 के टाइटल II द्वारा प्रतिलिप्याधिकार अधिनियम का S.512 शामिल किया गया था। अधिक जानकारी के लिए, http://www.copyright.gov/legislation/dmca.pdf देखें।

[21] सामान्य डिजिटल मीडिया क़ानून परियोजना में, संचार शिष्टता अधिनियम के तहत ऑनलाइन प्रकाशकों के लिए प्रतिरक्षा देखें। http://www.dmlp.org/legal-guide/immunity-online-publishers-under-communications-decency-act पर उपलब्ध।

[22] डेली मेल रिपोर्टर, Boy of 14 accused of child pornography after convincing girl his age to send him sex text देखें। 6 मार्च 2011 को *मेल ऑनलाइन* में प्रकाशित। http://www.dailymail.co.uk/news/article-1363445/Sexting-case-asks-14-year-old-child-pornogragher.html पर उपलब्ध।

[23] एन. बार्टोव (2008) देखें। http://works.bepress.com/cgi/viewcon-tent.cgi?article=1030&context

पोर्न के संबंध में इस संदर्भ में एक महत्त्वपूर्ण अवलोकन किया है लेकिन उनका अवलोकन किशोर पीड़िताओं के लिए भी सही है। हालांकि, हम तर्क देते हैं कि किशोरों द्वारा प्रतिशोध की भावना से प्रेरित पोर्न को भी अपराधकर्ता और पीड़िता की व्यक्तिगत देयता के दृष्टिकोण से देखा जाना चाहिए। हम पहले भी इस बात का उल्लेख कर चुके हैं कि प्रतिशोध की भावना से प्रेरित पोर्न में सेक्सटेड संदेश, पीड़िता की तस्वीरें, साथ ही पीड़िता द्वारा स्वयं संलग्न की गई गैर-सेक्सटेड तस्वीरें भी शामिल हो सकती हैं। कुछ साल पहले जब अमेरिकी संघीय एवं प्रांतीय सरकारों ने सेक्सटिंग को स्व-निर्मित चाइल्ड पोर्नोग्राफी के नए रूप में संबोधित करना शुरू किया।[24] हमारे अलावा कई विद्वानों ने रचयिता-प्रेषक एवं प्राप्तकर्ता पर अपराधी होने के आधार पर मुकदमा चलाने की बजाय इस मुद्दे के संभावित वैकल्पिक समाधान पर शोध किया (Halder & Jaishankar, 2014)। लेकिन यह याद रखना चाहिए कि जिन मामलों में दोनों विकृत किशोरों पर मुकदमा चलाया गया था उसमें अदालतों ने केवल चाइल्ड पोर्नोग्राफी रोकथाम कानूनों के अंतर्निहित तत्वविचार को निष्पादित किया था। अदालतें मूल रूप से यह दिखाना चाहती थीं कि किसी भी ऐसी सामग्री को बनाना और वितरित करना जो बच्चों को कामुक तरीक़े से दिखाती है, बच्चों के हितों की रक्षा करने के लिए प्रतिबंधित किया जाना चाहिए और यह तब भी किया जाना चाहिए जब कृत्य किशोरों द्वारा आत्म यौन संतुष्टि के एक भाग के रूप में किया जाता है। तर्कसंगत रूप से अमेरिकी अदालतों के इस दृष्टिकोण की आलोचना की जा सकती है क्योंकि कई लोगों ने सही बताया है कि बच्चों की सुरक्षा के लिए बनाए क़ानून का उपयोग आधुनिक युग के किशोर व्यवहार के लिए बच्चों को दंडित करने के लिए किया जा रहा है। विशेष रूप से इस विषय पर अदालतों की समझ सही साबित होती है जब निजी तौर पर देखने के लिए बनाई तस्वीर या क्लिपिंग सार्वजनिक तौर पर देखने के लिए तीसरे पक्ष को वितरित की जाती है। लेकिन इन सभी मामलों के विवरण यह दिखाते हैं कि द्वितीयक 'वितरक', जो प्राथमिक प्राप्तकर्ता है, ने डेटा को प्रतिशोध की भावना से वितरित नहीं किया। इसलिए उद्देश्य आपराधिक नहीं था बल्कि किशोरों द्वारा केवल आनंद के तौर पर किया गया था। हालांकि, प्रतिशोध की भावना से प्रेरित पोर्न में उद्देश्य अनिवार्य रूप से पीड़िता को बदनाम करना होता है इसलिए यह आपराधिक कृत्य है। अब सवाल यह है कि; क्या 'बच्चे' पर आपराधिक इरादा रखने और परिपक्व लोगों के लिए बनाए गए क़ानून द्वारा इसे निष्पादित करने के लिए मुकदमा चलाया जा सकता है? इस प्रश्न का विश्लेषण दो प्रमुख मामलों, अर्थात् फेबर के मामले और चल रहे केंटकी सेक्सटिंग मामले की दृष्टि में किया जा सकता है। (Halder & Jaishankar, 2014, pp. 93–94)

=ann_bartow पर उपलब्ध (12 दिसंबर 2015 को देखा गया)।

[24] लेरी, 2010, पृष्ठ 491 देखें। CUA Columbus School of Law Legal Studies Research Paper No. 2010–31 भी देखें। SSRN: http://ssrn.com/abstract=1657007 उपलब्ध।

इसलिए फेबर एवं केंटकी, दोनों मामले ने इस तथ्य को स्थापित किया कि जब वास्तविकता ऐसी स्थिति प्रस्तुत करती है जिसमें कोई सामाजिक मूल्य नहीं होता है तो यह पहली संशोधन गारंटी की सुरक्षा का दावा नहीं कर सकती है। यह बात समझने योग्य है कि एक किशोर के यौन कृत्यों को दर्शाने वाली किसी भी ऐसी तस्वीर अथवा ऑडियो-विज़ुअल क्लिपिंग, जो प्राप्तकर्ता द्वारा पूरी तरह से व्यक्तिगत तौर पर देखने के लिए बनाई गई थी, को दुर्भावनापूर्ण इरादों के साथ प्रकाशित किए जाने के परिणामस्वरूप दोषकर्ता निषिद्ध भाषा-प्रयोग की श्रेणी में आने से बच नहीं पाता है। इस पर ध्यान दिया जाना चाहिए कि सेक्सटिंग मामलों की पूर्व अपराध सिद्धियों में अभियोजन पक्ष ने यह साबित किया कि गलत काम करने वाले किशोर ने बिना किसी गुप्त अभिप्राय या इरादे या यहां तक कि इस ज्ञान के बिना कि यह सेक्सटेड संदेश के मूल रचयिता-प्रेषक की प्रतिष्ठा को स्थायी नुकसान पहुंचा सकता है, अपने दोस्तों के बीच सेक्सटेड तस्वीर को प्रसारित किया। हालांकि, प्रतिशोध की भावना से प्रेरित पोर्न इससे काफी हद तक अलग है। दोषी व्यक्ति, पीड़िता को नुकसान पहुंचाने के लिए गोपनीयता के वादे को तोड़कर पीड़िता के सेक्सटेड संदेशों या संग्रहित तस्वीरों को जानबूझ कर प्रसारित करता है। शायद, यही मुख्य कारण है कि पीड़िता समर्थित सामग्री (सामग्रियों) के माध्यम से किशोरों द्वारा बनाए प्रतिशोध की भावना से प्रेरित पोर्न को विशेष क़ानूनी प्रबंध की आवश्यकता है, जो नियमित सेक्सटिंग मामलों या यहां तक कि चाइल्ड पोर्नोग्राफी के मामलों से अलग हो सकता है; और पूर्व के प्रकरणों की तरह ऐसे मामलों में हम मुजरिम किशोरों को 'सेक्स अपराधी'[25] के रूप में वर्गीकृत करने की अमेरिकी प्रवृत्ति को स्वीकार करने से इनकार करते हैं जहां किशोर जननांगों को प्रदर्शित करने वाली अथवा यौन गतिविधियों को प्रदर्शित करने वाली तस्वीरों को बनाने या वितरित करने में शामिल थे। इस मुद्दे को व्यक्तिगतता और गोपनीयता के दृष्टिकोण और प्रथम संशोधन गारंटी के दुरुपयोग के साथ संयोजित, चौदहवें संशोधन में अंतर्निहित तत्वविचार को अनिवार्य रूप से बनाए रखने के लिए किशोरों की ज़िम्मेदारी से निपटने की जरूरत है। विशेष रूप से ऐसा इसलिए है क्योंकि संयुक्त राज्य अमेरिका ऐसे मामलों से निपटने के लिए एक व्यापक प्रवृत्ति स्थापित कर सकता है जिसका अनुपालन आम तौर पर भारत सहित अन्य देशों द्वारा किया जाता है।

भारत में साइबर जगत में किशोरों द्वारा प्रतिशोध की भावना से प्रेरित पोर्न का पहला मामला 2001[26] में सामने आया जब दिल्ली के एक विद्यालय के 16 साल के लड़के ने एक पोर्न वेबसाइट बनाई तथा अश्लील टिप्पणियों के साथ अपनी कक्षा की लड़कियों एवं

---

[25] मिलर बनाम कैलिफ़ोर्निया, 413, यू.एस. 15 (1973)।

[26] टाइम्स इंटरनेट नेटवर्क देखें। Confusion prevails over tackling cyber crime. 22 मई 2001 को *टाइम्स ऑफ इंडिया* में प्रकाशित। http://timesofindia.indiatimes.com/city/pune/Confusion-prevails-over-tackling-cyber-crime/articleshow/409953300.cms पर उपलब्ध।

शिक्षकों की पोर्न तस्वीरें पोस्ट कीं जिनमें उनकी यौन पसंद के बारे में विस्तार से प्रकाशित किया। रिपोर्टों से पता चलता है कि उसने ऐसा इन लड़कियों द्वारा उसके साथ किए मज़ाक का बदला लेने के लिए किया। उस लड़के को साइबर जगत में अश्लीलता के आरोपों के साथ पूर्व IT अधिनियम[27] की धारा 67 के तहत गिरफ्तार किया गया था और बाद में उसे किशोर अपराध अदालत ने जमानत पर रिहा कर दिया था। बाद में सख्त सज़ा के तौर पर उसे विद्यालय से निष्कासित किया गया। क्योंकि यह भारत में साइबर स्पेस के माध्यम से किशोर द्वारा प्रतिशोध का सबसे पहला मामला था इसलिए इसने मीडिया, जनता, क़ानून शोधकर्ताओं और साथ ही पुलिस का बहुत अधिक ध्यान आकर्षित किया।

वेब 2.0 की पीढ़ी ने पुरानी पीढ़ी को सचमुच मात दी और यह अनोखी प्रवृत्ति बनाई जिसका अनुसरण बाद में कई वयस्कों द्वारा अपना बदला लेने के लिए किया गया। यह इंटरनेट पर 'रिवेंज पोर्न', 'पोर्न इंडिया', 'इंडिया टीन पोर्न' आदि शब्दों के साथ किये जाने वाले खोज के परिणामों से स्पष्ट है। इन बहुसंख्यक परिणामों में इसी तरह के टैग शब्दों वाली यूट्यूब वीडियो के अलावा, 'इंडियन देसी गर्ल', 'साउथ इंडियन मल्लू' जैसी श्रेणियों के तहत बनाई गई विभिन्न पोर्न वेबसाइट भी शामिल हैं। फिर भी, यह मामला कई अन्य किशोरों के लिए ऐसे विभिन्न वेबसाइट के माध्यम से, मुख्य रूप से लोकप्रिय सोशल नेटवर्किंग साइट द्वारा अपना बदला लेने के लिए वरीयता निर्धारित करता है, जिन तक 16 वर्ष से कम आयु के किशोर पहुंच सकते हैं। हालांकि, इन मुद्दों के क़ानूनी पहलू पर चर्चा करने से पहले सेक्सटिंग के संबंध में भारतीय सामाजिक-आर्थिक स्थिति का विश्लेषण आवश्यक है। सेक्सटिंग या अलग-अलग लिंगों के दो किशोरों के निजी क्षणों को दोनों की सहमति से डिजिटल माध्यमों से कैद करना या वीडियो चैट के माध्यम से कम कपड़ों में स्वयं की तस्वीरें भेजना आदि भारतीय किशोरों के लिए इस नए युग के व्यवहार हैं। औसत भारतीय समाज की संस्कृति ने मुख्य रूप से माता-पिता को अपने बच्चों को छोटे 'पश्चिमी

[27] इस प्रावधान में कहा गया है कि

> जो भी इलेक्ट्रॉनिक रूप में ऐसी सामग्री प्रकाशित या प्रसारित करता है या प्रकाशित करने का कारण बनता है, जो कामुक है या कामी रुचि को आकर्षित करती है या यदि इसका प्रभाव ऐसा है जो सभी प्रासंगिक परिस्थितियों के संबंध में, इसमें शामिल या सम्मिलित सामग्री को पढ़ने, देखने या सुनने की संभावना रखने वाले व्यक्तियों को वंचित और भ्रष्ट करने के लिए प्रवृत्त है।

प्रावधान के संलग्न भाग में पांच वर्ष तक की अवधि का कारावास एवं रुपये 1 लाख तक के जुर्माना की सज़ा निर्धारित की गई है तथा दूसरी या बाद की अपराध सिद्धि के मामले में 10 वर्ष तक की अवधि का कारावास एवं रुपये 2 लाख तक का जुर्माना हो सकता है। हालांकि, IT अधिनियम को बाद में संशोधित किया गया और संशोधित संस्करण 2009 के उत्तरार्ध में अस्तित्व में आया। संशोधित संस्करण धारा 67B के तहत चाइल्ड पोर्नोग्राफी से संबंधित है। यह अधिनियम http://www.cyberpolicebangalore.nic.in/pdf/it_amend-ment_act2008.pdf पर देखा जा सकता है।

कपड़े' पहनने के लिए अनुमति देने से बाधित किया है। हालांकि, नए ज़माने की फिल्मों के आने,[28] किशोरों व नवयुवकों के लिए निर्मित लोकप्रिय फिल्मों एवं टीवी धारावाहिकों में मोबाइल फ़ोन, डेस्कटॉप एवं लैपटॉप कंप्यूटर जैसे इलेक्ट्रॉनिक उपकरणों के बहुत अधिक प्रदर्शन तथा धीरे-धीरे कीमतों में कमी एवं घरेलू उपयोगों के लिए इन उपकरणों व ब्रॉडबैंड सेवाओं की आसान उपलब्धता के बाद स्थिति तेज़ी से बदल गई है। वेब 2.0 युग के बच्चे अब अपने माता-पिता को अपने पेशेवर और निजी उद्देश्यों के लिए डिजिटल उपकरणों के साथ अक्सर देखते हैं। इंटरनेट तक पहुंच ने भारतीयों की रूढ़िवादी मानसिकता को बदल दिया और इसके परिणामस्वरूप औपचारिक ड्रेस कोड से लेकर किशोरों द्वारा बाहर घूमने की आज़ादी तक की प्रवृत्ति में बदलाव आया है, साथ ही घरों और विद्यालयों में यौन शिक्षा के प्रति दृष्टिकोण में भी बदलाव आया है।[29] इसने युवा पीढ़ी को विपरीत लिंग को आकर्षित करने के लिए कामोत्तेजक कपड़े पहनने, पश्चिमी संस्कृति की नकल करने, इंटरनेट पर उच्च विद्यालय के अपने प्रेमी/प्रेमिकाओं और डेटिंग साथियों को प्रभावित करने के लिए अपनी तस्वीरें भेजने तथा अपने साथी द्वारा स्वयं या स्वचालित उपकरणों की मदद से यौन कृत्य के पलों (भेदक कृत्य को छोड़कर) को रिकार्ड करने की सहमति प्राप्त करने अथवा देने के लिए भी प्रोत्साहित किया है, जो ऐसे 'पलों' को साथी के उपकरण में स्टोर करेगा।[30] भले ही यह नया किशोर यौन व्यवहार कुख्यात दिल्ली पब्लिक स्कूल (DPS) के मामले के कारण चर्चा में आया जिसमें 16 वर्षीय लड़के ने कथित रूप से अपनी सहपाठी, एक 16 वर्षीय लड़की के साथ अपने यौन कृत्यों की एक वीडियो क्लिपिंग को प्रसारित किया था।[31] हमें किशोर द्वारा बदला लेने के लिए इस तरह की क्लिपिंग के उपयोग तथा पोर्नोग्राफी व गोपनीयता कानूनों के दृष्टिकोण से इसके क़ानूनी पहलू के संदर्भ में कोई भी भारतीय अध्ययन नहीं मिल पाया है। इसके लिए भारत में किशोरों के लिए प्रचलित कड़े न्याय कानूनों को अत्यधिक जिम्मेदार ठहराया जा सकता है जो ऐसे मामलों को विस्तारपूर्वक प्रकाशित करने से रोकते हैं जिसमें अपराधकर्ता नाबालिग हैं। जब दिल्ली के DPS स्कूल के मामले की तरह साइबर स्पेस में पीड़िता के सहयोग से किये गए अपराधों की बात आती है तो क़ानूनों की अस्पष्ट स्थिति को जिम्मेदार ठहराया जा सकता है।

---

[28] इसके बारे में अज्ञात व्यक्ति द्वारा सुझाव दिया गया था, जिसने मुख्य लेखक के ब्लॉग, 'Be aware of online mischief mongers' पर टिप्पणी की। http://debaraticyberspace.blogspot.com/2011/10/be-aware-of-online-mischief-mongers.html#comments पर उपलब्ध।

[29] हमने इस अध्याय के बाद वाले भाग में भारतीय विद्यालयों में यौन शिक्षा के मुद्दे के बारे में चर्चा की है।

[30] सेंटर फॉर साइबर विक्टिम काउंसलिंग (www.cybervictims.org) के निदेशक के रूप में व्यक्तिगत अनुभवों से हमने पाया है कि भारतीय किशोरों के बीच यह प्रवृत्ति बढ़ रही है।

[31] एक्सप्रेस न्यूज़ सर्विस। Sex scandal: Boy who shot MMS clip held. 19 दिसंबर 2004 को *एक्सप्रेस इंडिया* में प्रकाशित। http://www.expressindia.com/news/fullstory.php?newsid=39787 पर उपलब्ध।

इस संदर्भ में हमें भारत में इस मुद्दे के प्रति दृष्टिकोण को ध्यान में रखते हुए सामान्य क़ानून का विश्लेषण करने की आवश्यकता है। 2001 में जब एयर फ़ोर्स बाल भारती स्कूल के 16 वर्षीय छात्र ने अपनी कक्षा की छात्राओं और शिक्षकों की तस्वीरों के साथ एक पोर्न वेबसाइट बनाई तो अमेरिका के विपरीत यहां पुलिस ने दोषी को गिरफ्तार नहीं किया।[32] एक नाबालिग पीड़ित छात्रा के पिता द्वारा पुलिस को शिकायत दर्ज कराने के बाद यह मामला किशोर कल्याण बोर्ड के पास चला गया। भले ही भारतीय संसद ने सूचना प्रौद्योगिकी विधेयक, 2000 पारित किया जो 30 जनवरी, 1997 के प्रस्ताव A/RES/51/162 के माध्यम से अंतर्राष्ट्रीय व्यापार क़ानून पर संयुक्त राष्ट्र आयोग द्वारा अपनाए गए इलेक्ट्रॉनिक वाणिज्य पर मॉडल क़ानून से काफी प्रभावित था; पुलिस भी अपराध की प्रकृति पर विस्मयाकुल हो गई थी क्योंकि यह भारत में इस तरह का पहला अपराध था। लड़के को किशोर अपराध अदालत, दिल्ली द्वारा जमानत पर रिहा कर दिया गया था।[33] आरोपी को जमानत देने वाले न्यायाधीश संजय अग्रवाल ने पाया कि यह 'तकनीकी दृष्टि से अशिष्ट चित्रण का उदाहरण' है और इसे 'गंभीरता से नहीं लिया जाना चाहिए'।[34] लेकिन वह बहुत गलत साबित हुए थे। इसके बाद जब स्कूल अधिकारियों द्वारा DPS के छात्रों को 2004 में अपने दो सहपाठियों की आपत्तिजनक स्थिति में वीडियो बनाते पकड़ा गया और क्लिपिंग बहुत अधिक दर्शकों द्वारा देखने के लिए इंटरनेट पर भी पाई गई तब पुलिस ने मुख्य आरोपी, 17 वर्ष के लड़के, जिसने लड़की के साथ यौन कृत्य की कथित रूप से वीडियो बनाई थी, को गिरफ्तार करने के लिए तुरंत IPC की धारा 292 के साथ IT अधिनियम की धारा 67 को लागू किया। दो और हाई प्रोफाइल गिरफ्तारियों के बाद यह गिरफ्तारी की गई थी जिसमें Baazee.com का सीईओ, अविनाश बजाज, जिसने कथित तौर पर वेबसाइट के माध्यम से क्लिपिंग प्रसारित करने के लिए खरीदी थी तथा रविराज भारतीय प्रौद्योगिकी संस्थान, खड़गपुर का छात्र, जिसने कथित तौर पर क्लिपिंग नीलामी साइट Baazee.com को बेची थी, शामिल थे। जबकि पूर्व IT अधिनियम, 2000 की धारा 67, इलेक्ट्रॉनिक रूप में किसी भी अश्लील सामग्री के प्रकाशन, प्रसारण, प्रकाशन के कारण से संबंधित है; IPC की धारा 292 अश्लील सामग्रियों की बिक्री, प्रकाशन, वितरण, आयात या निर्यात, वित्तीय लाभ

[32] बशरत पीर। Student accused in porn website case secures Bail. 30 अप्रैल 2001 को प्रकाशित। http://www.rediff.com/news/2001/apr/30porn.htm पर उपलब्ध (12 दिसंबर 2015 को देखा गया)।

[33] वर्तमान में, किशोर न्याय (देखभाल और सुरक्षा) अधिनियम, 2000 के आने के बाद किशोर अपराध अदालत का स्थान किशोर न्याय बोर्ड ने ले लिया है। अधिक जानकारी के लिए, http://delhicourts.nic.in/JUVENILE_JUSTICE_BOARD.htm देखें।

[34] बशरत पीर। Student accused in porn website case secures Bail. 30 अप्रैल 2001 को प्रकाशित। http://www.rediff.com/news/2001/apr/30porn.htm पर उपलब्ध।

प्राप्त करने, या प्रचार के लिए सज़ा निर्धारित करती है[35] तथा धारा 294 सार्वजनिक तौर पर अश्लील कृत्यों एवं गानों के लिए सज़ा निर्धारित करती है।[36] हालांकि Baazee.com (जिसे बाद में eBay को बेच दिया गया) के CEO ने दिल्ली उच्च न्यायालय के फैसले को चुनौती दी[37] जिसने उसके खिलाफ दंड संहिता प्रावधान को रद्द कर दिया लेकिन उसके मामले के संदर्भ में धारा 67 और वेबसाइट की उचित कर्मठता में स्पष्ट कमी के आधार पर IT अधिनियम के प्रावधानों के तहत अभियोजन की अनुमति दी;[38] मुख्य आरोपी 17 वर्ष के छात्र के अभियोजन या अभियोजन के बाद के सलूक के बारे में आगे कोई खबर नहीं आई सिवाय इसके कि उसे विद्यालय से निलंबित कर दिया गया था।

स्पष्ट तौर पर इन दोनों मामलों में और विशेष रूप से बाद वाले मामले में अदालत ने दो किशोरों के निजी यौन पलों को दर्शाती क्लिपिंग से वयस्कों को होने वाले वित्तीय लाभ पर विशेष ध्यान दिया तथा बाद वाले में वयस्क यानी बजाज द्वारा पोर्नोग्राफी को वितरित करने के मुद्दे पर अपना ध्यान केंद्रित किया। पहले मामले में न्यायाधीश ने गलत काम करने वाले के मकसद के मुद्दे पर किसी भी 'गंभीरता' को नज़रअंदाज़ कर दिया। संभव है कि इसने बाद वाले मामले में अपराधी किशोर के साथ की जाने वाली क़ानूनी कार्रवाई प्रभावित हुई हो। इसके लिए मुख्य रूप से बच्चों द्वारा किए जाने वाले संभावित अपराधों के प्रति परंपरागत भारतीय मानसिकता, बाल अपराधियों के साथ सलूक[39] तथा बच्चों के गोपनीयता अधिकारों के प्रति संवैधानिक गारंटी की कमी को जिम्मेदार ठहराया जा सकता है। स्वतंत्रता के बाद से भारतीय संसद बुनियादी शिक्षा, भोजन तथा आश्रय एवं स्वास्थ्य के संबंध में

---

[35] IPC की धारा 292 (2), दो वर्ष तक की अवधि के कारावास और रुपये 2,000 के जुर्माने तथा दूसरी या बाद की अपराध सिद्धि के मामले में पांच वर्ष तक के कारावास एवं रुपये 5,000.के जुर्माने के साथ सज़ा निर्धारित करती है।

[36] IPC, 1860 की धारा 294, 3 महीनों तक की अवधि के कारावास, या जुर्माने, या दोनों के साथ सज़ा निर्धारित करती है।

[37] अविनाश बजाज बनाम राज्य सरकार देखें। http://www.indiankanoon.org/doc/309722 पर उपलब्ध।

[38] DPS MMS scandal: SC stays proceedings against eBay, its chief देखें। 26 अगस्त 2008 को प्रेस ट्रस्ट ऑफ इंडिया/नई दिल्ली में प्रकाशित। http://www.business-standard.com/india/news/dps-mms-scandal-sc-stays-proceedings-against-ebay-its-chief/332573 पर उपलब्ध।

[39] किशोर न्याय अधिनियम, 2000, जिसे बाद में 2006 में संशोधित किया गया था, ने बच्चों की श्रेणी को दो प्रकारों में विभाजित किया; अर्थात्, 'क़ानून के प्रतिकूल कार्य करने वाले बच्चे', जिसे अधिनियम के अध्याय II में संबोधित किया गया है, तथा 'देखभाल व सुरक्षा की आवश्यकता वाले बच्चे', जिसे अधिनियम के अध्याय III में संबोधित किया गया है। अध्याय II अलग से इसका स्पष्टीकरण नहीं देता है कि भारतीय सूचना प्रौद्योगिकी अधिनियम के तहत ऐसे अपराधों के लिए आरोपित किशोर अपराधी के साथ कैसे निपटा जा सकता है। हालांकि अध्याय उन पीड़ित किशोरों के साथ सलूक, जिनके साथ वयस्कों द्वारा बच्चे को भीख मांगने में शामिल करके, बच्चों को खतरनाक काम के लिए नियोजित करके, बच्चे को उसकी आय ना देकर आदि, या लापरवाही, बहुतायत से, या नशीली वस्तु या साइकोट्रॉपिक पदार्थ आदि देकर दुर्व्यवहार किया गया है और ऐसा करने वाले वयस्कों की सज़ा पर विशेष ध्यान देता है।

बच्चों के अधिकारों को सुरक्षित करने में व्यस्त रहा है।[40] किशोर न्याय (देखभाल और सुरक्षा) अधिनियम, 2000 के अंतर्गत बच्चों के साथ दुर्व्यवहार को शामिल करने के लिए इसे विस्तृत किया गया है। इसलिए, भारतीय कानूनों ने बच्चों द्वारा किए अपराधों को इस दृष्टिकोण से देखना शुरू कर दिया है कि उनका उपयोग वयस्कों की आपराधिक संतुष्टि के लिए कैसे और क्यों किया जा रहा है। IT अधिनियम, 2000 (2008 में संशोधित) और बाद में POCSO अधिनियम, 2012 के कार्यान्वयन से पहले तक बच्चों द्वारा डिजिटल ज्ञान के दुरुपयोग को क़ानून बनानेवालों द्वारा बड़े पैमाने पर नज़रअंदाज़ किया गया था। लेकिन इन नए कानूनों में से कोई भी बच्चों द्वारा बनाए और प्रकाशित किए प्रतिशोध की भावना से प्रेरित पोर्न के मुद्दे पर विशेष रूप से केंद्रित नहीं हैं।[41] आगे भारतीय संविधान ने खड़क सिंह बनाम उत्तर प्रदेश सरकार[42] के प्रसिद्ध मामले के माध्यम से जीवन के अधिकार[43] के दायरे को गोपनीयता के अधिकार तक विस्तृत किया है लेकिन इस अधिकार को हैकिंग से संबंधित मामलों के अलावा वयस्कों और बच्चों की डिजिटल गोपनीयता के संदर्भ में परखा नहीं गया है।[44]

इसके अलावा अमेरिका के विपरीत भारत में किशोरों के यौन व्यवहार पर बहुत ही कम ध्यान दिया गया है। स्वयं की यौन संतुष्टि,[45] चूमना या यहां तक कि विपरीत लिंग के साथी के साथ डेटिंग जैसे किशोर यौन व्यवहारों को अभी भी भारत के कई हिस्सों में वर्जित कार्य माना जाता है। साथ ही किशोर स्पष्ट रूप से ऐसी सामान्य यौन आदतों के लिए खतरनाक दर पर इंटरनेट की ओर रुख कर रहे हैं। इसके लिए काफी हद तक दो कारकों को जिम्मेदार ठहराया जा सकता है: (a) इंटरनेट पर माता-पिता द्वारा देखरेख बहुत कम है खासकर जब किशोर लोकप्रिय सोशल नेटवर्किंग साइटों का उपयोग करते हैं (Halder & Jaishankar, 2011, pp. 5–6) और (b) फेसबुक, ऑर्कुट आदि जैसी साइटें जिनका उपयोग किशोर

---

[40] राष्ट्रीय बाल अधिकार संरक्षण आयोग (NCPCR), बाल अधिकार संरक्षण आयोग अधिनियम, 2005 (2006 की संख्या 4) के लिए कमीशन, निःशुल्क एवं अनिवार्य शिक्षा, अधिनियम, 2009 (2009 की संख्या 35) मुख्य उदाहरण हैं।

[41] इसको बाद में विस्तारित किया जाएगा।

[42] खड़क सिंह बनाम उत्तर प्रदेश सरकार ((1964) 1 SCR 332)।

[43] भारतीय संविधान के अनुच्छेद 21 के अनुसार जीवन का अधिकार आश्वस्त किया गया है जिसमें कहा गया है, 'किसी भी व्यक्ति को अपने जीवन या व्यक्तिगत स्वतंत्रता से वंचित नहीं किया जाएगा सिवाय क़ानून द्वारा स्थापित प्रक्रिया के अनुरूप।'

[44] विनोद कौशिक और अन्य बनाम माधविका जोशी और अन्य, *2010 की शिकायत संख्या 2, श्री राजेश अग्रवाल, निर्णायक अधिकारी, सूचना प्रौद्योगिकी अधिनियम, 2000 देखें। महाराष्ट्र सरकार, मंत्रालय, मुंबई -400032 में।* http://catindia.gov.in/pdfFiles/Appeal_No_2.pdf पर उपलब्ध (23 अक्टूबर 2011 को देखा गया)। भले ही यह मामला मुख्य रूप से डिजिटल स्पेस में गोपनीयता के अधिकार पर जोर नहीं देता है फिर भी इसने हैकिंग और संबंधित मुद्दों के माध्यम से गोपनीयता कारक पर विशेष ध्यान दिया है।

[45] इसमें हस्तमैथुन, वयस्क पोर्न साइटें, वयस्क फिल्में देखना, वयस्क संभोग कहानियां पढ़ना आदि शामिल हो सकते हैं।

अक्सर करते हैं, ने न्यूनतम आयु मानदंड को कम करके 13 वर्ष[46] कर दिया है जो बड़े किशोरों को वास्तव में प्रतिबंधित चीज़ों का अनुभव करने के लिए प्रोत्साहित करता है। हालांकि, ऐसे उपकरणों द्वारा उत्पन्न स्वास्थ्य के खतरों और 'कक्षाओं में अपेक्षित परेशानियों'[47] के आधार पर 2007 से विद्यालय परिसरों में बच्चों द्वारा डिजिटल उपकरणों विशेषकर मोबाइल फ़ोनों के उपयोग को रोकने के लिए राज्य सरकारों द्वारा कदम उठाए गए हैं। इस सरकारी नीति के बाद महाराष्ट्र[48] एवं गुजरात[49] के राज्यों की सरकारों ने भी 16 साल से कम उम्र के नाबालिगों द्वारा मोबाइल फ़ोन के उपयोग को प्रतिबंधित करने के आदेश जारी किए हैं। लेकिन सबसे प्रभावी परिणाम भारत के केंद्रीय माध्यमिक शिक्षा बोर्ड (CBSE) द्वारा जारी किए नोटिस में देखा जा सकता है,[50] जिसमें CBSE ने निम्नानुसार उल्लेख किया था:

> विद्यालय के वातावरण में मोबाइल फ़ोन का उपयोग निश्चित रूप से प्रतिबंधित किया जाना चाहिए। बोर्ड का मानना है कि छात्रों, माता-पिता, शिक्षकों और संस्थानों के प्रमुखों जैसे विद्यालय शिक्षा से जुड़े सभी हितधारकों को अपने विद्यालयों में मोबाइल फ़ोन के उपयोग पर सहमति देने और विद्यालय परिसर में इसके प्रवेश को प्रतिबंधित करने की आवश्यकता है। ऐसा इसलिए है क्योंकि मोबाइल फ़ोन व्याकुलता, एकाग्रता की कमी, चिंता, भय और कभी-कभी दुरुपयोग का गंभीर कारण हो सकते हैं। यहां तक कि यदि मोबाइल साइलेंट मोड पर भी हैं, तब भी वे कक्षा के भीतर अशांति का स्रोत हो सकते हैं क्योंकि छात्र कक्षा के दौरान या यहां तक कि असाइनमेंट के दौरान शॉर्ट मैसेजिंग सर्विस (SMS) का उपयोग कर सकते हैं। कैमरे जो कि अधिकांश मोबाइल फ़ोन में एक आम विशेषता हैं, का भी दुरुपयोग किया जा सकता है। मोबाइल फ़ोन के उपयोग के संबंध में अतीत में पर्याप्त सबक सीखे जा चुके हैं और बोर्ड सख्ती से यह सिफ़ारिश करता है कि छात्रों को विद्यालय में मोबाइल फ़ोन न लेकर आने के लिए राजी किया जाना चाहिए।

---

[46] ऑर्कुट के लिए अतिरिक्त सेवा शर्तें देखें। http://www.orkut.co.in/html/en-US/additionalterms.orkut.html पर उपलब्ध; फेसबुक के लिए पंजीकरण और खाता सुरक्षा भी देखें। http://www.facebook.com/terms.php?ref=pf पर उपलब्ध।

[47] विशेष संवाददाता, Karnataka bans mobiles for those under 16s. 12 सितंबर 2007 को प्रकाशित। http://www.hindu.com/2007/09/12/stories/2007091262261200.htm पर उपलब्ध।

[48] एजेंसियां। Mobile phones banned in schools in Maha. 21 फरवरी 2009 को प्रकाशित। http://www.expressindia.com/latest-news/Mobile-phones-banned-in-schools-in-Maha/426462 पर उपलब्ध।

[49] प्रेस ट्रस्ट ऑफ़ इंडिया। Gujarat government bans mobile phones in schools, colleges. 2 अगस्त 2010 को प्रकाशित। http://articles.timesofindia.indiatimes.com/2010-08-02/india/28287399_1_mobile-phones-colleges-gujarat-government पर उपलब्ध।

[50] 2009 का CBSE परिपत्र देखें। Restriction in the use of Mobile Phones in Schools. http://cbse.nic.in/welcome.htm पर उपलब्ध।

वर्तमान में, यह आदेश भारत के लगभग सभी विद्यालयों में प्रभावी है तथा मुख्य रूप से विद्यालय जाने वाले किशोरों द्वारा डिजिटल उपकरणों के माध्यम से बदला लेने वाली गतिविधियों को रोकने का यह एकमात्र उपाय है। समाचार रिपोर्टों से पता चलता है कि अगर किसी किशोर को इस नियम का उल्लंघन करते पाया जाता है तो उसे गंभीर रूप से चेतावनी दी जा सकती है या जुर्माना लगाया जा सकता है या यहां तक कि विद्यालय की आंतरिक नीतियों के आधार पर दंडस्वरूप निष्कासित भी किया जा सकता है। हम तर्क देते हैं कि यह इस समस्या का समाधान नहीं हो सकता है। क्योंकि भारत में ऐसी दो घटनाएं हुई हैं जिन्होंने सम्भवतः किशोरों पर गहरा प्रभाव डाला है। अतः इस बात से इनकार नहीं किया जा सकता कि किशोर छात्र सोशल नेटवर्किंग साइटों सहित इंटरनेट संचार प्रणालियों जैसे सुरक्षित प्लेटफॉर्म पर नहीं आएंगे। यह खतरा अधिक इसलिए भी है क्योंकि इन वेब प्लेटफार्मों को अमेरिकी कानूनों द्वारा निर्देशित किया जाता है जिससे भारत में बच्चों को अपने क्रोध, निराशा और बदले को तेज़ी से निष्पादित करने में मदद मिल सकती है और वे तब तक क़ानून द्वारा तुरंत पकड़े नहीं जा सकते जब तक कि अधिकारी भारतीय मानदण्डों के अनुसार उचित आरोप नहीं लगाते हैं।

अमेरिका ने 2011 के मध्य तक गलत काम करने वाले किशोरों को 'यौन अपराधियों'[51] के रूप में वर्गीकृत करके दंडित करने के लिए परंपरा निर्धारित की थी। हालांकि, यह शब्द उन किशोरों के लिए गंभीर है जिन्होंने सामान्य किशोरावस्था के यौन व्यवहार का उपयोग किया हो; इस पर ध्यान दिया जाना चाहिए कि इंटरनेट युग के किशोर अब वाक् एवं अभिव्यक्ति के अपने अधिकारों का दुरुपयोग करने के लिए परिपक्व हो गए हैं। भारत में, IT अधिनियम (2008 में संशोधित) की धारा 67B इस मुद्दे का संक्षेप में वर्णन करती है। यह प्रावधान पांच उपखंडों के माध्यम से बच्चों के संदर्भ में ऑनलाइन यौन अपराधों से व्यापक तौर पर संबंधित है और इसमें बच्चे को कामोत्तेजक आचरण में चित्रित करने वाली किसी भी सामग्री को बनाने, प्रकाशित करने या प्रकाशन का कारण बनने, बच्चों को अश्लील, अभद्र या कामोत्तेजक आचरण में चित्रित करने वाली सामग्री को एकत्रित करने, मांगने, ब्राउज़ करने, उसका प्रचार करने, ऐसे उद्देश्यों के लिए बच्चों की ऑनलाइन ग्रूमिंग, बच्चों के साथ ऑनलाइन दुर्व्यवहार में मदद करने, या बच्चों के साथ कामोत्तेजक कार्य से संबंधित अपने दुर्व्यवहार या किसी और के दुर्व्यवहार को रिकॉर्ड करने के खिलाफ निषिद्ध उपाय शामिल हैं।[52]

यह प्रावधान इन शुरुआती शब्दों के साथ अपने दायरे को विस्तृत करता है,

---

[51] मिलर बनाम कैलिफ़ोर्निया, 413 यू.एस. 15 (1973)।

[52] IT अधिनियम, 2000 (2008 में संशोधित) की धारा 67B को देखें। http://www.cyberpolicebangalore.nic.in/pdf/it_amendment_act2008.pdf पर उपलब्ध।

> जो— इस प्रकार अपराधी किशोरों को इसके दायरे के तहत भी लाता है। इसके अलावा, यौन उत्पीड़न से बच्चों की रक्षा अधिनियम, 2012 भी इस मुद्दे को काफी हद तक सूचना प्रौद्योगिकी अधिनियम 2000 (2008 में संशोधित) की धारा 67B की तरह समर्थित करता है। यह बच्चों द्वारा बनाए गए प्रतिशोध की भावना से प्रेरित पोर्न या बच्चों द्वारा विशेष रूप से सहायता प्राप्त सेक्सटिंग पर ध्यान केंद्रित नहीं करता है। हालांकि, यह ऑनलाइन यौन उत्पीड़न को संबोधित करता है और धारा 11 'किसी भी व्यक्ति' को यौन उत्पीड़न का दोषी पाती है यदि वह किसी भी लिंग का होते हुए बच्चे को शरीर के अंग दिखाने के लिए मजबूर करता है ताकि यह उसके या दूसरों के द्वारा देखा जा सके[53] या पोर्नोग्राफिक उद्देश्यों के लिए बच्चे को सामग्री दिखाता है[54] या ऐसे व्यक्ति के पास पहले से स्टोर बच्चों के शारीरिक भागों या यौन कृत्यों में बच्चों के शामिल होने के किसी इलेक्ट्रॉनिक, फिल्म या डिजिटल या किसी अन्य तरीक़े के माध्यम से मीडिया के किसी रूप में वास्तविक या काल्पनिक चित्रण का उपयोग करने की धमकी देता है।[55] साथ ही यह अंतिम प्रावधान सेक्सटिंग और इसके परिणामस्वरूप बदला लेने के लिए पोर्नोग्राफी के मुद्दे का संक्षेप में वर्णन करता है। धारा 12 के माध्यम से क़ानून इस प्रकार के यौन उत्पीड़न के लिए सज़ा भी निर्धारित करता है जिसमें तीन वर्ष तक की अवधि का कारावास और आर्थिक जुर्माना शामिल हो सकता है। लेकिन अब तक इनमें से किसी भी प्रावधान का किसी भी किशोर मुजरिम के खिलाफ ठीक से उपयोग नहीं किया गया है। जैसा कि देखा जा सकता है क़ानून निर्माता शायद गलत काम करने वाले किशोरों को अमेरिका की तरह की गंभीर सज़ा देने के लिए तैयार नहीं हैं लेकिन गलत काम करने वाले बच्चों के खिलाफ दंडनीय कदम उठाने के बारे में विचार निश्चित रूप से बदला है जो डिजिटल गोपनीयता के अंतर्निहित भाव और पीड़िता की प्रतिष्ठा की रक्षा कर सकते हैं, साथ ही किशोरों के यौन अधिकारों सहित बाल अधिकारों की रक्षा के लिए संविधान की मूल मान्यताओं को कायम रखते हैं। (पृष्ठ 96–104)

इस संदर्भ में इस बात का उल्लेख करना आवश्यक है कि 2013 से अमेरिका में प्रतिशोध की भावना से प्रेरित पोर्न के खिलाफ कानूनों को लागू करने में सकारात्मक सुधार हुआ है। जून 2015 तक अमेरिका में 23 राज्यों ने निजी यौन तस्वीरों के अनधिकृत प्रसार को अपराध घोषित करते कानूनों को पारित कर दिया है।[56] भारत में, भले ही हमारे पास

---

[53] POCSO अधिनियम, 2012 की धारा 11 (ii) को देखें।

[54] POCSO अधिनियम, 2012 की धारा 11 (iii) को देखें।

[55] POCSO अधिनियम, 2012 की धारा 11 (v) को देखें।

[56] इस मुद्दे पर अधिक जानकारी के लिए, फ्रैंक्स, एम. (2015) देखें। How to defeat revenge porn: First recognize it's about privacy, not revenge. 22 जून 2015 को द *हफिंगटोन पोस्ट* में प्रकाशित। http://www.huffingtonpost.com/mary-anne-franks/how-to-defeat-revenge-porn_b_7624900.html?ir=India&ads SiteOverride=in पर उपलब्ध।

'प्रतिशोध की भावना से प्रेरित पोर्न विरोधी क़ानून' नामक कोई क़ानून नहीं है फिर भी IPC की धारा 354C का दायरा वयस्क महिलाओं के लिए प्रतिशोध की भावना से प्रेरित पोर्न के मुद्दों को शामिल करने के लिए बढ़ाया जा सकता है। लेकिन इसे याद रखना आवश्यक है कि यह क़ानून वास्तव में दर्शनरति को शामिल करने के लिए बनाया गया है और भले ही यह गोपनीयता के पहलू को शामिल करता है, फिर भी हो सकता है कि यह बदला लेने वाली मानसिकता के पहलू को शामिल न करे। इसलिए क़ानून निर्माताओं को प्रतिशोध की भावना से प्रेरित पोर्न के संदर्भ में एक केंद्रित क़ानून बनाने की आवश्यकता है जो वयस्कों और बच्चों दोनों के लिए फायदेमंद हो। हालांकि, पुलिस और अभियोजन पक्ष को भी नियमन करने योग्य पोर्न की श्रेणी में आ सकती प्रतिशोध की भावना से प्रेरित पोर्न सामग्री के साथ-साथ किसी अन्य कामोत्तेजक सामग्री की पहुंच को देखने की आवश्यकता है। यदि सामग्री का उपयोग पीड़िताओं के अश्लील अभद्र निरूपण के लिए किया जाता है तो पुलिस को मामले के तथ्यों के आधार पर IT अधिनियम की धारा 67A के साथ स्त्री अशिष्ट रूपण (निषेध) अधिनियम के प्रावधानों, विशेषकर धारा 4 (महिला के अभद्र निरूपण वाली किताबों, पत्रिकाओं आदि के प्रकाशन या पोस्ट द्वारा भेजने पर निषेध) और IPC की धारा 354C को लागू करने पर भी विचार करना चाहिए। हालांकि, हमें इस पर भी ध्यान देने की आवश्यकता है कि बहुत ज़्यादा क़ानून अंततः क़ानून बनाने वालों द्वारा बनाए गए निवारक न्यायशास्त्र के मुख्य उद्देश्य में बाधा डाल सकते हैं विशेषकर जब अधिकतम सज़ा वाले क़ानून को दूसरे पर वरीयता दी जा सकती है भले ही वह मुद्दे पर पूरी तरह से केंद्रित क़ानून ना हो। इसलिए, हम महसूस करते हैं कि रिपोर्टिंग एजेंसी (यानी पुलिस) को सही कानूनों के तहत अपराध दर्ज़ करने के लिए अपने विवेक का उपयोग करने की आवश्यकता है। क़ानून निर्माताओं को भी इस संबंध में अधिक केंद्रित और व्यापक क़ानून लाने के बारे में सोचना चाहिए।

चाइल्ड पोर्नोग्राफी

सेक्सटिंग एवं प्रतिशोध की भावना से प्रेरित पोर्नोग्राफी के बारे में चर्चा करते समय, हमने यह दर्शाया कि IT अधिनियम की धारा 67B और साथ ही POCSO अधिनियम, 2012 की धारा 11 व 13 में निर्दिष्ट भारत के चाइल्ड पोर्नोग्राफी कानूनों का उपयोग कैसे किया जा सकता है। इस बात का उल्लेख करना भी आवश्यक है कि IT अधिनियम की धारा 67B कामोत्तेजक कृत्यों में बच्चों को प्रदर्शित करने वाली सामग्रियों के एकत्रण, ब्राउज़ करने, प्रसारित करने, प्रचारित करने, मांगने या बनाने (धारा 67B(b)), चाइल्ड पोर्नोग्राफी बनाने के उद्देश्य के लिए बच्चों की ग्रूमिंग करने या लुभाने (धारा 67B(c)) को भी अपराध घोषित करती है जिसके तहत पांच वर्ष तक की सज़ा एवं 10 लाख रुपये तक का जुर्माना तथा दूसरी

या अगली अपराध सिद्धि के मामले में सात वर्ष तक की सज़ा एवं 10 लाख रुपये तक का जुर्माना भी हो सकता है। इस प्रावधान के अनुसार यह देखा जा सकता है कि इस पर अदालतों द्वारा अभी भी विचार किया जा रहा है कि वयस्कों द्वारा एकान्त में वयस्क पोर्न देखने को अपराध घोषित करना संभव है या नहीं। लेकिन जब बाल पोर्न सामग्रियों को ब्राउज़, डाउनलोड करने या मांगने की बात आती है तो इस संबंध में क़ानून बिलकुल स्पष्ट हैं। यहां इस पर ध्यान देना आवश्यक है कि हाल में सोशल मीडिया में बाल पोर्न सामग्री बनाने के संबंध में शिकायतों की संख्या बढ़ रही है। ऐसे अपराधों से निपटने के लिए तमिलनाडु जैसे राज्यों ने सख़्त क़ानून, जैसे कि तमिलनाडु मद्यतस्करों, नशीली दवाओं के अपराधकर्ताओं, वन्य अपराधकर्ताओं, गुंडे, ग़ैरकानूनी व्यापार अपराधकर्ताओं, रेत तस्करों, झुग्गी-झोपड़ियों पर अवैध रूप से कब्ज़ा करने वालों और वीडियो की चोरी करने वालों की खतरनाक गतिविधियों की रोकथाम अधिनियम, 1982 (आम तौर पर गुंडा अधिनियम के रूप में जाना जाता है) बनाए हैं, जिसने चाइल्ड पोर्नोग्राफी सहित इंटरनेट पर आपत्तिजनक, अपमानजनक सामग्री बनाने तक अपना दायरा बढ़ाया है। बच्चों के प्रति यौन रूप से आकर्षित सामग्री के साथ फेसबुक पेज बनाने को लेकर हाल ही में तमिलनाडु पुलिस द्वारा यादव माणिकांत की गिरफ्तारी एवं कैद का मामला उल्लेखनीय है। पुलिस ने उसके खिलाफ IT अधिनियम की धारा 67B, POCSO अधिनियम और गुंडा अधिनियम के तहत मामला दर्ज़ किया।[57] यह उम्मीद की जाती है कि इस तरह के उदाहरण चाइल्ड पोर्नोग्राफी से संबंधित अपराधों को कम करने के लिए समाज पर सकारात्मक प्रभाव डालेंगे।

साइबर अश्लीलता

इस बात का पहले भी उल्लेख किया जा चुका है कि जब हम इंटरनेट पर महिलाओं व लड़कियों के संदर्भ में यौन अपराधों के बारे में बात करते हैं तो हम कई ऐसे उदाहरण देख सकते हैं जहां साइबर अश्लीलता की अवधारणाओं को साइबर पोर्नोग्राफी की अवधारणा से अधिक महत्त्व दिया गया। ऐसा इसलिए है क्योंकि भारत में हमारे पास साइबर अश्लीलता सहित अश्लीलता को रोकने के लिए अच्छी तरह से स्थापित किए गए क़ानूनी प्रावधान हैं। पूर्व के अपने शोध में (हालदर और जयशंकर, 2011) हमने पाया कि:

> अश्लीलता को परिभाषित करने का पहला क़ानूनी प्रयास मिलर बनाम कैलिफ़ोर्निया के ऐतिहासिक मामले में किया गया था जिसने अश्लीलता को 'यौन उत्तेजक चित्रण युक्त पोर्नोग्राफी' के रूप में परिभाषित किया था। इस फैसले ने कई ऐसी गतिविधियों को भी निर्दिष्ट

---

[57] द न्यूज़ मिंट (2015) देखें। Why the arrest of a man running paedophilic page on Facebook is significant. 22 मई 2015 को द न्यूज़ मिंट में प्रकाशित। http://www.thenewsminute.com/article/why-arrest-man-running-paedophilic-page-facebook-significant पर उपलब्ध।

किया जो अश्लीलता का कारण बनती हैं; ये इस प्रकार हैं: फोटोग्राफी या ग्राफिक डिज़ाइनों या यहां तक कि कामुक संदेशों द्वारा संचारित यौन अंगों या यौन गतिविधियों का कामुक व्यंग्य-चित्र; प्राप्तकर्ता/प्रेषक/शरीर, यौन कृत्यों आदि के बारे में टिप्पणियां या अवतरण। हमने पाया कि अक्सर साइबर जगत में अश्लीलता को पोर्नोग्राफी से जोड़ा जाता है तथा यह प्रवृत्ति चाइल्ड पोर्नोग्राफी के बारे में चर्चाओं का कारण बनती है। हालांकि यह सच है कि अश्लीलता एवं पोर्नोग्राफी एक दूसरे से संबंधित हैं फिर भी इस पर ध्यान दिया जाना चाहिए कि पोर्नोग्राफी अश्लीलता को अभिव्यक्त करने के तरीकों में से एक है। पोर्नोग्राफी का उपयोग व्यापक रूप से फिल्मों और तस्वीरों सहित ग्राफिक्स की सहायता से यौन गतिविधियों का विवरण करने के लिए किया जाता है। अश्लीलता को मौखिक व लिखित शब्दों द्वारा भी व्यक्त किया जा सकता है जिसमें ऐसी तस्वीरें शामिल नहीं भी हो सकती हैं। साइबर जगत में न केवल बच्चों बल्कि वयस्क महिलाओं को भी अश्लीलता के हमलों द्वारा लक्षित किया जाता है।

अब सवाल यह है कि: अश्लीलता में कौन से ऐसे तत्व शामिल हैं जो इसे महिलाओं के खिलाफ अपराध बनाते हैं? हम इस प्रश्न का विश्लेषण दो पहलुओं से करेंगे: पहला, उत्पीड़नकर्ता और पीड़िता के व्यवहारिक पहलू से और दूसरा, मिलर के फैसले पर विचार करते हुए।

जब पहले पहलू यानि व्यवहारिक पहलू से देखा जाता है तो इसमें शामिल तत्व निम्नानुसार हो सकते हैं।

- संदेश को देखने पर पीड़िता के लिए अनावश्यक नफरत या डर या असहज भावनाएं पैदा करने के लिए पीड़िता के शरीर के बारे में अश्लील, भद्दे संदेश अथवा यौन अंगों को अश्लील तरीके से चित्रित करती महिला या पुरुष के नग्न/अर्ध नग्न शरीर की कामुक तस्वीरें जबरन भेजना या
- महिलाओं को 'यौन गुलाम' के रूप में चित्रित करने वाली व यौन गतिविधियों को दर्शाने वाली दृश्य तस्वीरों को किसी के इनबॉक्स में भेजना, या
- वेब पर मौजूद पीड़िता के नाम और/या तस्वीरों, कार्टूनों, ग्राफिक तस्वीरों को शामिल करने वाली यौन गतिविधियों के बारे में कामुक भाषा में कहानियां बनाना, जो पीड़िता को काम-विकृत यौन साथी के रूप में सफलतापूर्वक चित्रित करती हैं और आम लोगों के बीच पीड़िता के खिलाफ सहानुभूति नहीं बल्कि भारी घृणा उत्पन्न करती हैं।

जब दूसरे पहलू यानी मिलर बनाम कैलिफ़ोर्निया पर विचार करते हुए देखा जाए तो इसमें शामिल तत्वों में निम्नलिखित तार्किक अनुमान शामिल होंगे:

(a) क्या 'समकालीन समुदाय मानकों पर अमल करने वाले औसत व्यक्ति' को यह पता चलेगा कि पूर्ण तौर पर लिया गया कार्य, कामुक रूचि को आकर्षित करता है,
(b) क्या किया गया कृत्य, लागू राज्य क़ानून द्वारा विशेष रूप से परिभाषित यौन आचरण को स्पष्ट तौर पर अपमानजनक तरीके से दर्शाता और वर्णन करता है,

(c) क्या किये गए कृत्य में समग्रतः गंभीर साहित्यिक, कलात्मक, राजनीतिक या वैज्ञानिक अहमियत की कमी है।

संक्षेप में, मिलर का फैसला इन गतिविधियों को अपराध के रूप में परिभाषित करते समय व्यवहारों और सामाजिक मूल्य प्रणालियों की सामाजिक स्वीकृति पर जोर देता है। जिन देशों ने अपने स्वयं के इंटरनेट क़ानून बनाए हैं उनमें से अधिकांश ने अश्लीलता के संबंध में मिलर के न्यायिक विश्लेषण को स्वीकार कर लिया है। हालांकि, निरंतर परिष्कृत हो रहे डिजिटल उपकरणों के कारण महिलाओं के संदर्भ में साइबर अश्लीलता तेज़ी से बढ़ रही है (Halder & Jaishankar, 2011, pp. 28–29)।

भारत में IPC की धारा 292(1) द्वारा अश्लीलता को परंपरागत रूप से संबोधित किया गया था जिसके माध्यम से किसी भी विषय-वस्तु को सभ्यता के तराज़ू में तौला जाता है और निम्नलिखित वजहों से उसे अश्लील बताया जा सकता है,

> किसी पुस्तक, पत्रिका, कागज़, लेख, रेखांकन, चित्रकला, निरूपण या अन्य वस्तु को अश्लील समझा जाएगा, यदि वह कामुक है या कामुक व्यक्तियों के लिए रुचिकर है या उसका या (जब इसमें दो या दो से अधिक विशिष्ट तथ्य शामिल हैं) समग्र रूप से विचार करने पर उसकी किसी विषय-वस्तु का प्रभाव ऐसा है, जो उन व्यक्तियों को दुराचारी या भ्रष्ट बनाए जिनके द्वारा उसमें अन्तर्विष्ट या समाविष्ट विषय का पढ़ा जाना, देखा जाना या सुना जाना सभी सुसंगत परिस्थितियों को ध्यान में रखते हुए सम्भाव्य है।

यह प्रावधान अन्य लोगों (IPC की धारा 292(2)) और बच्चों के लिए अश्लील कार्यों या सामग्रियों (IPC की धारा 293) के प्रकाशन, प्रसार आदि को भी अपराध घोषित करती है। इसके अलावा IPC की धारा 294 दूसरों को परेशान करने के लिए अश्लील कृत्य करने और गीत गाने के लिए सज़ा निर्धारित करती है। इन सभी तीन प्रावधानों को ध्यान में रखते हुए IT अधिनियम, 2000 को संशोधित (2008 में संशोधित) किया गया एवं धारा 67 को शामिल किया गया, जिसके अनुसार,

> जो कोई भी किसी ऐसी सामग्री को इलेक्ट्रॉनिक रूप में प्रकाशित या प्रसारित करता है या प्रकाशित होने का कारण बनता है, जो कामुक है या कामी अभिरुचि को जगाती है, या यदि इसका प्रभाव ऐसे व्यक्तियों को कलुषित और भ्रष्ट करने के लिए है, जो इसमें शामिल या सम्मिलित सामग्री को पढ़ने, देखने या सुनने के लिए, संभावित तौर पर सभी संबंधित परिस्थितियों को ध्यान में रखते हैं, उसे पहली अपराध सिद्धि पर दंडित किया जाना चाहिए, जो दो तीन वर्ष का कारावास एवं पांच लाख रुपये तक का जुर्माना हो सकता है तथा दूसरी बार या बाद में अपराध सिद्धि की स्थिति में पांच साल तक का कारावास एवं दस लाख रुपये तक का जुर्माना हो सकता है।

अपने पूर्व के शोध में (Halder & Jaishankar, 2011) हमने इस बारे में विशेष अवलोकन किए हैं:

> हम यह देख सकते हैं कि इस अधिनियम के रचयिताओं ने अश्लीलता एवं यौन संबंधी स्पष्ट सामग्री के अर्थ के बीच बारीक अंतर को सावधानीपूर्वक बनाए रखा है। अश्लीलता और पोर्नोग्राफी की स्पष्ट भाषा में क़ानूनी समझ के लिए ब्रिटोन, मैगुइर और नथनसन (1993) द्वारा इन दोनों की मूल धारणाओं को अलग-अलग किया गया है, जो निम्नानुसार है:
>
> ...अश्लीलता का तात्पर्य ऐसे यौन शब्दों व तस्वीरों से है जिन्हें वाक् स्वतंत्रता की संवैधानिक गारंटी से सुरक्षित नहीं किया गया है। अवैध रूप से अश्लील समझे जाने के लिए, किये गए कृत्य से कामुक अभिरुचि जागृत होनी चाहिए, इसमें संभोग को स्पष्ट तौर पर अपमानजनक तरीक़े से दिखाया जाना चाहिए तथा इसमें गंभीर साहित्यिक, कलात्मक, राजनीतिक या वैज्ञानिक आदर्श की कमी होनी चाहिए। पोर्नोग्राफी उत्तेजित करने के लिए बनाई गई सामग्री है और इसकी कोई क़ानूनी या संगत परिभाषा नहीं है। प्रत्येक व्यक्ति की परिभाषा उसके पालन-पोषण, यौन कृत्य संबंधी प्राथमिकताओं एवं देखने के संदर्भ पर निर्भर करती है। एक महिला की 'फालतू वस्तु' दूसरों के लिए खजाना या उदासी (ब्रिटोन, मैगुइर और नथनसन, 1993, परिच्छेद 3) हो सकती है।
>
> भले ही यह विशिष्टीकरण वाक् स्वतंत्रता पर अमेरिकी संवैधानिक गारंटियों के संदर्भ में किया गया था फिर भी भारतीय क़ानून दोनों के बीच बहुत ही कम अंतर स्पष्ट करते हैं। भारतीय उच्चतम न्यायालय ने कॉकबर्न की अश्लीलता की परिभाषा को अपनाया है यानी, 'अश्लीलता की परख यह है कि क्या अश्लील मानी गई सामग्री उन व्यक्तियों को कलुषित और विकृत करने के लिए है जिनके मन ऐसे अनैतिक प्रभावों के लिए तैयार हैं और जिनके हाथों में इस प्रकार का प्रकाशन आ सकता है'।[58] भारतीय उच्चतम न्यायालय ने रंजीत डी. उदेशी बनाम महाराष्ट्र सरकार[59] के मामले में अश्लीलता को अपराध के रूप में संबोधित किया और कहा कि 'जब समाज में नैतिकता के मौजूदा मानकों के आधार पर संभोग सार्वजनिक सभ्यता और नैतिकता के लिए अपमानजनक हो जाता है तो केवल इस कार्य को अश्लील रचना माना जा सकता है। (Halder & Jaishankar, 2011, pp. 122–123)

इस प्रकार जब एक पुलिस अधिकारी को इंटरनेट पर अश्लीलता के बारे में शिकायत दर्ज करने की आवश्यकता होती है तो उसे पोर्नोग्राफी की अवधारणा से अपराध को अलग करने के लिए अपने विवेक का इस्तेमाल करना होता है। अश्लील सिनेमाघरों से संबंधित मामले दायर करने के कई उदाहरण हैं; साइबर अश्लीलता पर IT अधिनियम की धारा 67 के

---

[58] *भारतीय उच्चतम न्यायालय ने कॉकबर्न की अश्लीलता की परिभाषा को अपनाया है (जैसा कि* Hicklin (1868), LR 3 QB360, 371 *में बताया गया है*)।

[59] रंजीत डी. उदेशी (1 9 65) (1965) 1SCR65 SC.

उपयोग का हालिया उदाहरण है इंटरनेट पर अश्लील सामग्री वितरित करने के लिए सनी लियोन पर अश्लीलता के आरोप।[60] लेकिन हम समझते हैं कि सही प्रावधान लागू करने के लिए पोर्नोग्राफी से अश्लीलता के तत्वों को अलग करना कठिन कार्य बन सकता है क्योंकि पोर्नोग्राफिक सामग्री में अश्लीलता भी हो सकती है। इसके अलावा हम पहले भी उल्लेख कर चुके हैं कि कठोर दंड को प्राथमिकता दिए जाने के कारण पुलिस अधिकारी IT अधिनियम की धारा 67 एवं 67A के दोनों प्रावधानों के साथ-साथ IPC की धारा 292 या IT अधिनियम की धारा 67B तथा IPC की धारा 293 को जोड़ सकते हैं। हम पोर्नोग्राफी और अश्लीलता से संबंधित अपराधों से निपटने के लिए अच्छा उदाहरण स्थापित करना चाहते हैं इसलिए पुलिस को यह प्रवृत्ति नहीं अपनानी चाहिए।

निष्कर्ष

पूर्ववर्ती चर्चाओं से यह स्पष्ट है कि भारत में महिलाओं व लड़कियों के संदर्भ में यौन अपराधों से निपटने के लिए क़ानून हैं। लेकिन ये क़ानून अभी भी पूरी तरह से पर्याप्त नहीं हैं। यादव माणिकांत के मामले पर फिर से विचार करें; ऐसा अपराधी अपमानजनक फेसबुक पेज बना सकता है क्योंकि वह सार्वजनिक स्थानों पर युवा लड़कियों की तस्वीरें ले सकता है। इसी प्रकार हमने (Halder & Jaishankar, 2014a) दिखाया है कि कैसे सार्वजनिक फोटोग्राफी को नियंत्रित करते कानूनों की कमी और इंटरनेट के साथ-साथ वास्तविक जीवन में उचित गोपनीयता कानूनों की कमी आदिवासी महिलाओं सहित महिलाओं का उत्पीड़न तब कर सकती है जब उनकी तस्वीरें xxx मूवी टैग के साथ सोशल मीडिया या वयस्क साइटों पर पोर्न सामग्री के रूप में अपलोड की जाती हैं। यह समझा जाना चाहिए कि इस तरह दुरुपयोग की गई तस्वीरें नकली अवतार बना सकती हैं जो लंबे समय तक इंटरनेट पर रह सकते हैं।[61] यह पीड़िताओं को कठोर कदम उठाने के लिए प्रोत्साहित कर सकता है, जैसे कि विवेकरहित तरीकों का सहारा लेना[62] या आत्महत्या करना। हमें लगता है कि आपराधिक न्याय मशीनरी पर पीड़िताओं को यह विश्वास दिलाने की प्राथमिक ज़िम्मेदारी है कि स्थिति से निपटने के लिए उचित क़ानूनी व्यवस्था मौजूद है और जब पीड़िता पुलिस और अदालतों का सही तरीके से सहयोग देंगे तो अपराधियों को दंडित किया जा सकता है।

---

[60] समाचार रिपोर्ट में IT अधिनियम, 2000 की धारा 67 को लागू करने के बारे में उल्लेख नहीं किया गया है। लेकिन जैसा कि रिपोर्ट से पता चलता है हमें लगता है कि धारा 67 को लागू किया जाना चाहिए था। विवरणों के लिए, प्रेस ट्रस्ट ऑफ इंडिया देखें (2015)। Sunny Leone charged with obscenity. 15 मई, 2015 को द हिंदू में प्रकाशित। http://www.thehindu.com/entertainment/sunny-leone-charged-with-obscenity/article 7210308.ece पर उपलब्ध। (9 जून 2015 को देखा गया)।

[61] इस पर विस्तृत चर्चा के लिए पिछला अध्याय देखें।

[62] इस पर विस्तृत चर्चा अगले अध्यायों में की गई है।

इतना ही नहीं पीड़िताओं को यह भी विश्वास दिलाया जाना चाहिए कि अगर वे सहयोग देती हैं तो आपत्तिजनक तस्वीरों को इंटरनेट से हटाया जा सकता है। स्पष्ट रूप से सामग्रियों को हटाने में वेबसाइट प्रमुख भूमिकाएं निभाती हैं[63] और इसके लिए वेब कंपनियों को भी पीड़िता व पुलिस और अभियोजन पक्ष का सहयोग देना चाहिए। यदि पीड़िताओं को ऐसा विश्वास हो जाए तो हमें लगता है कि समस्या को आसानी से सुलझाया जा सकता है।

संदर्भ

Bartow, A. (2008). Pornography, coercion, and copyright law 2.0. *Vanderbilt Journal of Entertainment and Technology Law, 10*(4), 101–142. Available at http://works.bepress.com/cgi/viewcontent.cgi?article=1030&context= ann_bartow (Accessed on 10 February 2016).

Citron, D. (2014). *Hate crimes in cyber space.* Harvard: Harvard University Press.

Dworkin, A., & MacKinnon, C. A. (1988). Pornography and civil rights: A new day for women's equality. Published & Distributed by Organizing against Pornography: A resource centre for education and action. Minneapolis, Minnesota.

George, C. E., & Scerri, J. (2007). *Web 2.0 and user-generated content: Legal chal-lenges in the new frontier. Journal of Information, Law and Technology, 2.* Available at http://ssrn.com/abstract=1290715 (Accessed on 10 February 2016).

Halder, D., & Jaishankar, K. (June 2011). *Cyber crime and the victimization of women: Laws, rights, and regulations.* Hershey, PA: IGI Global.

Halder, D., & Jaishankar, K. (2013). Revenge porn by teens in the United States and India: A socio-legal analysis. *International Annals of Criminology, 51*(1–2), 85–111.

Halder, D., & Jaishankar, K. (July/August, 2014b). Teen sexting: A critical anal-ysis on the criminalization vis-à-vis victimization conundrums. *The Virtual Forum Against Cybercrime (VFAC) Review*, Korean Institute of Criminology, *1*(6), 26–43.

———. (2014a). Online victimization of Andaman Jarawa tribal women: An analysis of the 'human safari' YouTube videos (2012) and its effects. *British Journal of Criminology, 54*(4), 673–688.

Leary, M. (2010). Sexting or self-produced child pornography? The dialogue continues—Structured prosecutorial discretion within a multidisciplinary response. *Virginia Journal of Social Policy and the Law, 17*(3), 487–566.

Malamuth, N. (1999). Pornography. Encyclopedia of violence, peace and conflict (vol. 3. pp. 77–89). Available at http://www.sscnet.ucla.edu/comm/mala-muth/pdf/99evpc3.pdf (Accessed on 15 May 2015).

Sunstein, C. (1986). Pornography and the First Amendment. *DUKE Law Journal, 1986*(4), 589–627. Available at http://scholarship.law.duke.edu/cgi/view-content.cgi?article=2951&context=dlj. (Accessed on 2 January 2015).

[63] इस पर विस्तृत चर्चा अगले अध्यायों में की गई है।

7 विस्मृति का अधिकार (Right to be Forgotten): सेवा प्रदाताओं की ज़िम्मेदारी

ऑनलाइन स्त्री-द्वेष (misogyny) सहित ऑनलाइन उत्पीड़न के कारण एक महिला के मन में इस बात का डर सबसे अधिक होता है कि अगर उसके सतीत्व, सदाचार एवं पवित्रता को नुकसान पहुंचाया गया तो उसकी सामाजिक प्रतिष्ठा नष्ट हो सकती है। महिलाओं को अक्सर इस बात का डर सताता है कि इससे किसी की हत्या किए जाने सहित कई अन्य समस्याएं उत्पन्न हो सकती हैं। भारत में अति प्राचीन समय से सदाचार एवं पवित्रता को महिलाओं के चरित्र के निर्धारण हेतु महत्त्वपूर्ण घटक के तौर पर मान्यता दी गई है। महाकाव्य रामायण की कथा पर विचार करें, जहां सीता को अपनी पवित्रता साबित करने के लिए अपने पति राम के समक्ष *अग्नि परीक्षा* से गुजरना पड़ा क्योंकि वह लंका में रावण की कैद में रही थी। आधुनिक भारत में ऐसा कोई क़ानून नहीं है जिसने वास्तव में नैतिकता एवं पवित्रता के अर्थ को परिभाषित किया है तथा महिलाओं को इस तरह के अमानवीय तरीकों से स्वयं को सदाचारी या पवित्र साबित करने के लिए मजबूर करने को अदालतों द्वारा अपराध माना गया हो। लेकिन कई मौकों पर रूढ़िवादी सामाजिक मानसिकता ने क़ानूनी नियमों को तुच्छ समझा है तथा उन महिलाओं के मूलभूत मानवाधिकारों का उल्लंघन किया गया जिनके सदाचरण एवं पवित्रता पर सवाल उठाए गए। समाज में ऐसे बहुत से उदाहरण हैं जब महिलाओं को सदाचारी एवं पवित्र साबित करने के लिए उनकी हथेली पर जलता हुआ कोयला रखा गया, उनके लिए अपमानजनक शब्दों का प्रयोग किया गया, उन्हें सामाजिक रूप से बहिष्कृत किया गया तथा सम्मान की रक्षा हेतु उनकी हत्या की गई। पवित्रता की एक विशिष्ट भाषाई परिभाषा, 'पवित्रता' के अर्थ में उपयुक्त होने के लिए तीन बुनियादी मानदंडों, अर्थात् शुद्धता, आत्म-नियंत्रण और सच्चरित्रता पर आधारित हो सकती है (Mahalingam, 2007)।

दूसरी ओर सदाचार, समाज द्वारा निर्धारित ऐसा सिद्धांत है जिनके आधार पर सही व गलत व्यवहार के बीच अंतर किया जाता है। भारतीय समाज में महिलाओं के लिए पवित्रता एवं सदाचार का प्रयोग लगभग हमेशा यौन शुचिता का समानार्थी रहा है। इस अर्थ में सदाचार एवं पवित्रता के साथ 'सतीत्व' (modesty) को भी जोड़ा जा सकता है। पूर्ववर्ती दोनों शब्दों की तरह इस शब्द को भी भारत में क़ानूनों द्वारा कभी परिभाषित नहीं किया गया है। लेकिन सतीत्व शब्द का उल्लेख धारा 354 (महिला के सतीत्व को अपमानित करने के इरादे से शारीरिक हमला या आपराधिक बल प्रयोग) और धारा 509 (महिलाओं के सतीत्व को नुकसान पहुंचाने

के लिए उपयोग किए गए शब्द, इशारे) में किया गया है; दोनों प्रावधान महिलाओं के सतीत्व को नुकसान पहुंचाने वाले शारीरिक बल और इशारे या शब्दों (मौखिक, चित्रमय या लिखित) को दंडित करने से संबंधित हैं। अदालतों द्वारा सतीत्व शब्द की भाषाई अर्थ में की गई व्याख्या ऑक्सफोर्ड अंग्रेज़ी शब्दकोश द्वारा की गई व्याख्या के समान है जो शब्द को 'व्यवहार की नारी सुलभ शिष्टता: विचार, भाषा और आचरण की विवेकी पवित्रता' के रूप में समझाता है।[1] पहले सतीत्व शब्द की व्याख्या 'महिला की लैंगिक विशेषता'[2] के रूप में की गई थी तथा अदालतों ने पंजाब सरकार बनाम मेजर सिंह (AIR 1967 S. 63) द्वारा निर्धारित जांच पर भरोसा किया है जिसे 'अपराधी का ऐसा काम माना जा सकता है जो महिला की शिष्टता की भावना को घृणाजनक करने में सक्षम है'। साइबर जगत में किसी महिला की नैतिकता, सदाचार एवं सतीत्व को महज 'अफवाह', 'नकली अवतार' या महिला को लक्षित करने वाली एक अपमानजनक पोस्ट से नुकसान पहुंचाया जा सकता है। ऐसा संबंधित महिला पर सीधे शारीरिक बल लगाए बिना या उसे अपमानजनक संकेत या शब्द दिखाए और सुनाए बिना किया जा सकता है। ऐसा मुख्य रूप से इसलिए है क्योंकि इंटरनेट व्यक्ति के विचारों को प्रदर्शित करने के लिए व्यापक मंच प्रदान करता है भले ही वह अपमानजनक क्यों न हो।

लेकिन हमें यह याद रखने की आवश्यकता है कि सदाचार, पवित्रता एवं सतीत्व (विशेष रूप से महिलाओं के संबंध में) का स्तर विभिन्न समाजों में अलग है (Miller v. California, 1973)।[3] इस तथ्य को देखते हुए कि अधिकांश इंटरनेट कंपनियों की मेज़बानी अमेरिका करता है, ऐसे कारक जो भाषा, तस्वीरों या लेखन के स्तर को 'अपमानजनक' के रूप में वर्गीकृत करने का निर्णय ले सकते हैं उन्हें मेज़बान राष्ट्र के क़ानूनों के अनुसार सुलझाया जा सकता है। इसी तरह भारत में स्थित इंटरनेट कंपनियों के साथ-साथ ईमेल या डिजिटल दूरसंचार सेवा प्रदाताओं के पास स्वयं के नियम एवं नीतियां भी हो सकती हैं तथा भाषा या विचार या तस्वीरों को अपमानजनक या गैर-अपमानजनक के रूप में वर्गीकृत करने के संबंध में उनके पास समझ के अपने स्तर भी हो सकते हैं। इस पर ध्यान देना आवश्यक है कि सभी इंटरनेट कंपनियां एवं सेवा प्रदाता सभी ग्राहकों के हितों की रक्षा के लिए ज़िम्मेदार हैं, चाहे सेवाओं का उपयोग करने के लिए उनके इरादे या उद्देश्य कुछ भी हों। यही कारण है कि जिस निजी जानकारी के साथ ग्राहक खाता बनाता है, जिसमें भौगोलिक स्थान, मूल नाम, सामाजिक पहचान संख्या, फ़ोन नंबर और इंटरनेट प्रोटोकॉल (IP) पते शामिल हैं उन्हें इंटरनेट कंपनियों और सेवा प्रदाताओं द्वारा तब तक प्रकट नहीं

[1] 12 अक्टूबर, 1995 को श्रीमती रुपन देओल बजाज व अन्य बनाम कंवर पाल सिंह गिल व अन्य देखें। समतुल्य उद्धरण: 1996 AIR 309, 1995 SCC (6) 194।

[2] पंजाब सरकार बनाम मेजर सिंह (AIR 1967 S.63) देखें।

[3] मिलर बनाम कैलिफ़ोर्निया, 413 U. S. 15 (1973)।

किया जाता जब तक कि ग्राहक स्वयं इस जानकारी को अपने प्रोफाइल पेज या संदेशों में प्रकट नहीं करता है। इंटरनेट कंपनियों एवं सेवा प्रदाताओं की ज़िम्मेदारी में ग्राहकों के साथ-साथ ऐसे गैर-ग्राहकों की परेशानियों से संबंधित कॉल्स का जवाब देना भी शामिल है जिन्हें किसी भी ग्राहक की गतिविधियों द्वारा अपमानित किया गया हो सकता है। लेकिन अक्सर ग्राहकों की निजी जानकारी के संबंध में गोपनीयता बनाए रखने की ज़िम्मेदारी की तुलना में इस विशेष ज़िम्मेदारी को हितधारकों द्वारा अधिक विवादास्पद माना जाता है। ऐसा विशेष रूप से इसलिए है क्योंकि पीड़ितों, विशेष रूप से महिला पीड़ितों द्वारा की गई शिकायतों के कारण उत्पन्न होने वाली ज़िम्मेदारी, ज़्यादातर मामलों में विशेष वेब पोर्टल में उत्पीड़नकर्ता द्वारा बनाई गई तस्वीर में से पीड़ित के 'विस्मृति के अधिकार' को शामिल करती है। 'विस्मृति के अधिकार' की यह अवधारणा परिमित अर्थ में उत्तरार्द्ध से अलग है जिस पर 'विस्मृति के अधिकार' को ध्यान में रखकर चर्चा की जाएगी तथा जिस पर अब अमेरिका स्थित इंटरनेट कंपनियों द्वारा वाक् स्वतंत्रता की व्यापक समझ के विरुद्ध यूरोपीय संघ (EU) की ओर से बहस की जा रही है। ऐसा इसलिए है क्योंकि हम अपमानजनक पोस्ट या तस्वीरों को पूरी तरह से हटाने का दावा करने के लिए महिला पीड़ितों के अधिकारों पर अधिक जोर देंगे। इसी कारणवश हम गूगल के मुख्य गोपनीयता सलाहकार पीटर फ्लीशर,[4] द्वारा बताए गए 'विस्मृति' के अधिकारों की दूसरी व तीसरी श्रेणियों पर निर्भर होंगे।

ज़िम्मेदारी: क्या? क्यों और किसके लिए?

पहले के अध्यायों में की गई चर्चाओं से समझा जा सकता है कि इंटरनेट लोगों को अपने विचार व्यक्त करने तथा विभिन्न कारणों से लोगों के साथ बातचीत करने के लिए एक मंच प्रदान करता है। इसी तरह डिजिटल दूरसंचार प्रणाली या तो केवल मौखिक संचार के माध्यम से या मौखिक संचार के साथ-साथ संदेश (टेक्स्ट संदेश, जिसमें तस्वीरें या ग्राफिक छवियां हो सकती हैं या नहीं भी हो सकती हैं) भेजकर लोगों से बातचीत करने के लिए एक माध्यम भी प्रदान करती है। वक्तव्य, टेक्स्ट संदेश या पोस्ट से संबंधित भाषा की प्राथमिक ज़िम्मेदारी इसके सृजनकर्ता की हो सकती है लेकिन इसे समझना आवश्यक है कि वाहक या चैनल या मंच जिसके माध्यम से ऐसी भाषा, विचार या संदेश प्राप्तकर्ता तक पहुंचते हैं उसकी भी कुछ निश्चित ज़िम्मेदारियां होती हैं। इस तरह का चैनल या मंच इंटरनेट द्वारा प्रदान किया जाता है तथा इसके अपने नियम, ज़िम्मेदारियां और नीतियां होती हैं। इनके आधार पर यह तय किया जा सकता है कि सामग्री के सृजनकर्ता के अधिकारों को कम करने वाली

[4] अधिक जानकारी के लिए फ्लीशर (2011) देखें। Foggy thinking about the Right to Oblivion. 9 मार्च 2011 को Peter Fleischer: Privacy...? में प्रकाशित। http://peterfleischer.blogspot.in/2011/03/foggy-thinking-about-right-to-oblivion.html पर उपलब्ध। (2 जुलाई 2015 को देखा गया)।

कौन सी भाषा हटाई नहीं जा सकती है एवं कौन सी भाषा रह सकती है तथा लक्षित प्राप्तकर्ता को पहुंचाई जा सकती है, भले ही पोस्ट, संदेश या मेल आदि की सामग्री कुछ भी हो।

इस स्थिति का वर्णन निम्नलिखित शब्दों में बेहतर तरीके से किया जा सकता है:

> जिसे ज़्यादातर लोग मानव इतिहास की सबसे बड़ी सार्वजनिक जगह मानते हैं वह सार्वजनिक नहीं है। विरोधाभासी तरीके से इंटरनेट— जो संशयपूर्ण सामग्रियों के संचार का नेटवर्क है तथा कंप्यूटर की मदद से कोई भी इस तक पहुंच सकता है — वास्तव में कोई 'सार्वजनिक मंच' नहीं है। यह कोई जनसभा नहीं हैं जहां लोग अपने आभासी भाषण-मंच पर खड़े होने और जनता को रिझाने के लिए स्वतंत्र हैं। यह निजी स्वामित्व वाली वेबसाइटों, निजी स्वामित्व वाले सर्वरों, निजी स्वामित्व वाले राउटरों तथा निजी स्वामित्व वाले आश्रयों पर आधारित है। इन मध्यस्थों की सहमति के बिना, जनता को बोलने या सुने जाने के लिए कोई पहुंच प्राप्त नहीं होगी। (Ardia, 2010, p. 377)

व्यक्तियों को साइबर जगत और डिजिटल प्रौद्योगिकी के माध्यम से संवाद करने में सहायता प्रदान करने वाले मंच को 'मध्यस्थ' (Intermediary) के रूप में जाना जाता है। भारत में 'मध्यस्थ' शब्द को IT अधिनियम, 2000 (2008 में संशोधित) की धारा 2(1)(w) द्वारा परिभाषित किया गया है। यह धारा इस शब्द को इस तरह परिभाषित करती है:

> 'मध्यस्थ' यानि वह व्यक्ति, जो किसी अन्य व्यक्ति की ओर से उस रिकॉर्ड को प्राप्त करता, रखता या भेजता है या उस रिकॉर्ड के संबंध में सेवा प्रदान करता है। इसके अलावा मध्यस्थ की परिभाषा में दूरसंचार सेवा प्रदाता, नेटवर्क सेवा प्रदाता, इंटरनेट सेवा प्रदाता, वेब-होस्टिंग सेवा प्रदाता, सर्च इंजन, ऑनलाइन भुगतान साइटें, ऑनलाइन नीलामी साइट, ऑनलाइन बाजार स्थान और साइबर कैफे शामिल हैं।

ग़ौरतलब है कि IT अधिनियम, 2000 (2008 में संशोधित) की धारा 2(1)(w) में परिभाषित मध्यस्थ की अवधारणा, 'संवादात्मक कंप्यूटर सेवाओं'[5] और 'सूचना सामग्री प्रदाता' की अमेरिकी अवधारणाओं से काफी प्रभावित है।[6] इन दोनों शब्दों को CD अधिनियम, 1996 की धारा 230(e)(2) व (3) द्वारा परिभाषित किया गया है। चूंकि गूगल, याहू, फेसबुक, ट्विटर, ई-कॉमर्स साइट, वयस्क डेटिंग साइट जैसे अधिकांश मध्यस्थों के

[5] 'संवादात्मक कंप्यूटर सेवा' शब्द का अर्थ कोई भी सूचना सेवा, सिस्टम या पहुंच सॉफ़्टवेयर प्रदाता है जो कई उपयोगकर्ताओं द्वारा कंप्यूटर सर्वर तक कंप्यूटर पहुंच प्रदान करता या इसमें सक्षम बनाता है, जिसमें विशेष रूप से इंटरनेट तक पहुंच को सक्षम बनाने वाली सेवाएं तथा पुस्तकालय एवं शैक्षणिक संस्थाओं द्वारा संचालित प्रणालियां शामिल हैं (CDA की धारा 47 USC, S.230(e)(2) देखें)।

[6] 'सूचना सामग्री प्रदाता' को 'ऐसे व्यक्ति या संस्था के रूप में परिभाषित किया जाता है जो इंटरनेट या किसी अन्य संवादात्मक कंप्यूटर सेवा के माध्यम से प्रदान की गई जानकारी के निर्माण या विकास के लिए पूर्ण या आंशिक रूप से, ज़िम्मेदार है। (S.47 USC S.230(e)(3) CDA देखें)।

साथ-साथ अन्य नेटवर्किंग साइट तथा वयस्क मनोरंजन सामग्री की मेज़बानी करने वाली वयस्क मनोरंजन साइट अमेरिका में स्थित हैं इसलिए ये मध्यस्थता दायित्व के संबंध में अमेरिकी क़ानूनों एवं विनियमों द्वारा निर्देशित हैं। अतः हमें सबसे पहले मध्यस्थों के लिए लागू ज़िम्मेदारियों तथा अमेरिकी दृष्टिकोण से उन्हें दी गई उन्मुक्ति को समझने की आवश्यकता है।

मध्यस्थों की श्रेणियां और उनकी ज़िम्मेदारियों के प्रकार

मध्यस्थों की प्राथमिक ज़िम्मेदारी में ग्राहक को अपनी राय व्यक्त करने या ग्राहक को दूसरे ग्राहक से जोड़ने के लिए एक मंच प्रदान करना शामिल हो सकता है। इस समझ के आधार पर आर्डिया (2010) द्वारा मध्यस्थों को तीन समूहों में वर्गीकृत किया गया है जो (a) संचार वाहक (b) सामग्री वाहक तथा (c) खोज/एप्लीकेशन प्रदाता हैं। IT अधिनियम, 2000 (2008 में संशोधित) की धारा 2(1)(w) में वर्णित मध्यस्थों की परिभाषा के विश्लेषण से यह स्पष्ट है कि मध्यस्थ के उद्देश्य की प्रकृति के आधार पर दो और वर्गीकरणों को शामिल करने के लिए आर्डिया के वर्गीकरण को विस्तारित किया गया है, इनमें ई-कॉमर्स साइट एवं साइबर कैफे शामिल हैं। लेकिन इस तथ्य पर विचार करते हुए कि ई-कॉमर्स साइटों को सामग्री वाहक की श्रेणी में शामिल किया जा सकता है हम वर्गीकरण को चार समूहों अर्थात् संचार वाहकों, सामग्री वाहक, खोज/एप्लिकेशन साइटों एवं साइबर कैफे तक सीमित करते हैं। मध्यस्थ और उनकी ज़िम्मेदारियों के समूह इस प्रकार समझाए गए हैं।

1. संचार वाहक

इन मध्यस्थों को डेटा के भौतिक रूप से परिवहन करने, ग्राहक को इंटरनेट पर सामग्री तक पहुंचने में सक्षम बनाने आदि की ज़िम्मेदारी सौंपी गई है। आर्डिया (2011) ने ऐसे मध्यस्थों के उदाहरणों द्वारा स्पष्टीकरण को सरल बनाया है जिसमें टेलीफोन कंपनियां, केबल कंपनियां एवं अन्य शामिल हैं। भारतीय संदर्भ में 'संचार वाहक' शब्द के अंतर्गत दूरसंचार और नेटवर्क सेवा प्रदाता शामिल हो सकते हैं; ऐसे मध्यस्थों के सबसे अच्छे उदाहरण भारत संचार निगम लिमिटेड (BSNL), महानगर टेलीफोन निगम लिमिटेड (MTNL) आदि जिनका उपयोग ग्राहकों द्वारा वर्ल्ड वाइड वेब से जुड़ने के लिए किया जाता है। आर्डिया (2011) के कथनानुसार इन मध्यस्थों की ज़िम्मेदारी केवल डेटा के एक स्थान से दूसरे तक आदान-प्रदान तक सीमित है तथा उन्हें डेटा की विषय-वस्तु के बारे में कोई जानकारी नहीं होती है। हालांकि, यदि इस तरह का संचार वाहक स्रोत और गंतव्य इंटरनेट सेवा प्रदाताओं (ISPs) के रूप में कार्य करता है तो उनके पास 'अंतिम उपयोगकर्ताओं' अर्थात् समान मध्यस्थ के माध्यम से डेटा भेजने वाले उपयोगकर्ता एवं डेटा प्राप्त करने वाले उपयोगकर्ता

के साथ संविदात्मक संबंध हो सकते हैं। चूंकि संचार वाहकों का कार्य डेटा वितरित करने तक ही सीमित है इसलिए यह देखा जा सकता है कि ऐसे मध्यस्थों की ग्राहकों के प्रति सीमित ज़िम्मेदारी हो सकती है। इन ज़िम्मेदारियों में ग्राहक को निर्विघ्न सेवाएं प्रदान करना; सेवाएं प्रदान करने और ग्राहकों की व्यक्तिगत जानकारी, कॉल लॉग्स आदि अपने पास रखने से पहले, देश के क़ानूनों के अनुसार व्यक्तिगत जानकारी के विवरणों की पुष्टि करना; ग्राहक की गोपनीयता की रक्षा करना तथा व्यक्तिगत जानकारी एवं कॉल लॉग के रिकॉर्ड को पुलिस या अदालत के मामलों के अलावा किसी अन्य को प्रकट नहीं करना; तकनीकी कारणों से सेवाओं में बाधा आने पर सेवाओं को पुनर्स्थापित करने के लिए कार्रवाई करना; डिफॉल्टर एवं उन लोगों के खिलाफ़ कार्रवाई करना जिन्होंने सेवाओं का दुरुपयोग किया था तथा जिनके खिलाफ़ ग्राहक द्वारा रिपोर्ट की गई थी तथा पुलिस या अदालत द्वारा नोटिस दिया गया था; क़ानून लागू करने वाली एजेंसियों द्वारा आवश्यक होने पर व्यक्तिगत जानकारी, कॉल लॉग विवरणों आदि से जुड़ी सभी जानकारी प्रदान करना शामिल हो सकता है।

2. सामग्री वाहक

इस श्रेणी में आने वाले मध्यस्थ आमतौर पर तीसरे पक्ष की सामग्री की मेज़बानी के लिए संचयन, कैशिंग (Cacheing) या स्पेस प्रदान करने का काम करते हैं तथा उस तक पहुंच प्राप्त करते हैं (Ardia, 2011)। ऐसे मध्यस्थों में गूगल या फेसबुक समेत इंटरनेट कंपनियां शामिल हो सकती हैं जो न केवल सामग्री वाहक के रूप में काम कर सकती हैं बल्कि संवादात्मक संचार के लिए मंच भी प्रदान कर सकती हैं; ऐसे मध्यस्थों में Wordpress.com, GoDaddy.com, जो वेबसाइट या ब्लॉगसाइट बनाने के लिए स्पेस प्रदान करते हैं, या ई-कॉमर्स साइट जैसे कि क्रियागलिस्ट (Criaglist), OLX.in आदि भी शामिल हो सकती हैं। संचार वाहकों की तुलना में, ग्राहकों एवं गैर-ग्राहकों के प्रति सामग्री वाहक की ज़िम्मेदारी अधिक होती है। लगभग ये सभी ज़िम्मेदारियां DMCA, विशेषकर धारा 512 (C) से उत्पन्न हुई हैं जो सुरक्षित प्रश्रय नीतियों से संबंधित हैं; US का पहला संशोधन स्वतंत्र भाषा एवं अभिव्यक्ति को आश्वस्त करता है; और US का चौथा संशोधन गोपनीयता को आश्वस्त करता है। इन ज़िम्मेदारियों में निम्नलिखित बातें शामिल हो सकती हैं:

- ग्राहक को निर्विघ्न सेवाएं प्रदान करना।
- ग्राहक द्वारा अपलोड की गई सामग्रियों को वहन करना तथा इसे दूसरों के लिए उपलब्ध करवाना।
- ग्राहकों को उसकी निजी जानकारी की सुरक्षा के लिए पर्याप्त साधन प्रदान करना जो मेज़बान साइट को खाता बनाने के लिए आवश्यक जानकारी के रूप में प्रदान

की गई थी तथा उस जानकारी को भी सुरक्षित करना जो ग्राहक मध्यस्थ के माध्यम से प्रदर्शित करना चाहता है।

- ग्राहक द्वारा अपने विचारों और राय को बिना किसी रुकावट के व्यक्त करने के लिए स्वतंत्र मंच प्रदान करना, सिवाय इसके कि जब उनके स्वयं के नीतिगत दिशानिर्देशों या क़ानूनों द्वारा ऐसा करना अनिवार्य हो (यह और ज़िम्मेदारी ग्राहक को डेटा नियंत्रक में बदल देती है)।
- हालांकि प्राथमिक डेटा नियंत्रक के रूप में ग्राहक को अपनी इच्छानुसार डेटा प्रदर्शित करने की स्वतंत्रता हो सकती है परंतु जब प्राथमिक डेटा नियंत्रक अपराधी के उल्लंघनकारी व्यवहार का सामना नहीं कर सकता है तो मुख्य डेटा नियंत्रक के रूप में मध्यस्थों पर बड़ी ज़िम्मेदारी हो सकती है।
- क़ानूनों के अनुरूप नीतिगत दिशानिर्देश विकसित करना तथा अवैध सामग्री की निगरानी करना।
- शिकायत निवारण मंच, अधिकारी या कार्यालय को सूचित करना और ग्राहकों द्वारा की गई शिकायतों पर ध्यान देना।
- क़ानून लागू करने वाली एजेंसियों को सहयोग देना।
- उन ग्राहकों के खिलाफ़ कार्रवाई करना जिन्होंने सेवाओं का दुरुपयोग किया हो।
- चाइल्ड पोर्नोग्राफी से संबंधित किसी भी प्रकार की सामग्री उपलब्ध नहीं कराना।
- प्रतिलिप्यधिकार उल्लंघनों अथवा उस इंटरनेट कंपनी या देश, जहां से पीड़िता द्वारा कोई अदालती आदेश या पुलिस अनुरोध लाया गया हो, के किसी भी अन्य क़ानून द्वारा विकसित अन्य नियमों व नीतियों के उल्लंघन के संदर्भ में प्रतिवेदन प्राप्त करने पर सामग्रियों को हटाना।

पूर्ववर्ती चर्चाओं के आधार पर यह समझा जा सकता है कि सामग्री वाहक को विभिन्न प्रकार की जानकारी का संकलनकर्ता, खासकर निजी उपयोगकर्ता के दृष्टिकोण से, माना जा सकता है जो सामग्री वाहक का उपयोग अपने व्यक्तिगत ब्लॉगों, सोशल नेटवर्किंग साइटों या मेल, संदेशों या तस्वीरों को साझा करने के लिए कर सकता है। इसलिए सामग्री वाहक को सूचना भंडार भी कहा जाता है। हालांकि, सामग्री वाहक को उपयोगकर्ताओं के 'विचारों का प्रकाशक' नहीं माना जा सकता है लेकिन उन्हें स्थूल पुस्तकालयों या पुस्तक भंडारों के रूप में देखा जा सकता है जो तीसरे पक्ष द्वारा प्रतिलिप्यधिकार के उल्लंघन से लेकर अपमानजनक सामग्री के प्रकाशन व गोपनीयता के उल्लंघन तक की शिकायतों के आधार पर अपमानजनक सामग्रियों को हटाने के लिए ज़िम्मेदार हो सकते हैं। यह याद रखना आवश्यक है कि महिलाओं के खिलाफ़ साइबर अपराधों के दृष्टिकोण से सामग्री वाहक सकारात्मक एवं नकारात्मक दोनों अर्थों

में बड़ी भूमिका निभाते हैं। नकारात्मक अर्थ में सामग्री वाहक अपमानजनक सामग्रियां, अश्लील या कामोत्तेजक, बदली गई या असल तस्वीरें, अपमानजनक, निन्दात्मक, उत्पीड़क, भयप्रद, अवपीड़क या ट्रॉल करते संदेशों, महिलाओं को लक्षित करने वाले नकली अवतार बनाने और इनके संचलन सहित घृणित भाषा अपलोड करने व प्रदर्शित करने के प्रमुख लक्ष्य हैं।

प्रोफाइलों के साथ छेड़-छाड़ करके एवं प्रतिष्ठा को नुकसान पहुंचाकर सामग्री वाहक को पीड़िताओं के साथ साइबर स्टॉकिंग और परिणामस्वरूप उत्पीड़न करने के लिए भी लक्षित किया जाता है। सामग्री वाहक का उपयोग पीडोफिलिया, फ़िशिंग, धोखाधड़ी, यौन अपराधों, सहमति से बनाई पोर्नोग्राफी, प्रतिशोध की भावना से प्रेरित पोर्न आदि सहित महिलाओं व लड़कियों को लक्षित करने वाले सभी प्रकार के ऑनलाइन उत्पीड़न के लिए सामग्री बनाने और उपयोग करने के लिए भी किया जाता है। सकारात्मक अर्थ में, सामग्री वाहकों का सही तरीके से उपयोग किए जाने पर ये उपयोगकर्ताओं को जानकारी प्राप्ति हेतु निर्मित सकारात्मक संदेश फैलाने में सक्षम बना सकते हैं और यहां तक कि पुलिस जांच में भी मदद कर सकते हैं। इस बात का पुनः उल्लेख किया जाना आवश्यक है कि सामग्री वाहक को उपयोगकर्ता की निजी जानकारी को सुरक्षित करने वाला प्रमुख रक्षक माना जा सकता है। अक्सर उपयोगकर्ता सामग्री वाहक के साथ किए जाने वाले उपभोक्ता समझौतों में मौजूद सूक्ष्म कमियों को नज़रअंदाज़ कर देते हैं जिससे उपयोगकर्ता सामग्री वाहक को विभिन्न शोध गतिविधियों या बाद में मार्केटिंग रणनीतियां बनाने के लिए अपनी निजी जानकारी का उपयोग करने के लिए सहमत होता है। फेसबुक के उपयोगकर्ताओं के डेटा के उपयोग ने पिछले साल लाखों गोपनीयता के समर्थकों का ध्यान आकर्षित किया था, जब यह देखा गया था कि फेसबुक स्वयं के शोध कार्यों हेतु उपयोगकर्ताओं की मनोदशा जानने के लिए इमोटिकॉन्स का उपयोग कर रहा था।[7] इस संदर्भ में भी कई लेख मौजूद हैं कि गूगल एवं फेसबुक जैसे मेज़बान कैसे अपनी मार्केटिंग रणनीतियों के लिए उपयोगकर्ता की निजी जानकारी का उपयोग कर रहे हैं।[8] दूसरी ओर ट्विटर उपयोगकर्ताओं को लंबे समय से हैशटैग का उपयोग करने के लिए प्रोत्साहित करता आ रहा है। यह चलन हाल ही में फेसबुक द्वारा भी अपनाया गया था। हैशटैग के साथ किए गए पोस्ट या थ्रेड अधिकतम लोगों को आकर्षित कर सकते हैं परंतु हैशटैग के साथ कीवर्ड या शब्द मेटाडेटा बनाते हैं जिसका उपयोग सूचना भंडारों के बड़े डेटा में योगदान के लिए किया

---

[7] बूथ, आर. (2014)। Facebook reveals news feed experiment to control emotions. 30 जून 2014 को द गार्डियन में प्रकाशित। http://www.the-guardian.com/technology/2014/jun/29/facebook-users-emotions-news-feeds पर उपलब्ध (2 फरवरी 2015 को देखा गया)।

[8] पूर्वोक्त।

जा सकता है। स्पष्ट तौर पर हैशटैग का उपयोग करने वाले उपयोगकर्ता 'प्रचार चर्चा' से बच नहीं सकते हैं क्योंकि वे पहले ही सामग्री वाहकों के साथ गोपनीयता की कमी वाली ऐसी नीतियों से सहमत हो सकते हैं। हालांकि, इस प्रक्रिया में सामग्री वाहकों की सकारात्मक ज़िम्मेदारी, विशेष रूप से सोशल मीडिया साइटों की ज़िम्मेदारी को नज़रअंदाज़ नहीं किया जा सकता है।

2015 के मध्य में नेपाल में आए विनाशकारी भूकंप पर विचार करें। गूगल ने पीपल फाइंडर इंटरचेंज फॉर्मेट (PFIF) के माध्यम से 'व्यक्ति को खोजने में सहायक' ऐप का इस्तेमाल किया। यह लापता या विस्थापित लोगों के बारे में जानकारी इकट्ठा करने और साझा करने के लिए एक खुला डेटा मानक है तथा व्यक्ति को खोजने में यह सहायक ऐप मूल रूप से क्लाउड कंप्यूटिंग तंत्र पर आधारित है।[9] व्यक्ति को खोजने में सहायक गूगल का यह ऐप 2010 से हैती भूकंप के आने के समय से पहले ही उपयोग में था तथा जानकारी को साझा करने के लिए इंस्टाग्राम का भी इस्तेमाल किया जा रहा था। फेसबुक ने भी 2015 में इसी तरह के विचार पेश किए जिससे फेसबुक द्वारा 'सुरक्षा जांच उपकरण' का उपयोग उपयोगकर्ताओं की प्रोफाइल में वर्णित भौगोलिक स्थानों एवं ख़तरे वाले स्थान के बारे में अपलोड की गई अन्य प्रासंगिक जानकारी के जरिए जीवित या लापता व्यक्तियों के बारे में पता लगाने के लिए किया गया था।[10] उम्मीद की जाती है कि गूगल या फेसबुक जैसे मेज़बान इस तरह घरेलू हिंसा से पीड़ित महिलाओं की भी मदद कर सकते हैं। इस पर ध्यान दिया जा सकता है कि भारत में लोगों की सुरक्षा के लिए SafetyPin[11] जैसे कई सुरक्षा ऐप्स उपलब्ध हैं, जो यात्रा करते समय लोगों, विशेष रूप से महिलाओं को अपने परिवारों के साथ जुड़ने में मदद करते हैं। Safetypin.com द्वारा निर्मित यह ऐप असुरक्षित, कम प्रकाश वाले ऐसे क्षेत्रों का डेटाबेस भी प्रदान करता है जहां अपराध के मौजूद होने की आशंका हो सकती है। हालांकि, यह फिर से उपयोगकर्ताओं की गोपनीयता के बारे में चिंता उत्पन्न करता है, खासतौर पर इसलिए क्योंकि उपयोगकर्ता अपने भौगोलिक स्थान को साझा कर सकते हैं और अपराधी जो अनधिकृत तरीके से प्रोफाइल या सामग्री वाहक तक पहुंच सकते हैं, वे समाज के लिए खतरनाक साबित हो सकते हैं।

---

[9] क्रिली, आर. (2015)। Google 'person finder' tool deployed to help relatives find loved ones in Nepal. 25 अप्रैल 2015 को द *टेलीग्राफ* में प्रकाशित। http://www.telegraph.co.uk/news/worldnews/asia/nepal/11563157/Google-person-finder-tool-deployed-to-help-relatives-find-loved-ones-in-Nepal.html पर उपलब्ध (4 मई, 2015 को देखा गया)।

[10] क्लार्क, एल. (2015)। Facebook and Google launch people finder tools for Nepal quake. 27 अप्रैल 2015 को Wired.co.uk में प्रकाशित। http://www.wired.co.uk/news/archive/2015-04/27/facebook-google-nepal-earthquake-emergency-response पर उपलब्ध (2 जुलाई, 2015 को देखा गया)।

[11] http://safetipin.com पर इस ऐप के बारे में देखें।

सामग्री वाहक, सामग्रियों या उपयोगकर्ताओं को सर्च इंजन से जोड़कर उपयोगकर्ताओं के 'बिग डेटा' या सूचना सुपर हाईवे तक पहुचने में एक प्रमुख भूमिका निभाते हैं। सामग्री वाहक सर्च इंजनों के लिए जानकारी 'प्रदाता' के तौर पर काम करते हैं। हालांकि, ऐसे मामलों में, कंपनियों के तौर पर सामग्री वाहक तथा 'डेटा नियंत्रक' के तौर पर व्यक्तिगत उपयोगकर्ताओं की ज़िम्मेदारियां अलग-अलग हो सकती हैं। कंपनियों या क़ानूनी संस्थाओं के तौर पर सामग्री वाहक सर्च इंजनों को केवल तब जानकारी प्रदान कर सकते हैं, खासतौर पर उपयोगकर्ता की निजी रूप से उत्पन्न की गई सामग्री के संबंध में, जब उपयोगकर्ता इसके लिए सहमत होता है। ऐसे मामलों में, जब सामग्री का मेज़बान एक ऐसा वेब होस्ट है जिसके लिए उपयोगकर्ता ने कुछ सामग्री अपलोड करने के लिए कुछ राशि का भुगतान किया हो तो उपयोगकर्ता यह उम्मीद कर सकता है कि सामग्री का मेज़बान इसके बदले बेहतर प्रचार के लिए सामग्री को सर्च इंजन से लिंक करेगा। सामग्री वाहक और उपयोगकर्ता के बीच समझौते में यह एक अंतर्निहित शर्त हो सकती है। अन्य मामलों में, जब उपयोगकर्ता ऐसे सामग्री वाहक का उपयोग करता है, जो उपयोगकर्ता को किसी भी सामग्री को मुफ्त में बनाने या उत्पन्न करने देता है (उदाहरण के लिए सोशल नेटवर्किंग साइट या यूट्यूब की तरह वीडियो अपलोड करने वाले साइट, वयस्क मनोरंजन साइट, पॉर्न साइट आदि) इसके लिए उपयोगकर्ता द्वारा मुख्य रूप से चुनी गई गोपनीयता सेटिंग्स और सामग्री की सार्वजनिक सहभाजन नीति के आधार पर सामग्री का मेज़बान सर्च इंजनों में सूचीबद्ध करने के लिए सामग्री प्रदान कर सकता है (Ardia, 2011)।

इस प्रकार उपयोगकर्ता अपनी सामग्री के 'डेटा नियंत्रक' के रूप में महत्त्वपूर्ण भूमिका निभा सकता है। डेटा नियंत्रक के इस समूह को समूह-1 डेटा नियंत्रक कहा जा सकता है जबकि सामग्री वाहक को समूह-2 डेटा नियंत्रक कहा जा सकता है। मेज़बान ग्राहक/उपयोगकर्ता को प्रत्येक सामग्री के साथ-साथ उन दर्शकों को नियंत्रित करने का मौका भी देता है जो उसकी जानकारी के साथ-साथ उसके प्रकाशन को देख सकते हैं। अगर सामग्री वाहक के दृष्टिकोण से यह ईमेल सेवा प्रदाता हो तो यह देखा जा सकता है कि उपयोगकर्ता को डेटा नियंत्रक के रूप में तीन विशिष्ट विकल्प मिलते हैं: (a) अवांछित लोगों को मेल भेजने से ब्लॉक करना; (b) यदि प्रेषक को लगता है कि विशेष संदेश गलत है या गलत प्राप्तकर्ता को जा रहा है तो बीच में संदेश भेजना बंद करना तथा (c) टेक्स्ट संदेश में व्यक्तिगत या व्यावसायिक पद को हस्ताक्षरकर्ता के रूप में प्रकट करना या छिपाना, उपलब्धता की स्थिति को चैट बॉक्स में छिपाना और प्राप्तकर्ता को उपयोगकर्ता की तस्वीरों को देखने में सक्षम बनाने के लिए साइड बार में प्रोफाइल तस्वीरों को प्रकट करना या छिपाना। ऐसा देखा जा सकता है कि सोशल नेटवर्किंग साइट, ब्लॉगिंग साइट या वीडियो अपलोडिंग साइट में उपयोगकर्ताओं को समान अवसर दिए जाते हैं। इसलिए डेटा नियंत्रकों

के रूप में उपयोगकर्ता को अपमानजनक, निन्दात्मक या जोखिम भरी ऐसी सामग्री पोस्ट करने या भेजने के लिए अपनी ज़िम्मेदारियों के बारे में बेहतर समझ होनी चाहिए जो उन्हें ऑनलाइन अपराधियों का लक्ष्य बना सकती है। इस प्रकार समूह-2 के डेटा नियंत्रक अर्थात्, सामग्री वाहक सर्च इंजनों को ऐसी सूचना/सामग्री प्रदान कर सकते हैं जिनके लिए समूह-1 के डेटा नियंत्रक या तो यह संकेत देकर कि ऐसी सामग्रियां इंटरनेट पर 'खोजने योग्य' बनाई जा सकती हैं या सर्च इंजन पर सामग्रियां उपलब्ध करवाने के लिए शुल्क का भुगतान करके पहले से अधिकृत हैं।

हालांकि, जब महिलाओं के ऑनलाइन उत्पीड़न के दृष्टिकोण से विचार किया जाता है तो यहां सामग्री वाहक की ज़िम्मेदारी के मुद्दे पर हालिया विकास का उल्लेख किया जाना चाहिए। अमेरिका में क़ानून के कुछ प्राध्यापकों एवं कार्यकर्ताओं ने प्रतिशोध की भावना से प्रेरित पोर्न को दंडनीय अपराध बनाने के लिए सरकार के साथ काम करना शुरू कर दिया था (Citron, 2014)। इस तथ्य को देखते हुए कि फेसबुक और ट्विटर जैसे सोशल मीडिया साइट प्रतिशोध की भावना से प्रेरित पोर्न बनाने एवं प्रसारित करने के लिए सबसे चुनिंदा मंच हैं, 2015 में ट्विटर ने प्रतिशोध की भावना से प्रेरित पोर्न के लिए मंच के रूप में उपयोग किये जाने पर ध्यान दिया तथा उस मेटाडाटा की निगरानी के लिए कार्रवाई करनी शुरू की जो प्रतिशोध की भावना से प्रेरित पोर्न का उल्लेख करता है; फेसबुक ने भी जल्द ही ऐसा किया।[12] हालांकि फेसबुक और ट्विटर, दोनों ने बार-बार यह उल्लेख किया कि डेटा के भारी प्रवाह के कारण उनके द्वारा सामग्री की व्यापक तौर पर निगरानी संभव नहीं है परंतु यह उल्लेख किया जाना चाहिए कि फेसबुक एवं ट्विटर, दोनों के साथ-साथ गूगल ने सामग्री मॉडरेटरों, जो इन कंपनियों द्वारा आउटसोर्सिंग आधार पर लगाए गए हैं, की मदद से अत्यधिक गंभीर पोर्न, प्रतिशोध की भावना से प्रेरित पोर्न, बाल पोर्न, हिंसक वीडियो आदि पर निगरानी रखने के लिए सराहनीय कदम उठाने शुरू किए हैं।[13] हालांकि इससे इस तरह की सामग्री को कुछ हद तक प्रकाशित करने से रोकने में मदद मिली है परंतु दुर्भाग्यवश इन साइटों का व्यक्तियों, विशेष रूप से महिलाओं, बच्चों व समलैंगिक महिलाओं, समलैंगिक पुरुषों, द्विलिंगी एवं किन्नर (LGBT) समुदाय के अधिकारों को नुकसान पहुंचाने वाली सामग्री प्रकाशित करने के लिए चयनित मंचों के रूप में उपयोग किया जाना जारी है।

---

[12] प्राइस, आर. (2015)। Facebook has banned revenge porn. 16 मार्च, 2015 को बिज़नेस इनसाइडर पर प्रकाशित। http://www.businessinsider.in/Facebook-has-banned-revenge-porn/articleshow/46585337.cms पर उपलब्ध (2 अप्रैल, 2015 को देखा गया)।

[13] इसके बारे में अधिक जानकारी के लिए चौधरी पी., चैटर्जी, ए., एवं वर्मा, वी. (2014) देखें। Guardians of the Internet. 7 दिसंबर, 2014 को टेलीग्राफ में प्रकाशित। http://www.telegraphindia.com/1141207/jsp/7days/story_2412.jsp पर उपलब्ध (8 दिसंबर, 2014 को देखा गया)।

3. सर्च इंजन

वर्ल्ड वाइड वेब अब सर्च इंजनों के बिना असंभव हो गया है। ग्रिम्लमैन (2007) के अनुसार 'सर्च इंजन एक ऐसी सेवा है जो अपने उपयोगकर्ताओं को इंटरनेट पर सामग्री खोजने में मदद करती है'। इसे समझना जरूरी है कि सर्च इंजन संचार वाहकों या सामग्री वाहकों की तरह स्वतंत्र घटक नहीं हैं। वे तीन बुनियादी कारकों पर आश्रित हैं: (a) सर्च इंजन द्वारा उपलब्ध जानकारी/सामग्रियों की अनुक्रमणिका बनाना जिस पर सर्च इंजनों को स्पाइडर, क्रॉलर्स, रोबोट आदि जैसे सॉफ़्टवेयर का उपयोग करके काम करने की आवश्यकता होती है; (b) उपयोगकर्ता द्वारा पूछताछ, जो वास्तव में सर्च इंजनों को प्रभावी परिणाम उत्पन्न करने के लिए एवं इस तरह सक्रिय रहने के लिए प्रेरित करती हैं; तथा (c) परिणाम, जिन्हें सर्च इंजन उस सटीक सामग्रियों के साथ वेब पेजों या वेब लिंकों की सूचियों के रूप में उत्पन्न करते हैं जिसे उपयोगकर्ताओं द्वारा खोजा जा रहा था। सर्च इंजनों की लोकप्रियता इस बात पर निर्भर करती है कि वे कितनी तेज़ी से सटीक परिणाम उत्पन्न कर सकते हैं। यह विभिन्न अनुक्रमण तंत्रों द्वारा किया जा सकता है जो पूछताछ पर निर्भर या पूछताछ से स्वतंत्र हो सकते हैं। उदाहरण के लिए गूगल 'पेज रैंक' के माध्यम से बाद वाली विधि का उपयोग करता है। यह मूल रूप से गूगल सर्च द्वारा वेबसाइटों की लोकप्रियता के अनुसार उनके सर्च इंजन परिणामों में उन्हें श्रेणीबद्ध करने के लिए प्रयुक्त एक कलन विधि है। गूगल के अनुसार:

> 'पेजरैंक पेज तक लिंकों की संख्या की गिनती करके और गुणवत्ता देखकर काम करता है ताकि इसका लगभग अंदाज़ा लगाया जा सके कि वेबसाइट कितनी महत्त्वपूर्ण है। अंतर्निहित धारणा यह है कि अधिक महत्त्वपूर्ण वेबसाइटों को अन्य वेबसाइटों से अधिक लिंक प्राप्त होने की संभावना है।'[14]

इसे याद रखना जरूरी है कि डेटा नियंत्रक के रूप में सामग्री वाहक या उपयोगकर्ता भी अपनी वेबसाइटों को परिणाम की शीर्ष सूची में लाने में महत्त्वपूर्ण भूमिका निभाते हैं। कई सामग्री वाहक या वेबसाइट सर्च लिस्ट में विज्ञापनों के जरिए अपनी रैंक को बेहतर बनाने के लिए अपनी व्यवसायिक शब्दावली का सहारा लेते हैं तथा इसके लिए सर्च इंजन को पैसे चुकाते हैं। ऐसे विज्ञापन वेबसाइटों को इंगित करने वाले हाइपरलिंकों के साथ केवल एक या दो पंक्ति वाले अवतरणों या कुछ शब्दों के हो सकते हैं। जब कोई उपयोगकर्ता कीवर्ड के साथ किसी विशेष सामग्री को खोजना शुरू करता है तो ये विज्ञापन स्वचालित रूप से दिखाई दे सकते हैं। इस पर ध्यान दिया जा सकता है कि कई ई-कॉमर्स वेबसाइट एवं पोर्न

---

14 अधिक जानकारी के लिए http://web.archive.org/web/20111104131332/ http://www.google.com/competition/howgooglesearchworks.html देखें (2 मार्च 2015 को देखा गया)।

वेबसाइट भी सूची में आने के लिए इस तरह के व्यावसायिक मॉडल का उपयोग कर सकती हैं।

सामग्री वाहक या संचार वाहकों की तुलना में सर्च इंजनों की ज़िम्मेदारी काफी अस्पष्ट है। सर्च इंजन क़ानूनों पर परिचर्चा में तीन कर्ताओं अर्थात्, सामग्री प्रदाताओं (समूह 1 और 2 के डेटा नियंत्रकों सहित), उपयोगकर्ताओं, जो प्रभावी परिणामों के लिए सर्च इंजनों का उपयोग करते हैं एवं तीसरा पक्ष जो सर्च परिणामों के कारण बहुत लाभ पा सकते हैं या अत्यधिक नुकसान का सामना कर सकते हैं, पर अधिक ध्यान दिया जाता है। इस दृष्टिकोण से विश्लेषण करते हुए यह देखा जा सकता है कि सर्च इंजन की ज़िम्मेदारियां सामग्री वाहक के समरूप हैं। वे मुख्य रूप से DMCA की धारा 512 (c) और अमेरिकी संविधान के पहले संशोधन से ली गई हैं; इनमें निम्नलिखित बातें शामिल हो सकती हैं:

- सामग्रियों का उचित अनुक्रमण
- खोजकर्ता द्वारा की गई पूछताछ का जवाब देना
- उचित व सटीक परिणाम प्रदान करना
- 'क्लिक फ्रॉड' के साथ प्रभावी ढंग से निपटना
- खोजकर्ता की निजी जानकारी या ब्राउज़िंग इतिहास का तब तक खुलासा न करना जब तक कि खोजकर्ता ने सर्च इंजन को अनुबंधों में मौजूद विभिन्न अंतर्निहित या यहां तक कि छद्मावरण से छिपाई शर्तों के द्वारा ऐसा करने का अधिकार प्रदान नहीं किया है
- जब तीसरे पक्ष द्वारा DMCA के सामग्री हटाए जाने के तंत्र या निजी क़ानूनी शिकायतों के माध्यम से शिकायत की जाती है तो अनुक्रमणिका एवं खोज परिणामों से विशेष सामग्री को हटाना
- चाइल्ड पोर्नोग्राफी को चित्रित करने वाली किसी भी सामग्री का अनुक्रमण या उत्पादन नहीं करना
- होमपेज पर शिकायत अधिकारी के विवरण दिखाना

हालांकि, यह उल्लेख किया जाना आवश्यक है कि संचार वाहकों एवं सामग्री वाहकों की तरह सर्च इंजन अनुक्रमण के लिए इसमें दी गई सामग्री और परिणाम के बहिर्वाह की व्यापक तौर पर निगरानी नहीं करते हैं। यही कारण है कि सर्च इंजन 'क्लिक फ्रॉड' सामग्री का संकेत दे सकते हैं लेकिन अपमानजनक या हानिकारक अथवा प्रतिष्ठा को क्षतिग्रस्त करनेवाली सामग्री या यहां तक कि प्रतिलिप्यधिकार का उल्लंघन करनेवाली सामग्री पर जानकारी के बहिर्वाह को तब तक प्रतिबंधित नहीं करते हैं जब तक उन्हें तीसरे पक्षों अर्थात्

जिन्हें ऐसी सामग्रियों द्वारा नुकसान पहुंच सकता है, द्वारा ऐसी समस्याओं के बारे में सूचित नहीं किया जाता है।

भारतीय संदर्भ में: 'विस्मृति का अधिकार' मध्यस्थ किस हद तक ज़िम्मेदार हैं?

2010 से 'विस्मृति के अधिकार' को EU गोपनीयता सुरक्षा क़ानूनों के अर्थ में एक विस्तारित अधिकार के रूप में माना जा रहा है (Bennet, 2012)। 2012 में EU कमीशन ने औपचारिक रूप से उन लोगों के लिए 'विस्मृति का अधिकार' लाने के उद्देश्य से एक नया क़ानून प्रस्तावित किया जो इंटरनेट कंपनियों या मध्यस्थों को खुद के बारे में अवांछित डेटा हटाने के लिए कह सकते हैं।[15] प्रस्तावित क़ानून, जिस पर पहली बार EU के न्याय आयुक्त[16] विवियन रेडिंग द्वारा औपचारिक रूप से चर्चा की गई थी, उसे अब अमेरिका के प्रथम व चौथे संशोधन के साथ-साथ मध्यस्थों हेतु सुरक्षित प्रश्रय नीतियों के अनुसार गोपनीयता क़ानूनों की समझ के लिए एक बड़ा प्रभावी कारक माना जा रहा है। 'विस्मृति का अधिकार' अनिवार्य रूप से सर्च इंजन और सोशल मीडिया सहित मध्यस्थों से 'डेटा से संबंधित व्यक्ति' के पिछले अवांछित इतिहास को मिटाने का अधिकार है (Ambrose, 2012; Bennett, 2012)। गूगल के पीटर फ्लेशर ने 2011 में सही तरीके से बताया है कि 'विस्मृति के अधिकार' के संबंध में डेटा चार के प्रकार हो सकते हैं; इनमें शामिल हैं: (a) उपयोगकर्ता द्वारा स्वयं के बारे में पोस्ट की गई सामग्री जिन्हें वह विशेष वेबसाइट से हटा सकता है लेकिन यदि मध्यस्थ के पास कैश्ड (Cached) प्रतियां हैं तो इसे सर्च इंजन से हटाना आसान नहीं हो सकता है; (b) उपयोगकर्ता द्वारा पोस्ट की गई सामग्री, जिसे किसी अन्य उपयोगकर्ता द्वारा उसी या अन्य वेबसाइट में दोबारा पोस्ट किया गया है तथा जब मूल उपयोगकर्ता उन सामग्रियों को हटाना चाहता है तो इस प्रक्रिया में दूसरे पोस्टर के अभिव्यक्ति का अधिकार, सामग्री हटाने के नोटिस के लिए वेबसाइट की अपनी नीति और मूल उपयोगकर्ता का गोपनीयता का अधिकार शामिल हो सकता है; (c) किसी व्यक्ति द्वारा पोस्ट किए गए दावेदार के बारे में जानकारी वाली सामग्री साथ ही (d) ऐसी सामग्रियां जिसमें व्यक्तिगत पहचान योग्य जानकारी शामिल हैं तथा जिन्हें वेब प्लेटफार्मों द्वारा बरकरार रखा जाता है या प्रेषित किया जाता है (Voss, 2014)। ऐसे मामलों में फ्लेशर टिप्पणी करते हैं:

> किसी व्यक्ति को ऐसे व्यक्ति के खिलाफ़ शिकायत निवारण की अनुमति देना जो उसके बारे में असत्य जानकारी प्रकाशित करता है, उसके लिए पारंपरिक विधिक तंत्र में मानहानि एवं

[15] BBC. (2012) देखें। EU proposes 'right to be forgotten' by internet firms. 8 मार्च 2012 को प्रकाशित। http://www.bbc.com/news/technology-16677370 पर उपलब्ध (2 फरवरी 2015 को देखा गया)।

[16] पूर्वोक्त।

> परिवाद संबंधी क़ानून मौजूद हैं। बेशक यह सत्य है कि इन तंत्रों में अधिक समय लगता है और वे महंगे हैं लेकिन क़ानूनी मानक चिरस्थायी एवं काफी स्पष्ट हैं। लेकिन गोपनीयता का दावा असत्य पर आधारित नहीं है। मुझे नहीं मालूम कि वाक् स्वतंत्रता का गंभीर रूप से उल्लंघन किए बिना इस तरह का अधिकार कैसे पेश किया जा सकता है।[17]

यह स्पष्ट है कि डेटा के ये वर्गीकरण विभिन्न प्रकार के डेटा नियंत्रकों को इंगित कर सकते हैं तथा इनमें डेटा के बहिर्वाह को प्रतिबंधित करने के लिए विभिन्न प्रकार के तंत्र या नीतियां हो सकती हैं, जिससे अवांछित डेटा मिटाने के लिए मुख्य उत्तरदायी विषय के रूप में मध्यस्थों के बोझ को कम किया जा सकता है। लेकिन EU कमीशन ने अमेरिकी मध्यस्थों द्वारा गोपनीयता मानदंडों (EU के विनियमों के अनुसार) के गैर-अनुपालन के मुद्दे पर विचार किया, जब उन्होंने ऐसी अवांछित सामग्री को हटाने से इनकार कर दिया जो वायरल हो सकती है या नहीं हो सकती है तथा जो 'डेटा से संबंधित व्यक्ति' के लिए हानिकारक साबित हो सकती है। गूगल स्पेन SL एवं गूगल इंक. बनाम एजेन्सिया एस्पानोला डी प्रोटेसिओन डी डाटोस (AEPD) एवं कोस्टेजा गोंज़ालेज़ के मामले में EU न्याय आयोग द्वारा 'विस्मृति के अधिकार' का समर्थन किया गया था। अंत में इस तथ्य पर विचार करते हुए यह माना गया कि प्रकाशित जानकारी ने 'व्यक्ति के निजी जीवन से संबंधित डेटा को संवेदनशील' बनाया और लंबे अंतराल के बाद सार्वजनिक हित के लिए इसकी आवश्यकता नहीं थी। डेटा से संबंधित व्यक्ति को उन वेब प्लेटफार्मों से ऐसे डेटा को हटाने के लिए दावा करने का अधिकार हो सकता है जो उस डेटा को दूसरों के लिए उपलब्ध करवा रहे हैं (Voss, 2014)। गूगल ने तदनुसार नए ऑनलाइन फॉर्म शामिल करने के लिए कदम उठाए हैं जिनका उपयोग डेटा से संबंधित व्यक्तियों द्वारा अवांछित सामग्री के लिंक को दर्शाने के लिए किया जाता है तथा जिनके (फॉर्म) साथ वैध कारण एवं डेटा से संबंधित व्यक्तियों की फोटो पहचान होनी चाहिए (Voss, 2014)।

भारतीय स्थिति: 'विस्मृति का अधिकार' अभी भी यूरोप में प्रचलित अधिकार है जिसे अमेरिकी मध्यस्थों की सहभागिता के कारण अमेरिका के अलावा अन्य महाद्वीपों में विस्तारित नहीं किया गया है। संबंधित व्यक्तियों के लिए डेटा के 'विस्मृति के अधिकार' की आवश्यकता के संदर्भ में एम्ब्रोस (2012) ने चार अलग-अलग कारण दिखाए हैं; ये हैं — बौद्धिक संपदा प्रतिबंध, अनुबंध संबंधी दायित्व, मानहानि एवं गोपनीयता को होनेवाली क्षति। एम्ब्रोस ने चार कारकों अर्थात् 'एकांतता में दखल', 'निजी तथ्यों का

---

[17] फ्लेशर, पी. (2011) देखें। Foggy thinking about right to oblivion. http://peterfleischer.blogspot.in/2011/03/foggy-thinking-about-right-to-oblivion.html पर उपलब्ध। (20 जनवरी, 2016 को देखा गया)।

सार्वजनिक प्रकटीकरण', 'दुरूपयोग' एवं 'गलत दृष्टि' को शामिल करके गोपनीयता को होनेवाली क्षतियों के दायरे को आगे बढ़ाया है। जब साइबर जगत में महिलाओं के उत्पीड़न के दृष्टिकोण से देखा जाता है तो ये सभी 'डेटा से संबंधित व्यक्तियों' के समान अधिकारों, जैसे भारत में 'विस्मृति का अधिकार' को लागू करने के लिए उचित प्रतीत हो सकते हैं। खड़क सिंह बनाम उत्तर प्रदेश सरकार (1963) के मामले पर विचार करें जिसे भारत में गोपनीयता अधिकारों की अवधारणा विशेष रूप से 'अकेले छोड़ने' की अवधारणा की स्थापना के संदर्भ में एक ऐतिहासिक निर्णय माना जाता है। 'विस्मृति का अधिकार' भारत में इसी तरह की श्रेणियों में लागू किया जा सकता है। हाल ही में अपराधकर्ताओं द्वारा बनाई बलात्कार की वीडियो या नकली अवतारों की तस्वीरों के सोशल मीडिया के उन उपयोगकर्ताओं द्वारा प्रसार के कई उदाहरण हैं जो मानते हैं कि ऐसे संचरण से वास्तव में बलात्कार पीड़िताओं या नकली अवतारों या इस पुस्तक में वर्णित साइबर अपराधों की अन्य श्रेणियों की पीड़िताओं व आपराधिक न्याय मशीनरी को अपराधी की पहचान में फायदा हो सकता है।

अंडमान की जरावा महिलाओं के नृत्य वीडियो या बलात्कार के वीडियो अथवा महिला पत्रकारों, कार्यकर्ताओं, मशहूर हस्तियों या यहां तक कि आम महिलाओं के बारे में उन लोगों द्वारा, जिन्हें उस औरत के प्रति नफरत है, पोस्ट की गई अपमानजनक, अश्लील, भद्दी टिप्पणियों पर विचार करें; इस प्रकार के पोस्ट या समाचार वर्ल्ड वाइड वेब में लंबे समय तक रह सकते हैं तथा इन्हें इनसे संबंधित महिला के मित्र, परिचित, भावी नियोक्ता, छात्र और यहां तक कि बच्चे भी देख सकते हैं, जब वे इस प्रकार के अपमानजनक पोस्ट के अर्थ तथा उस पोस्ट के बरकरार रहने के कारण को समझने के लिए पर्याप्त परिपक्व हो जाते हैं। यह देखा जा सकता है कि बलात्कार पीड़िता बलात्कार के दृश्य की तस्वीरों को देखने में बेहद असहज महसूस कर सकती है। भले ही उन्हें उन तस्वीरों में पूरी तरह से न दिखाया गया हो फिर भी नकली अवतारों का इंटरनेट पर मौजूद होना महिलाओं एवं छात्राओं के साथ-साथ नौकरी तलाशने वाली महिलाओं व गृहिणियों के लिए बेहद हानिकारक साबित हुआ है। कुछ महिलाओं ने ऐसी सामग्री हटाने के लिए बार-बार नोटिस भेजे, फ़ोन या ईमेल से वेबसाइटों से संपर्क करने की कोशिश की तथा ऐसी सामग्रियों को हटाने का आग्रह किया; इनमें से कुछ महिलाएं ऐसा करने में सफल रहीं जबकि कुछ को निराशाजनक जवाब मिले। कुछ महिलाओं को सर्च इंजन में खुद या दूसरों द्वारा खोजे जाने पर खोज परिणामों में अभी भी आपत्तिजनक डेटा की संचित प्रतियां देखने को मिलती हैं।

'विस्मृति का अधिकार' जैसे क़ानून ऐसी वेबसाइटों के खिलाफ़ उन महिलाओं की शिकायतों का निवारण कर सकते हैं जिन्होंने ऐसी महिलाओं के अनुरोधों का पालन करने से इनकार किया था। कई शोधकर्ताओं द्वारा उल्लेख किया गया है कि सुरक्षित प्रश्रय नीतियों

या DMCA नियमों के साथ-साथ इंटरनेट कंपनियों या वेबसाइटों के दिशानिर्देशों के तौर पर स्थापित मध्यस्थ ज़िम्मेदारियों में अंतर्निहित 'विस्मृति के अधिकार' का भाव शामिल था तथा मध्यस्थों के अधिकार के ऊपर डेटा से संबंधित व्यक्ति के अधिकार को लागू करने के लिए एक अतिरिक्त क़ानून लाने की कोई आवश्यकता नहीं थी। साइबर जगत में महिलाओं के उत्पीड़न के दृष्टिकोण से मध्यस्थों की ज़िम्मेदारियों को महिला पीड़ितों के कल्याण एवं विशेष रूप से डेटा से संबंधित व्यक्ति के देश के सांस्कृतिक पहलुओं को ध्यान में रखते हुए डिज़ाइन किया जाना चाहिए। इस तथ्य को देखते हुए कि मध्यस्थों की ज़िम्मेदारियां व प्रतिरक्षाएं मुख्य रूप से उपयोगकर्ताओं की वाक् स्वतंत्रता से संबंधित हैं, व्यक्तियों, विशेष रूप से महिलाओं (जो इंटरनेट और डिजिटल संचार प्रौद्योगिकी की उपयोगकर्ता हों या न हों) की गोपनीयता से जुड़े मुद्दे पर भी विचार किया जाना चाहिए। हालांकि 'विस्मृति के अधिकार' से संबंधित नवीनतम प्रकरण पर विचार करना दिलचस्प है जिसे दिल्ली स्थित याचिकाकर्ता द्वारा इंडिया क़ानून, गूगल आदि वेबसाइटों के खिलाफ़ वरीयता दी गई है।[18] मीडिया रिपोर्ट में बताया गया था कि याचिकाकर्ता की याचिका इस मुद्दे पर आधारित थी कि सर्च इंजन उसके वैवाहिक जीवन संबंधी विवाद, जो पहले सुलझाया जा चुका है, के बारे में जानकारी दिखाना जारी रख रहा है। ऐसी जानकारी में उसके परिवार के सदस्यों के नाम के साथ उसका नाम शामिल था जो न केवल उसकी गोपनीयता का उल्लंघन करती थी बल्कि उसकी प्रतिष्ठा को भी नुकसान पहुंचा सकती थी। उसने स्वयं से जुड़े आपराधिक मामले से संबंधित जानकारी को हटाने के लिए ऑनलाइन 'विस्मृति के अधिकार' के सिद्धांत को लागू करने के लिए गूगल स्पेन SL व गूगल इंक. बनाम AEPD, मारियो कोस्टेजा गोंज़ालेज़ (2014) के यूरोपीय संघ मामले का संदर्भ लिया। दिल्ली उच्च न्यायालय ने केंद्र सरकार, गूगल एवं इंडिया क़ानून वेबसाइट अधिकारियों की प्रतिक्रिया मांगी है कि क्या इन मुद्दों को सुलझाने के लिए इसे गोपनीयता के अधिकार के व्यापक दायरे में लाया जा सकता है। इस मामले का नतीजा अभी तक देखा जाना बाकी है क्योंकि यह ऑनलाइन उत्पीड़न की पीड़ित महिलाओं सहित कई अन्य व्यक्तियों के लिए एक ऐतिहासिक उदाहरण स्थापित कर सकता है।

मध्यस्थों की ज़िम्मेदारी के संबंध में भारतीय क़ानून: मध्यस्थता ज़िम्मेदारी और प्रतिरक्षा खंड को IT अधिनियम, 2000 (2008 में संशोधित) के तहत संबोधित किया गया है। यह उल्लेख करना आवश्यक है कि मुख्य अधिनियम में ऐसा कोई विशिष्ट अध्याय नहीं है जो इस मुद्दे से संबंधित है। इस अधिनियम की धारा 79 एवं सूचना प्रौद्योगिकी (मध्यस्थ

[18] अधिक जानकारी के लिए गर्ग. ए (2016) देखें। Delhi banker seeks 'right to be forgotten' online. 1 मई 2016 को टाइम्स ऑफ इंडिया में प्रकाशित। http://timesofindia.indiatimes.com/india/Delhi-banker-seeks-right-to-be-forgotten-online/articleshow/52060003.cms पर उपलब्ध। (20 जून 2016 को देखा गया)।

दिशानिर्देश) नियम, 2011 मध्यस्थ के दायित्वों और उन्मुक्तियों से निपटने के लिए मुख्य संसाधन हैं। हालांकि इन प्रावधानों में पालन किए गए मुख्य सिद्धांत आवश्यक उद्यम पर अमेरिकी क़ानूनों तथा पहले उल्लेख की गई सुरक्षा प्रश्रय नीतियों से बने हैं। IT अधिनियम एवं नियमों के अनुसार मध्यस्थों की ज़िम्मेदारियों पर दो खंडों में चर्चा की जा सकती है। इनके बारे में निम्नानुसार चर्चा की गई है:

1. मध्यस्थों की आम ज़िम्मेदारियां: सूचना प्रौद्योगिकी (मध्यस्थ दिशानिर्देश) नियम, 2011 'उचित उद्यम' नाम के तहत नियम 3 में ज़िम्मेदारियों का समुच्चय प्रदान करते हैं। इन ज़िम्मेदारियों का पालन भारत के सभी मध्यस्थों द्वारा तथा IT अधिनियम, 2000 (2008 में संशोधित) की धारा 75 के आधार पर किया जाना चाहिए जो किसी भी राष्ट्रीयता के व्यक्ति द्वारा भारत के बाहर किए गए किसी भी अपराध या उल्लंघन के लिए क़ानून का दायरा बढ़ाता है। इन ज़िम्मेदारियों को भारत के बाहर होस्ट किए गए मध्यस्थों तक बढ़ाया जा सकता है। इन आम ज़िम्मेदारियों को आगे तीन श्रेणियों में समूहीकृत किया जा सकता है, जैसा कि सूचना प्रौद्योगिकी (मध्यस्थ दिशानिर्देश) नियम, 2011 के नियम 3 द्वारा निर्दिष्ट किया गया है। ये निम्नानुसार हैं:

   i. नीतिगत दिशानिर्देशों को विकसित करने, निष्पक्षता के सिद्धांतों को बनाए रखने एवं अधिनियम के प्रावधानों का पालन करने की ज़िम्मेदारी। इस श्रेणी के तहत निम्नलिखित नियम हैं:

      (a) मध्यस्थ किसी भी व्यक्ति द्वारा मध्यस्थ के कंप्यूटर संसाधन के प्रयोक्ता के लिए नियमों एवं विनियमों, गोपनीयता संबंधी नीति तथा उपयोगकर्ता समझौते को प्रकाशित करेगा। (नियम 3 (1))।

      (b) मध्यस्थ अपने उपयोगकर्ताओं को सूचित करेगा कि मध्यस्थ कंप्यूटर संसाधनों के उपयोग या उस तक पहुंच के लिए नियमों एवं विनियमों, उपयोगकर्ता समझौते और गोपनीयता नीति के गैर-अनुपालन के मामले में, मध्यस्थ के पास तुरंत कंप्यूटर संसाधन तक पहुंच या उसके उपयोग के लिए उपयोगकर्ताओं के अधिकारों को समाप्त करने और गैर-अनुवर्ती जानकारी को हटाने का अधिकार है। (नियम 3(5))।

      (c) मध्यस्थ वर्तमान में लागू अधिनियम के प्रावधानों या किसी अन्य क़ानूनों का सख्ती से पालन करेगा। (नियम 3 (6))।

      (d) जब क़ानूनी आदेश द्वारा आवश्यक हो तो मध्यस्थ उन सरकारी एजेंसियों को सूचना या ऐसी कोई सहायता प्रदान करेगा जो जांचपरक,

सुरक्षात्मक, साइबर सुरक्षा गतिविधि के लिए क़ानूनी रूप से अधिकृत हैं। ऐसी जानकारी या ऐसी कोई सहायता मांगने के उद्देश्य के विवरण के साथ लिखित में अनुरोध करने पर, पहचान के सत्यापन के उद्देश्य से जानकारी या ऐसी कोई सहायता अथवा वर्तमान में लागू किसी क़ानून के तहत अपराधों की रोकथाम, पहचान, जांच, अभियोजन, साइबर सुरक्षा घटनाओं एवं सज़ा के लिए प्रदान की जाएगी। (नियम 3(7))।

(e) मध्यस्थ साइबर सुरक्षा घटनाओं की रिपोर्ट करेगा और भारतीय कंप्यूटर आपातकालीन प्रतिक्रिया टीम के साथ साइबर सुरक्षा घटनाओं से संबंधित जानकारी को साझा करेगा। (नियम 3(9))।

(f) मध्यस्थ कंप्यूटर संसाधन की तकनीकी कॉन्फ़िगरेशन को जानबूझकर परिनियोजित या स्थापित या संशोधित नहीं करेगा अथवा इस तरह के किसी भी कार्य का भाग नहीं बनेगा जो कंप्यूटर संसाधन के संचालन की सामान्य प्रगति को उससे बदल सकता है या इसे बदलने की क्षमता है, जिसमें तथा जिनसे 'वर्तमान में लागू क़ानून का उल्लंघन हो: बशर्ते कि मध्यस्थ कंप्यूटर संसाधन और उसमें मौजूद जानकारी को सुरक्षित करने के कार्य करने के एकमात्र उद्देश्य के लिए तकनीकी साधनों का विकास, उत्पादन, वितरण या उपयोग कर सके'। (नियम 3(10))।

(g) मध्यस्थ अपनी वेबसाइट पर शिकायत अधिकारी एवं उसके संपर्क विवरणों के साथ-साथ उस प्रक्रिया को प्रकाशित करेगा जिसके द्वारा उपयोगकर्ता या नियम 3 के उल्लंघन में किसी भी व्यक्ति द्वारा कंप्यूटर संसाधन के उपयोग या उपयोग के परिणामस्वरूप पीड़ित, इस तरह की पहुंच या मध्यस्थ के कंप्यूटर संसाधन के उपयोग या उसके द्वारा उपलब्ध कराए गए कंप्यूटर संसाधनों से संबंधित अन्य मामलों के खिलाफ़ अपनी शिकायतों को सूचित कर सकते हैं। शिकायत अधिकारी शिकायत प्राप्त होने की तिथि से एक महीने के भीतर शिकायतों का निवारण करेगा। (नियम 3(11))।

ii. हटाई जाने वाली सामग्रियों के प्रकारों को वर्गीकृत करने की ज़िम्मेदारी और ऐसी सामग्रियों को हटाने के संदर्भ में नीति की घोषणा। ये ज़िम्मेदारियां निम्नानुसार हैं:

(a) कंप्यूटर संसाधन के उपयोगकर्ताओं को किसी भी ऐसी जानकारी को होस्ट, प्रदर्शित, अपलोड, संशोधित, प्रकाशित, प्रेषित, अपडेट या साझा नहीं करने के बारे में सूचित करना जो (a) किसी अन्य व्यक्ति से संबंधित है

एवं जिस पर उपयोगकर्ता का कोई अधिकार नहीं है; (b) पूरी तरह से हानिकारक, उत्पीड़क, ईश-निन्दापूर्ण, अपमानजनक, अश्लील, पोर्नोग्राफिक, पेडोफिलिक, निंदात्मक, किसी अन्य व्यक्ति की गोपनीयता के प्रति आक्रामक, घृणास्पद या नस्लीय, नैतिक रूप से आपत्तिजनक, उपेक्षा करनेवाली, काले धन को वैध बनाने (मनी लॉन्डरिंग) या जुए से संबंधित अथवा उसको प्रोत्साहित करने वाली या अन्यथा किसी भी तरह से गैरक़ानूनी है; (c) किसी भी तरह से नाबालिगों को नुकसान पहुंचाती है; (d) किसी पेटेंट, ट्रेडमार्क, कॉपीराइट या अन्य स्वामित्व अधिकारों का उल्लंघन करती है; (e) वर्तमान में लागू किसी भी क़ानून का उल्लंघन करती है; (f) इस तरह के संदेशों की उत्पत्ति के बारे में प्रेषिती को धोखा देती या गुमराह करती है अथवा किसी भी ऐसी जानकारी को संचारित करती है जो प्रकृति में अपमानजनक या धमकी-भरी है; (g) किसी अन्य व्यक्ति का रूप धारण करती है; (h) जिसमें किसी कंप्यूटर संसाधन की कार्यक्षमता को बाधित, नष्ट या सीमित करने के लिए डिज़ाइन किए गए सॉफ़्टवेयर वायरस अथवा कोई अन्य कंप्यूटर कोड, फ़ाइलें या प्रोग्राम शामिल हैं और (i) भारत की एकता, अखंडता, रक्षा, सुरक्षा या श्रेष्ठत्व, दूसरे देशों के साथ मैत्रीपूर्ण संबंधों या सार्वजनिक आदेश को नुकसान पहुंचाती है अथवा किसी भी संज्ञेय अपराध को बढ़ावा देने का कारण बनती है या किसी भी अपराध की जांच को रोकती है या किसी अन्य देश का अपमान करती है। (नियम 3(2))।

(b) मध्यस्थ किसी भी जानकारी को जानबूझकर होस्ट या प्रकाशित नहीं करेगा अथवा उसका प्रसारण शुरू नहीं करेगा, प्रसारण के प्राप्तकर्ता का चयन नहीं करेगा और उप-नियम (2) में निर्दिष्ट किए अनुसार प्रसारण में निहित जानकारी का चयन या उसे संशोधित नहीं करेगा बशर्ते कि मध्यस्थ द्वारा निम्नलिखित कार्यों के कारण उप-नियम (2) में निर्दिष्ट किसी भी जानकारी का प्रकटीकरण, प्रकाशन, संपादन या संग्रहन नहीं होगा - (a) कंप्यूटर संसाधन के भीतर ऐसे कंप्यूटर संसाधन की आंतरिक विशेषता के रूप में स्वचालित रूप से जानकारी का अस्थायी या क्षणिक या मध्यवर्ती भंडारण, जिसमें किसी अन्य कंप्यूटर संसाधन के लिए आगे के प्रसारण या संचार के लिए किसी भी मानव संपादकीय नियंत्रण का कोई अभ्यास शामिल नहीं है; (b) इस तरह की जानकारी, डेटा या संचार लिंक को मध्यस्थ द्वारा अधिकृत व्यक्ति के वास्तविक ज्ञान में

आने के बाद मध्यस्थ द्वारा अधिनियम के प्रावधानों के अनुसार किसी भी आदेश या दिशा के आधार पर किसी भी जानकारी, डेटा या संचार लिंक तक पहुंच को हटाना। (नियम 3 (3))।

(c) मध्यस्थ, जिसके कंप्यूटर सिस्टम पर जानकारी स्टोर या होस्ट या प्रकाशित की गई है, स्वयं जानकारी प्राप्त करने पर या उप-नियम (2) के अनुसार प्रभावित व्यक्ति द्वारा लिखित या ऐसी किसी जानकारी के बारे में इलेक्ट्रॉनिक हस्ताक्षर के साथ प्रेषित ईमेल के माध्यम से वास्तविक जानकारी दी जाती है, वह 36 घंटों के भीतर कार्यवाही करेगा तथा जहां लागू हो, उप-नियम (2) का उल्लंघन करने वाली ऐसी जानकारी को अक्षम करने के लिए ऐसी जानकारी के उपयोगकर्ता या मालिक के साथ काम करेगा। इसके अलावा मध्यस्थ जांच उद्देश्यों के लिए कम से कम 90 दिनों तक ऐसी जानकारी और संबंधित रिकॉर्ड सुरक्षित रखेगा। (नियम 3(4))।

(d) मध्यस्थ अपने उपयोगकर्ताओं को सूचित करेगा कि मध्यस्थ के कंप्यूटर संसाधन तक पहुंच या उसके उपयोग के लिए नियमों एवं विनियमों, उपयोगकर्ता समझौते तथा गोपनीयता नीति के गैर-अनुपालन के मामले में मध्यस्थ के पास अपने कंप्यूटर संसाधन तक उपयोगकर्ताओं की पहुंच या उपयोग के अधिकारों को तत्काल समाप्त करने और गैर-अनुपालन जानकारी को हटाने का अधिकार है। (नियम 3(5))

2. गोपनीयता की सुरक्षा की ज़िम्मेदारी: मध्यस्थों के लिए इस ज़िम्मेदारी की चर्चा आगे दो खंडों के तहत की जा सकती है: सर्वप्रथम निजी सूचना की रक्षा करना मध्यस्थ की ज़िम्मेदारी है। भले ही यह प्रावधान 'उपयोगकर्ता' शब्द का उल्लेख स्पष्ट रूप से नहीं करता है लेकिन यह प्रावधान उपयोगकर्ताओं की गोपनीयता को लक्षित करता है। इसलिए देखा जा सकता है कि सूचना प्रौद्योगिकी (मध्यस्थ दिशानिर्देश) नियमावली, 2011 के नियम 3(8) में कहा गया है कि, 'मध्यस्थ सूचना प्रौद्योगिकी (उचित सुरक्षा कार्य व प्रक्रियाएं एवं संवेदनशील व्यक्तिगत जानकारी) नियमावली, 2011 में निर्धारित उचित सुरक्षा कार्यों व प्रक्रियाओं का अनुपालन करते हुए अपने कंप्यूटर संसाधन और इसमें मौजूद जानकारी को सुरक्षित रखने के लिए सभी उचित उपाय करेगा'। इस पर ध्यान देना दिलचस्प हो सकता है कि इस प्रावधान के आधार पर मध्यस्थ उपयोगकर्ताओं की 'गोपनीयता' की रक्षा के लिए ज़िम्मेदार हो जाते हैं। ऐसी 'गोपनीयता' को 'संवेदनशील व्यक्तिगत

> जानकारी' के रूप में समझाया गया है। इन संवेदनशील व्यक्तिगत जानकारी में 'पासवर्ड, वित्तीय जानकारी जैसे कि बैंक खाता या क्रेडिट कार्ड या डेबिट कार्ड अथवा अन्य भुगतान साधनों के विवरण, शारीरिक, दैहिक एवं मानसिक स्वास्थ्य स्थिति; यौन अनुकूलन; चिकित्सा रिकॉर्ड एवं इतिहास; बॉयोमीट्रिक जानकारी; सेवा प्रदान करने के लिए निगमित निकाय (Body corporate) को प्रदान किए गए उपर्युक्त खंडों से संबंधित कोई भी विवरण; और निगमित निकाय द्वारा संसाधन के लिए उपरोक्त किसी भी खंडों के तहत प्राप्त की गई, वैध अनुबंध के तहत या अन्यथा संग्रहित या संसाधित की कोई भी जानकारी शामिल हो सकती है। (सूचना प्रौद्योगिकी के नियम 3(3); उचित सुरक्षा कार्य व प्रक्रियाएं एवं संवेदनशील व्यक्तिगत जानकारी; नियम, 2011)

गोपनीयता की सुरक्षा के दौरान ऐसी निजी जानकारी प्राप्त करना एवं नीतिगत दिशानिर्देश प्रदान करने के लिए उचित प्रक्रिया का अनुपालन करना दूसरी ज़िम्मेदारी है जिससे उपयोगकर्ताओं को यह पता चल सके कि किस तरह की जानकारी एकत्र की जाती है तथा उनके साथ क्या किया जाएगा। इन ज़िम्मेदारियों का उल्लेख सूचना प्रौद्योगिकी (उचित सुरक्षा कार्य व प्रक्रियाएं एवं संवेदनशील व्यक्तिगत जानकारी) नियमावली, 2011 के नियम 4–8 में किया गया है, जो निम्नानुसार हैं:

> नियम 4: निगमित निकाय द्वारा सूचना एवं गोपनीयता के प्रकटीकरण हेतु नीति निर्माण के संदर्भ में—(1) निगमित निकाय या कोई भी ऐसा व्यक्ति जो निगमित निकाय की तरफ से सूचना प्रदाता की जानकारी को एकत्रित करता है, प्राप्त करता है, पास रखता है, स्टोर करता है, उस पर कार्यवाही करता या संभालता है, संवेदनशील व्यक्तिगत डेटा या जानकारी सहित व्यक्तिगत जानकारी को संभालने या उस पर कार्यवाही करने के लिए एक गोपनीयता नीति प्रदान करेगा तथा यह सुनिश्चित करेगा कि ये जानकारी ऐसे प्रदाताओं द्वारा देखने के लिए उपलब्ध हैं जिन्होंने क़ानूनी अनुबंध के तहत ऐसी जानकारी प्रदान की है। ऐसी नीति निगमित निकाय या इसकी ओर से किसी भी व्यक्ति की वेबसाइट पर प्रकाशित की जाएगी जिसमें निम्नलिखित बातें शामिल होंगी—
>
> (a) इसके कार्यों एवं नीतियों के स्पष्ट और आसानी से पहुंच योग्य वक्तव्य;
> (b) नियम 3 के तहत एकत्रित व्यक्तिगत या संवेदनशील व्यक्तिगत डेटा या जानकारी का प्रकार;
> (c) ऐसी जानकारी के संग्रह एवं उपयोग के उद्देश्य;
> (d) नियम 6 के अनुसार संवेदनशील व्यक्तिगत डेटा या जानकारी सहित जानकारी का प्रकटीकरण तथा
> (e) नियम 8 के अनुसार उचित सुरक्षा कार्य एवं प्रक्रियाएं।

नियम 5: सूचना एकत्र करना—(1) निगमित निकाय या उसकी ओर से कोई भी व्यक्ति इस तरह की सूचना एकत्र करने से पहले संवेदनशील व्यक्तिगत डेटा या उपयोग के उद्देश्य से संबंधित जानकारी के प्रदाता से पत्र या फैक्स या ईमेल के माध्यम से लिखित में सहमति प्राप्त करेगा।

(2) निगमित निकाय या उसकी तरफ से कोई भी व्यक्ति संवेदनशील व्यक्तिगत डेटा या जानकारी तब तक एकत्र नहीं करेगा जब तक कि- (a) सूचना किसी निगमित निकाय या उसकी ओर से किसी भी व्यक्ति के कार्य या गतिविधि से जुड़े वैध उद्देश्य के लिए एकत्र की जाती है; तथा (b) उस उद्देश्य के लिए संवेदनशील व्यक्तिगत डेटा या जानकारी को एकत्र करना आवश्यक माना जाता है।

(3) संबंधित व्यक्ति, निगमित निकाय या उसकी ओर से किसी भी व्यक्ति से सीधे जानकारी एकत्र करते समय, इस तरह के कदम उठाए जाएंगे जो तत्कालीन परिस्थितियों में यह सुनिश्चित करने के लिए उचित हैं कि संबंधित व्यक्ति को निम्नलिखित का ज्ञान है—

(a) यह तथ्य कि जानकारी एकत्र की जा रही है;

(b) वह उद्देश्य जिसके लिए सूचना एकत्र की जा रही है;

(c) जानकारी के भावी प्राप्तकर्ताओं; तथा

(d) निम्नलिखित का नाम और पता—

  (i) एजेंसी जो जानकारी एकत्र कर रही है; तथा

  (ii) एजेंसी जो जानकारी बनाए रखेगी।

(4) निगमित निकाय या उसकी ओर से कोई भी व्यक्ति जिसके पास संवेदनशील व्यक्तिगत डेटा या जानकारी है वह उन उद्देश्यों के लिए अधिक समय तक जानकारी बनाए नहीं रखेगा जिनके लिए जानकारी क़ानूनी रूप से उपयोग की जा सकती है या अन्यथा वर्तमान समय में लागू किसी अन्य क़ानून के तहत आवश्यक है।

(5) एकत्र की गई जानकारी का उपयोग उस उद्देश्य के लिए किया जाएगा जिसके लिए इसे एकत्र किया गया है।

(6) निगमित निकाय या उसकी ओर से कोई भी व्यक्ति सूचना के प्रदाताओं को यह अनुमति देता है की जैसे भी या जब भी व्यक्ति द्वारा अनुरोध किया जाए तो उनके द्वारा प्रदान की गई जानकारी की समीक्षा की जाए। साथ ही यह सुनिश्चित किया जाए कि गलत या अपूर्ण पाई गई किसी भी व्यक्तिगत जानकारी या संवेदनशील व्यक्तिगत डेटा या जानकारी को व्यवहार्य रूप में सही या संशोधित किया जाएगा। प्रदत्त जानकारी की समीक्षा करने की अनुमति इस शर्त पर दी जाएगी कि जानकारी के प्रदाता द्वारा ऐसे निगमित निकाय या ऐसे निगमित निकाय की ओर से काम कर रहे किसी अन्य व्यक्ति को प्रदान की गई व्यक्तिगत जानकारी या संवेदनशील व्यक्तिगत डेटा या जानकारी की प्रामाणिकता के लिए निगमित निकाय ज़िम्मेदार नहीं होगा।

(7) निगमित निकाय या उसकी ओर से कोई भी व्यक्ति, संवेदनशील व्यक्तिगत डेटा या जानकारी सहित अन्य जानकारी एकत्र करने से पहले, जानकारी के प्रदाता को एकत्र किए जाने वाले डेटा या जानकारी को प्रदान ना करने का विकल्प देगा। जानकारी के प्रदाता के पास, किसी भी समय सेवाओं का लाभ उठाते समय या अन्यथा, निगमित निकाय को दी गई सहमति को वापस लेने का भी विकल्प होगा। सहमति की इस तरह की वापसी निगमित निकाय को लिखित में भेजी जाएगी। जानकारी प्रदाता द्वारा अपनी सहमति नहीं देने या इसे वापस लेने के मामले में निगमित निकाय के पास उन वस्तुओं अथवा सेवाओं को प्रदान नहीं करने का विकल्प होगा जिसके लिए यह जानकारी मांगी गई थी।

(8) निगमित निकाय या उसकी ओर से कोई भी व्यक्ति नियम 8 के अनुसार जानकारी को सुरक्षित रखेगा।

(9) निगमित निकाय सूचना के संसाधन के संबंध में जानकारी के उनके प्रदाता की किसी भी असंगतियों और शिकायतों को निर्धारित समय के भीतर संबोधित करेगा। इस उद्देश्य के लिए निगमित निकाय एक शिकायत अधिकारी को नियुक्त करेगा तथा अपनी वेबसाइट पर उसका नाम एवं संपर्क विवरण प्रकाशित करेगा। शिकायत अधिकारी जानकारी के प्रदाता की शिकायतों का निवारण शीघ्रता से व शिकायत प्राप्त होने की तिथि से एक महीने के भीतर करेगा।

नियम 6: जानकारी का प्रकटीकरण—(1) निगमित निकाय द्वारा किसी भी तीसरे पक्ष को संवेदनशील व्यक्तिगत डेटा या जानकारी के प्रकटीकरण के लिए ऐसी जानकारी के प्रदाता से पूर्व अनुमति की आवश्यकता होगी जिसने क़ानूनी अनुबंध के तहत ऐसी जानकारी प्रदान की है या अन्यथा, जब तक कि इस तरह के प्रकटीकरण की सहमति निगमित निकाय और सूचना प्रदाता के बीच अनुबंध में हुई है या जहां क़ानूनी दायित्व के अनुपालन के लिए प्रकटीकरण आवश्यक है। यह अनुमति मांगी गई है बशर्ते कि सूचना के प्रदाता से पूर्व सहमति प्राप्त किए बिना सूचना, संवेदनशील व्यक्तिगत डेटा या जानकारी समेत जानकारी प्राप्त करने के लिए क़ानून के तहत अनिवार्य सरकारी एजेंसियों के साथ पहचान के सत्यापन के उद्देश्य के लिए, अपराधों की रोकथाम, उनका पता लगाने, साइबर घटनाओं समेत जांच, अभियोजन और सजा के लिए साझा की जाएगी। सरकारी एजेंसी द्वारा उस निगमित निकाय को जिसके पास संवेदनशील व्यक्तिगत डेटा या जानकारी है, लिखित रूप में अनुरोध भेजा जाएगा जिसमें ऐसी जानकारी मांगने का उद्देश्य स्पष्ट रूप से लिखा जाएगा। सरकारी एजेंसी यह भी बताएगी कि प्राप्त की गई जानकारी प्रकाशित या किसी भी अन्य व्यक्ति के साथ साझा नहीं की जाएगी।

(2) उप-नियम (1) में शामिल होने के बावजूद किसी भी संवेदनशील व्यक्तिगत डेटा या जानकारी का प्रकटीकरण किसी तीसरे पक्ष को वर्तमान में लागू क़ानून के तहत किया जाएगा।

(3) निगमित निकाय या उसकी ओर से कोई भी व्यक्ति संवेदनशील व्यक्तिगत डेटा या जानकारी को प्रकाशित नहीं करेगा।

(4) उप-नियम (1) के तहत निगमित निकाय या उसकी ओर से किसी भी व्यक्ति से संवेदनशील व्यक्तिगत डेटा या जानकारी प्राप्त करने वाला तीसरा पक्ष इसका आगे प्रकटीकरण नहीं करेगा।

नियम 7: जानकारी का स्थानांतरण— एक निगमित निकाय या उसकी ओर से कोई भी व्यक्ति भारत में या किसी अन्य देश में स्थित किसी भी अन्य निगमित निकाय या व्यक्ति को संवेदनशील व्यक्तिगत डेटा या जानकारी समेत जानकारी स्थानांतरित कर सकता है जो उसी स्तर की डेटा सुरक्षा सुनिश्चित करता है जो इन नियमों के तहत प्रदान किए गए निगमित निकाय द्वारा दी गई है। स्थानांतरण की अनुमति केवल तभी दी जा सकती है जब यह निगमित निकाय या उसकी ओर से किसी भी व्यक्ति और जानकारी के प्रदाता के बीच वैध अनुबंध के कार्य-निष्पादन के लिए आवश्यक है जहां ऐसे व्यक्ति ने डेटा के स्थानांतरण के लिए सहमति दी है।

नियम 8: उचित सुरक्षा अभ्यास एवं प्रक्रियाएं— (1) एक निगमित निकाय या उसकी ओर से व्यक्ति को उचित सुरक्षा अभ्यासों व प्रक्रियाओं का पालन करता माना जाएगा, यदि उन्होंने ऐसे सुरक्षा अभ्यासों और प्रक्रियाओं को लागू किया है तथा उनके पास लिपिबद्ध जानकारी सुरक्षा कार्यक्रम एवं सूचना सुरक्षा नीतियां हैं जिनमें प्रबंधकीय, तकनीकी, परिचालन और शारीरिक सुरक्षा नियंत्रण उपाय शामिल हैं, जो व्यवसाय की प्रकृति के साथ सुरक्षित सूचना संपत्तियों के अनुरूप हैं। सूचना सुरक्षा उल्लंघन की स्थिति में निगमित निकाय या उसकी ओर से किसी व्यक्ति को क़ानून के तहत अनिवार्य एजेंसी द्वारा दिए गए निर्देश एवं कहे जाने पर यह दिखाने की आवश्यकता होगी कि उन्होंने अपने लिपिबद्ध सूचना सुरक्षा कार्यक्रम व सूचना सुरक्षा नीतियों के अनुसार सुरक्षा नियंत्रण उपायों को लागू किया है।

(2) 'सूचना प्रौद्योगिकी— सुरक्षा तकनीक — सूचना सुरक्षा प्रबंधन प्रणाली— आवश्यकताओं' पर अंतर्राष्ट्रीय मानक IS/ISO/IEC 27001 उप-नियम (1) में निर्दिष्ट ऐसा ही एक मानक है।

(3) कोई भी उद्योग संघ या इस तरह के संघ द्वारा बनाई संस्था, जिसके सदस्य उप-नियम (1) के अनुसार डेटा सुरक्षा के लिए सर्वोत्तम अभ्यासों के IS/ISO/IEC कोड के अलावा किसी अन्य का अनुपालन करके आत्म-विनियामक हैं, को प्रभावी कार्यान्वयन के लिए अपनी सर्वोत्तम अभ्यास संहिता को केन्द्र सरकार द्वारा अनुमोदित एवं अधिसूचित करवानी चाहिए।

(4) निगमित निकाय या उसकी ओर से व्यक्ति जिसने IS/ISO/IEC 27001 मानक या उप-नियम (3) के तहत अनुमोदित और अधिसूचित डेटा सुरक्षा के लिए सर्वोत्तम अभ्यास

> संहिता लागू की है, उसे उचित सुरक्षा अभ्यासों व प्रक्रियाओं के साथ अनुपालन करता माना जाएगा बशर्ते इस तरह के मानक या सर्वोत्तम अभ्यास संहिता को केंद्र सरकार द्वारा अनुमोदित स्वतंत्र ऑडिटर के माध्यम से संस्थाओं द्वारा नियमित आधार पर प्रमाणित या ऑडिट किया गया है। ऑडिटर द्वारा वर्ष में कम से कम एक बार या जब निगमित निकाय या जब उसकी ओर से व्यक्ति अपनी प्रक्रिया और कंप्यूटर संसाधन का महत्त्वपूर्ण उन्नयन करता है तब उचित सुरक्षा अभ्यासों व प्रक्रियाओं का ऑडिट किया जाना चाहिए।

जब मध्यस्थ या 'निगमित निकाय' इन ज़िम्मेदारियों का उल्लंघन करके उपयोगकर्ताओं की गोपनीयता की सुरक्षा करने में विफल रहता है तो वे या तो नागरिक कष्टप्रद दायित्व या आपराधिक दंड दायित्व के माध्यम से दंड के अधीन हो सकते हैं। पहला IT अधिनियम, 2000 (2008 में संशोधित) की धारा 43A के माध्यम से उपलब्ध है जो डेटा की सुरक्षा करने में विफलता के लिए क्षतिपूर्ति से संबंधित है। इसके अनुसार,

> जहां निगमित निकाय किसी कंप्यूटर संसाधन में कोई भी संवेदनशील व्यक्तिगत डेटा या जानकारी रखता है, उस पर कार्यवाही करता है या उसे संभालता है जिस पर इसका स्वामित्व है, इसका नियंत्रण या संचालन करता है, उचित सुरक्षा अभ्यासों व प्रक्रियाओं को लागू करने एवं बनाए रखने में लापरवाह है तथा इस प्रकार किसी भी व्यक्ति को गलत नुकसान या गलत लाभ पहुंचाने का कारण बनता है, ऐसा निगमित निकाय, प्रभावित व्यक्ति को पांच करोड़ रुपये तक की क्षतिपूर्ति के जरिए नुकसानों का भुगतान करने के लिए ज़िम्मेदार होगा।[19]

परवर्ती दंड IT अधिनियम, 2000 (2008 में संशोधित) की धारा 72A के माध्यम से उपलब्ध है जो वैध अनुबंध के उल्लंघन में सूचना के प्रकटीकरण के लिए सज़ा से संबंधित है। इसके अनुसार,

> इस अधिनियम या वर्तमान में लागू होने वाले किसी भी अन्य क़ानून के अनुसार, मध्यस्थ सहित कोई भी व्यक्ति जो, क़ानूनी अनुबंध की शर्तों के तहत सेवाएं प्रदान करते समय,

---

[19] इस धारा से जुड़ा स्पष्टीकरण कहता है कि,

> इस धारा के उद्देश्यों के लिए (i) 'निगमित निकाय' का मतलब कोई भी कंपनी है और इसमें वाणिज्यिक या व्यावसायिक गतिविधियों में शामिल व्यक्तियों की एक फर्म, एकल स्वामित्व या अन्य संगठन शामिल हैं (ii) 'उचित सुरक्षा अभ्यासों व प्रक्रियाओं' का अर्थ सुरक्षा संबंधी अभ्यास एवं प्रक्रियाएं हैं, जिन्हें ऐसी जानकारी को अनधिकृत पहुंच, क्षति, उपयोग, संशोधन, प्रकटीकरण या हानि से सुरक्षा के लिए डिज़ाइन किया गया है, जैसा कि पक्षों के बीच एक समझौते में निर्दिष्ट किया जा सकता है या जैसा कि वर्तमान में लागू क़ानून में निर्दिष्ट किया जा सकता है, तथा ऐसे समझौते या किसी भी क़ानून की अनुपस्थिति में, ऐसे उचित सुरक्षा अभ्यास और प्रक्रियाएं जिन्हें कि केंद्र सरकार द्वारा ऐसे पेशेवर निकायों या संघों के उचित परामर्श से निर्धारित किया जा सकता है। (iii) 'संवेदनशील व्यक्तिगत डेटा या सूचना' का अर्थ ऐसी व्यक्तिगत जानकारी है जिसे केंद्र सरकार द्वारा ऐसे पेशेवर निकायों या संघों के उचित परामर्श से निर्धारित किया जा सकता है।

किसी अन्य व्यक्ति के बारे में व्यक्तिगत जानकारी वाली किसी भी सामग्री तक पहुंच प्राप्त कर लेता है, इस इरादे के साथ या यह जानते हुए कि वह गलत नुकसान या गलत लाभ पहुंचा सकता है, संबंधित व्यक्ति की सहमति के बिना, या वैध अनुबंध के उल्लंघन में किसी अन्य व्यक्ति को ऐसी सामग्री का प्रकटीकरण करता है, उसे तीन वर्ष तक के कारावास या पांच लाख रुपये तक के जुर्माने या दोनों के साथ दंडित किया जा सकता है।

महिलाओं के खिलाफ़ साइबर अपराधों के परिप्रेक्ष्य से ज़िम्मेदारियों का अवलोकन दो महत्त्वपूर्ण मुद्दों को उजागर कर सकता है; इन ज़िम्मेदारियों में ऐसी किसी भी जानकारी के प्रकाशन का निषेध जो महिलाओं की प्रतिष्ठा या महिलाओं की सुरक्षा के लिए हानिकारक हो सकती है तथा यौन अभिविन्यास को अन्य कारकों के बीच 'संवेदनशील व्यक्तिगत जानकारी' मानना शामिल हैं। पहली ज़िम्मेदारी हमारी जानकारी को अधिक आकर्षित करती है क्योंकि यह महिलाओं के लिए मध्यस्थ, विशेषकर सोशल मीडिया साइटों एवं व्हाट्सएप जैसी संचार संदेश सेवाओं के खिलाफ़ तब आरोप लगाने में बेहद सहायक हो सकता है जब वे ऐसी जानकारी को अपनी ज़िम्मेदारी के दायरे से बाहर मानते हुए इसकी निगरानी करने पर विचार करने से इनकार करते हैं। सूचना प्रौद्योगिकी (मध्यस्थ दिशानिर्देश) नियम, 2011 के नियम 3(4) में स्थापित इस प्रावधान ने वाक् स्वतंत्रता के समर्थकों का ध्यान आकर्षित किया क्योंकि इसमें धारा 66A की झलक शामिल है जिसे 2015 में श्रेया सिंघल के मामले में सर्वोच्च न्यायालय द्वारा अस्पष्ट होने के कारण हटा दिया गया था। बाद वाला कारक अर्थात् 'यौन अभिविन्यास' को संवेदनशील व्यक्तिगत जानकारी मानना, जिसकी सुरक्षा करना मध्यस्थ की ज़िम्मेदारी है, हमारा ध्यान और आकर्षित करता है क्योंकि यह LGBT समुदाय से संबंधित महिलाओं के लिए सहायक हो सकता है। हालांकि ऐसी कई महिलाएं अब भारत में सोशल मीडिया में अपने यौन अभिविन्यास को प्रकट कर रही हैं, हमें महिलाओं के यौन अभिविन्यास को लक्षित करने वाले उत्पीड़न की बढ़ती दर देखने को मिलती है। ऐसे मामले में मध्यस्थों को पहले मुद्दे यानि कुछ श्रेणियों की जानकारी के निषेध के संबंध में अपनी ज़िम्मेदारियों पर अधिक गंभीरता से विचार करना चाहिए।

ज़िम्मेदारियों से मुक्ति

जब हम इंटरनेट मध्यस्थ की ज़िम्मेदारियों के बारे में बात करते हैं तो उनसे मुक्ति सभी हितधारकों के लिए अवलोकन का विषय बन जाता है। महिलाओं के खिलाफ़ साइबर अपराध के मामले में हम अक्सर यह देखते हैं कि महिलाओं को अनचाहे फोन कॉल या अज्ञात नंबरों से मिस्ड कॉल, भद्दे या भयभीत करने वाले SMSs या व्हाट्सएप या अन्य मोबाइल फोन संचार सेवाओं पर अजनबियों द्वारा अवांछित तरीके से शामिल किए जाने या सोशल मीडिया समेत विभिन्न सामग्री वाहकों में अपमानजनक तस्वीरों, निन्दात्मक

अवतरण, वीडियो आदि डालने तथा सर्च इंजन के माध्यम से इनके प्रसार के जरिए लगातार उत्पीड़ित किया जाता है। पीड़ित महिला अक्सर इस तरह की उत्पीड़न भरी सामग्री के बारे में शिकायत करने पर सेवा प्रदाताओं या मध्यस्थों के कमज़ोर रवैये के बारे में शिकायत करती हैं। ज्यादातर मामलों में जब सेवा प्रदाता पीड़िताओं द्वारा की गई शिकायतों पर कोई कार्रवाई करने से इनकार कर देते हैं तो पीड़िताओं के प्रति उनके जवाब बेहद निराशाजनक होते हैं। अक्सर पूछा जाने वाला प्रश्न यह है कि क़ानून एवं स्वयं के नीतिगत दिशानिर्देशों के अनुसार मध्यस्थों की ज़िम्मेदारियों के निर्धारण के बावजूद पीड़ितों द्वारा शिकायत करने पर वे इन्हें क्यों नहीं निभाते? जवाब यह है कि मध्यस्थों के पास बचाव के कुछ साधन हैं जो उन्हें तीसरे पक्ष यानी पीड़ितों द्वारा की गई प्रत्येक शिकायत पर कार्यवाही नहीं करने से मुक्त करते हैं। आम तौर पर चर्चा की गई ज़िम्मेदारियों से सेवा प्रदाताओं के लिए मुक्ति अमेरिकी क़ानूनों के कई सिद्धांतों और क़ानूनी प्रावधानों से उत्पन्न होती हैं; इनमें उचित उद्यम सिद्धांत, सुरक्षित प्रश्रय सिद्धांत, CDA की धारा 230 तथा DMCA, भाग II शामिल हैं।

बचाव के साधन के बारे में चर्चा स्पष्ट रूप से सेवा प्रदाताओं द्वारा विकसित नीतिगत दिशानिर्देशों के बारे में चर्चाओं को आरंभ करेंगी। गूगल, फेसबुक, ट्विटर आदि सहित सेवा प्रदाता तीसरे पक्ष की ओर ज़िम्मेदारियों से मुक्ति का दावा करने के लिए संयुक्त राज्य की सुरक्षित प्रश्रय नीतियों का पालन करते हैं।[20] ये सुरक्षित प्रश्रय नीतियां डेटा प्रवाह के संदर्भ में व्यक्तिगत गोपनीयता की सुरक्षा पर EU डेटा निर्देशों के सिद्धांतों पर विकसित की गई हैं जो आर्थिक सहयोग एवं विकास संगठन (OECD) के दिशानिर्देशों पर आधारित था।[21] आमतौर पर, इंटरनेट सेवा प्रदाता और डोमेन होस्ट दो प्रकार के बचाव का लाभ उठा सकते हैं अर्थात् (a) 47 USC में संहिताबद्ध CDA की धारा 230(c) के तहत मानहानि से तीसरे

---

[20] गूगल (26 फरवरी, 2011) देखें। Self regulatory frameworks. http://www.google.com/policies/privacy/frameworks पर उपलब्ध; फेसबुक (26 फरवरी, 2011) देखें। Clause VI of data use policy. https://www.facebook.com/full_data_use_policy पर उपलब्ध; ट्विटर (26 फरवरी, 2011) भी देखें। Clause on EU Safe harbor frame work. http://twitter.com/privacy पर उपलब्ध; गूगल (26 फरवरी, 2011) देखें। Policies and principles: Terms of service. http://www.google.com/intl/en/policies/terms/ पर उपलब्ध; फेसबुक (26 फरवरी, 2011)। Statement of rights and responsibilities. http://www.facebook.com/legal/terms पर उपलब्ध; ट्विटर (26 फरवरी, 2011)। Terms of service. http://twitter.com/tos पर उपलब्ध।

[21] OECD. (21 अप्रैल, 2012)। Guidelines on the protection of privacy and trans-border flows of personal data. http://www.oecd.org/document/18/0,3343,en_2649_34255_1815186_1_1_1_1,00.html पर उपलब्ध। चाइल्ड, आर. (16 अप्रैल, 2010) भी देखें। Does the safe harbor programme adequately address third parties online? The Center for Internet and Society. http://cis-india.org/internet-governance/blog/does-the-safe-harbor-program-adequately-address-third-parties-online पर उपलब्ध (21 अप्रैल 2012 को देखा गया)।

पक्ष की ज़िम्मेदारी सहित सभी ज़िम्मेदारियों से मुक्ति,[22] तथा (b) DMCA शीर्षक 512 के तहत कॉपीराइट उल्लंघन के संबंध में ज़िम्मेदारियों से मुक्ति बशर्ते सेवा प्रदाता उचित उद्यम के सिद्धांतों का पालन करते हैं जिसमें यह शामिल है कि उन्होंने ऐसी उल्लंघनकारी सामग्री को जानबूझकर एवं स्वेच्छा से होस्ट नहीं किया है साथ ही जानबूझकर एवं स्वेच्छा से उल्लंघनकारी सामग्री से कोई भी मौद्रिक लाभ प्राप्त नहीं किया है और अधिसूचना मिलने पर आपत्तिजनक सामग्री को हटा दिया है। पहले वाला प्रावधान अर्थात्, CDA की धारा 230(c) भी सेवा प्रदाताओं को किसी भी निन्दात्मक, उत्पीड़क सामग्री के प्रकाशकों के रूप में वर्गीकृत होने से मुक्ति देती है; यह सेवा प्रदाताओं और मेज़बानों को किसी भी सामग्री को हटाने की दिशा में नेकनीयती से किए गए कार्यों के लिए किसी भी नागरिक और आपराधिक ज़िम्मेदारी से भी मुक्ति देती है।[23] इसके अलावा डो बनाम माईस्पेस, 474 F.Supp.2d 843 (W.D. Tex. 2007) के प्रकरण से स्पष्ट हुआ कि सेवा प्रदाताओं के लिए उपलब्ध मुक्ति का उपयोग उपयोगकर्ताओं के साथ-साथ गैर-उपयोगकर्ताओं के लिए भी किया जा सकता है जो संबंधित वेबसाइट पर किसी भी प्रकाशन द्वारा प्रभावित हुए हो सकते हैं। इस प्रकार उपर्युक्त प्रावधानों का अनुपालन करने वाले सभी सेवा प्रदाताओं को अपमानजनक सामग्रियों को हटाने के संबंध में नीतियों सहित उनके नीतिगत दिशानिर्देश तैयार करने की आवश्यकता है। बार्न्स बनाम याहू! इंक., 570 F.3d 1096 (9वां Cir. 2009)[24] के मामले में सेवा प्रदाता इकरारी विबंध की विफलता के लिए छूटों के लाभों का लाभ नहीं उठा सकता है यदि वह संबंधित पीड़ित से आवश्यक नोटिस प्राप्त करने के बाद सामग्री (जिसे उसके नीतिगत दिशानिर्देशों में अधिसूचित किया गया हो) को हटाने का अपना वादा पूरा करने में विफल रहा है। वर्तमान में सभी सेवा प्रदाताओं के नियम व शर्तों में विशिष्ट प्रकार की सामग्रियां निर्दिष्ट हैं, जिनमें नग्नता एवं कामोत्तेजक सामग्रियां, द्वेषपूर्ण सामग्रियां शामिल हैं जो प्रतिष्ठा को नुकसान, चोट आदि पहुंचाने, अवपीड़न, धमकी देने तथा उत्पीड़न करने, नफ़रत भरी भाषा, पररूप धारण आदि का कारण बनती हैं तथा सूचना मिलने के बाद इन्हें हटा दिया जाएगा।

लेकिन वास्तव में इस तरह की अधिसूचना के बावजूद कई पीड़ित महिलाएं सेवा प्रदाताओं से कोई सकारात्मक प्रतिक्रिया पाने में असफल हो सकती हैं क्योंकि भले ही सभी

---

[22] डिजिटल मीडिया लॉ प्रोजेक्ट (21 अप्रैल, 2012) देखें। Immunity for online publishers under the Communications Decency Act. Berkman Centre for Internet and Society. http://www.citmedialaw.org/legal-guide/immunity-online-publishers-under-communications-decency-act पर उपलब्ध।

[23] अधिक जानकारी के लिए, CDA के S.230 (c) के तहत "नेक व्यक्तियों" को संरक्षण, आपत्तिजनक पर प्रतिबंध एवं अनुवीक्षण' खंड देखें।

[24] पूर्वोक्त।

विदेश-आधारित सेवा प्रदाताओं के नियमों एवं शर्तों में "लागू क़ानून" का उल्लेख किया गया है और स्थानीय क़ानूनों का सम्मान करने के लिए सहमत हैं, परंतु इस तरह की अपमानजनक सामग्री को आवश्यक रूप से पीड़ित की समझ के अनुसार नहीं बल्कि विशेष सेवा प्रदाता के नीतिगत मानकों के अनुसार "अपमानजन आचरण" के परीक्षण में से सफल होना होगा।[25] सेवा प्रदाता अभी भी अमेरिकी मानकों के अनुरूप वाक् एवं अभिव्यक्ति की स्वतंत्रता से संबंधित क़ानूनों के कारण किसी भी ज़िम्मेदारियों से मुक्ति का दावा कर सकते हैं जो भारतीय मानकों और समझ से कहीं अधिक व्यापक है। यह नई दिल्ली, मेट्रोपॉलिटन मजिस्ट्रेट की अदालत में विनय राय बनाम फेसबुक इंडिया एवं अन्य, संख्या 136/11 के मामले से स्पष्ट है।[26] इस मामले में याचिकाकर्ता ने आपत्तिजनक सामग्रियों की मेज़बानी करने अर्थात् धार्मिक मूर्तियों के अश्लील, अपमानजनक तरीके से चित्रण के लिए गूगल, फेसबुक, ऑर्कुट, याहू आदि सहित 21 वेबसाइटों के खिलाफ़ उपयुक्त कार्रवाई के अनुरोध के साथ उनके खिलाफ़ याचिका दायर की। याचिकाकर्ता का दावा है कि सेवा प्रदाता द्वारा अपनी नीतिगत दिशानिर्देशों में ऐसी सामग्रियों को हटाने का दावा करने के बावजूद वे धार्मिक अशांति पैदा करने वाली सामग्रियों पर ध्यान देने में असफल रहे। उल्लेखनीय रूप से याचिकाकर्ता ने अपना दावा बड़े पैमाने पर पारंपरिक दंड क़ानूनों पर आधारित किया जिनमें IPC की धाराएं 153–A (धर्म, जाति, जन्म स्थान आदि के आधार पर विभिन्न समूहों के बीच शत्रुता को बढ़ावा देना और सद्भावना बनाए रखने के प्रति विघातक कार्य करना), 153–B (देश की सद्भावना के प्रति अपमान, अभिकथन), 292 (अश्लील किताबों की बिक्री आदि), 293 (युवा व्यक्तियों को अश्लील वस्तुओं की बिक्री आदि), 295(A) (किसी भी वर्ग के धर्म या धार्मिक मान्यताओं का अपमान करके इसकी धार्मिक भावनाओं को भंग करने के इरादे से जानबूझकर किए द्वेषपूर्ण कार्य), 298 (धार्मिक भावनाओं को चोट पहुंचाने के इरादे से जानबूझकर ऐसे शब्द बोलना आदि), 109 (दुष्प्रेरण की सज़ा यदि बहकावे के कारण कोई कार्य किया गया है और इसकी सज़ा के लिए कोई स्पष्ट प्रावधान नहीं बनाया गया है), 500 (मानहानि के लिए सज़ा) तथा 120–B (आपराधिक षड्यंत्र के लिए सज़ा) शामिल हैं। इस मामले में वर्तमान जानकारियां बताती हैं कि गूगल इंक., फेसबुक एवं अन्य सहित सेवा प्रदाताओं को सम्मन जारी किए गए थे तथा उन्होंने अदालतों द्वारा

[25] उदाहरण के लिए, अधिकारों एवं जिम्मेदारियों के संदर्भ में फेसबुक के वक्तव्य का कॉलम 16 देखें। https://www.facebook.com/legal/terms पर उपलब्ध है; इन शर्तों के बारे में भी देखें। https://www.google.co.in/intl/en/policies/terms/regional.html पर उपलब्ध है।

[26] इस मामले पर अधिक जानकारी के लिए, NDTV कॉरस्पान्डेन्ट देखें। (16 जनवरी, 2012)। Delhi High Court to hear Google–Facebook's petition today. NDTV.com. http://www.ndtv.com/article/india/delhi-high-court-to-hear-google-facebooks-petition-today-167302?slider पर उपलब्ध (21 अप्रैल, 2012 को देखा गया)।

अधिसूचित किए जाने के बाद ये सामग्रियां हटा दी थीं। लेकिन अभी भी हमारे सामने कोई भी ऐसा मामला नहीं आया है जिसमें पीड़ित महिला द्वारा अपमानजनक सामग्री के लिए एक प्रकाशक/होस्ट के रूप में वेबसाइट की ज़िम्मेदारी पर वरीयता दी गई हो खासकर जब नीति दिशानिर्देशों के अनुसार निषिद्ध सामग्री की श्रेणियों के दायरे में आने वाली वाली सामग्रियों की रिपोर्ट दिए जाने के बाद उस पीड़ित को सेवा प्रदाता से कोई सकारात्मक प्रतिक्रिया प्राप्त न हुई हो।

मध्यस्थ के लिए मुक्ति के संबंध में भारतीय क़ानून

ज़िम्मेदारियों से मुक्ति: उपरोक्त क़ानून मध्यस्थों की ज़िम्मेदारियों के बारे में चर्चा करते हैं परंतु ज़िम्मेदारियों से मुक्ति के बारे में चर्चा IT अधिनियम, 2000 (2008 में संशोधित) की धारा 79 में की गई है। इसकी बातें निम्नानुसार हैं:

(1) वर्तमान में लागू किसी भी क़ानून में निहित किसी भी चीज़ के बावजूद लेकिन उपधारा (2) और (3) के प्रावधानों के अधीन मध्यस्थ किसी भी तृतीय पक्ष के द्वारा होस्ट की गई जानकारी, डेटा या संचार लिंक के लिए ज़िम्मेदार नहीं होगा।

(2) उपधारा (1) के प्रावधान लागू होंगे, यदि- (a) मध्यस्थ का कार्य उस संचार प्रणाली तक पहुंच प्रदान करने तक सीमित है, जिस पर तीसरे पक्ष द्वारा उपलब्ध कराई गई जानकारी प्रसारित या अस्थायी रूप से संग्रहीत की जाती है; या (b) मध्यस्थ इन कार्यों को नहीं करता है- (i) प्रसारण को शुरू करना, (ii) प्रसारण के प्राप्तकर्ता का चयन करना और (iii) प्रसारण में निहित जानकारी का चयन या संशोधन करना; या (c) इस अधिनियम के तहत अपने कर्तव्यों को निर्वहन करते समय मध्यस्थ सावधानी बरतता है तथा केंद्र सरकार की ओर से निर्दिष्ट दिशानिर्देशों का अनुपालन करता है।

(3) उपधारा (1) के प्रावधान लागू नहीं होंगे, यदि- (a) मध्यस्थ ने धमकियों या वादे द्वारा या अन्यथा गैरक़ानूनी कृत्य में षड्यंत्र किया है या बहकाया है या सहायता की है अथवा इसके लिए प्रेरित किया है (ITAA 2008); (b) वास्तविक जानकारी प्राप्त होने पर या उचित सरकारी या संबंधित एजेंसी द्वारा अधिसूचित किए जाने पर मध्यस्थ द्वारा नियंत्रित कंप्यूटर संसाधन में पड़ी या उससे जुड़ी किसी भी जानकारी, डेटा या संचार लिंक का उपयोग गैरक़ानूनी कार्य करने के लिए किया जा रहा है, मध्यस्थ किसी भी तरीके से प्रमाण को हानि पहुंचाए बिना उस संसाधन पर उस सामग्री तक पहुंच को शीघ्रता से हटाने या अक्षम करने में विफल हो जाता है।

इस धारा से जुड़ा स्पष्टीकरण बताता है कि 'तीसरे पक्ष की जानकारी' का अर्थ ऐसी कोई जानकारी है जिस पर मध्यस्थ, मध्यस्थ के तौर पर अपनी क्षमता में कार्यवाही करता है।

इस धारा से स्पष्ट है कि मध्यस्थ केवल दो कारकों पर ज़िम्मेदारियों का दावा कर सकते हैं: (a) जब उन्होंने अपमानजनक सामग्री के प्रसार को रोकने के लिए यथोचित परिश्रम

किया है तथा (b) जब उन्हें किसी तीसरे पक्ष द्वारा अपलोड की गई किसी भी जानकारी के लिए कोई वित्तीय लाभ नहीं मिलता है। लेकिन इनके साथ- साथ कुछ अन्य कारक भी हैं जो मध्यस्थों को ज़िम्मेदारियों से मुक्ति दे सकते हैं जिनका उल्लेख पहले किया जा चुका है। ऐसे में मध्यस्थों को किसी भी व्यक्ति या संगठन के बारे में ऐसी किसी भी जानकारी के लिए ज़िम्मेदार नहीं ठहराया जा सकता है जो सार्वजनिक जानकारी के लिए पहले से ही उपलब्ध है। ऐसी जानकारी में सरकारी वेबसाइटों पर मौजूद जानकारी या सूचना के अधिकार अधिनियम, 2005 के माध्यम से उपलब्ध जानकारी शामिल हो सकती है। लेकिन मध्यस्थ उपयोगकर्ताओं द्वारा प्रकाशित उस जानकारी के लिए मुक्ति का दावा नहीं कर सकते हैं जो उन्हें इंटरनेट या गॉसिप कॉलमों पर वायरल प्रसारण के माध्यम से प्राप्त हुई थी। यही कारण है कि महिलाओं की अश्लील तस्वीरों, नकली अवतारों या महिलाओं के बारे में अपमानजनक जानकारी साझा करना या विशिष्ट महिलाओं को लक्षित करने वाली टिप्पणियों से ट्रॉलिंग या अवपीड़न करना समूह-1 के डेटा नियंत्रक (यानी, जो उपयोगकर्ता इन्हें मध्यस्थ में साझा करता है) को मुख्य रूप से इसके प्रकाशन के लिए ज़िम्मेदार ठहरा सकता है तथा यदि समूह-2 के डेटा नियंत्रक (यानी, मध्यस्थ), इन्हें 'हटाने' से संबंधित शिकायतों पर ध्यान देने में विफल रहते हैं तो उन्हें गौण रूप से ज़िम्मेदार ठहरा सकता है।

ये ज़िम्मेदारियां एवं इनसे उन्मुक्ति विशेष रूप से दूसरों द्वारा डिजिटल सूचना प्रौद्योगिकी के दुरुपयोग के कारण होने वाले नुकसान के मामलों में मध्यस्थों को पुनर्स्थापनात्मक प्रक्रिया का कार्यभार सौंपने के लिए क़ानून द्वारा प्रदान की गई हैं। यह सीधे मध्यस्थों के खिलाफ़ अदालतों में दावा किए जाने वाले प्रत्यक्ष मुकदमों की मात्रा को कम करने का एक उपाय है। यह उल्लेख किया जा सकता है कि जब दिल्ली उच्च न्यायालय ने विनय राय के मामले में याहू द्वारा किए गए दावे पर अपने बचाव का विचार किया तो इस पहलू पर भी विचार किया गया था तथा अदालत ने 2011 के मामले में दण्डाधिकारी के आदेश को रद्द कर दिया था।

निष्कर्ष

इन परिचर्चाओं से यह स्पष्ट है कि मध्यस्थ मंच के तौर पर उपयोगकर्ता द्वारा मध्यस्थ के उपयोग या दुरुपयोग और इसमें अपनी स्वयं की गैर-लाभकारी, अनजान भागीदारी के आधार पर अपनी ज़िम्मेदारियों से मुक्ति का दावा कर सकते हैं। व्यावहारिक रूप से हमने देखा है कि पीड़ित महिलाओं के मामले में मध्यस्थ की ज़िम्मेदारी अवांछित डेटा को मिटाने एवं संबंधित महिलाओं को उस डेटा की 'विस्मृति' में मदद करने की ओर बहुत अधिक हो जाती है जो उनके लिए अप्रासंगिक या खतरनाक है। लेकिन ऐसा बहुत कम होता है। ये

ज़िम्मेदारियां फॉर्म भरने, मध्यस्थों से संपर्क करने और रिपोर्ट की प्राप्ति को स्वीकार करते हुए रिपोर्ट पर ध्यान देने की ओर संकेत देती हैं। हालांकि, ज़िम्मेदारियां यह विचार करने के लिए कि सामग्री डेटा वेयरहाउस से हटाए जाने या उसमें रखे जाने के लिए उपयुक्त है, अपने स्वयं के नीति दिशानिर्देश बनाने का भी संकेत देती हैं। इसके अलावा भले ही डेटा संबंधित वेबसाइटों से मिटा दिया गया हो फिर भी सर्च इंजन में डेटा मौजूद हो सकता है और हो सकता है कि वे उन प्राथमिक वेबसाइटों के जितने सहयोगी ना हों जहां जानकारी पहली बार प्रकाशित हुई थी। इसलिए महिला पीड़ित वेबसाइटों के वादे के अनुरूप विस्मृति के अंतर्निहित अधिकार का पूर्ण लाभ प्राप्त नहीं कर सकती है। भारत में महिलाएं मुख्य रूप से गोपनीयता के उल्लंघन तथा अपने एवं अपने परिवार की सुरक्षा के जोखिमों के डर से पुलिस या अदालतों की सहायता लेने को वरीयता नहीं देती हैं। ऐसी स्थितियों में भले ही 'विस्मृति का अधिकार' EU देशों की तरह एक अलग क़ानून के रूप में पेश किया गया हो, फिर भी यह बहुत कम उपयोगी साबित हो सकता है तथा यहां तक कि दुरुपयोग किया जाने वाला विषय भी बन सकता है जैसा कि IT अधिनियम की धारा 66A के मामले में हुआ था, जिसे अस्पष्टता और दूसरों द्वारा निरंतर दुरुपयोग के कारण सर्वोच्च न्यायालय द्वारा हटा दिया गया था। इसके अलावा यह भी नहीं भूला जाना चाहिए कि 'विस्मृति के अधिकार' पर गोंज़ेल्स मामले के प्रभाव के रूप में गूगल ने डेटा से प्रभावित व्यक्तियों द्वारा उनसे संपर्क करने के लिए प्रभावी कदम उठाए थे; लेकिन उन्होंने अन्य महाद्वीपों में सर्च इंजनों से सामग्री को वापस लेने की गारंटी नहीं दी थी। भारत में गूगल को बिंग, याहू आदि से 'बड़ा सर्च इंजन' माना जाता है और ये सभी अमेरिकी संस्थाएं हैं। इंटरनेट कंपनियों के तौर पर उनके और आपराधिक न्याय मशीनरी द्वारा 2015 तक सबसे बड़ी समस्या भारत में उनके सर्वरों की अनुपस्थिति या संबंधित प्रभावित पक्षों को संपर्क व्यक्तियों का प्रकटीकरण करने की अनिच्छा है। इसलिए 'विस्मृति के अधिकार' जैसे अधिकारों को लागू करने में समय लग सकता है तथा प्रक्रिया से गुज़रने की आवश्यकता हो सकती है जिसके दौरान पीड़ित क़ानून में भरोसा खो सकता है और तेज़ी से लिंक हटाने के लिए तर्कसंगत तरीकों के मुकाबले तर्कहीन प्रावारक तंत्र का उपयोग कर सकता है (Halder & Jaishankar, 2015)। इन कारणों से हम नीतिगत दिशानिर्देश बनाने के लिए मध्यस्थों का ध्यान आकर्षित करने को वरीयता देते हैं जो महिला पीड़ितों को प्रभावी रिपोर्टिंग तंत्र के माध्यम से 'विस्मृति का अधिकार' प्राप्त करने में सक्षम बनाएंगे। हालांकि, 'अकेले रहने के अधिकार' पर विचार करते हुए एक अलग अधिकार की शुरुआत, जिसमें 'विस्मृति के अधिकार' का भाव हो, निश्चित रूप से ऑनलाइन अपराधों की पीड़ित महिलाओं के लिए हमेशा मददगार हो सकता है।

संदर्भ

Ambrose, M. L. (2012). It's about time: Privacy, information lifecycles, and the right to be forgotten. *Stanford Technology Law Review, 16*(2), 369–422. Available at SSRN: http://ssrn.com/abstract=2154374 (Accessed on 2 April 2015).

Ardia, D. S. (16 June 2010). Free speech savior or shield for scoundrels: An empirical study of intermediary immunity under section 230 of the Communications Decency Act. *Loyola of Los Angeles Law Review, 43*(2), 373–506. Available at SSRN: http://ssrn.com/abstract=1625820. (Accessed on 7 May 2015).

Bennett, S. C. (2012). The 'right to be forgotten': Reconciling EU and US per-spectives. *Berkeley Journal of International Law, 30*, 161. Available at: http://scholarship.law.berkeley.edu/bjil/vol30/iss1/4 (Accessed on 5 May 2015).

Citron, D. K. (2014). *Hate crimes in cyber space*. Harvard: Harvard University Press.

Fleischer, P. (2011). Foggy thinking about right to oblivion. Available at http://peterfleischer.blogspot.in/2011/03/foggy-thinking-about-right-to-obliv-ion.html (Accessed on 20 January 2016).

Grimmelmann, J. (2007). The structure of search engine law. *Iowa Law Review*, 93(1). NYLS Legal Studies Research Paper No. 06/07–23. Available at SSRN: http://ssrn.com/abstract=979568 (Accessed on 31 March 2016).

Halder, D., & Jaishankar, K. (2015). Irrational coping theory and positive criminol-ogy: A framework to protect victims of cyber crime. In N. Ronel and D. Segev (eds), *Positive criminology* (pp. 276–291). Abingdon, Oxon: Routledge.

Mahalingam, R. (2007). Beliefs about chastity, machismo, and caste identity: A cultural psychology of gender. *Sex Roles*, 56(3–4): 239–49. DOI10.1007/s11199-006-9168-y (Accessed on 02 May 2015).

Voss, W. G. (July 2014). The right to be forgotten in the European Union: Enforcement in the court of justice and amendment to the proposed gen-eral data protection regulation. *Journal of Internet Law, 18*(1). Available at SSRN: http://ssrn.com/abstract=2567626 (Accessed on 2 April 2015).

8 जांच, अभियोजन, गिरफ़्तारी और हिरासत के लिए प्रक्रियात्मक व्यवहार

साइबर अपराधों में शामिल अमूर्त डेटा के कारण सामान्य रूप से इनकी जांच और अभियोजन के लिए एक विशेष प्रक्रिया की आवश्यकता होती है। यह याद रखना आवश्यक है कि एक अपराध की सूचना मिलने पर पुलिस के लिए सबसे पहले यह सुनिश्चित करना ज़रूरी हो जाता है कि वह किस प्रकार के पीड़ित का मामला सुलझाने जा रही है: सरकार? कॉर्पोरेट कंपनी? एक आम पीड़ित? चूंकि इस पुस्तक में हम आम पीड़ितों पर ध्यान केंद्रित कर रहे हैं अतः हम देखेंगे कि इस मुद्दे में किस तरह के वर्गीकरण किए जा सकते हैं: यदि पीड़ित एक आम व्यक्ति है और उसने साइबर अपराध की सूचना दी है तो ऐसे मामलों को तीन तरीकों से वर्गीकृत किया जा सकता है: (a) अंतर्वैयक्तिक उत्पीड़न के मामले; (b) वित्तीय अपराध के मामले जिनमें पीड़ित को फ़िशिंग (Phishing-फ़र्ज़ी प्रोफाइल बनाकर इलेक्ट्रॉनिक लूट), नौकरी घोटाले इत्यादि का शिकार बनाया जाता है अथवा उसके ATM/डेबिट/क्रेडिट कार्ड को अनधिकृत रूप से स्कैन करके उसका उपयोग किया जाता है; तथा (c) साइबर सहायता प्राप्त ऑफ़लाइन अपराधों सहित ऑनलाइन उत्पीड़न। इन सभी मामलों में रिपोर्ट दायर करने, जांच करने, साक्ष्य एकत्र करने, साक्ष्य संचित करने आदि की प्रक्रिया साइबर अपराध के अन्य मामलों में अपनाए गए सामान्य प्रक्रियात्मक व्यवहारों के समान हो सकती है जिनमें वेबसाइट हैकिंग, फ़िशिंग या यहां तक कि साइबर आतंकवाद के मामले शामिल हैं; उदाहरण के लिए पुलिस को अंतर्वैयक्तिक अपराधों की तरह इन अपराधों में भी हिरासत में लेने की श्रृंखला, घटना से संबंधित जानकारी के समयबद्ध अनुक्रम डिजिटल डेटा, स्रोत कोड, संदेश के आदान-प्रदान के बारे में पता लगाने की आवश्यकता होती है। लेकिन जब किशोर लड़कियों सहित महिलाएं पीड़ित होती हैं तो पीड़िताओं की गोपनीयता के मुद्दों के कारण पूरी प्रक्रिया एक अलग मोड़ ले लेती है।

इस पर कुछ शोध रिपोर्टें भी मौजूद हैं जिनमें 'साइबर विक्टमाइजेशन इन इंडिया: ए बेसलाइन सर्वे रिपोर्ट' (Halder & Jaishankar, 2010), 2013 की राष्ट्रीय अपराध रिकॉर्ड ब्यूरो की रिपोर्ट आदि शामिल हैं जो यह दिखाती हैं कि भारत में महिलाओं व लड़कियों को लक्षित करने वाले साइबर अपराध खतरनाक रूप से बढ़ रहे हैं। लेकिन दुर्भाग्यवश आपराधिक न्याय मशीनरी के समक्ष ऐसे अपराधों के प्रतिवेदन की संख्या तुलनात्मक रूप से कम है। इसके तीन विशिष्ट कारण हो सकते हैं: (a) पीड़ितों के मन में सामाजिक वर्जना का डर (Halder & Jaishankar, 2011a, 2011b), (b) पीड़ितों की सहायता के लिए उचित प्रशिक्षित पुलिस अधिकारियों और उचित आधारभूत संरचना का अभाव (Halder & Jaishankar, 2011a; Jewkes, 2010) एवं पीड़ितों, विशेष रूप से

महिलाओं द्वारा दायर की गई रिपोर्टों का जवाब देने में मध्यस्थों का उदासीन रवैया, (Halder & Jaishankar, 2011a, 2011b) तथा (c) एथिकल एवं अनुभवहीन हैकर्स समूहों का विकास हुआ है और पीड़ित हालात से निपटने के लिए उनके विवेकरहित तरीकों पर बहुत जल्द विश्वास कर सकते हैं (Halder & Jaishankar, 2015)। ये तीनों कारण एक-दूसरे के साथ जुड़े हुए हैं। इस तथ्य को देखते हुए कि भारतीय समाज मुख्य रूप से पितृसत्तात्मक रूढ़िवादी है, महिलाएं अक्सर सामाजिक कायदों से बंधी होती हैं जो प्रकृति में परंपरागत हैं; उदाहरण के लिए विवाह के बाद एक महिला अपने पति की सहमति के बिना बच्चा गोद नहीं ले सकती है या उसे अपने पति के हस्ताक्षर के बिना अपने बच्चों के लिए पासपोर्ट प्राप्त करने की अनुमति नहीं दी जा सकती है। भारत में आपराधिक क़ानून भी भारतीय परिवारों में पुरुषों के प्रभुत्व को स्वीकार करते हैं। संभरण या निर्वाह व्यय या यहां तक कि महिलाओं के संपत्ति अधिकारों (Halder & Jaishankar, 2008) के लिए क़ानूनों पर विचार करने पर हम पाते हैं कि आधुनिक सामाजिक विकास से इस संबंध में न्यायिक दृष्टिकोण में कुछ हद तक बदलाव के बावजूद महिलाओं को अभी भी परिवार एवं समाज में बड़े पैमाने पर कमज़ोर माना जाता है।

इस प्रकार महिलाओं को यह सोच कर आपराधिक न्याय मशीनरी को अपराधों की रिपोर्ट करने से अक्सर हतोत्साहित किया जाता है कि ऐसी रिपोर्टिंग न केवल पुलिस, वकीलों एवं न्यायाधीशों को उस 'शर्मनाक स्थिति' से अवगत करा सकती है जिसमें उन्होंने अपने परिवारों को डाल दिया है बल्कि पुलिस जांच और बाद में अदालत के मामले सालों-साल चल सकते हैं जो परिवारों को पड़ोसियों के साथ-साथ समाज के सामने मज़ाक का पात्र बना सकते हैं। हमने देखा है कि कई परिवारों में महिलाओं को इस डर के कारण रिपोर्टिंग से हतोत्साहित किया जाता है कि इसके कारण पुलिस पीड़िता के घर आएगी और पड़ोसी सोचेंगे कि पीड़ित महिला या परिवार के किसी अन्य सदस्य ने कोई गंभीर सामाजिक अपराध किया होगा; इस तरह की सोच आगे सामाजिक बहिष्कार का डर पैदा कर सकती है। इसके अलावा कुछ पीड़ित महिलाएं यह भी महसूस कर सकती हैं कि पुलिस में रिपोर्ट करने से मामला मीडिया में जा सकता है और मीडिया के माध्यम से अनेक लोगों को महिला के साथ-साथ उसके परिवार की दीन दशा के बारे में पता चल सकता है। इस तथ्य को देखते हुए कि साइबर अपराधों की अधिकांश पीड़ित महिलाओं का उत्पीड़न उन अपराधों द्वारा किया जा सकता है जो या तो प्रकृति में यौन संबंधी हैं (उदाहरण के लिए, सोशल मीडिया में 'नकली अवतार' बनाना, अश्लील, अपमानजनक टिप्पणी या सेक्सटिंग करना और प्रतिशोध की भावना से प्रेरित पोर्नोग्राफी), या अपराध उनकी खुद की भागीदारी के कारण हुआ हो (उदाहरण के लिए, ऑनलाइन ग्रूमिंग, सेक्सटिंग, फ़िशिंग मेल का जवाब देना और उत्पीड़न का शिकार होना), या उन्हें ऐसे उत्पीड़न का सामना करना पड़ सकता है जो इंटरनेट दर्शकों के सामने उनके आचरण को नीचा दिखाता है (उदाहरण के लिए अवपीड़न या ट्रॉलिंग आदि)। पीड़ित महिलाओं को ऐसा लग सकता है कि पुलिस में रिपोर्ट करने

के बाद पुलिस द्वारा पूछताछ शुरू करने पर उनको अतिरिक्त मानसिक आघात पहुंच सकता है। पीड़ित महिलाएं, विशेष रूप से किशोर एवं युवा वयस्क महिलाएं, इस मामले पर अपने परिवार के सदस्यों के साथ यह सोचकर चर्चा नहीं करना चाहती हैं कि इससे अतिरिक्त समस्याएं उत्पन्न होंगी, उनकी स्वतंत्रता बाधित होगी तथा परिवार के अत्यंत रुढ़िवादी होने की स्थिति में सम्मान की रक्षा हेतु उनकी हत्या (Honour Killing) भी की जा सकती है।[1] जब वे परिवार के सदस्यों को बताती भी हैं तो उनके माता-पिता या अन्य अभिभावक या यहां तक कि उनके पति भी लड़कियों एवं महिलाओं के इलेक्ट्रॉनिक्स संचार उपकरणों को बंद कर देते हैं तथा सिम कार्ड को नष्ट करके या उन्हें कंप्यूटर, लैपटॉप, आईपैड आदि से दूर करके मामले को हल करने का प्रयास करते हैं अथवा पीड़ितों को अपराधी से या उस मामले में किसी अजनबी से संपर्क न करने की धमकी दे सकते हैं। कुछ मामलों में पीड़ित महिलाएं या उनके अभिभावक या परिवार हालात से निपटने के लिए विवेकरहित विधियां (Halder & Jaishankar, 2015) अपना सकते हैं जिन पर बाद में चर्चा की जाएगी। हमारे विचारानुसार यह समस्याओं को और भी बढ़ा देता है।

पीड़ित महिला या उनके अभिभावक (विशेष रूप से जब वे ग्रामीण या अर्द्ध-ग्रामीण पृष्ठभूमि से हैं जहां इंटरनेट के प्रति समझ और साक्षरता मेट्रो शहरों जितनी नहीं है या जब पीड़ित सूचना संचार प्रौद्योगिकी (ICT) का उपयोग करने वाली पहली पीढ़ी है और उनके माता-पिता या अभिभावक साइबर मुद्दों से अवगत नहीं हैं) डेटा की गतिशील प्रकृति को कभी समझ नहीं सकते हैं। यह एक कंप्यूटर से दूसरे कंप्यूटर पर, एक मोबाइल फ़ोन या टैबलेट या आईपैड से दूसरे तक संचारण कर सकता है और अंततः उन वेबसाइटों में पहुंच सकता है जो वर्ल्ड वाइड वेब या सोशल मीडिया पर इसे प्रसारित करके पैसे कमा सकती हैं। इसके बाद अपराधकर्ता अनजाने में लाखों लोगों के साथ व्यक्तिगत जानकारी साझा करता है जो पीड़ित के लिए और उत्पीड़न का कारण बन सकता है।

हालांकि, जिन मामलों में पीड़ित महिला या उनके परिवार या साथी डेटा की गतिशील प्रकृति को एवं ऐसे अपराधों को समझते हैं, जो गैरक़ानूनी उद्देश्यों के साथ ऐसे व्यक्तिगत डेटा के अवैध और अनधिकृत साझाकरण से उत्पन्न हो सकते हैं, वे पुलिस में शिकायत दर्ज करने और उन वेबसाइटों या डेटा होस्टों को रिपोर्ट करने को वरीयता दे सकते हैं जहां ऐसा डेटा साझा किया गया है। लेकिन सभी पीड़ित महिलाएं आपराधिक न्याय मशीनरी के साथ-साथ वेबसाइटों से उचित न्याय पाने में सफल नहीं हो पाती हैं। आइए देखते हैं कि मामलों को पुलिस में रिपोर्ट करने के बारे में इतनी अधिक निराशा क्यों है। हम पहले भी इस बात का उल्लेख कर चुके हैं कि (Halder & Jaishankar, 2015, pp. 279–280):[2]

---

[1] यह मुख्य लेखक के व्यक्तिगत अनुभवों से ली गई जानकारी है।

[2] यह अवतरण *पॉज़िटिव क्रिमिनोलॉजी* नामक पुस्तक में प्रकाशित हुआ था जिसके संपादकों की अनुमति के साथ इसकी प्रतिलिपि प्रस्तुत की गई है।

(a) यदि वह व्यक्ति जिसके विरुद्ध भारतीय दंड संहिता की धारा 326A, धारा 326B, धाराएं 354, 354A, 354B, 354C, 354D, धाराएं 376, 376A, 376B, 376C, 376D, 376E, या धारा 509 के अधीन किसी अपराध के किए जाने या किए जाने का प्रयत्न किए जाने का अभिकथन किया गया है, अस्थायी या स्थायी रूप से मानसिक अथवा शारीरिक रूप से निशक्त है तो ऐसी सूचना किसी पुलिस अधिकारी द्वारा उस व्यक्ति के, जो ऐसे अपराध की रिपोर्ट करता है, निवास स्थान पर या उस व्यक्ति के विकल्प के किसी सुगम स्थान पर यथास्थिति, किसी द्विभाषिए या किसी विशेष प्रबोधक की उपस्थिति में अभिलिखित की जाएगी; (b) ऐसी सूचना के अभिलेखन की वीडियो फिल्म तैयार की जाएगी; (c) पुलिस अधिकारी की ओर से धारा 164 की उपधारा 5A के खंड (a) के अधीन किसी न्यायिक दण्डाधिकारी के समक्ष उस व्यक्ति का बयान यथासंभव शीघ्र दर्ज कराया जाएगा।

दंड संहिता की धारा 154 में आगे कहा गया है कि उपधारा (1) के तहत दर्ज की गई जानकारी की एक प्रति तत्काल सूचनार्थी को मुफ्त दी जाएगी।

इस प्रकार एक महिला साइबर उत्पीड़न की शिकायत अपने स्थानीय पुलिस स्टेशन में स्वयं या अपने परिवार के पुरुष सदस्यों के द्वारा करने को वरीयता दे सकती है क्योंकि दंड संहिता की धारा 160 महिला गवाहों एवं शिकायतकर्ताओं को पुलिस स्टेशन में शारीरिक रूप से मौजूद होने से छूट प्रदान करती है।[6] इस पर ध्यान दिया जा सकता है कि भारत के लगभग सभी मेट्रो शहरों में पुलिस मुख्यालय एवं उनकी अपनी वेबसाइटें हैं तथा उनमें से प्रत्येक में महिलाओं के खिलाफ़ अपराधों और साइबर अपराधों के लिए अलग श्रेणी है जहां साइबर अपराधों के बारे में कुछ विवरण दिए गए हैं।[7] इसके अलावा चेन्नई, बैंगलोर, दिल्ली एवं कोलकाता समेत कई मेट्रो शहरों में साइबर अपराध प्रकोष्ठ हैं। साइबर अपराधों के पीड़ित इन वेबसाइटों पर उपलब्ध फोन नंबरों या वहां उपलब्ध ईमेल के माध्यम से पुलिस मुख्यालयों से संपर्क कर सकते हैं। गैर-मेट्रो शहरों में पुलिस मुख्यालय साइबर अपराध के मामलों पर ध्यान देने के लिए ज़िम्मेदार हैं। इसके अलावा प्रत्येक गांव, जिले या शहर के प्रत्येक पुलिस स्टेशन में साइबर अपराध के मामलों पर ध्यान देने के लिए एक

---

[6] दंड संहिता की धारा 160 की उपधारा (1) के प्रावधान में कहा गया है कि,

पंद्रह वर्ष से कम या पैंसठ वर्ष से अधिक आयु वाले पुरुष या एक महिला अथवा मानसिक या शारीरिक रूप से अक्षम व्यक्ति द्वारा पुलिस को जानकारी देते समय उस स्थान के अलावा किसी अन्य स्थान पर उपस्थित होने की आवश्यकता नहीं होगी जहां वह पुरुष या महिला रहती है।

उपधारा (2) में कहा गया है कि राज्य सरकार, इस मामले में बनाए गए नियमों द्वारा, उप-धारा (1) के तहत अपने निवास के अलावा किसी अन्य स्थान पर उपस्थित होने के लिए प्रत्येक व्यक्ति के उचित खर्च का भुगतान पुलिस अधिकारी द्वारा प्रदान कर सकती है।

[7] अधिक जानकारी के लिए विभिन्न राज्यों की पुलिस वेबसाइट देखें।

अलग प्रकोष्ठ होना चाहिए। लेकिन हकीकत में कई पीड़ितों ने बताया है कि उनके द्वारा साइबर अपराध प्रकोष्ठ से संपर्क करने पर भी उन्हें इस मामले की रिपोर्ट उनके स्थानीय पुलिस स्टेशन से करने के लिए कहा जाता है क्योंकि अपराध की जानकारी दर्ज करने की पहली ज़िम्मेदारी स्थानीय पुलिस स्टेशन की है।

पीड़िताओं को अक्सर प्रभारी अधिकारी को अपराध की प्रकृति को समझाने में परेशानी का सामना करना पड़ता है। कई पुलिस अधिकारी डिजिटल अपराधों एवं सबूतों से निपटने में उचित रूप से प्रशिक्षित नहीं होते हैं। इस प्रकार वे कभी नहीं समझ सकते कि किसने संबंधित महिला का उत्पीड़न किया है एवं यह किस तरह तिरस्कारपूर्ण प्रभाव का कारण बना और यदि इससे सही तरह निपटा न जाए तो इसका नतीजा क्या होगा। कई ग्रामीण या अर्द्ध-शहरी क्षेत्रों में जहां महिलाएं महिला पुलिस अधिकारियों के पास शिकायत दर्ज करना का विकल्प चुनती हैं वहां भी कहानी ऐसी ही या इससे भी भीषण हो सकती है। पीड़िताओं ने पुलिस अधिकारियों द्वारा डायरी में केस विवरण दर्ज करने की क़ानूनन आवश्यकता की अनिच्छा के संबंध में शिकायत की है। इसके अलावा ऐसे मामले भी सामने आए हैं जहां पुलिस ने साइबर अपराध प्रकोष्ठ को विवरण भेजने के लिए अत्यधिक समय लिया हो या साइबर अपराध प्रकोष्ठ से भी कोई प्रतिक्रिया नहीं आई हो। पीड़िताओं ने उन्हें पुलिस द्वारा दोषी ठहराए जाने की भी शिकायत की है। हालांकि दंड संहिता की धारा 160 जैसे प्रावधान यह आश्वासन प्रदान करते हैं कि पीड़िता सीधे सभी विवरणों के साथ उच्च अधिकारियों से संपर्क कर सकती हैं या इस संबंध में अदालतों में शिकायत दर्ज कर सकती हैं। दुर्भाग्य से, पुलिस द्वारा शुरुआत में ही दिखाया गया व्यवहार दुःखद साबित हो सकता है और पीड़िता आगे कार्रवाई करने से हतोत्साहित हो सकती है। इसके कारण पीड़िता विवेकरहित तरीकों का सहारा ले सकती है जिसमें अपराधकर्ता पर जवाबी हमला भी शामिल है जिससे समस्या और भी गंभीर हो जाती है या वे एथिकल एवं आर्मेचर हैकर्स (armature hackers) की मदद ले सकती हैं। इसे हमने अपने अवलोकन (Halder & Jaishankar, 2015, p. 283) के जरिए अच्छी तरह समझाया है जिसमें हमने कहा है कि,

> उत्पीड़न से निपटने के लिए साधनों की उपस्थिति एवं उपलब्धता पीड़िताओं को ऑनलाइन उत्पीड़न से निपटने के विवेकरहित तरीकों का उपयोग करने के लिए प्रेरित कर सकती हैं, जिन्हें वे ऊपर वर्णित कारणों के कारण उचित मान सकती हैं लेकिन बाद में ऐसे साधन विवेकरहित साबित हो सकते हैं। जवाबी उत्पीड़न के साधनों में निम्न बातों के शामिल होने की संभावना है: (i) हैकिंग की तरकीबों पर इंटरनेट पर पढ़ने के लिए उपलब्ध सामग्री और वीडियो का उपयोग करना, (ii) उत्पीड़नकर्ता से बात करने के लिए व्यक्तिगत ईमेल व चैट विकल्प का उपयोग करना, (iii) उत्पीड़नकर्ता और उसके द्वारा किए उत्पीड़न के बारे में बोलने के लिए ब्लॉग एवं सोशल मीडिया प्रोफाइलों जैसे प्लेटफॉर्मों की उपलब्धता, (iv) सोशल

मीडिया द्वारा प्रदान किए गए 'टैगिंग' का उपयोग जिससे उपयोगकर्ता किसी अन्य व्यक्ति का नाम या फोटोग्राफ टैग कर सकता है और टैग किए गए व्यक्ति के नाम को उसकी प्रोफाइल के माध्यम से दिखा सकता है तथा (v) किसी विशेष संगठन या व्यक्ति के संबंध में अपनी कुण्ठा को उजागर करने के लिए सोशल मीडिया का सहारा लिया जा सकता है।[8]

हमने देखा है कि ऑनलाइन उत्पीड़न का सामना करने वाली अधिकांश महिलाओं एवं लड़कियों ने उत्पीड़न संबंधी सामग्री के स्रोत को ट्रैक करने और उसे तुरंत हटाने के लिए हैकर्स से संपर्क करने को वरीयता दी थी। लेकिन यह भी समझा जाना चाहिए कि किसी भी कंप्यूटर, कंप्यूटर संसाधनों, दस्तावेज़ों एवं नेटवर्क की हैकिंग या उन तक अनधिकृत रूप से पहुंच को IT अधिनियम की धारा 43 व धारा 66 के तहत दंडनीय अपराध माना जाता है। हैकर्स का सहारा लेना एक अलग तरह की समस्या पैदा कर सकता है जिसे मुख्य लेखक द्वारा 'एथिकल हैकिंग: हाउ फार इट इज़ एथिकल एंड सेफ़?' नामक अपने ब्लॉग में समझाया गया था।[9] ऐसे में जब पीड़ित महिलाएं अपने आप को बचाने के लिए एथिकल हैकर से संपर्क करती हैं तो यह कार्य मूल रूप से 'भरोसे' पर किया जाता है। वास्तव में कई एथिकल हैकर्स ऐसे हैं जो नैतिकता के साथ कार्य करते हैं। वे इस पेचीदा तकनीक का उपयोग मदद करने के लिए करते हैं ना कि नुकसान पहुँचाने के लिए। लेकिन ऐसी स्थितियां भी हो सकती हैं जब एक 'एथिकल हैकर' अनैतिक बन सकता है, यदि परेशानी के कारण पीड़ित उसे पैसे नहीं दे पाता है या हैक की गई सामग्री की 'वापस हैकिंग' करने के बदले कुछ अन्य गतिविधियों को करने से इनकार कर देता है। इसके कारण पहले वाले हैकर को पीड़ित की भावनाओं और परेशानियों के साथ खेलने से रोकने के लिए पुनः किसी अन्य एथिकल हैकर से संपर्क करना पड़ सकता है और फिर विवेकरहित तरीकों के साथ काम करने का दुष्चक्र पीड़ित को अधिक परेशानी में डाल सकता है। साथ ही इस पर ध्यान दिया जाना चाहिए कि 'नैतिक' होना कभी-कभी हैकर को तब तक क़ानूनी कार्यवाही से बचने में मदद नहीं कर सकता है जब तक कि ऐसी गतिविधियों का प्रभारी व्यक्ति क़ानून एवं न्याय मशीनरी के अनुसार और अधीन कार्य नहीं कर रहा हो। एथिकल हैकर मुसीबत को तेजी से एवं बिना किसी क़ानूनी परेशानी के कम कर सकता है लेकिन दूसरी तरफ यदि वह अन्य हैकिंग गतिविधियों के संबंध में पकड़ा जाता है तथा मौजूदा पीड़िता को ऐसे व्यक्ति के तौर पर 'दर्शाता' है जिसने (एथिकल) हैकर को छल-कपट करने के लिए 'प्रोत्साहित' किया है तो पीड़िता क़ानूनी परेशानी में पड़ सकती है।[10]

---

[8] उदाहरण के लिए ऐसे कई वेब प्लेटफ़ॉर्म हैं जो गुस्सा आदि निकालने का अवसर प्रदान करते हैं।

[9] हालदर, डी. (अप्रैल 2010) 'एथिकल हैकिंग: हाउ फार इट इज़ एथिकल एंड सेफ़?' देखें। http://cybervictims.blogspot.in/2010/04/ethical-hacking-how-far-safe.html पर उपलब्ध (3 मार्च 2015 को देखा गया)।

[10] पूर्वोक्त।

साक्ष्यों को एकत्र करना और उसकी स्वीकार्यता तथा आरोप-पत्र तैयार करना

पीड़िताओं की ज़िम्मेदारियां: हमने इस पुस्तक के अन्य अध्यायों एवं उपरोक्त परिच्छेद में इस बात पर चर्चा की है कि व्यक्तियों को लक्षित करने वाले साइबर अपराधों में अपमानजनक संदेश, तस्वीरें, ऑडियो-विज़ुअल सामग्री आदि शामिल हो सकती हैं जो पीड़िता के ईमेल या सोशल मीडिया अकाउंट पर भेजी गई हैं अथवा यह अपने ब्लॉग, अन्य वेबसाइट आदि में बनाई गई हो सकती है। जब पीड़िता को उत्पीड़न के बारे में पता चलता है या इस संदर्भ में कोई जानकारी प्राप्त करती है तो उसे आपराधिक न्याय मशीनरी एवं संबंधित वेबसाइट को मामले की रिपोर्ट देने के लिए डेटा[11] और/या किसी भी जानकारी[12] के रूप में साक्ष्यों को संभाल कर रखना चाहिए। यह देखा जा सकता है कि साइबर अपराध प्रकोष्ठ की वेबसाइट, जैसे कि बैंगलोर साइबर अपराध प्रकोष्ठ या भारत में पुलिस मुख्यालय की अन्य वेबसाइट, कई ई-सुरक्षा सुझाव प्रदान कर सकती हैं और इन सुझावों में पुलिस अक्सर लोगों को ऐसी उत्पीड़क टिप्पणियां, सामग्रियां या तस्वीरें, लिंक आदि सेव करने के लिए कह सकती है जो विशेष पीड़ितों को परेशान करने के लिए बनाई गई हैं। भले ही उत्पीड़न की प्रकृति बेहद परेशान करनेवाली या शर्मनाक होती है परंतु पीड़ितों विशेष रूप से महिलाओं और लड़कियों को अपने स्वयं के उपकरणों में उत्पीड़क सामग्री को सेव करना चाहिए या इसे किसी स्टोरेज डिवाइसों में सेव करना चाहिए अथवा प्रिंटआउट की तरह हार्डकॉपी के तौर पर सहेज कर रखना चाहिए। कंप्यूटरों या यहां तक कि स्मार्टफ़ोनों में पेज या सामग्रियों या तस्वीरों को सेव करने के लिए सरल टूल उपलब्ध हैं और पीड़ितों को पूर्ण हेडर (ईमेल या संदेशों के मामले में), लिंक (वेबसाइट सामग्री के मामले में) आदि की प्रतिलिपि बनाने के साथ उत्पीड़क सामग्री को सेव करने के लिए इनका उपयोग करना चाहिए। ऐसा जरूरी है क्योंकि न केवल सामग्री यह सत्यापित कर सकती है कि उत्पीड़नकर्ता द्वारा किस तरह का अपराध किया गया है बल्कि यह लिंक, हेडर, फोन नंबर, खाते संबंधी जानकारी आदि द्वारा पुलिस को यह जांच करने में मदद कर सकती है कि यह किसने किया तथा इसके लिए किस कंप्यूटर या उपकरण का उपयोग किया गया और किस क्षेत्राधिकार से

[11] IT अधिनियम, 2000 की धारा 2(o) के अनुसार 'डेटा' शब्द को निम्नानुसार परिभाषित किया गया है: 'डेटा' का अर्थ सूचना, ज्ञान, तथ्यों, अवधारणाओं या निर्देशों का निरूपण है, जो औपचारिक तरीके से तैयार किए जा रहे हैं या तैयार किए गए हैं और किसी कंप्यूटर सिस्टम या कंप्यूटर नेटवर्क में संसाधित किए जाने हैं, संसाधित किए जा रहे हैं या संसाधित किए जा चुके हैं तथा यह किसी भी रूप में हो सकता है (कंप्यूटर प्रिंटआउट मैग्नेटिक या ऑप्टिकल स्टोरेज मीडिया, पंच कार्ड, पंच टेप सहित) या कंप्यूटर की मेमरी में आंतरिक रूप से स्टोर किया हो सकता है।

[12] IT अधिनियम, 2000 की धारा 2(v) के अनुसार 'जानकारी' शब्द को निम्नानुसार परिभाषित किया गया है: 'जानकारी में डेटा, संदेश, अवतरण, तस्वीरें, ध्वनि, आवाज़, कोड, कंप्यूटर प्रोग्राम, सॉफ्टवेयर और डेटाबेस या माइक्रो फिल्म या कंप्यूटर द्वारा उत्पन्न माइक्रो फिच (micro fiche) शामिल हैं'।

किया गया। उत्पीड़नकर्ता के खिलाफ़ आरोप लगाने के लिए ये सभी महत्त्वपूर्ण साक्ष्य हो सकते हैं।[13] इसके साथ ही पीड़ितों को उन रिपोर्टों को सेव करना भी याद रखना चाहिए जो

---

[13] भारतीय साक्ष्य अधिनियम की धारा 65B इलेक्ट्रॉनिक रिकॉर्डों की स्वीकार्यता के बारे में बात करती है और कहती है कि,

(1) इस अधिनियम में निहित तथ्यों के अलावा किसी इलेक्ट्रॉनिक रिकॉर्ड में निहित कोई भी जानकारी जो दस्तावेज़ पर प्रिंट की गई है, कंप्यूटर द्वारा उत्पादित ऑप्टिकल या मैग्नेटिक मीडिया में स्टोर, रिकॉर्ड या कॉपी की गई है (इसके बाद इसे कंप्यूटर आउटपुट के तौर पर संदर्भित किया जाएगा) को भी दस्तावेज़ समझा जाएगा, यदि इस खंड में उल्लिखित शर्तें सूचना और संबंधित कंप्यूटर के संबंध में पूरी हैं और किसी भी कार्यवाही में, असल के किसी भी आगे के साक्ष्य या उत्पादन के बिना मूल प्रति के साक्ष्य या उसमें वर्णित किसी भी तथ्य के रूप में स्वीकार्य होगा या प्रत्यक्ष प्रमाण जो स्वीकार्य होगा।

(2) कंप्यूटर आउटपुट के संबंध में उपधारा (1) में उल्लिखित शर्तें इस प्रकार होंगी, अर्थात् (a) जानकारी युक्त कंप्यूटर आउटपुट कंप्यूटर द्वारा उस समय के दौरान उत्पादित की गई थी जब कंप्यूटर का उपयोग कंप्यूटर के उपयोग पर वैध नियंत्रण रखने वाले व्यक्ति द्वारा उस अवधि के दौरान नियमित तौर पर की जानेवाली गतिविधियों के उद्देश्यों के लिए जानकारी स्टोर या संसाधित करने के लिए किया गया था (b) उस अवधि के दौरान इलेक्ट्रॉनिक रिकॉर्ड में निहित जानकारी या जिस प्रकार से जानकारी ली गई है, उसे नियमित रूप से इन गतिविधियों की सामान्य अवधि में कंप्यूटर में डाला जाता था, (c) उस अवधि के भौतिक भाग के दौरान, कंप्यूटर ठीक से काम कर रहा था या, यदि नहीं तो उस अवधि के दौरान जिसमें वह ठीक से काम नहीं कर रहा था या अवधि के उस हिस्से के दौरान कार्य में नहीं था, इलेक्ट्रॉनिक रिकॉर्ड या इसकी सामग्री की सटीकता को प्रभावित नहीं करेगा तथा (d) इलेक्ट्रॉनिक रिकॉर्ड में निहित जानकारी जिसे पूर्वकथित गतिविधियों के दौरान सामान्य प्रक्रिया के तौर पर कंप्यूटर में दर्ज की गई जानकारी से प्रतिलिपि के रूप में तैयार किया जाता है अथवा व्युत्पन्न किया जाता है।

(3) किसी भी अवधि में यदि उपधारा (2) के खंड (a) में उल्लिखित अवधि के दौरान नियमित रूप से की किसी भी गतिविधियों के उद्देश्यों के लिए जानकारी संग्रहित करने या संसाधित करने के कार्यों को नियमित रूप से कंप्यूटर द्वारा किया जाता था, चाहे (a) उस अवधि के दौरान कार्य करने वाले कंप्यूटरों के संयोजन से या (b) उस अवधि के दौरान सिलसिलेवार चल रहे विभिन्न कंप्यूटरों द्वारा अथवा (c) उस अवधि के दौरान सिलसिलेवार चल रहे कंप्यूटर के विभिन्न संयोजनों द्वारा, या किसी भी अन्य तरीके से उस अवधि में सिलसिलेवार संचालन, किसी भी क्रम में एक या अधिक कंप्यूटरों एवं कंप्यूटर के एक या अधिक संयोजन शामिल हैं। उस अवधि के दौरान उस उद्देश्य के लिए उपयोग किए जाने वाले सभी कंप्यूटरों को इस खंड के उद्देश्यों के लिए एक कंप्यूटर माना जाएगा; तथा इस खंड में कंप्यूटर का संदर्भ तदनुसार समझा जाएगा।

(4) किसी भी कार्यवाही में, जहां इस खंड के आधार पर साक्ष्य के रूप में बयान देना वांछनीय है, निम्नलिखित में से कोई भी प्रमाण पत्र, (a) उस इलेक्ट्रॉनिक रिकॉर्ड की पहचान, जिसमें बयान के साथ-साथ जिस तरीके से यह उत्पन्न किया गया था, उसका वर्णन शामिल है, (b) उस इलेक्ट्रॉनिक रिकॉर्ड के उत्पादन में शामिल किसी भी डिवाइस के ऐसे विवरण देना, जो यह दिखाने के उद्देश्य से उपयुक्त हो सकता है कि इलेक्ट्रॉनिक रिकॉर्ड कंप्यूटर द्वारा उत्पादित किया गया था (c) उपधारा (2) में उल्लिखित शर्तों से संबंधित किसी भी मामले से निपटना तथा संबंधित उपकरण के संचालन या संबंधित गतिविधियों के प्रबंधन (जो भी उचित हो) के संबंध में ज़िम्मेदार आधिकारी द्वारा हस्ताक्षरित किए जाने के लिए लक्षित हैं, प्रमाण पत्र में बताए गए किसी भी मामले का साक्ष्य होगा; तथा इस उपधारा के उद्देश्य के लिए यह इसे बता रहे व्यक्ति के सर्वोत्तम ज्ञान और विश्वास में मामला बताने के लिए पर्याप्त होगा।

(5) इस खंड के उद्देश्यों के लिए (a) जानकारी को कंप्यूटर को आपूर्ति करना माना जाएगा यदि यह उसे किसी भी उचित रूप में आपूर्ति की जाती है और यह इस तरह सीधे या उचित उपकरण के माध्यम से (मानव हस्तक्षेप के

संबंधित वेबसाइटों या इंटरनेट सेवा प्रदाताओं (ISPs) या डिजिटल संचार सेवा प्रदाताओं के साथ दर्ज की गई हों। कुछ मामलों में वेबसाइट ऑपरेटर, ISPs या डिजिटल संचार सेवा प्रदाताओं की अतिरिक्त ज़िम्मेदारी हो सकती है खासकर जब वे पीड़िताओं द्वारा दी गईं रिपोर्टों के बावजूद अपमानजनक सामग्री को साइट पर रहने या अन्य साइटों में भेजने की अनुमति देते हैं। पिछले अध्याय में भी इस बात पर चर्चा की गई है कि गोपनीयता की सुरक्षा के संबंध में वेबसाइटों या सेवा प्रदाताओं की ज़िम्मेदारी सूचना प्रौद्योगिकी (मध्यस्थ दिशानिर्देश) नियमावली, 2011 द्वारा सुनिश्चित की गई है तथा सेवा प्रदाताओं को IT अधिनियम की धारा 79 के अनुसार सावधानी बरतनी चाहिए। पीड़िताओं द्वारा वेबसाइटों या ISPs को दी गई रिपोर्ट के बारे में अतिरिक्त जानकारी एवं उनका उत्तर या उदासीन रवैया पुलिस व अदालतों को उनके खिलाफ़ औपचारिक आरोप लगाने में मदद कर सकता है तथा साइबर जगत में महिलाओं के उत्पीड़न व हिंसा को रोकने में मध्यस्थ की ज़िम्मेदारी को प्राथमिक बना सकता है। इस बात पर ध्यान दिया जाना चाहिए है कि उत्पीड़नकर्ता भी किसी ऐसी कंपनी या निगमित निकाय की उचित सुरक्षा प्रक्रिया में चूक के कारण उत्पीड़न में भागीदार हो सकते हैं जिस पर पीड़िताओं के डेटा की सुरक्षा का कार्य सौंपा गया है। ऐसे निगमित निकाय या कंपनियां, पीड़िताओं के नुकसान के लिए मुआवजे का भुगतान करने के लिए ज़िम्मेदार हैं।[14] ऐसे मामलों में न्यायिक उपचार की आवश्यकता हो सकती है।

साथ या बिना) आपूर्ति की जाती है (b) चाहे किसी भी अधिकारी द्वारा की जा रही कार्यवाही के दौरान जानकारी संग्रहीत किए जाने या एक संचालित कंप्यूटर द्वारा उन गतिविधियों के प्रयोजन हेतु संसाधित किए जाने के दृष्टिकोण से साथ प्रदान की जाती है, यदि विधिवत तरीके से उस कंप्यूटर को जानकारी दी जाती है उन गतिविधियों के दौरान भी इसकी आपूर्ति की जाएगी (c) कंप्यूटर आउटपुट कंप्यूटर द्वारा उत्पादित किया गया माना जाएगा चाहे वह इसके द्वारा सीधे या (मानव हस्तक्षेप के साथ या उसके बिना) किसी भी उपयुक्त उपकरण के माध्यम से उत्पादित किया गया हो। स्पष्टीकरण, इस खंड के उद्देश्यों के लिए अन्य जानकारी से प्राप्त जानकारी का कोई संदर्भ, गणना, तुलना या किसी अन्य प्रक्रिया से प्राप्त किए जाने का संदर्भ होगा।

[14] IT अधिनियम, 2000 की धारा 43A डेटा की सुरक्षा करने में विफलता के लिए मुआवजे के बारे में बात करती है और कहती है कि जहां निगमित निकाय ऐसे कंप्यूटर संसाधन में संवेदनशील व्यक्तिगत डेटा या जानकारी को रखता, उससे निपटता या संभालता है, जिसका यह मालिक है, उसका नियंत्रण या संचालन करता है, उचित सुरक्षा अभ्यासों व प्रक्रियाओं को लागू करने एवं बनाए रखने में लापरवाही करता है तथा इस प्रकार किसी भी व्यक्ति के गलत नुकसान या गलत लाभ का कारण बनता है; ऐसे निगमित निकाय को इस तरह प्रभावित होने वाले व्यक्ति को 5 करोड़ रुपये तक के मुआवजे का भुगतान करना होगा (ITAA, 2008 के माध्यम से बदला गया)।

स्पष्टीकरण- इस खंड के उद्देश्यों के लिए,

(i) 'निगमित निकाय' का तात्पर्य किसी भी कंपनी से है तथा इसमें वाणिज्यिक या व्यावसायिक गतिविधियों में संलग्न संस्थान, एकमात्र स्वामित्व वाले संस्थान या अन्य संगठन शामिल हैं।

(ii) 'उचित सुरक्षा अभ्यासों व प्रक्रियाओं' का तात्पर्य जानकारी की अनधिकृत पहुंच, क्षति, उपयोग, संशोधन, प्रकटीकरण या हानि से सुरक्षा करने के लिए बनाए गए सुरक्षा अभ्यास एवं प्रक्रियाओं से है, जैसा कि पक्षों के बीच समझौते में निर्दिष्ट किया जा सकता है अथवा वर्तमान में लागू किसी नियम में निर्दिष्ट किया

यह याद रखना आवश्यक है कि पीड़ित या उसके परिवार के सदस्यों (यदि पीड़ित पूरी तरह से डिजिटल रूप से साक्षर नहीं है) को यथासंभव साक्ष्य इकट्ठा करने की पहली ज़िम्मेदारी लेनी चाहिए। डिजिटल सामग्री को मिटाया जा सकता है और कई बार देखा गया है कि अपराधी पीड़िताओं को नुकसान पहुंचाने के लिए अपमानजनक सामग्री बनाने के बाद उस डिजिटल पहचान, जो उत्पीड़नकर्ता द्वारा उत्पीड़न करने के लिए बनाई गई या उपयोग की गई थी, को हटा सकता है। इसी कारण से पीड़िताओं को उत्पीड़क सामग्री को सुरक्षित (save) कर लेना चाहिए। साथ ही यह भी सुनिश्चित किया जाना चाहिए कि यदि पीड़िता पुलिस या अदालतों को अपराधों की रिपोर्ट करने में असमर्थ है तो पीड़िता की मदद करने के इच्छुक किसी भी अन्य व्यक्ति को पुलिस को रिपोर्ट दर्ज कराने के लिए पीड़िता द्वारा उचित रूप से अधिकृत किया जाना चाहिए। यह समझा जा सकता है कि POCSO, किशोर न्याय देखभाल एवं सुरक्षा अधिनियम, कार्यस्थल पर महिलाओं का यौन उत्पीड़न (सुरक्षा, रोकथाम और निवारण) अधिनियम, 2013, महिलाओं का अश्लील निरूपण (निषेध) अधिनियम, 1986 सहित कई क़ानूनी प्रावधान तथा संबंधित नियम मौजूद हैं जो पीड़ित महिलाओं को गोपनीयता का अधिकार प्रदान करते हैं जिससे पीड़ित महिलाएं गुमनाम रूप से शिकायत दर्ज कर सकती हैं अथवा शिकायत दर्ज कराने के लिए अपने परिवार के सदस्यों या दोस्तों की मदद ले सकती हैं और पीड़िताओं के नाम किसी भी रिपोर्टिंग या जांच एजेंसी या निकाय द्वारा प्रकाशित नहीं किए जा सकते हैं। लेकिन इन सभी क़ानूनी प्रावधानों के साथ-साथ भारतीय साक्ष्य अधिनियम के अनुसार उत्पीड़न के साक्ष्य का दायित्व शिकायतकर्ता/पीड़ित पर है।[15]

इस प्रकार किसी तीसरे पक्ष के शिकायतकर्ता (यानी साइबर दर्शक) द्वारा उत्पीड़न के संबंध में रिपोर्ट दर्ज करना, जो प्राथमिक पीड़ित नहीं हो सकता है लेकिन शिकायत दर्ज कर सकता है क्योंकि वह यह मान सकता है कि किसी विशेष पीड़ित को लक्षित करने वाली अपमानजनक सामग्री उत्पीड़नकर्ता द्वारा उत्पन्न की गई थी, तीसरे पक्ष के शिकायतकर्ता के

जा सकता है और ऐसे समझौते अथवा किसी क़ानून की अनुपस्थिति में, ऐसे उचित सुरक्षा अभ्यास एवं प्रक्रियाएं, जैसा केंद्र सरकार द्वारा ऐसे पेशेवर निकायों या संघों के परामर्श से निर्धारित किया जा सकता है, जैसा कि ये उचित समझा जाए।

(iii) 'संवेदनशील व्यक्तिगत डेटा या सूचना' का अर्थ ऐसी व्यक्तिगत जानकारी है, जो केंद्र सरकार द्वारा उचित पेशेवर निकायों या संघों के परामर्श से निर्धारित किया जा सकता है।

[15] भारतीय साक्ष्य अधिनियम की धारा 101 के अनुसार,

जो कोई भी यह चाहता है कि कोई अदालत किसी भी क़ानूनी अधिकार या ज़िम्मेदारी के लिए उसके द्वारा दावा किए गए तथ्यों के अस्तित्व के आधार पर निर्णय ले, उसे यह साबित करना होगा कि वे तथ्य मौजूद हैं। जब कोई व्यक्ति किसी भी तथ्य के अस्तित्व को साबित करने के लिए बाध्य होता है तो ऐसा कहा जाता है कि साक्ष्य का दायित्व उस व्यक्ति पर है।

लिए बेहद जोखिम भरा साबित हो सकता है। ऐसा इसलिए है क्योंकि उसे अवांछित क़ानूनी परेशानी में डाला जा सकता है।[16] जोखिम इसलिए भी है क्योंकि तथाकथित 'उत्पीड़नकर्ता' असली अपराधी का लक्ष्य भी हो सकता है। इसके अलावा उत्पीड़नकर्ता की पहचान का रूप धारण करके पीड़ित के खिलाफ़ अपमानजनक सामग्रियां बनाकर तथाकथित उत्पीड़नकर्ता को मुश्किल में डालने के लिए असली अपराधी तथाकथित उत्पीड़नकर्ता का रूप धारण करते हुए नकली पहचान बना सकता है या पीड़ित के साथ मिल सकता है। यदि असली अपराधी क़ानूनी ज़िम्मेदारियों से बचना चाहता है तो वह अनजाने में इस प्रकार झूठे साक्ष्य तैयार करने के लिए साइबर दर्शकों को आमंत्रित कर सकता है।[17]

पीड़ित/शिकायतकर्ता के लिए यह याद रखना भी आवश्यक है कि यदि वह पुलिस एवं अदालतों में शिकायत दर्ज कराने का फैसला करता है तो उसे अन्य सार्वजनिक मंचों में उत्पीड़न का प्रचार नहीं करना चाहिए। यह वास्तविक उत्पीड़नकर्ता एवं ट्रॉल्स, जो इस मुद्दे पर ट्रॉलिंग शुरू कर सकते हैं, के क्रोध को आकर्षित करके न केवल समस्या को बढ़ा सकता है बल्कि यह पीड़ित/शिकायतकर्ता के मामले को कमजोर भी कर सकता है। उत्पीड़नकर्ता यह दावा कर सकता है कि पीड़ित ने अनावश्यक रूप से उस पर अधिक 'दबाव' डाला था तथा उसे पीड़ितों पर अधिक गंभीर तरीके से हमला करने के लिए उकसाया था; उत्पीड़नकर्ता यह भी दावा कर सकता है कि वह अभिव्यक्ति के अपने अधिकार का प्रयोग कर रहा था जिस पर पीड़ित ने अनावश्यक रूप से हमला किया। संक्षेप में ऐसी गतिविधियां वास्तविक सबूतों को बिगाड़ सकती हैं क्योंकि ऐसा करने से अपमानजनक सामग्री को हटाया, संशोधित या संपादित किया जा सकता है तथा फिर पूरी तरह से अलग रूप में पुन: प्रकाशित किया जा सकता है। ऐसे मामले में पीड़ित या उसके दोस्तों अथवा दयालु साइबर दर्शकों को दस्तावेज़ या इलेक्ट्रॉनिक रिकॉर्ड नष्ट करने के लिए ज़िम्मेदार ठहराया जा सकता है जैसा कि IPC की धारा 204 में वर्णित है।[18]

---

[16] पूर्वोक्त।

[17] IPC की धारा 192 में मिथ्या साक्ष्यों के निर्माण की बात कही गई है, साथ ही इसमें यह भी वर्णित है कि जो कोई इस आशय से किसी परिस्थिति को अस्तित्व में लाता है या किसी पुस्तक या अभिलेख या इलैक्ट्रानिक अभिलेख में कोई जाली प्रविष्टि करता है अथवा झूठा कथन अंतर्विष्ट रखने वाला कोई दस्तावेज या इलैक्ट्रानिक अभिलेख रचता है कि ऐसी परिस्थिति, जाली प्रविष्टे या झूठा कथन न्यायिक कार्यवाही में, या ऐसी किसी कार्यवाही में जो लोक सेवक के समक्ष उसके उस नाते या एक मध्यस्थ के समक्ष विधि द्वारा की जाती है, साक्ष्य में दर्शित हो तथा उस साक्ष्य में दर्शित होने पर ऐसी परिस्थिति, जाली प्रविष्टि या झूठे कथन के कारण कोई व्यक्ति जिसे ऐसी कार्यवाही में साक्ष्य के आधार पर राय कायम करनी है ऐसी कार्यवाही के परिणाम के लिए तात्विक किसी बात के संबंध में गलत राय बनाए, उसे 'मिथ्या साक्ष्यों का निर्माण' कहा जाता है।

[18] IPC की धारा 204, साक्ष्य के रूप में इसके उत्पादन को रोकने के लिए दस्तावेज़ या इलेक्ट्रॉनिक रिकॉर्ड को नष्ट करने से संबंधित है। इसके अनुसार जो कोई किसी ऐसे दस्तावेज़ या इलेक्ट्रॉनिक रिकॉर्ड को छिपाएगा या नष्ट करेगा जिसे किसी न्यायालय में या ऐसी कार्यवाही में, जो किसी लोक सेवक के समक्ष उसकी वैसी हैसियत में विधिपूर्वक की

इसके अलावा यह भी ध्यान रखना बहुत जरूरी है कि इस मुद्दे के व्यापक प्रचार के लिए अपमानजनक संदेशों या वीडियो के प्रसारण को IT अधिनियम, 2000 की धारा 67 (इलेक्ट्रॉनिक रूप में अश्लील कृत्यों आदि वाली सामग्री को प्रकाशित या प्रसारित करने के लिए सज़ा), 67A (इलेक्ट्रॉनिक रूप में कामोत्तेजक कृत्यों वाली सामग्री को प्रकाशित या प्रसारित करने के लिए सज़ा), 67B (इलेक्ट्रॉनिक रूप में बच्चों को कामोत्तेजक कृत्यों में चित्रित करने वाली सामग्री को प्रकाशित या प्रसारित करने के लिए सज़ा), IPC की धारा 354C (दर्शनरति और इसके लिए सज़ा) और POCSO अधिनियम की धारा 11(iii) (यौन उत्पीड़न), 12 (यौन उत्पीड़न के लिए सज़ा), 13 (पोर्नोग्राफिक उद्देश्यों के लिए बच्चे का इस्तेमाल) तथा 14 (पोर्नोग्राफिक उद्देश्यों हेतु बच्चों के इस्तेमाल के लिए सज़ा) के अंतर्गत लाया जा सकता है। यदि पीड़िता ने पुलिस को पहले से ही उत्पीड़क सामग्री प्रदान कर दी है और पुलिस ने प्रारंभिक जांच शुरू कर दी है तो इस तरह की गतिविधियां हिरासत में लेने की कड़ी को भी नष्ट कर सकती हैं। इसके अलावा इस तरह के प्रचार के कारण पुलिस उल्टा पीड़िता पर दोष लगा सकती है खासकर तब जब संबंधित पुलिस अधिकारी इंटरनेट अपराधों के मुद्दों के बारे में अच्छी तरह से अवगत नहीं है।

एक बार पीड़िता के पास साक्ष्य तैयार हो जाने के बाद वह अपने पास मौजूद सभी सबूतों के साथ पुलिस में शिकायत दर्ज कराने का निर्णय ले सकती है। अक्सर इस बात का भ्रम रहता है कि शिकायत कहां दर्ज करवाई जाए। दंड संहिता, 1973 में वर्णित स्थानों के अलावा IT अधिनियम, 2000 की धारा 78 के अनुसार इंस्पेक्टर के पद से नीचे का कोई पुलिस अधिकारी इस अधिनियम के तहत किसी भी अपराध की जांच नहीं करेगा। इस प्रकार यदि अपराध IT अधिनियम के अध्याय XI में वर्णित है अथवा साइबर स्टॉकिंग या दर्शनरति या बलात्कार की वीडियो बनाने/उसका वितरण करने आदि की प्रकृति का कोई भी अपराध है तो पीड़िता पहले स्थानीय पुलिस स्टेशन के प्रभारी इंस्पेक्टर से संपर्क कर सकती है। बाद वाले मामले में दंड संहिता की धारा 154 के अनुसार एक महिला पुलिस अधिकारी को पीड़िता/शिकायतकर्ता का बयान दर्ज करना चाहिए।[19] यदि संबंधित

गई है, साक्ष्य के रूप में पेश करने के लिए उसे विधिपूर्वक विवश किया जा सके अथवा पूर्वोक्त न्यायालय या लोक सेवक के समक्ष साक्ष्य के रूप में पेश किए जाने या उपयोग में लाए जाने से निवारित करने के आशय से, या उस प्रयोजन के लिए उस (दस्तावेज़ या इलेक्ट्रॉनिक रिकॉर्ड) को पेश करने को उसे विधिपूर्वक समनित या अपेक्षित किए जाने के पश्चात्, ऐसे संपूर्ण (दस्तावेज़ या इलेक्ट्रॉनिक रिकॉर्ड) को, या उसके किसी भाग को मिटाएगा, या ऐसा बनाएगा, जो पढ़ा न जा सके, वह दोनों में से किसी भांति के कारावास से, जिसकी अवधि दो वर्ष तक की होगी या जुर्माने या दोनों से दंडित किया जाएगा।

[19] दंड संहिता की धारा 154(1) में शामिल किए गए प्रावधान के अनुसार,

यदि किसी स्त्री द्वारा, जिसके विरुद्ध भारतीय दंड संहिता की धारा 326A, 326B, धारा 354, धारा 354A, धारा 354B, धारा 354C, धारा 354D, धारा 376, धारा 376A, धारा 376B, धारा 376C, 1860 की धारा

अधिकारी उसका बयान लेने से इनकार कर देती है तो वह सीधे वरिष्ठ अधिकारी जैसे कि पुलिस अधीक्षक आदि से संपर्क कर सकती है।[20] वर्तमान में कई शहरों में पुलिस ने डिजिटल शिकायत पंजीकरण प्रणाली बनाई है जिसमें 'अलर्ट 306'[21] और 'हैलो पुलिस' जैसी योजनाएं शामिल हैं जिससे लोग CAN और यहां तक कि व्हाट्सएप के माध्यम से शिकायत दर्ज कर सकते हैं।

इसके अलावा पहले भी बताया जा चुका है कि ऐसे मामलों में पुलिस से संपर्क करने के लिए पीड़िता विशिष्ट पुलिस मुख्यालयों को ईमेल भी भेज सकती है या दिए गए फोन नंबर पर कॉल कर सकती है। हालांकि, इन सभी मामलों में बाद की कार्यवाही दंड संहिता की धारा 154 एवं IT अधिनियम की धारा 78 के अनुसार की जा सकती है। पुलिस में शिकायत दर्ज कराने के अलावा पीड़िता किसी भी दण्डाधिकारी के पास मामलों को दर्ज कराने पर भी विचार कर सकती है। दंड संहिता की धारा 190(1) के अनुसार इस अध्याय के प्रावधानों के अधीन कोई प्रथम वर्ग दण्डाधिकारी और उपधारा (2) के अधीन विशेषतया सशक्त किया गया कोई द्वितीय वर्ग दण्डाधिकारी किसी भी अपराध का संज्ञान

45, धारा 376D, धारा 376E या धारा 509 के अधीन किसी अपराध के किए जाने या किए जाने का प्रयत्न किए जाने का अभिकथन किया गया है, कोई सूचना दी जाती है तो ऐसी सूचना किसी महिला पुलिस अधिकारी या किसी महिला अधिकारी द्वारा अभिलिखित की जाएगी:

(a) यदि वह व्यक्ति, जिसके विरुद्ध भारतीय दंड संहिता की धारा 326A, धारा 326B, धाराएं 354, 354A, 354B, 354C, 354D, धाराएं 376, 376A, 376B, 376C, 376D, 376E, या धारा 509 के अधीन किसी अपराध के किए जाने या किए जाने का प्रयत्न किए जाने का अभिकथन किया गया है, अस्थायी या स्थायी रूप से मानसिक या शारीरिक रूप से निशक्त है, तो ऐसी सूचना किसी पुलिस अधिकारी द्वारा उस व्यक्ति के, जो ऐसे अपराध की रिपोर्ट करने की ईप्सा करता है, निवास स्थान पर या उस व्यक्ति के विकल्प के किसी सुगम स्थान पर यथास्थिति, किसी द्विभाषिए या किसी विशेष प्रबोधक की उपस्थिति में अभिलिखित की जाएगी; (b) ऐसी सूचना के अभिलेखन की वीडियो फिल्म तैयार की जाएगी; (c) पुलिस अधिकारी धारा 164 की उपधारा (5A) के खंड (a) के अधीन किसी न्यायिक दण्डाधिकारी द्वारा उस व्यक्ति का कथन यथासंभव शीघ्र अभिलिखित कराएगा।

[20] दंड संहिता की धारा 154 (3) देखें, जिसके अनुसार,

कोई व्यक्ति जो किसी पुलिस थाने के प्रभारी अधिकारी के उपधारा (1) में निर्दिष्ट सूचना को अभिलिखित करने से इनकार करने से व्यथित है, ऐसी सूचना का सार लिखित रूप में और डाक द्वारा सम्बद्ध पुलिस अधीक्षक को भेज सकता है यदि उसका यह समाधान हो जाता है कि ऐसी सूचना से किसी संज्ञेय अपराध का किया जाना प्रकट होता है तो, या तो स्वयं मामले का अन्वेषण करेगा या अपने अधीनस्थ किसी पुलिस अधिकारी द्वारा इस संहिता द्वारा उपबंधित रीति में अन्वेषण किए जाने का निदेश देगा और उस अधिकारी को उस अपराध के सम्बन्ध में पुलिस थाने के प्रभारी अधिकारी की सभी शक्तियां होंगी।

[21] 19 मार्च, 2015 को द *इकोनॉमिक्स टाइम्स* में प्रकाशित PTI (2015), Alert 306 facility introduced by police for public देखें, http://articles.economictimes.india-times.com/2015-03-19/news/60286858_1_police-officers-alert-police-network (4 मई 2015 को देखा गया)।

निम्नलिखित दशाओं में ले सकता है — (a) उन तथ्यों का, जिनसे ऐसा अपराध बनता है परिवाद प्राप्त होने पर, (b) ऐसे तथ्यों के बारे में पुलिस रिपोर्ट पर तथा (c) पुलिस अधिकारी से भिन्न किसी व्यक्ति से सूचना मिलने पर या स्वयं अपनी इस जानकारी पर कि ऐसा अपराध किया गया है। इसके अलावा यदि मामला ऑनलाइन उत्पीड़न के साथ-साथ मानहानि से संबंधित है जैसा कि IPC की धारा 499 द्वारा परिभाषित किया गया है तथा पीड़िता पुलिस की बेपरवाही से निराश है तो वह दंड संहिता की धारा 190 (1) के साथ दंड संहिता की धारा 199[22] के तहत सीधे अदालत में मामला दर्ज करने पर विचार कर सकती है। यह ध्यान दिया जा सकता है कि दंड संहिता की धारा 199(1) महिला पीड़ितों को गोपनीयता का अधिकार प्रदान करती है तथा परिस्थितियों के अनुसार आवश्यक होने पर उन्हें किसी भी अभियोजन प्रक्रिया के लिए सार्वजनिक तौर पर आने से छूट मिलती है।[23] दंड संहिता की धारा 200 में इस संबंध में बाद की अभियोजन प्रक्रिया का वर्णन इस प्रकार किया गया है,

> शिकायत किए जाने पर किसी मामले का संज्ञान करने वाला दण्डाधिकारी, शिकायतकर्ता की, या यदि कोई साक्षी उपस्थित है, उनकी शपथ की जांच करेगा एवं ऐसी जांच के सार को लेखबद्ध किया जाएगा तथा शिकायतकर्ता और साक्षियों के साथ-साथ दण्डाधिकारी द्वारा भी हस्ताक्षरित किया जाएगा।[24]

हालांकि इस पुस्तक में चर्चा किए गए महिलाओं के खिलाफ़ साइबर अपराधों में से कुछ IT अधिनियम और साथ ही IPC के तहत अपराधों के तौर पर पहचाने गए हैं तथा इन दोनों

---

[22] दंड संहिता की धारा 199(1) में कहा गया है कि अपराध से पीड़ित महिला किसी व्यक्ति द्वारा की गई शिकायत को छोड़कर कोई भी अदालत भारतीय दंड संहिता (1860 का 45) के अध्याय XXI के तहत दंडनीय अपराध का संज्ञान नहीं लेगा:

> बशर्ते कि जहां इस तरह का व्यक्ति अठारह वर्ष से कम आयु का है या मंदबुद्धि या पागल है अथवा बीमारी या दुर्बलता के कारण शिकायत करने में असमर्थ है या एक महिला है, जिसे स्थानीय रीति-रिवाजों और शिष्टाचार के अनुसार सार्वजनिक रूप से उपस्थित होने के लिए मजबूर नहीं किया जाना चाहिए, कोई अन्य व्यक्ति, अदालत की आज्ञा के साथ उसकी ओर से शिकायत कर सकता है।

[23] पूर्वोक्त देखें।

[24] इस धारा में शामिल प्रावधान के अनुसार,

> जब शिकायत लिख कर की जाती है, तब दण्डाधिकारी के लिए शिकायतकर्ता या गवाहों की परीक्षा करना आवश्यक नहीं होगा- (a) यदि शिकायत अपने पद के कर्तव्यों के निर्वहन का तात्पर्य रखने वाले लोक सेवक द्वारा या न्यायालय द्वारा किया गया है; अथवा (b) यदि दण्डाधिकारी जांच या विचारण के मामले को धारा 192 के अधीन किसी अन्य दण्डाधिकारी के हवाले कर देता है: परंतु यह और कि यदि दण्डाधिकारी शिकायतकर्ता या साक्षियों की परीक्षा करने के पश्चात मामले को धारा 192 के अधीन किसी अन्य दण्डाधिकारी के हवाले करता है तो बाद वाले दण्डाधिकारी के लिए उनकी फिर से परीक्षा करना आवश्यक नहीं होगा।

क़ानूनों के साथ POCSO आदि निर्देशित करते हैं कि इस तरह के अपराधों की जांच ऐसे पुलिस अधिकारियों द्वारा की जानी चाहिए जो इंस्पेक्टर से निचले पद के नहीं हैं; हम दृढ़तापूर्वक सुझाव देते हैं कि पीड़िताओं को पहले पुलिस से मदद लेने के अपने अधिकार का पूर्ण उपयोग करना होगा। यदि पुलिस मदद नहीं करती है तो वे अनुच्छेद 32[25] या 226[26]

---

[25] भारतीय संविधान का अनुच्छेद 32 संविधान के भाग III द्वारा प्रदान किए गए अधिकारों के प्रवर्तन के लिए उपचारों के बारे में बताता है और कहता है कि,

(1) इस भाग द्वारा प्रदत्त अधिकारों के प्रवर्तन के लिए उचित कार्यवाहियों के द्वारा उच्चतम न्यायालय जाने का अधिकार आश्वस्त है।

(2) इस भाग द्वारा प्रदत्त किसी भी अधिकारों के प्रवर्तन के लिए उच्चतम न्यायालय के पास बंदी प्रत्यक्षीकरण याचिका, परमादेश, निषेध, अधिकार पृच्छा और उत्प्रेषण-लेख समेत निर्देश या आदेश या रिट, जो भी उपयुक्त हो जारी करने की शक्ति है।

(3) खंड (1) और (2) द्वारा उच्चतम न्यायालय पर प्रदत्त शक्तियों के प्रति पूर्वाग्रह के बिना, संसद क़ानून द्वारा किसी भी अन्य अदालत को अपने क्षेत्राधिकार की स्थानीय सीमाओं में खंड (2) (4) के तहत उच्चतम न्यायालय द्वारा प्रयोज्य सभी या कुछ शक्तियों को इस्तेमाल करने के लिए सशक्त कर सकती है। इस अनुच्छेद द्वारा आश्वस्त अधिकार को निलंबित नहीं किया जाएगा, सिवाय इसके कि ऐसा संविधान द्वारा प्रदान किया गया है।

[26] भारत के संविधान का अनुच्छेद 226 कुछ परमादेश जारी करने के लिए उच्च न्यायालयों की शक्ति के बारे में बात करता है और कहता है कि,

(1) अनुच्छेद 32 में किसी के भी बावजूद प्रत्येक उच्च न्यायालय के पास उन क्षेत्रों के संबंध में जिसमें यह क्षेत्राधिकार इस्तेमाल करता है, भाग III द्वारा प्रदान किए गए किसी भी अधिकार के प्रवर्तन के लिए और किसी अन्य उद्देश्य के लिए, उचित मामलों में किसी सरकार समेत, किसी भी व्यक्ति या प्राधिकारी को, उन क्षेत्रों के भीतर बंदी प्रत्यक्षीकरण याचिका, परमादेश, निषेध, अधिकार-पृच्छा और उत्प्रेषण-लेख की प्रकृति में रिट्स समेत, या इनमें से कोई भी, निर्देश, आदेश या रिट्स जारी करने के लिए शक्तियां होंगी।

(2) किसी भी सरकार, प्राधिकरण या व्यक्ति को दिशानिर्देश, आदेश या रिट्स जारी करने के लिए खंड (1) द्वारा प्रदत्त शक्ति का उपयोग उन क्षेत्रों के संबंध में क्षेत्राधिकार का उपयोग करने वाले किसी भी उच्च न्यायालय द्वारा किया जा सकता है, जिसमें कार्रवाई का कारण, पूरी तरह से या कुछ हिस्सों में ऐसी शक्ति के प्रयोग के लिए उत्पन्न होता है, इसके बावजूद कि इस तरह की सरकार या प्राधिकारी की सीट या ऐसे व्यक्ति का निवास उन क्षेत्रों के भीतर नहीं है।

(3) जहां कोई भी पक्ष जिसके खिलाफ़ अंतरिम आदेश, चाहे आज्ञापत्र या रोक या किसी अन्य तरीके से, खंड (1) के तहत एक याचिका से संबंधित किसी भी कार्यवाही पर या में, इनके बिना की जाती है (a) ऐसी पार्टी को इस तरह की याचिका की प्रतियां और ऐसे अंतरिम आदेश के लिए याचिका के समर्थन में सभी दस्तावेज प्रदान किए बिना; तथा (b) इस तरह के पार्टी को सुनवाई का मौका दिए बिना, इस तरह के आदेश की मुक्ति के लिए उच्च न्यायालय में आवेदन करता है और इस तरह के आवेदन की एक प्रति उस पार्टी को या ऐसी पार्टी के वकील को प्रस्तुत करता है जिसके पक्ष में ऐसा आदेश दिया गया है, उच्च न्यायालय उस तारीख से दो सप्ताह की अवधि के भीतर आवेदन निपटाएगा, जिस तारीख को यह प्राप्त हुआ है या जिस तारीख को इस तरह के आवेदन की प्रति प्रदान की गई है, जो भी बाद में हो, अथवा जहां उस अवधि के आखिरी दिन उच्च न्यायालय बंद हो, अगले उस दिन की समाप्ति से पहले जब उच्च न्यायालय खुला है; और यदि

के तहत आवश्यकतानुसार उच्च न्यायालयों या उच्चतम न्यायालय को लिखित याचिका दायर करने पर या पुलिस को आवश्यक कार्रवाई करने के निर्देश देने के लिए परमादेश की प्रकृति में आदेश प्राप्त करने पर विचार कर सकती हैं।

पुलिस की भूमिका

जब किसी अधिकारी को किसी भी महिला के खिलाफ़ किए गए किसी भी प्रकार के साइबर अपराधों के बारे में सूचित किया जाता है तो उसे यह आश्वस्त करना चाहिए कि पीड़िता/शिकायतकर्ता संबंधित अधिकारी के समक्ष प्रत्येक विवरण साझा करने में सहज महसूस करे, भले ही वह अधिकारी कंप्यूटर और साइबर अपराधों में अच्छी तरह से अनुभवी न हो। जैसा ऊपर बताया गया है इंस्पेक्टर के पद से नीचे का अधिकारी इस संबंध में अपराधों की जांच नहीं कर सकता है। इस प्रकार यह सुनिश्चित किया जाना चाहिए कि जब पीड़ित महिला शिकायत दर्ज करवाना चाहती है तो वह सीधे इंस्पेक्टर से बात कर सके। यह याद रखने की आवश्यकता है कि महिलाओं के खिलाफ़ साइबर अपराध हमेशा यौन प्रकृति के नहीं हो सकते हैं लेकिन वे पीड़ित महिला की प्रतिष्ठा को नष्ट करने अथवा पीड़ित को शर्म की वजह से आत्महत्या करने जैसे सख्त कदम उठाने हेतु विवश करने के लिए पर्याप्त शक्तिशाली हो सकते हैं। ऐसा हो सकता है कि पीड़ित महिला कुछ प्रारंभिक निवारक कदम जैसे कि संबंधित वेबसाइट को शिकायत करना या फोन नंबर को ब्लॉक करना आदि उठाए। संबंधित पुलिस अधिकारी को यह सुनिश्चित करना चाहिए कि पीड़ित महिला ऐसी प्रत्येक गतिविधियों को प्रकट करे और उसके पास तथ्यों का साक्ष्य हो। इस चरण में अनुसरण किए जाने वाले प्रक्रियात्मक अभ्यास किसी भी अन्य आपराधिक मामलों के समान हैं जो विशेष क़ानूनों और विशेष प्रकार के अपराधों से निपटने के लिए निर्दिष्ट पारंपरिक IPC के साथ दंड संहिता के आधार पर इस्तेमाल किए जाते हैं। महिलाओं के खिलाफ़ साइबर अपराधों के मामलों में प्रक्रियात्मक अभ्यासों को नीचे दिए अनुसार संक्षेप में बताया जा सकता है:

1. किससे संपर्क किया जा सकता है और उसे क्या शक्तियां सौंपी गई हैं?

IT अधिनियम की धारा 78 किसी भी पुलिस अधिकारी, जो इंस्पेक्टर के पद से नीचे नहीं है, को अधिनियम के अध्याय XI के तहत उल्लिखित अपराधों की जांच के लिए अधिकार देती है। इसके अलावा धारा 75 इस अधिनियम के लिए अपरदेशीय क्षेत्राधिकार प्रदान करता है। उपधारा (1) में यह कहा गया है कि इस अधिनियम के प्रावधान किसी भी

आवेदन का निपटारा नहीं किया जाता है, तो अंतरिम आदेश, उस अवधि की समाप्ति पर या जैसा भी मामला हो, अगले दिन सहायता की समाप्ति पर समाप्त हो जाएगा।

(4) इस अनुच्छेद द्वारा उच्च न्यायालय को प्रदत्त शक्ति अनुच्छेद 32 के खंड (2) द्वारा सर्वोच्च न्यायालय को प्रदत्त शक्ति की अप्रतिष्ठा में नहीं होगी।

राष्ट्रीयता के किसी भी व्यक्ति द्वारा किए अपराध या उल्लंघन के लिए लागू होंगे। उपधारा (2) में आगे कहा गया है कि यह धारा किसी के भी द्वारा भारत के बाहर किए गए किसी भी अपराध पर लागू होगी यदि अपराध या उल्लंघन वाले कार्य या व्यवहार में भारत में स्थित कंप्यूटर, कंप्यूटर सिस्टम या कंप्यूटर नेटवर्क शामिल है। IT अधिनियम की धारा 80 पुलिस अधिकारी एवं अन्य अधिकारियों की दाखिल होने, खोज करने आदि की शक्ति के बारे में बात करती है। इन कार्यवाहियों को नियमित दंड संहिता का पालन करना चाहिए।

2. जांच-पूर्व चरण:

जांच-पूर्व चरण में पुलिस अधिकारी द्वारा अपराध की घटनाओं के बारे में जानकारी एकत्र करना शामिल है। इस चरण में, संबंधित अधिकारी को यह पता लगाने की आवश्यकता होती है कि संबंधित अपराध संज्ञेय अपराध है या गैर-संज्ञेय अपराध है। इस चरण में IT अधिनियम, 2000 (2008 में संशोधित) की धारा 77B को भी ध्यान में रखा जाना चाहिए, जिसमें कहा गया है कि 'आपराधिक प्रक्रिया संहिता 1973 में निहित होते हुए भी तीन वर्षों और उससे अधिक के कारावास के साथ दंडनीय अपराध संज्ञेय होगा तथा तीन वर्षों के कारावास के साथ दंडनीय अपराध जमानती होगा।' हालांकि यदि संबंधित अधिकारी को IPC से पारंपरिक दंड क़ानून को लागू करने की आवश्यकता है तो उसे दंड संहिता, 1973 की पहली अनुसूची पर भी विचार करना होगा। संज्ञेय अपराध के मामले में संबंधित अधिकारी को दंड संहिता की धारा 156 के अनुसार कार्यवाही शुरू करनी होगी (जो संज्ञेय अपराधों की जांच करने के लिए पुलिस अधिकारी की शक्ति निर्धारित करता है)।[27] गैर-संज्ञेय अपराध के मामले में संबंधित अधिकारी को दंड संहिता की धारा 155 के तहत कार्यवाही शुरू करनी होगी।[28] ऐसे में जांच-पूर्व चरण में साइबर अपराधों की जांच के लिए

[27] दंड संहिता की धारा 156 में कहा गया है कि,

(1) पुलिस स्टेशन का प्रभारी कोई भी अधिकारी दण्डाधिकारी के आदेश के बिना किसी भी संज्ञेय मामले की जांच कर सकता है जिसमें ऐसे स्टेशन की सीमाओं के भीतर स्थानीय क्षेत्र पर अधिकार क्षेत्र रखने वाले न्यायालय के पास अध्याय XIII के प्रावधानों के तहत पूछताछ करने या प्रयास करने की शक्ति होगी।

(2) इस तरह के किसी भी मामले में किसी पुलिस अधिकारी की कोई कार्यवाही पर किसी भी चरण में इस आधार पर सवाल नहीं उठाए जाएंगे कि ऐसे प्रकरणों में इस अनुभाग के तहत ऐसे अधिकारी को जांच का अधिकार नहीं दिया गया था।

(3) धारा 190 के तहत अधिकारित कोई भी दण्डाधिकारी ऊपर उल्लिखित के अनुसार ऐसी जांच का आदेश दे सकता है।

[28] दंड संहिता की धारा 155 में कहा गया है कि,

(1) जब पुलिस स्टेशन के प्रभारी अधिकारी को उस थाने की सीमाओं के भीतर गैर-संज्ञेय अपराध के किए जाने की सूचना दी जाती है, तब वह ऐसी सूचना का सार ऐसी पुस्तक में, जो ऐसे अधिकारी द्वारा इस तरह के प्ररूप में रखी जाएगी जो राज्य सरकार इस निमित्त विहित करे, प्रविष्ट करेगा या प्रविष्ट कराएगा और सूचना देने वाले को दण्डाधिकारी को निर्देशित किया जाएगा।

पुलिस अधिकारी को CBI दिशानिर्देशों का पालन करना होगा।[29] लेकिन यह याद रखना आवश्यक है कि महिलाओं के खिलाफ़ साइबर अपराध से संबंधित अधिकांश शिकायतों में (विशेष रूप से जिन पर इस पुस्तक में चर्चा की गई है) जांच अधिकारी (IO) को उस ऑनसाइट डेटा को तलाशने के लिए अधिक जांच करने की जरूरत है जो पीड़ित को लक्षित करने वाले उत्पीड़नकर्ता द्वारा प्रकाशित किया गया हो सकता है। CBI दिशानिर्देशों के अनुच्छेद 18.15 के अनुसार,

> खोज करने से पहले जांचकर्ता को यह तय करना होगा कि साइट पर डेटा जब्त करना है या कंप्यूटर फोरेंसिक प्रयोगशाला में निरीक्षण के लिए हार्डवेयर जब्त करना है। जबकि साइट पर डेटा जब्त करने का यह लाभ होता है कि अधिकारी को ज़्यादा हार्डवेयर का परिवहन नहीं करना पड़ता है, परंतु उसे कंप्यूटर फोरेंसिक विशेषज्ञ की सेवाओं की आवश्यकता हो सकती है ताकि विश्लेषण के लिए डेटा डाउनलोड किया जा सके और अदालत में पेश करने के लिए डेटा संरक्षित किया जा सके। संदेह होने पर, यदि संभव हो तो यह निर्धारित करने के लिए कि अधिकारी को डेटा जब्त करने या हार्डवेयर को जब्त करने की आवश्यकता है, अधिकारी स्थल पर कंप्यूटर फोरेंसिक विशेषज्ञ की मदद ले। यदि कोई विशेषज्ञ उपलब्ध नहीं है तो यह सिफारिश की जाती है कि अधिकारी सब कुछ जब्त कर ले।

लेकिन जब अपराध की प्रकृति में तस्वीरें या ऑडियो-विज़ुअल क्लिपिंग को प्रसारित करना शामिल हो तथा यदि पीड़ित/शिकायतकर्ता इस तरह के डेटा की उत्पत्ति के बारे में विश्वसनीय जानकारी प्रदान करता है (उदाहरण के लिए, अंतर्वैयक्तिक अपराधों जैसे कि सेक्सटिंग, बदला लेने के लिए पोर्न, साइबर स्टॉकिंग, नकली अवतार बनाना आदि, जिसमें पीड़ित को पता हो सकता है कि संबंधित डेटा उत्पीड़नकर्ता के उपकरणों में स्टोर किया गया है, जो पूर्व प्रेमी या पूर्व पति या कोई अन्य ज्ञात व्यक्ति हो सकता है जिसके साथ पीड़ित ने पहले जानकारी का आदान-प्रदान किया होगा) या यहां तक कि जब अपराध में डेटा की हैकिंग और अनधिकृत पहुंच या कामोत्तेजक सामग्री बनाना, वितरित करना आदि शामिल है, तो जांचकर्ता को उपकरणों को भी जब्त करना होगा।

---

(2) कोई भी पुलिस अधिकारी किसी गैर-संज्ञेय मामले की जांच ऐसे दण्डाधिकारी के आदेश के बिना नहीं करेगा जिसे ऐसे मामले का विचारण करने की या मामले को विचारणार्थ सुपुर्द करने की शक्ति है।

(3) कोई भी पुलिस अधिकारी ऐसा आदेश मिलने पर (अनुज्ञा-पत्र के बिना गिरफ़्तारी करने की शक्ति के सिवाय) जांच के संबंध में वैसी ही शक्तियों का प्रयोग कर सकता है जैसा पुलिस थाने का प्रभारी अधिकारी संज्ञेय मामले में कर सकता है।

(4) जहां मामले का संबंध ऐसे दो या अधिक अपराधों से है, जिनमें से कम से कम एक संज्ञेय है, वहां इस बात के होते हुए भी कि अन्य अपराध गैर-संज्ञेय है, यह मामला संज्ञेय मामला समझा जाएगा।

[29] http://cbi.nic.in/aboutus/manuals/Chapter_18.pdf पर उपलब्ध (20 मार्च 2016 को देखा गया)।

इन सभी मामलों में जब भी पीड़ित/शिकायतकर्ता कोई जानकारी प्रदान करता है तो प्रभारी अधिकारी को बयानों को रिकॉर्ड करने और मामले को केस/डायरी नंबर प्रदान करने के बाद यदि आवश्यक हो तो उत्पीड़नकर्ता के IP पते के बारे में जानकारी प्राप्त करनी चाहिए। साथ ही, विस्तार में उसकी वह जानकारी, जिससे उसने उत्पीड़न करने के लिए अपनी डिजिटल पहचान बनाई हो सकती है, प्राप्त करने के लिए 'क़ानूनी चैनल' के माध्यम से मध्यस्थ से संपर्क करना चाहिए। इस पर ध्यान दिया जा सकता है कि सभी मध्यस्थों के पास क़ानून प्रवर्तन अधिकारियों के विशेष संपर्क पते होते हैं जिससे प्रभारी अधिकारी या तो सरकारी चैनलों के माध्यम से या सीधे ही विशेष आरोपी व्यक्तियों के बारे में डेटा मांग सकता है। आम तौर पर यदि IO अपनी ओर से किसी भी मध्यस्थ से संपर्क करने में असमर्थ है तो वह मध्यस्थ से संपर्क करने के लिए साइबर अपराध प्रकोष्ठों की मदद ले सकता है। ऐसी जांच से एकत्र की जा सकने वाली जानकारी ग्राहक पंजीकरण जानकारी, भौगोलिक स्थान, IP पता, फोन नंबर, पीड़ित को परेशान करने के लिए अपलोड की गई सामग्री, संबंधित टाइम स्टैम्प, मेल का हैडर, टेलीफोन बिलिंग जानकारी, कॉल लॉग, वॉइस मेल सामग्री आदि हैं।[30] IO को अतिरिक्त ध्यान देने की आवश्यकता हो सकती है, जब मामला महिलाओं और बच्चों को लक्षित एमएमएस की वायरल पोर्न/अश्लील/बलात्कार की वीडियो से संबंधित हो। ऐसे मामले में अपराध की प्रकृति गोपनीयता और दर्शनरति के उल्लंघन के साथ एक गंभीर या प्रवेशक यौन हमले सहित हो सकती है। ऐसे मामलों में पीड़िताओं की गोपनीयता को बरकरार रखा जाना चाहिए, जब यह मामला IPC की धारा 376 के तहत बलात्कार का हो या POCSO अधिनियम की धारा 3 के तहत प्रवेशक यौन उत्पीड़न अथवा धारा 7 या धारा 11 या धारा 13 के तहत यौन हमले आदि का हो। ऐसे मामलों में IO को IT अधिनियम की धारा 69 का उल्लेख करना चाहिए जो कि किसी भी कंप्यूटर संसाधन के माध्यम से किसी भी जानकारी के अवरोधन या निगरानी या विकोडन के लिए निर्देश जारी करने की शक्ति के बारे में है तथा बाद में धारा 69A का संदर्भ लिया जा सकता है जो किसी भी कंप्यूटर संसाधन के माध्यम से किसी भी जानकारी की सार्वजनिक पहुंच को रोकने के लिए निर्देश जारी करने की शक्ति आदि के बारे में है। एक बार जब IO पूरा ऑनसाइट डेटा प्राप्त कर लेता है तो वह डिवाइस को ज़ब्त करने के लिए आगे की कार्यवाही कर सकता है। उपकरणों को तलाशने एवं उन्हें ज़ब्त करने के लिए IO को हर कदम पर CBI के दिशानिर्देशों का पालन करना होगा। 'डिजिटल साक्ष्य को तलाशना व ज़ब्त करना' शीर्षक के तहत इस संबंध में CBI दिशानिर्देशों के खंड इस प्रकार हैं:

---

[30] जानकारी के लिए देखें: http://www.google.com/transparencyreport/userdata-requests/legalprocess/#what_is_a_mutual_legal (20 मार्च 2016 को देखा गया)।

1. तलाशी के लिए योजना बनाते समय जांचकर्ता को कुछ मुद्दों को सावधानीपूर्वक याद रखना चाहिए:

   i. अमूर्त डेटा किसी भी नेटवर्क के कंप्यूटर में किसी भी क्षेत्राधिकार में स्टोर किया जा सकता है तथा अपराधकर्ता दुनिया में कहीं से भी डायल-इन-एक्सेस के साथ इस डेटा तक पहुंच सकते हैं। दुरुपयोग की गई जानकारी की मात्रा या डेटा को पहुंची क्षति की मात्रा या सामग्री की वायरल प्रकृति को अपराधकर्ता द्वारा उपयोग किए नेटवर्क की गति और उपकरण से नियंत्रित किया जा सकता है।

   ii. फोरेंसिक विज्ञान प्रयोगशाला के कंप्यूटर फोरेंसिक वैज्ञानिकों से संपर्क करने तथा उन्हें उन स्थानों पर खोज टीम के साथ जाने के लिए कहने की हमेशा सलाह दी जाती है जहां जांचकर्ता को संदेह है कि कंप्यूटर या कंप्यूटर नेटवर्क या कोई भी अन्य इलेक्ट्रॉनिक मेमोरी डिवाइस पाए जा सकते हैं।

   iii. यदि, यह संभव नहीं है तो जांचकर्ता को प्रकार, मेक, मॉडल, ऑपरेटिंग सिस्टम, नेटवर्क आर्किटेक्चर, डेटा स्टोरेज का प्रकार और स्थान, रिमोट एक्सेस संभावनाएं आदि जैसी जानकारी एकत्र करके याद रखना चाहिए, जिसे फोरेंसिक विशेषज्ञों को भेजा जा सकता है जो साक्ष्य इकट्ठा करने और संरक्षित करने के लिए आवश्यक तैयारी करने में मदद करेगा।

   iv. जब कुछ मौकों पर कंप्यूटर सिस्टम को भौतिक रूप से निकालना संभव नहीं होता है और हो सकता है कि खोज/अपराध के स्थान पर डेटा की प्रतिलिपि बनाई जानी हो, तो जांचकर्ता या विशेषज्ञ को आवश्यक मीडिया, सॉफ्टवेयर एवं अन्य विशेष वस्तुओं के साथ विशेष पैकिंग सामग्री लेकर जानी चाहिए जो डेटा के नुकसान को रोक सकती है क्योंकि चुंबकीय मीडिया के डेटा को धूल, झटकों और इलेक्ट्रोस्टैटिक वातावरण से नष्ट किया जा सकता है।

2. जांचकर्ता द्वारा खोज के स्थान पर बरती जाने वाली सावधानियां:

   i. संदिग्ध या दोषी को कंप्यूटर के किसी भी हिस्से या उससे जुड़ी सहायक सामग्री को भौतिक साधनों से या वायरलेस के माध्यम से छूने की अनुमति नहीं दी जानी चाहिए।

   ii. भौतिक नेटवर्क जैसे कि फाइबर ऑप्टिक, केबल्स, टेलीफ़ोन या वाई-फाई या वाई-मैक्स वायरलेस नेटवर्कों पर या यहां तक कि वायरलेस संचार पोर्ट वाले मोबाइल फोन के माध्यम आदि को दोषी समेत किसी भी द्वारा छूने या चालू करने की अनुमति नहीं दी जानी चाहिए। क्योंकि विभिन्न उपकरणों द्वारा रिमोट कंट्रोलिंग द्वारा भी डेटा करप्ट किया या मिटाया जा सकता है।

iii. जांचकर्ता को छोटे उपकरणों या हटाने योग्य स्टोरेज उपकरणों के लिए भी इसी तरह की सावधानी बरतनी चाहिए जिनमें बड़ी मात्रा में डेटा स्टोर करने की क्षमता है।

iv. यदि डेटा किसी दूसरे देश या अधिकार क्षेत्र में किसी दूरस्थ स्थान पर पड़ा है तो जांचकर्ता को स्टोरेज स्थान पता करने और तदनुसार कार्रवाई करने की आवश्यकता है। ऐसे मामले में जांचकर्ता को इंटरपोल को सतर्क करने और धारा 166A दंड संहिता के प्रावधानों के तहत विनती पत्रों को जारी करने के लिए आवश्यक अनुवर्ती कदम उठाने पर विचार करना चाहिए।

v. जब जांचकर्ता को नेटवर्क वाले कंप्यूटर मिलते हैं तो यदि इनमें नेटवर्क या मेनफ्रेम शामिल हैं तो उसे कंप्यूटर को डिस्कनेक्ट नहीं करना चाहिए क्योंकि कंप्यूटर को नेटवर्क से डिस्कनेक्ट करने के कारण नेटवर्क को नुकसान पहुंच सकता है और कंपनी के कार्यों को नुकसान पहुंचता है।

vi. CBI दिशानिर्देशों के अनुसार मुख्य रूप से मेनफ्रेम को ज़ब्त करना व्यावहारिक नहीं है क्योंकि इसे उससे जुड़े सभी कंप्यूटरों को डिस्कनेक्ट करने की आवश्यकता होती है। नेटवर्क से जुड़े कंप्यूटरों के हार्डवेयर को ज़ब्त करना बहुत जटिल हो सकता है। यदि जांचकर्ता अच्छी तरह से अनुभवी नहीं है तो उसे इन मामलों में कंप्यूटर फोरेंसिक विशेषज्ञ की मदद लेनी चाहिए।

vii. इस प्रकार की तलाशी एवं ज़ब्ती में CBI दिशानिर्देशों के परिच्छेद 18.17 से 18.20 में वर्णित चरणों का पालन किया जाना चाहिए।

viii. जांचकर्ता को यह लेकर जाना चाहिए (a) फ़ाइलों से प्रतियों को स्टोर करने के लिए डिस्क या कार्ट्रिज, (b) विभिन्न उपकरणों, उपकरणों के हिस्सों आदि को लेबल करने के लिए लेबल, (c) ज़ब्त करने के लिए हार्डवेयर विघटित करने के लिए पेचकश और अन्य उपकरण, (d) दस्ताने, (e) पैकिंग सामग्री, (f) वीडियो ग्राफिंग के लिए कैमरा उपकरण तथा (g) ज़ब्त की चीज़ों के साक्ष्य की सूची के लिए हिरासत रिपोर्ट दस्तावेज़ों की श्रृंखला एवं अन्य दस्तावेज़।

3. परिच्छेद 18.19 के अनुसार चरणों का पालन करने के बाद जांचकर्ता को उपकरण का निरीक्षण करना चाहिए तथा ऊपर वर्णित चरणों का सावधानीपूर्वक अनुसरण करना चाहिए। इसके बाद, उसे सिस्टम के साथ जुड़े होने के तरीके का दस्तावेज़ीकरण करने और निम्न कदम उठाने की आवश्यकता होगी:

i. सेट-अप का लेबल के जरिए वर्गीकरण करना एवं तस्वीर खींचना: सिस्टम को विघटित करने से पहले लेबल के जरिए वर्गीकरण करना एवं तस्वीर खींचना एक महत्त्वपूर्ण पहला कदम है। क़ानूनी उद्देश्यों के लिए इसकी खोज-पूर्व स्थिति का दस्तावेज़ीकरण करने और जांच के दौरान संदर्भ के रूप

में उपयोग करने के लिए खोज साइट की कुछ आम तस्वीरें ली जाती हैं। इस पर दस्तावेज़ीकरण, कि सिस्टम कैसे कॉन्फ़िगर किया गया था, सिस्टम को फॉरेंसिक प्रयोगशाला में पुनः कनेक्ट करने पर आवश्यक साबित हो सकता है। जब IO तस्वीरें ले रहा है, उसे सभी उपकरणों की सामने व पीछे तथा जिस तरह से वे जुड़े हुए हैं, की नज़दीक से तस्वीरें लेना चाहिए। उसे कुछ उपकरणों के पीछे मौजूद रहने वाले DIP स्विचों पर विशेष ध्यान देना चाहिए जो एक निश्चित कन्फिग्रेशन में होनी चाहिए। ये स्विच सेटिंग्स परिवहन के दौरान आकस्मिक रूप से स्थानांतरित हो सकते हैं जिससे परीक्षक के लिए समस्या पैदा हो सकती है।

ii. सभी हिस्सों को लेबल के जरिए वर्गीकृत करना: IO को किसी भी उपकरण को विघटित करने से पहले प्रत्येक भाग को लेबल के जरिए वर्गीकृत करना चाहिए। उसे दोनों किनारों एवं कंप्यूटर पर सभी कनेक्टरों तथा प्लगों पर लेबल लगाना चाहिए ताकि दोबारा जोड़ना आसान और सटीक हो। ऐसा करने का एक अच्छा तरीका प्रत्येक आइटम पर उसके अक्षर के साथ लेबल लगाना है। उदाहरण के लिए एक पावर कॉर्ड के किनारे में 'A' चिह्नित किया जा सकता है तथा कंप्यूटर पोर्ट पर जहां यह प्लग डाला जाना है, संबंधित लेबल को 'A' चिह्नित किया जा सकता है।

iii. सिस्टम को बंद करना: नियमानुसार यदि कंप्यूटर बंद है तो इसे चालू नहीं किया जाना चाहिए। यदि मशीन के बूट होने पर ड्राइव में कोई निश्चित डिस्क नहीं है या यदि कोई निश्चित पासवर्ड दर्ज नहीं किया जाता तो हैकर अपने कंप्यूटर का डेटा मिटा सकते हैं। इसी प्रकार यदि मशीन चालू है तो इसे बंद करने से पहले इसे जांचना चाहिए अन्यथा डेटा नष्ट हो सकता है। ध्यान रखें कि कंप्यूटर देखने में बंद लग सकता है लेकिन असल में यह 'स्लीप' मोड में हो सकता है। अगर 'स्लीप' मोड से ठीक से चालू ना किया जाए तो हैकर्स डेटा मिटाने के लिए अपने कंप्यूटरों को सेट कर सकते हैं; इसलिए इन मामलों में प्लग खींचने या लैपटॉप की बैटरी निकालने की आवश्यकता हो सकती है। IO को सिर्फ 'प्लग खींचने' की बजाय ऑपरेटिंग सिस्टम के माध्यम से मशीन को बंद करने की आवश्यकता हो सकती है। यदि उसे 'प्लग खींचने' की आवश्यकता होती है तो उसे दीवार के बजाए मशीन के पीछे से डिस्कनेक्ट करना चाहिए क्योंकि अगर मशीन बैक-अप पावर सप्लाई में प्लग हो जाती है तो यह शट-डाउन प्रक्रिया को शुरू कर सकता है जो फाइलों को बदल सकती है।

iv. सिस्टम को विघटित करना: सिस्टम पर लेबल लगाने और बंद करने के बाद, इसे परिवहन के लिए अलग-अलग घटकों में विघटित किया जा सकता है। यदि कोई कंप्यूटर किसी व्यावसायिक स्थान पर और नेटवर्क का हिस्सा है तो कंप्यूटर से नेटवर्क को ठीक से डिस्कनेक्ट करने के लिए उचित प्रक्रिया का पालन किया जाना चाहिए।

v. दस्तावेज ज़ब्त करना: कंप्यूटर, इससे जुड़े सभी उपकरणों तथा विशेष तौर पर सॉफ्टवेयर एवं ऑपरेटिंग सिस्टम के सभी मैनुअल जब्त करें। फोरेंसिक प्रयोगशाला में परीक्षकों को हार्डवेयर एवं इसकी तकनीकी जरूरतों को निर्धारित करने के लिए मैनुअल को संदर्भित करने की आवश्यकता होती है। साइट पर नोट्स, पासवर्ड एवं पत्रिकाओं जैसे अन्य दस्तावेज़ ज़ब्त करना बहुत उपयोगी साबित हो सकता है। स्टिकी नोट्स या कंप्यूटर सिस्टम के आस-पास दस्तावेज़ के अन्य टुकड़े जिनपर पासवर्ड या लॉगिन ID हो सकती है, उन्हें भी ज़ब्त किया जाना चाहिए।

4. परिच्छेद 18.20 साक्ष्य एवं कंप्यूटर हार्डवेयर को संभालने के बारे में निर्देश देता है, जिसके लिए IO को निम्नलिखित चरणों का पालन करने की आवश्यकता है:

i. डेटा की सुरक्षा: IO को डेटा की सुरक्षा के लिए खोज के स्थान पर डिस्क या कार्ट्रिज को भी मुद्रित करना/सुरक्षित करना चाहिए। अधिकांश डिस्क एवं कार्ट्रिज में एक छोटा स्लाइडिंग टैब होता है जो सही ढंग से सेट किए जाने पर डिस्क सामग्री को बदलने से रोकता है। कंप्यूटर सिस्टम की हार्ड ड्राइव में खाली डिस्क रखना, उन्हें गलती से चालू किए जाने पर हार्ड ड्राइव से बूट करने से रोकता है।

ii. परिवहन के लिए पैकेजिंग: जब एक बार IO या विशेषज्ञ ने कंप्यूटर को विघटित कर दिया है तब यह फोरेंसिक प्रयोगशाला में परिवहन के लिए पैक किए जाने के लिए तैयार होता है। संवेदनशील होने के कारण कंप्यूटरों के भाग आसानी से क्षतिग्रस्त हो जाते हैं तथा हार्ड ड्राइव जो आमतौर पर डेटा स्टोर करती हैं, नाज़ुक होती हैं इसलिए उन्हें ध्यान से संभाला जाना चाहिए। स्टायरोफोम का उपयोग करके कंप्यूटर घटकों को लपेटना नहीं चाहिए क्योंकि छोटे पुर्जे टूट सकते हैं और कंप्यूटर के अंदर जा सकते हैं जिससे यह खराब हो जाता है। एंटी-स्टैटिक प्लास्टिक बबल/रैप का उपयोग किया जाना चाहिए।

iii. सिस्टम के घटकों को एक साथ रखें: प्रत्येक कंप्यूटर सिस्टम के घटकों को एक साथ रखें। जब परीक्षक सिस्टम को फिर से जोड़ने की कोशिश करते हैं तो यह छोटा व्यवस्थापन कदम बहुत समय बचा सकता है।

iv. एक मशीन पर कब्जा करने के लिए एक अधिकारी: यदि एक व्यक्ति कंप्यूटर को ज़ब्त करने का काम संभालता है तो वही व्यक्ति मुकदमे में साक्ष्य प्रमाणित कर सकता है। यह सरल विचार बाद में गड़बड़ी होने से रोक सकता है।

v. सिस्टम का परिवहन और उसे स्टोर करने का तरीका: कंप्यूटर को पुलिस वाहन के ट्रंक में ना रखें। कंप्यूटर सिस्टम को इस तरह से सुरक्षित किया जाना चाहिए जिससे इसके ढीले हिस्सों में कंपन नहीं हो। IOP को कंप्यूटर इलेक्ट्रोमैग्नेटिक सिग्नल उत्सर्जित करने वाले किसी भी जेनरेटरों या अन्य उपकरणों से दूर एक सुरक्षित, ठंडी सूखी जगह में स्टोर करना चाहिए।

यद्यपि यहां उल्लिखित दिशानिर्देश मुख्य रूप से आर्थिक अपराधों, हैकिंग आदि के लिए प्रदान किए जाते हैं तथा महिलाओं के खिलाफ़ साइबर अपराधों के लिए कोई अलग दिशानिर्देश नहीं हैं, फिर भी इन दिशानिर्देशों का पालन महिलाओं के खिलाफ़ साइबर अपराधों के लिए भी किया जा सकता है तथा पुलिस अधिकारी को दंड संहिता की धारा 165 के अनुसार खोज करनी चाहिए जो स्थानीय अधिकार क्षेत्र में पुलिस अधिकारी द्वारा खोज के बारे में बताता है।[31] लेकिन जांच अधिकारी को याद रखना चाहिए कि प्रत्येक चरण

---

[31] दंड संहिता की धारा 165 में कहा गया है कि,

(1) जब कभी पुलिस थाने का प्रभारी अधिकारी या जांच करने वाले पुलिस अधिकारी के पास यह विश्वास करने के उचित आधार हैं कि किसी ऐसे अपराध की जांच के प्रयोजनों के लिए, जिसकी जांच करने के लिए वह प्राधिकृत है, आवश्यक कोई चीज़ उस पुलिस थाने की, जिसका वह प्रभारी है या जिससे वह संलग्न है, सीमाओं के अंदर किसी स्थान में पाई जा सकती है और उसकी राय में ऐसी चीज़ उचित विलम्ब के बिना तलाशी से अन्यथा अभिप्राप्त नहीं की जा सकती, जब ऐसा अधिकारी अपने विश्वास के आधारों को लेखबद्ध करने, और यथासंभव उस चीज़ को, जिसके लिए तलाशी ली जानी है, ऐसे लेख में विनिर्दिष्ट करने के पश्चात उस थाने की सीमाओं के अंदर किसी स्थान में ऐसी चीज़ के लिए तलाशी ले सकता या तलाशी लिवा सकता है।

(2) उपधारा (1) के अधीन कार्यवाही करने वाला पुलिस अधिकारी, यदि व्यवहार्य है तो तलाशी स्वयं लेगा।

(3) यदि वह तलाशी स्वयं लेने में असमर्थ है और कोई अन्य ऐसा व्यक्ति, जो तलाशी लेने में सक्षम है, उस समय उपस्थित नहीं है तो वह ऐसा करने के अपने कारणों को लेखबद्ध करने के पश्चात अपने अधीनस्थ किसी अधिकारी से अपेक्षा कर सकता है कि वह तलाशी ले और ऐसे अधीनस्थ अधिकारी को ऐसा लिखित आदेश देगा जिसमें उस स्थान को जिसकी तलाशी ली जानी है और यथासम्भव उस चीज़ को, जिसके लिए तलाशी ली जानी है, विनिर्दिष्ट किया जाएगा और तब ऐसा अधीनस्थ अधिकारी उस चीज़ के लिए तलाशी उस स्थान में ले सकेगा।

(4) तलाशी अधिपत्र के बारे में इस संहिता के उपबंध और तलाशियों के बारे में धारा 100 के साधारण उपबंध, इस धारा के अधीन ली जाने वाली तलाशी, जहां तक हो सके, पर लागू होंगे।

(5) उपधारा (1) या उपधारा (3) के अधीन बनाए गए किसी भी अभिलेख की प्रतियां, तत्काल ऐसे निकटतम दण्डाधिकारी के पास भेज दी जाएंगी जो उस अपराध का संज्ञान करने के लिए सशक्त है तथा जिस स्थान की तलाशी ली गई है, उसके स्वामी या अधिभोगी को, उसके आवेदन पर, उसकी एक प्रतिलिपि दण्डाधिकारी द्वारा नि:शुल्क दी जाएगी।

में पीड़िता की गोपनीयता व निजता बरकरार रहनी चाहिए और उसे पीड़िता को आश्वस्त करना चाहिए कि जांच के लिए उचित कदम उठाए जा रहे हैं। यह पीड़िता में बाद के चरणों में पुलिस और अभियोजन पक्ष का सहयोग देने के लिए विश्वास बढ़ाएगा। हालांकि, इस चरण पर उस अधिकार क्षेत्र का पता लगाना महत्त्वपूर्ण है जहां उत्पीड़नकर्ता रहता है, डिवाइस स्थित हैं और मध्यस्थ सर्वर स्थित है। यदि पुलिस अधिकारी को किसी अन्य पुलिस स्टेशन के अधिकार क्षेत्र में जांच करने की आवश्यकता पड़ती है तो उसे दंड संहिता की धारा 166 के साथ-साथ IT अधिनियम की धारा 1(2)[32] व 75 का संदर्भ लेना होगा जो अधिनियम के अपरदेशीय अधिकार क्षेत्र से संबंधित हैं।[33]

हालांकि, विशेष रूप से महिलाओं के खिलाफ़ साइबर अपराधों के मामलों में यह याद रखना जरूरी है कि यदि पीड़िता पुलिस से उन मुद्दों के लिए संपर्क करती है जो प्रभारी अधिकारी को बहुत साधारण लग सकते हैं तो वह फिर भी दंड संहिता की धारा 154 (संज्ञेय मामलों में जानकारी) में उल्लिखित किए अनुसार शुरुआती आवश्यकताओं को पूरा करने के बाद अपनी जांच कर सकता है।[34] पीड़िता/शिकायतकर्ता से जानकारी एकत्रित करने के

---

[32] IT अधिनियम, 2000 (2008 में संशोधित) की धारा 1(2) में कहा गया है कि यह पूरे भारत में विस्तारित होगा और इस अधिनियम में अन्यथा उपबन्धित को छोड़कर, यह किसी भी व्यक्ति द्वारा भारत के बाहर किए गए किसी भी अपराध या उल्लंघन के लिए भी लागू होता है।

[33] IT अधिनियम की धारा 75 में कहा गया है

(1) उपधारा (2) के प्रावधानों के अधीन, इस अधिनियम के प्रावधान किसी भी राष्ट्रीयता के किसी भी व्यक्ति द्वारा किसी अपराध या उल्लंघन के लिए भी लागू होंगे।

(2) उपधारा (1) के प्रयोजनों के लिए, यह अधिनियम किसी भी व्यक्ति द्वारा भारत के बाहर किए गए अपराध या उल्लंघन पर लागू होगा यदि अपराध या उल्लंघन का कारण बनने वाले कार्य या व्यवहार में भारत में स्थित कंप्यूटर, कंप्यूटर सिस्टम या कंप्यूटर नेटवर्क शामिल है।

[34] दंड संहिता की धारा 154 में कहा गया है कि

(1) संज्ञेय अपराध किए जाने से संबंधित प्रत्येक सूचना यदि पुलिस थाने के प्रभारी अधिकारी को मौखिक दी गई है तो उसके द्वारा या उसके निदेशाधीन लेखबद्ध कर ली जाएगी और सूचना देने वाले को पढ़कर सुनाई जाएगी और प्रत्येक ऐसी सूचना पर, चाहे वह लिखित रूप में दी गई हो या पूर्वोक्त रूप में लेखबद्ध की गई हो एवं इस पर सूचना प्रदाता के हस्ताक्षर लिए जाएंगे साथ ही इस घटना को सारगर्भित स्वरूप में ऐसे प्रपत्र में उस अधिकारी द्वारा दर्ज किया जाएगा जिसे राज्य सरकार इस निमित्त विहित करे।

(2) उपधारा (1) के अधीन अभिलिखित सूचना की प्रतिलिपि, सूचना देने वालों को तत्काल नि:शुल्क दी जाएगी।

(3) कोई व्यक्ति जो किसी पुलिस थाने के प्रभारी अधिकारी के उपधारा (1) में निर्दिष्ट सूचना को अभिलिखित करने से इनकार करने से व्यथित है, ऐसी सूचना का सार लिखित रूप में और डाक द्वारा सम्बद्ध पुलिस अधीक्षक को भेज सकता है, यदि उसका यह समाधान हो जाता है कि ऐसी सूचना से किसी संज्ञेय अपराध का किया जाना प्रकट होता है तो, या तो स्वयं मामले का अन्वेषण करेगा या अपने अधीनस्थ किसी पुलिस अधिकारी द्वारा इस संहिता द्वारा उपबंधित रीति में अन्वेषण किए जाने का निदेश देगा और उस अधिकारी को उस अपराध के सम्बन्ध में पुलिस थाने के प्रभारी अधिकारी की सभी शक्तियां होंगी।

दौरान पुलिस अधिकारी को विशेष रूप से महिला पीड़िताओं के लिए बनाए प्रावधानों का पालन करना होगा। यह ध्यान रखना आवश्यक है कि इस प्रकार के 'साधारण' मामलों में अवपीड़न या ट्रॉलिंग (जिन्हें अभी भी IT अधिनियम या IPC के अनुसार अलग अपराधों के रूप में नहीं पहचाना जाता है), साइबर स्टॉकिंग (फ़ोन पर लगातार कॉलिंग या ईमेलों/सोशल मीडिया/व्हाट्सएप आदि के माध्यम से ऑनलाइन गतिविधियों पर नज़र रखने द्वारा) या नकली अवतार बनाना आदि शामिल हो सकता है। शुरुआत में ये साधारण लग सकते हैं लेकिन यदि इनकी सही तरीके से निगरानी नहीं की जाए तो इनके विनाशकारी परिणाम हो सकते हैं। हालांकि सभी मामलों में पुलिस अधिकारी को दंड संहिता की धारा 160 (गवाहों के उपस्थित होने की आवश्यकता के लिए पुलिस अधिकारी की शक्ति), विशेष रूप से उस प्रावधान का पालन करना चाहिए, जिसके अनुसार,

> पंद्रह वर्ष से कम या पैंसठ वर्ष से अधिक आयु वाले पुरुष या एक महिला या मानसिक या शारीरिक रूप से अक्षम व्यक्ति द्वारा पुलिस को जानकारी देते समय उस स्थान के अलावा किसी अन्य स्थान पर उपस्थित होने की आवश्यकता नहीं होगी जहां वह पुरुष या महिला रहती है।

साथ ही दंड संहिता की धारा 161 (गवाहों की जांच), विशेष रूप से उस प्रावधान का पालन करना चाहिए, जिसके अनुसार,

> वह महिला जिसके खिलाफ़ भारतीय दंड संहिता की धारा 354, धारा 354A, धारा 354B, धारा 354C, धारा 354D, धारा 376, धारा 376A, धारा 376B, धारा 376C, धारा 376D, धारा 376E या धारा 509 के अधीन किसी अपराध के किए जाने या किए

परंतु यदि किसी स्त्री द्वारा, जिसके विरुद्ध भारतीय दंड संहिता की धारा 326A, धारा 326B, धारा 354, धारा 354A, धारा 354B, धारा 354C, धारा 354D, धारा 376, धारा 376A, धारा 376B, धारा 376C, धारा 376D, धारा 376E या धारा 509 के अधीन किसी अपराध के किए जाने या किए जाने का प्रयत्न किए जाने का अभिकथन किया गया है, कोई सूचना दी जाती है तो ऐसी सूचना किसी महिला पुलिस अधिकारी या किसी महिला अधिकारी द्वारा अभिलिखित की जाएगी।

यदि (a) वह व्यक्ति, जिसके विरुद्ध भारतीय दंड संहिता की धारा 354, धारा 354A, धारा 354B, धारा 354C, धारा 354D, धारा 376, धारा 376A, धारा 376B, धारा 376C, धारा 376D, धारा 376E या धारा 509 के अधीन किसी अपराध के किए जाने या किए जाने का प्रयत्न किए जाने का अभिकथन किया गया है, अस्थायी या स्थायी रूप से मानसिक या शारीरिक रूप से निःशक्त है, तो ऐसी सूचना किसी पुलिस अधिकारी द्वारा उस व्यक्ति के, जो ऐसे अपराध की रिपोर्ट करने की ईप्सा करता है, निवास स्थान पर या उस व्यक्ति के विकल्प के किसी सुगम स्थान पर यथास्थिति, किसी द्विभाषिये या किसी विशेष प्रबोधक की उपस्थिति में अभिलिखित की जाएगी; (b) ऐसी सूचना के अभिलेखन की वीडियो फिल्म तैयार की जाएगी; (c) पुलिस अधिकारी धारा 164 की उपधारा (5A) के खंड (a) के अधीन किसी न्यायिक दण्डाधिकारी द्वारा उस व्यक्ति का कथन यथासंभव शीघ्र अभिलिखित कराएगा।

जाने का प्रयत्न किए जाने का अभिकथन किया गया है, का बयान किसी महिला पुलिस अधिकारी या किसी महिला अधिकारी द्वारा अभिलिखित किया जाएगा।

पुलिस अधिकारियों को इस संबंध में धारा 162 (पुलिस दिए जाने वाले अहस्ताक्षरित बयान) एवं धारा 163 (किसी प्रलोभन की पेशकश नहीं) में बताए गए आम नियमों का भी पालन करना चाहिए। यदि वीडियो बलात्कार से संबंधित है तथा प्रभारी अधिकारी जांच के लिए भौतिक और आभासी अपराधों को जोड़ता है तो उसे यह भी देखना चाहिए कि पीड़िता एवं आरोपी के उचित चिकित्सा परीक्षण किए गए हैं।

आरोप-पत्र तैयार करना: सूचना प्राप्त होने और जांच खत्म होने के तुरंत बाद संबंधित अधिकारी को दंड संहिता की धारा 173 (जांच पूरी होने पर रिपोर्ट) के तहत निर्धारित प्रक्रिया के अनुसार आरोप-पत्र तैयार करना शुरू करना होगा।[35] हालांकि, इस पर ध्यान देने

---

[35] दंड संहिता की धारा 173 में कहा गया है कि,

(1) इस अध्याय के तहत हर जांच अनावश्यक देरी के बिना पूरी की जाएगी।

(2) (i) जैसे ही यह पूरी हो जाती है, पुलिस थाने के प्रभारी अधिकारी को पुलिस रिपोर्ट पर अपराध की संज्ञान लेने के लिए अधिकारित दण्डाधिकारी को, राज्य सरकार द्वारा निर्धारित रूप में एक रिपोर्ट देनी होगी, जिसमें निम्नलिखित बातों का वर्णन होगा —

(a) सभी पक्षों के नाम;

(b) जानकारी की प्रकृति;

(c) मामले की परिस्थितियों से परिचित होने वाले व्यक्तियों के नाम;

(d) क्या कोई अपराध किया गया है और यदि हाँ, तो किसके द्वारा;

(e) क्या दोषी को गिरफ़्तार कर लिया गया है;

(f) क्या उसे उसके बांड पर रिहा कर दिया गया है और यदि हाँ, तो ज़मानत के साथ या बिना;

(g) क्या उसे धारा 170 के तहत हिरासत में भेज दिया गया है।

(ii) अधिकारी, उसके द्वारा की कार्यवाही, को उस व्यक्ति, यदि कोई है, जिसके द्वारा अपराध किए जाने के बारे में सबसे पहले जानकारी दी गई थी, को राज्य सरकार द्वारा निर्धारित तरीके में, सूचित करेगा।

(3) जहां धारा 158 के तहत पुलिस का एक वरिष्ठ अधिकारी नियुक्त किया गया है, रिपोर्ट, किसी भी मामले में जिसमें राज्य सरकार सामान्य या विशेष आदेश द्वारा निर्देशित करती है, उस अधिकारी के माध्यम से जमा की जानी चाहिए, और वह दण्डाधिकारी के आदेश को लंबित करके, आगे की जांच करने के लिए पुलिस स्टेशन के प्रभारी अधिकारी को निर्देशित कर सकता है,

(4) जब भी इस धारा के तहत अग्रेषित एक रिपोर्ट से यह प्रकट होता है कि दोषी को उसके बांड पर रिहा कर दिया गया है, तो दण्डाधिकारी इस तरह के बांड के उन्मोचन के लिए या जैसा उसे ठीक लगता है-ऐसा आदेश देगा।

(5) जब ऐसी रिपोर्ट किसी ऐसे मामले के संबंध में है जिसमें धारा 170 लागू होती है, तो पुलिस अधिकारी दण्डाधिकारी को रिपोर्ट के साथ निम्नलिखित अग्रेषित करेगा:

(a) दण्डाधिकारी को जांच के दौरान पहले ही भेजे गए दस्तावेज़ों के अलावा सभी दस्तावेज़ या प्रासंगिक अवतरण जिन पर अभियोजन पक्ष भरोसा करने का प्रस्ताव रखता है;

(b) उन सभी व्यक्तियों के धारा 161 के तहत दर्ज बयान जिनकी अभियोजन पक्ष अपने गवाहों के रूप में जांच करने का प्रस्ताव रखता है।

की जरूरत है कि इस चरण में कई ऐसे मुद्दे हो सकते हैं जिनके कारण आरोप-पत्र तैयार करने में देरी हो सकती है। लेकिन, 2009[36] में गृह मंत्रालय द्वारा सभी पुलिस मुख्यालयों को जारी 'महिलाओं के विरुद्ध अपराध पर परामर्श' के बारे में उल्लेख करना आवश्यक है जिस पर अनुवर्ती कार्रवाई करते हुए बाद में अदालत ने स्व- प्रस्ताव बनाम पंजाब सरकार व अन्य (पंजाब और हरियाणा के उच्च न्यायालय में, 2012 की सिविल रिट याचिका नं. 26229) में निर्धारित दिशानिर्देश को भी शामिल किया।[37] इस परामर्श में यह उल्लेख किया गया था कि महिलाओं के खिलाफ़ अपराध में स्टॉकिंग, दर्शनरति, साइबर अपराध, इलेक्ट्रॉनिक मीडिया का दुरुपयोग आदि के साथ-साथ IPC की धारा 509 में वर्णित महिलाओं के सतीत्व को नुकसान पहुंचाने वाले शब्दों एवं संकेतों समेत महिलाओं को लक्षित करने वाले सभी प्रकार के अपराध शामिल हैं। आगे बताया गया है कि महिलाओं व लड़कियों को लक्षित करने वाले ऐसे सभी अपराधों को प्राथमिकता दी जानी चाहिए। सभी मामलों में जानकारी तदनुसार दर्ज की जानी चाहिए और अनावश्यक देरी, जो आरोपी के लिए जमानत आवेदन को सुविधाजनक बना सकती है, को रोकने के लिए जांच समय पर समाप्त की जानी चाहिए। हमें लगता है कि इन दिशानिर्देशों का पालन हर उस पुलिस अधिकारी द्वारा किया जाना चाहिए जो महिलाओं के खिलाफ़ साइबर अपराधों से निपट रहा है।

जमानत/मध्यस्थता के सवाल: इसे समझने की जरूरत है कि महिलाओं के खिलाफ़ साइबर अपराधों के मामले में आपराधिक न्याय प्रणाली, विशेष रूप से पुलिस द्वारा जिस बड़ी समस्या का सामना करना पड़ सकता है, वह पीड़िताओं द्वारा पुलिस के पास जाने और

(6) यदि पुलिस अधिकारी का मानना है कि इस तरह के किसी भी बयान का कोई भी भाग कार्यवाही के विषय से प्रासंगिक नहीं है या दोषी को इसका खुलासा न्याय के हित में आवश्यक नहीं है और जनता के हित में अनुपयुक्त है, तो वह बयान के उस भाग को इंगित करेगा और दोषी को दी जाने वाली प्रतियों से उस भाग को निकालने के लिए दण्डाधिकारी से अनुरोध करता है और ऐसा अनुरोध करने के कारण सहित टिप्पणी संलग्न करेगा।

(7) जहां मामले की जांच करने वाले पुलिस अधिकारी को ऐसा करना सही लगता है, वह आरोपी को उप-धारा (5) में निर्दिष्ट सभी या किन्हीं दस्तावेजों की प्रतियां दे सकता है।

(8) उप-धारा (2) के तहत रिपोर्ट दण्डाधिकारी को भेजी जाने के बाद इस धारा में शामिल कुछ भी आगे की जांच को रोकने के लिए नहीं माना जाएगा और इस तरह की जांच पर, पुलिस थाने का प्रभारी अधिकारी और, मौखिक या दस्तावेज़ी, साक्ष्य प्राप्त करता है, वह दण्डाधिकारी को निर्धारित प्रारूप में ऐसे सबूतों के बारे में एक और रिपोर्ट या रिपोर्टें भेजेगा और उप-धारा (2) से (6) के प्रावधान ऐसी रिपोर्ट या रिपोर्टों के संबंध में उस तरह लागू हो सकते हैं जैसे कि वे उप-धारा (2) के तहत अग्रेषित रिपोर्ट के संबंध में लागू होते हैं

[36] गृह मंत्रालय द्वारा जारी 'महिलाओं के खिलाफ़ अपराध पर परामर्श'। F. NO.15011/48/2009-SC/ST-W भारत सरकार/भारत सरकार नई दिल्ली मंत्रालय/सीएस डिवीज़न नई दिल्ली, 4 सितंबर, 2009 को जारी। http://ncw.nic.in/pdfFiles/AdvisoryCrimeAgnstWomen170909.pdf पर उपलब्ध (2 मार्च, 2015 को देखा गया)।

[37] http://indiankanoon.org/doc/158287429/ पर पूरा निर्णय देखें (2 मई 2015 को देखा गया)।

उत्पीड़नकर्ता के पहचाने जाने के बाद प्रक्रिया को आगे बढ़ाने के प्रति अनिच्छा है। यदि उत्पीड़नकर्ता को भारतीय साक्ष्य अधिनियम[38] की धारा 88A सहित ऊपर उल्लिखित क़ानूनों का पालन करने के बाद हिरासत में लिया गया है तो दोषी को दंड संहिता की धारा 436[39] के तहत जमानत का अधिकार देने से मना नहीं किया जाना चाहिए। लेकिन यदि आरोपी को इस तरह रिहा किया गया है तो पीड़िता द्वारा दोबारा उत्पीड़न की शिकायत करने पर पुलिस अधिकारी को पीड़िता की मदद करने के अपने कर्तव्य से पीछे नहीं हटना चाहिए। यह विशेष रूप से ऐसा इसलिए है क्योंकि उत्पीड़नकर्ता अभी भी अज्ञात पहचान के साथ दोबारा उत्पीड़न कर सकता है। इसी प्रकार यदि पीड़िता FIR दर्ज कराने या किसी अन्य न्यायिक प्रक्रिया के साथ इसे जारी नहीं रखना चाहती है तो पुलिस को दोषी को केवल एक साधारण चेतावनी के साथ वापस नहीं भेजना चाहिए। संबंधित अधिकारी को यह सुनिश्चित करना होगा कि मध्यस्थता प्रभावी है तथा सभी उपकरणों का पता लगा लिया गया है, अपमानजनक सामग्रियां न केवल उपकरणों से बल्कि सोशल मीडिया प्रोफाइल एवं अन्य

---

[38] भारतीय साक्ष्य अधिनियम (इलेक्ट्रॉनिक संदेशों के रूप में परिकल्पना) की धारा 88A के अनुसार,

न्यायालय यह मान सकता है कि इलेक्ट्रॉनिक मेल सर्वर के माध्यम से प्रणेता द्वारा ऐसे प्रेषिती, जिसे संदेश भेजा जाना है, को अग्रेषित किया गया इलेक्ट्रॉनिक संदेश उस संदेश के साथ मेल खाता है जो प्रसारण के लिए उसके कंप्यूटर में डाला गया है; लेकिन न्यायालय उस व्यक्ति के बारे में कोई अनुमान नहीं लगाएगा जिसके द्वारा इस संदेश को भेजा गया था। धारा 88A. इलेक्ट्रॉनिक संदेशों के रूप में परिकल्पना—न्यायालय यह मान सकता है कि इलेक्ट्रॉनिक मेल सर्वर के माध्यम से प्रणेता द्वारा ऐसे प्रेषिती, जिसे संदेश भेजा जाना है, को अग्रेषित किया गया इलेक्ट्रॉनिक संदेश उस संदेश के साथ मेल खाता है जो प्रसारण के लिए उसके कंप्यूटर में डाला गया है; लेकिन न्यायालय उस व्यक्ति के बारे में कोई अनुमान नहीं लगाएगा जिसके द्वारा इस संदेश को भेजा गया था। स्पष्टीकरण — इस धारा के उद्देश्यों के लिए, 'प्रेषिती' और 'प्रणेता' शब्दों का अर्थ वही होगा जो उन्हें क्रमशः उपधारा के खंडों (b) और (za) में दिया गया है।

[39] दंड संहिता की धारा 436 के अनुसार,

(1) जब गैर-जमानती अपराध के अभियुक्त से भिन्न कोई व्यक्ति पुलिस थाने के प्रभारी व्यक्ति द्वारा अनुज्ञा-पत्र के बिना गिरफ़्तार या निरुद्ध किया जाता है, या न्यायालय के समक्ष हाजिर होता है या लाया जाता है और जब वह ऐसे अधिकारी की अभिरक्षा में है उस बीच किसी समय, या ऐसे न्यायालय के समक्ष कार्यवाहियों के किसी प्रक्रम में, जमानत देने के लिए तैयार है तब ऐसा व्यक्ति जमानत पर छोड़ दिया जाएगा: परंतु यदि ऐसा अधिकारी या न्यायालय ठीक समझता है तो वह ऐसे व्यक्ति से जमानत लेने के बजाय उसे इसमें इसके पश्चात उपबंधित प्रकार से अपने हाजिर होने के लिए प्रतिभूओं रहित बंधपत्र निष्पादित करने पर उन्मोचित कर सकेगा, बशर्ते इस खंड का कोई भी प्रावधान धारा 116 की उपधारा (3) या धारा 446A1 में वर्णित प्रावधानों को प्रभावित नहीं करे।

(2) उप-धारा (1) में किसी भी बात के होते हुए भी, जहां कोई व्यक्ति, हाजिरी के समय और स्थान के बारे में जमानत पत्र की शर्तों का अनुपालन करने में असफल रहता है वहां न्यायालय उसे, जब वह उसी मामले में किसी पश्चातवर्ती अवसर पर न्यायालय के समक्ष हाजिर होता है या अभिरक्षा में लाया जाता है, जमानत पर छोड़ने से इनकार कर सकता है और ऐसी किसी इनकार का, ऐसे जमानतपत्र से आबद्ध किसी व्यक्ति से धारा 446 के अधीन उसके शास्ति देने की उपेक्षा करने की न्यायालय की शक्तियों पर कोई प्रतिकूल प्रभाव नहीं पड़ेगा।

वेबसाइटों से भी सफलतापूर्वक हटा दी गई हैं। यह उत्पीड़नकर्ता द्वारा संबंधित अधिकारी के निर्देश के तहत किया जा सकता है और किया जाना चाहिए। हालांकि इस स्तर पर पुलिस को मामले को आगे बढ़ाने के लिए पीड़िता को मनाने की कोशिश करना महत्त्वपूर्ण हो जाता है ताकि वह न्याय प्राप्त कर सके साथ ही अदालतों को पूर्णरूपेण समाज के लाभ के लिए क़ानूनों की प्रभावी रूप से व्याख्या करने और लागू करने के अवसर मिल सकें।

अभियोजन

POCSO अधिनियम के विपरीत IT अधिनियम, 2000 (2008 में संशोधित), विशेष रूप से IT अधिनियम के अध्याय XI के तहत वर्गीकृत अपराधों के लिए, किसी विशेष अदालत की स्थापना नहीं करता है। ऐसे मामले में, मामले को निर्दिष्ट किए अनुसार संबंधित अदालतों में ले जाने के लिए दंड संहिता के प्रावधानों का पालन किया जाना चाहिए। इस चरण में अभियोजन पक्ष को IT अधिनियम की धारा 75 के साथ दंड संहिता की धारा 177 (अधिकार क्षेत्र और मुकदमे की सामान्य जगह), 178 (पूछताछ या मुकदमे की जगह), 179 (न्यायिक मुकदमे के अधीन अपराध जहां कार्य किया गया है या परिणाम हुए हैं), 180 (मुकदमे की जगह जहां कार्य दूसरे अपराध के संबंध में अपराध है), 181 (कुछ विशेष अपराधों के मामले में मुकदमे की जगह), 182 (पत्रों आदि द्वारा किए गए अपराध), 183 (समुद्री यात्रा पर किए गए अपराध), 184 (एक साथ न्यायिक मुकदमे के अधीन अपराधों के लिए मुकदमे का स्थान), 187 (स्थानीय क्षेत्राधिकार से परे किए अपराध के लिए सम्मन या अनुज्ञा-पत्र जारी करने की शक्ति), 188 (भारत के बाहर किए गए अपराध) सहित प्रावधानों के अनुसार जाना चाहिए, मामले के तथ्यों के आधार पर विशेष मामले के लिए जो भी उपयुक्त है/हैं। IT अधिनियम की धारा 75 में अदालतों के अपरदेशीय क्षेत्राधिकार के बारे में चर्चा की गई है, जिसके अनुसार

> (1) उपधारा (2) के प्रावधानों के अधीन, इस अधिनियम के प्रावधान किसी भी राष्ट्रीयता के किसी भी व्यक्ति द्वारा भारत के बाहर किए किसी भी अपराध या उल्लंघन के लिए लागू होंगे।
>
> (2) उपधारा (1) के उद्देश्यों के लिए, यह अधिनियम किसी भी व्यक्ति द्वारा भारत के बाहर किए गए अपराध या उल्लंघन पर लागू होगा यदि अपराध या उल्लंघन वाले कार्य या व्यवहार में कंप्यूटर, कंप्यूटर सिस्टम या कंप्यूटर नेटवर्क शामिल है।

जिन मामलों में पीड़िता ने पुलिस से संपर्क किया है उनका सरकारी वकील द्वारा प्रतिनिधित्व किया जा सकता है। लेकिन लेखकों ने यह देखा है कि, कई मामलों में जहां पीड़िता (विशेष रूप से यौन उत्पीड़न की पीड़िताएं) का प्रतिनिधित्व पुलिस एवं सरकारी अभिवक्ता द्वारा किया जाता है, उन्हें अधिवक्ता के भावशून्य रवैये के कारण उचित न्याय नहीं मिल पाता।

अभियोजन के कई चरणों में उसे पीड़ित को ही दोषी मानने की स्थिति का सामना करना पड़ सकता है। इस पर ध्यान दिया जाना चाहिए कि भारत में कई महिलाएं पुलिस को सहयोग देना पसंद नहीं करती हैं या अदालतों में मामला जाने पर शुरुआती चरणों में शिकायतों को वापस लेना पसंद करती हैं। हालांकि, कई राज्य सरकारों के साथ-साथ न्यायालयों की ओर से भी ऐसे अधिवक्ताओं को जोड़ा जा रहा है जिन्होंने सरकारी वकील के रूप में साइबर क़ानूनों में विशिष्टता हासिल की है। यह पूरे मामले की प्रभावी समझ पर और महिलाओं के खिलाफ़ साइबर अपराधों के मामलों में न्याय में सफल बहाली पाने के लिए पीड़ितों को वकील द्वारा परामर्श देने पर निर्भर करता है। अभियोजन चरण में, अदालतों और अभियोजन पक्षों को पीड़ितों को सेवा प्रदाताओं की ज़िम्मेदारियों के बारे में बताने पर भी विचार करना चाहिए यदि सेवा प्रदाताओं ने पीड़ितों की रिपोर्टें 'हटाने' पर कोई कार्यवाही नहीं की है। सुपर कैसेट इंडस्ट्रीज लिमिटेड बनाम माईस्पेस इंक,[40] जैसे प्रतिलिप्यधिकार उल्लंघन मामलों में तथा Hubpages.com[41] पर निर्मलजीत सिंह नरूला बनाम इंडीजॉब्स जैसे साइबर मानहानि के मामलों आदि में स्थायी निषेधाज्ञा के माध्यम से नागरिक उपचार मांगने के कई उदाहरण हैं जहां पीड़ित मध्यस्थ की ज़िम्मेदारियों से संबंधित क़ानूनों द्वारा सफलतापूर्वक लाभान्वित हो सकते हैं। हम सुझाव देते हैं कि महिलाओं के खिलाफ़ साइबर अपराधों के मामलों में, जिसमें प्रतिलिप्यधिकार उल्लंघन एवं साइबर मानहानि शामिल हो सकती है, अदालतों को मध्यस्थों से संपर्क करने के लिए पहल करनी चाहिए जैसा कि ऊपर चर्चा किए गए विनय राय के मामले में हुआ था और तदनुसार पीड़ितों का मार्गदर्शन करना चाहिए। ऐसा विशेष रूप से इसलिए है क्योंकि IT अधिनियम 2000 (2008 में संशोधित) की धारा 81, प्रभावित लोगों को अन्य प्रावधानों की सहायता प्राप्त करने की शक्ति प्रदान करती है, जिसके अनुसार

> इस अधिनियम के प्रावधान, मौजूदा समय में लागू किसी और क़ानून में शामिल इस के अतिरिक्त किसी भिन्न चीज़ के बावजूद प्रभावी होंगे। बशर्ते कि इस अधिनियम में निहित कुछ भी किसी भी व्यक्ति को प्रतिलिप्यधिकार अधिनियम 1957 या पेटेंट अधिनियम 1970 के तहत प्रदान किए गए किसी भी अधिकार का उपयोग करने से प्रतिबंधित नहीं करेगा।

इसी तरह, यह भी सुनिश्चित किया जाना चाहिए कि मुकदमा-पूर्व, अभियोजन और सज़ा के चरणों के दौरान पीड़िता की पहचान की पूर्ण गोपनीयता बनाए रखी जाती है। यदि पीड़िता नाबालिग है तो अभियोजन पक्ष को POCSO अधिनियम के प्रासंगिक प्रावधानों

---

[40] 2011(48), PTC 49, Del.

[41] 2012(50), PTC 320, Del.

का पालन करना चाहिए। इसमें विशेष रूप से अध्याय VI (बच्चे के बयान की रिकॉर्डिंग के लिए प्रक्रिया), VII (विशेष अदालतों के लिए प्रावधान) और VIII (अभियोजन में साक्ष्य और अन्य मामलों की रिकॉर्डिंग में विशेष अदालतों की प्रक्रिया और शक्तियां) की सहायता ली जा सकती है। इसके साथ-साथ पुलिस एवं अदालतों को POCSO अधिनियम की धारा 23 पर पूर्ण ध्यान देना चाहिए जो IPC की धारा 228A के साथ मीडिया के लिए प्रक्रिया के बारे में बताती है (कुछ अपराधों के पीड़ितों की पहचान का खुलासा आदि)।[42]

जबकि चर्चा आपराधिक अभियोजन के बारे में बताती है लेकिन पीड़िता IT अधिनियम में अध्याय IX में बताए गए नागरिक उपचारों का भी लाभ उठा सकती है। IT अधिनियम की धारा 43 कंप्यूटर, कंप्यूटर सिस्टम, नेटवर्क, डेटा आदि के नुकसान के लिए दंड और मुआवजे के बारे में बताती है। इस धारा के बारीकी से विश्लेषण से पता चलता है कि यदि किसी भी पीड़िता को डेटा तक अवैध और अनधिकृत पहुंच के कारण किसी भी प्रकार के उत्पीड़न का सामना करना पड़ता है जैसा ईमेल हैकिंग, सोशल मीडिया प्रोफाइल हैकिंग, कंप्यूटर या स्मार्टफोन, टैबलेट आदि उपकरणों की हैकिंग एवं उसमें स्टोर की गई व्यक्तिगत

---

[42] IPC की धारा 228(A) के अनुसार,

(1) जो कोई किसी नाम या अन्य बात को, जिससे किसी ऐसे व्यक्ति की (जिसे इस धारा में इसके पश्चात पीड़ित व्यक्ति कहा गया है) पहचान हो सकती है, जिसके विरुद्ध धारा 376, धारा 376A, धारा 376B, धारा 376C या धारा 376D के अधीन किसी अपराध का किया जाना अभिकथित है या किया गया पाया गया है, मुद्रित या प्रकाशित करेगा वह दोनों में से किसी भांति के कारावास से, जिसकी अवधि दो वर्ष तक की होगी, दंडित किया जाएगा और जुर्माने से भी दंडनीय होगा।

(2) उपधारा (1) की किसी भी बात का विस्तार किसी नाम या अन्य बात के ऐसे मुद्रण या प्रकाशन पर, यदि उससे पीड़ित व्यक्ति की पहचान हो सकती है, तब लागू नहीं होता है जब ऐसा मुद्रण या प्रकाशन–

(a) पुलिस थाने के प्रभारी अधिकारी द्वारा या उसके लिखित आदेश के अधीन अथवा ऐसे अपराध का अन्वेषण करने वाले पुलिस अधिकारी द्वारा, जो ऐसे अन्वेषण के प्रयोजनों के लिए सदभावपूर्वक कार्य करता है, या उसके लिखित आदेश के अधीन किया जाता है; या

(b) पीडित व्यक्ति द्वारा या उसके लिखित प्राधिकार से किया जाता है; या

(c) जहां पीड़ित व्यक्ति की मृत्यु हो चुकी है अथवा वह अवयस्क या विकृतचित्त है वहां, पीड़ित व्यक्ति के निकट संबंधी द्वारा या उसके लिखित प्राधिकार से, किया जाता है: परंतु निकट संबंधी द्वारा कोई भी ऐसा प्राधिकार किसी मान्यताप्राप्त कल्याण संस्था या संगठन के अध्यक्ष या सचिव से चाहे उसका जो भी नाम हो, भिन्न किसी अन्य व्यक्ति को नहीं दिया जाएगा। स्पष्टीकरण-इस उपधारा के प्रयोजनों के लिए 'मान्यताप्राप्त कल्याण संस्था या संगठन' से केन्द्रीय या राज्य सरकार द्वारा इस उपधारा के प्रयोजनों के लिए कोई मान्यताप्राप्त समाज कल्याण संस्था या संगठन अभिप्रेत है।

(3) जो कोई व्यक्ति उपधारा (1) में निर्दिष्ट किसी अपराध की बाबत किसी न्यायालय के समक्ष किसी कार्यवाही के संबंध में, उस न्यायालय की पूर्व अनुज्ञा के बिना कोई बात मुद्रित या प्रकाशित करेगा, वह दोनों में से किसी भांति के कारावास से, जिसकी अवधि दो वर्ष तक की हो सकेगी, दंडित किया जाएगा और जुर्माने से भी दंडनीय होगा। स्पष्टीकरण—किसी उच्च न्यायालय या उच्चतम न्यायालय के निर्णय का मुद्रण या प्रकाशन इस धारा के अर्थ में कोई अपराध नहीं है।

जानकारी, संवेदनशील व्यक्तिगत जानकारी, व्यक्तिगत फ़ोटो, वीडियो आदि सहित डेटा के दुरुपयोग के मामलों में हो सकता है। पीड़िता निर्णायक अधिकारी के सामने मामला दर्ज करने के इस प्रावधान का लाभ उठा सकती है।[43] यह याद रखना आवश्यक है कि इस प्रावधान का उपयोग करते हुए पीड़िता/शिकायतकर्ता दीवानी मुकदमे में कदम रखती है तथा नुकसानों के लिए मुआवजे की उम्मीद कर सकती है, लेकिन उत्पीड़नकर्ता के खिलाफ़ किसी भी आपराधिक कार्यवाही की उम्मीद तब तक नहीं कर सकती जब तक कि निर्णायक ऐसा निर्णय नहीं लेता है या मामले की स्थिति की यह मांग नहीं है। इस विषय पर IT अधिनियम की धारा 46 के अनुसार, IT सचिव समेत निदेशक के पद के किसी भी अधिकारी को निर्णायक के रूप में नियुक्त किया जा सकता है।[44] फिर भी निर्णायक

---

[43] IT अधिनियम, 2000 (2008 में संशोधित) की धारा 46 निर्णायक अधिकारी के बारे में है। 'निर्णय लेने की शक्ति' के शीर्षक के रूप में यह धारा कहती है कि, (1) इस अध्याय के तहत निर्णय लेने के उद्देश्य से भले ही किसी भी व्यक्ति ने इस अधिनियम के किसी भी प्रावधान या किसी भी नियम, विनियमन, निर्देश या आदेश का उल्लंघन किया है जिसके तहत उसे जुर्माना या मुआवजे का भुगतान करने के लिए ज़िम्मेदार ठहराया जाता है, केंद्र सरकार उपधारा (3) के प्रावधानों के अधीन, किसी भी अधिकारी, जो भारत सरकार के निदेशक के पद से नीचे नहीं है या राज्य सरकार का समकक्ष अधिकारी है, को केंद्र सरकार द्वारा निर्धारित तरीके (ITAA 2008 के माध्यम से संशोधित) से पूछताछ करने के लिए एक निर्णायक अधिकारी के तौर पर नियुक्त करेगी।

(1A) उपधारा (1) के तहत नियुक्त निर्णायक अधिकारी उन मामलों का निर्णय लेने के लिए अधिकार क्षेत्र का प्रयोग करेगा जिनमें चोट या क्षति का दावा पांच करोड़ रुपये से अधिक नहीं है। बशर्ते कि पांच करोड़ रुपये से अधिक की चोट या क्षति के दावे के संबंध में न्याय अधिकार सक्षम अदालत के साथ निहित होगा (ITAA 2008 के माध्यम से शामिल किया गया)।

(2) निर्णायक अधिकारी उपधारा (1) में निर्दिष्ट व्यक्ति को इस मामले में प्रतिनिधित्व करने के लिए उचित अवसर देने के बाद, और यदि ऐसी पूछताछ पर, वह संतुष्ट हो जाता है कि व्यक्ति ने उल्लंघन किया है, तो वह इस तरह का जुर्माना लगा सकता है जैसा कि उसे उस धारा के प्रावधानों के अनुसार उपयुक्त लगता है।

(3) किसी भी व्यक्ति को निर्णायक अधिकारी के रूप में तब तक नियुक्त नहीं किया जाएगा जब तक कि उसके पास सूचना प्रौद्योगिकी और क़ानूनी या न्यायिक अनुभव के क्षेत्र में ऐसा अनुभव नहीं है, जैसा कि केंद्र सरकार द्वारा निर्धारित किया जा सकता है।

(4) जहां एक से अधिक निर्णायक अधिकारियों को नियुक्त किया जाता है, केंद्र सरकार आदेश द्वारा उन मामलों और स्थानों को निर्दिष्ट करेगी जिनके संबंध में ऐसे अधिकारी अपने क्षेत्राधिकार का प्रयोग करेंगे।

(5) प्रत्येक निर्णायक अधिकारी के पास सिविल अदालत की शक्तियां होंगी जिन्हें धारा 58 की उपधारा (2) के तहत साइबर अपीलीय न्यायाधिकरण के तहत प्रदान किया जाता है, और

  (a) इससे पहले की सभी कार्यवाहियां भारतीय दंड संहिता की धारा 193 और 228 के अर्थ में न्यायिक कार्यवाहियां मानी जाएंगी;

  (b) आपराधिक प्रक्रिया संहिता, 1973 की धारा 345 और 346 के उद्देश्यों के लिए एक सिविल अदालत माना जाएगा।

  (c) सिविल प्रक्रिया संहिता, 1908 के आदेश XXI के उद्देश्यों के लिए एक सिविल अदालत माना जाएगा।

[44] IT अधिनियम के तहत https://it.maharashtra.gov.in/1130/Filing-Complaints- देखें।

अधिकारियों द्वारा विशेष रूप से गोपनीयता के उल्लंघन के संबंध में बहुत अच्छे निर्णयों के कई उदाहरण हैं। इनमें सबसे उल्लेखनीय विनोद कौशिक बनाम माधवी जोशी तथा निर्मलकुमार बागरवाल बनाम मिनल बागरवाल, दोनों का निर्णय क्रमश: 10 अक्टूबर 2011 और 26 अगस्त 2013 को महाराष्ट्र के IT सरकार के कार्यकारी सचिव श्री राजेश अग्रवाल ने लिया था। इन दोनों मामलों में वैवाहिक मामलों के अलग-अलग मामलों के लिए उत्तरदायी महिलाओं द्वारा ईमेल, चैट सत्रों, बैंक दस्तावेजों आदि तक अनधिकृत रूप से पहुंच करके गोपनीयता का उल्लंघन शामिल था। इन दोनों मामलों का फैसला याचिकाकर्ताओं के पक्ष में किया गया था जिसने पति/पत्नी द्वारा अपने जीवनसाथी की डिजिटल गोपनीयता का उल्लंघन करने के अधिकार के संबंध में ऐतिहासिक निर्णय दिया।[45]

यह कहा जा सकता है कि अमेरिका में शिक्षक, वकील एवं कार्यकर्ता 'साइबर नागरिक अधिकारों'[46] पर, विशेष रूप से महिलाओं को लक्षित करते हुए ऑनलाइन मानहानि, बदला लेने के लिए बनाए पोर्न, उत्पीड़न आदि के मामलों पर, काम कर रहे हैं। साइबर नागरिक अधिकारों के सबसे प्रमुख समर्थकों में से एक प्रोफेसर डैनियल सिट्रॉन के मुताबिक, अगर पीड़ित महिलाएं इस अवसर का उपयोग करती हैं तो वे न केवल थकाऊ, समय लेने वाले आपराधिक अभियोजन को छोड़ सकती हैं बल्कि अपनी प्रतिष्ठा को पहुंची क्षति के लिए मुआवजे का लाभ भी उठा सकती हैं जो संभवतः साइबर जगत में उनकी प्रतिष्ठा को नुकसान पहुंचने के कारण हुई हो। वह मानती हैं कि प्रतिष्ठा को पहुंची क्षति के कारण कई महिलाओं को नौकरी खोनी पड़ सकती है अथवा शैक्षिक या कार्य संस्थानों द्वारा अवांछित अनुशासनात्मक कार्रवाइयों का सामना करना पड़ सकता है। साइबर नागरिक अधिकार मामलों से प्राप्त मुआवजे से पीड़ितों को न केवल मानसिक आघात को ठीक करने में मदद मिल सकती है बल्कि खोई हुई मौद्रिक स्थिति भी कुछ हद तक दोबारा ठीक हो सकती है। इस हस्तलेख को तैयार करते समय हमें IT अधिनियम के अध्याय IX के तहत पीड़िताओं द्वारा दायर किसी भी मामले के बारे में कोई ऐसी जानकारी नहीं मिली जो जुर्माने, मुआवजे एवं निर्णय संबंधी मुद्दों से संबंधित हो। आगे यह इंगित करना ज़रूरी है कि पीड़िता न केवल उत्पीड़नकर्ता के खिलाफ़ शिकायत दर्ज करा सकती है बल्कि IT अधिनियम की धारा

---

[45] इन निर्णयों के बारे में विस्तृत चर्चा भैरव आचार्य (2013), 'An Analysis of the Cases Filed under Section 46 of the Information Technology Act, 2000 for Adjudication in the State of Maharashtra' 30 सितंबर 2013 को प्रकाशित में देखी जा सकती है। http://cis-india.org/internet-governance/blog/analysis-of-cases-filed-under-sec-48-it-act-for-adjudication-maharashtra पर उपलब्ध (02 फरवरी 2015 को देखा गया)।

[46] सिट्रॉन (2014), Hate crimes in the cyber space देखें।

43A[47] के अनुसार पीड़िता की व्यक्तिगत जानकारी सुरक्षित करने के लिए संविदात्मक रूप से या नैतिक रूप से उत्तरदायी कंपनियों या निगमित निकायों के खिलाफ़ भी मामले दर्ज करा सकती है। इस अध्याय के तहत मामलों से निपटने के दौरान निर्णायक अधिकारी, इस अधिनियम की धारा 46 के अनुसार 50,000,000 रुपये तक की क्षति के लिए अपनी शक्ति का उपयोग कर सकते हैं और उन्हें निर्णय लेने के लिए तीन मुख्य कारकों पर विचार करना होगा, (a) अनुचित फ़ायदे के लाभ की मात्रा, जहां भी मापनीय है, अपराध के परिणामस्वरूप बनाई गई है; (b) अपराध के परिणामस्वरूप किसी भी व्यक्ति को हुई क्षति की मात्रा और (c) अपराध की दोहराव वाली प्रकृति (IT अधिनियम की धारा 47)। हालांकि धारा 45 संभावित पीड़ितों को आश्वासन प्रदान करती है, जिसके अनुसार

> जो भी इस अधिनियम के तहत बनाए गए किसी भी नियम या विनियम का उल्लंघन करता है, जिसके उल्लंघन के लिए कोई जुर्माना अलग से नहीं दिया गया है, वह इस तरह के उल्लंघन से प्रभावित व्यक्ति को पच्चीस हजार रुपये तक के मुआवजे का भुगतान करने या पच्चीस हजार रुपये तक के जुर्माने का भुगतान करने के लिए उत्तरदायी होगा।

यह वास्तव में अध्याय XI के तहत पहचाने गए सभी अपराधों के प्रावधान को भी विस्तृत करता है। इसलिए हम मानते हैं कि महिला पीड़ित जिनको हैकिंग व उत्पीड़न या अपमानजनक जानकारी के प्रसार से संबंधित अपराधों के कारण पीड़ित किया गया है इस अध्याय से लाभान्वित हो सकती हैं। हम भारत में महिलाओं के लिए संयुक्त राज्य अमेरिका में साइबर नागरिक अधिकारों जैसे आंदोलन की शुरुआत का दृढ़ समर्थन करते हैं।

---

[47] 43A. डेटा की सुरक्षा में विफलता के लिए मुआवजा: जहां एक निगमित निकाय कंप्यूटर संसाधन में किसी भी संवेदनशील व्यक्तिगत डेटा या जानकारी को रखे हुए है, उससे निपट रहा है या संचालन कर रहा है, उचित सुरक्षा प्रथाओं और प्रक्रियाओं को लागू करने और बनाए रखने में लापरवाह है और इसके कारण किसी व्यक्ति को गलत हानि या गलत लाभ पहुंचाने का कारण बनता है, ऐसा निगमित निकाय प्रभावित होने वाले व्यक्ति को, पांच करोड़ रुपये तक के मुआवजे के जरिए क्षतिपूर्ति का भुगतान करने के लिए उत्तरदायी होगा (ITAA 2008 के माध्यम से संशोधित)।

स्पष्टीकरण: इस धारा के उद्देश्यों के लिए:

(i) 'निगमित निकाय' का मतलब कोई भी कंपनी है, और इसमें वाणिज्यिक या व्यावसायिक गतिविधियों में शामिल व्यक्तियों की एक फर्म, एकल स्वामित्व या अन्य संगठन शामिल है

(ii) 'उचित सुरक्षा अभ्यासों और प्रक्रियाओं' का अर्थ सुरक्षा संबंधी अभ्यास और प्रक्रियाएं हैं जिन्हें ऐसी जानकारी को अनधिकृत पहुंच, क्षति, उपयोग, संशोधन, प्रकटीकरण या हानि से सुरक्षा के लिए डिज़ाइन किया गया है, जैसा कि पक्षों के बीच एक समझौते में निर्दिष्ट किया जा सकता है या जैसा कि वर्तमान में लागू क़ानून में निर्दिष्ट किया जा सकता है और ऐसे समझौते या किसी भी क़ानून की अनुपस्थिति में, ऐसे उचित सुरक्षा अभ्यास और प्रक्रियाएं, जिन्हें कि केंद्र सरकार द्वारा ऐसे पेशेवर निकायों या संघों के परामर्श से निर्धारित किया जा सकता है जैसा कि यह उचित माना जा सके।

(iii) 'संवेदनशील व्यक्तिगत डेटा या सूचना' का अर्थ ऐसी व्यक्तिगत जानकारी है जिसे केंद्र सरकार द्वारा ऐसे पेशेवर निकायों या संघों के परामर्श से निर्धारित किया जा सकता है जैसा कि यह उचित माना जा सके।

निष्कर्ष

सर्वाधिक महत्त्वपूर्ण बात यह है कि पीड़िता एवं आपराधिक न्याय मशीनरी दोनों को उत्पीड़न पर तत्काल ध्यान देना चाहिए। ऐसा इसलिए है क्योंकि हो सकता है कि मध्यस्थ सेशन लॉग्स के बारे में जानकारी को केवल निश्चित अवधि के लिए बरकरार रखें। इस संबंध में IT अधिनियम की धारा 69C (मध्यस्थों द्वारा जानकारी का संरक्षण और स्मरण) में कहा गया है कि मध्यस्थ केंद्र सरकार द्वारा निर्दिष्ट अवधि के लिए और इस तरह की जानकारी हेतु निर्धारित तरीके और प्रारूप में ऐसी जानकारी का संरक्षण व प्रतिधारण करेगा। उपधारा (2) में कहा गया है कि कोई भी मध्यस्थ जो स्वेच्छा से या जानबूझकर उपधारा (1) के प्रावधानों का उल्लंघन करता है, उसे तीन साल तक की अवधि के लिए कारावास के साथ दंडित किया जाएगा तथा वह जुर्माने के लिए भी उत्तरदायी होगा। व्यावहारिक रूप से हमने देखा है कि पीड़िता की ओर से विलंब से रिपोर्टिंग किए जाने या पुलिस की ओर से शुरुआती जांच में देरी की स्थिति में, हो सकता है कि मध्यस्थ समय में विलंब के कारण सहयोग न दें। ऐसा उसी स्थिति में होता है जब पुलिस मध्यस्थों के साथ समय अवधि के भीतर (सामान्यतः एक सप्ताह से तीन महीने) संपर्क करती है तब यह प्रावधान मध्यस्थ पर उत्तरदायित्व लगाने के लिए उपयोग किया जा सकता है। लेकिन व्यवहार रूप में महिला पीड़ितों के लिए ये सैद्धांतिक प्रावधान वास्तव में कितने फायदेमंद हैं? यह याद रखा जाना चाहिए कि जब तक मुद्दों की गंभीरता और क़ानूनी उपचारात्मक उपायों की उपलब्धता के बारे में कोई सामान्य संवेदीकरण नहीं है, कोई पीड़ित, विशेष रूप से महिलाएं और उनके परिवार, मामलों की रिपोर्ट करने के बारे में आश्वस्त नहीं हो सकते हैं। पीड़ितों, पुलिस, वकीलों और न्यायाधीशों को भी IT अधिनियम, 2000 (2008 में संशोधित) की धारा 77A की उपयोगिता और दायरे से अवगत होना चाहिए जो अपराधों के निपटारे से संबंधित है। इसके अनुसार

> (1) सक्षम न्याय अधिकार वाली अदालत, सामान्य अपराधों के अलावा ऐसे अपराधों का भी निपटान कर सकती है, जिनके लिए इस अधिनियम के तहत आजीवन या तीन साल से अधिक अवधि के लिए कारावास की सज़ा दी गई है। बशर्ते कि अदालत ऐसे अपराध का निपटान नहीं करेगी जहां आरोपी अपनी पिछली अपराध सिद्धि के कारण, या तो बढ़ाई गई सज़ा या किसी अन्य प्रकार की सज़ा के लिए उत्तरदायी है। बशर्ते कि अदालत किसी भी ऐसे अपराध का निपटान नहीं करेगी, जहां इस तरह का अपराध देश की सामाजिक-आर्थिक स्थितियों को प्रभावित करता है या 18 वर्ष से कम उम्र के बच्चे या महिला के खिलाफ़ किया गया है।
>
> (2) इस अधिनियम के तहत किसी अपराध का आरोपी व्यक्ति अदालत में निपटारे के लिए आवेदन कर सकता है जिसमें अपराध मुकदमे के लिए लंबित है और आपराधिक प्रक्रिया संहिता, 1973 की धारा 265 B और 265 C के प्रावधान लागू होंगे।

याचिका समझौता-वार्ता की आधुनिक समझ इस प्रावधान के प्रयोग से शुरू हो सकती है। लेकिन अदालतों को यह आश्वस्त करना चाहिए कि पीड़िता को उचित न्याय मिले साथ ही दोषी अपनी गलती को समझे तथा प्रभावी सज़ा देने की विधि से पीड़ितों के लिए न्याय बहाल करने में भाग ले, जिसमें पारंपरिक दंड क़ानूनों और IT अधिनियम की धारा 77 के अनुसार दोषी को प्रत्येक वेबसाइट पर खुद जाकर और सामग्री को हटाकर और इस तरह पीड़ित की प्रतिष्ठा को पहुंचे नुकसान को सुधारकर गलत को ठीक करने के लिए निर्देशित करने के साथ-साथ मुआवजे का भुगतान या किसी अन्य सज़ा को शामिल किया जा सकता है। IT अधिनियम की धारा 77 में मुआवजे, जुर्माने, ज़ब्ती आदि के बारे में चर्चा की गई है जिसके अनुसार 'इस अधिनियम के तहत दिया गया कोई भी मुआवजा, लगाया गया जुर्माना या की गई ज़ब्ती, मौजूदा समय में लागू किसी अन्य क़ानून के तहत दिए गए मुआवजे या लगाए गए जुर्माने या सज़ा को नहीं रोकेगी।'

हमें लगता है कि अगर इन बातों पर सरकार और अदालतों द्वारा ध्यान दिया जाए तो पीड़ितों को बहुत फायदा हो सकता है।

संदर्भ

Citron, K. D. (2009a). Cyber civil rights. *Boston University aw Review, 89*(61), 69–75.

———. (2009b). Law's expressive value in combating cyber gender harassment. *Michigan Law Review, 108*, 373–415.

Citron, K. D. (2014). *Hate crimes n cyber space.* Harvard University Press.

Halder, D., & Jaishankar K. (2008). Cyber crimes against women in India: Problems, perspectives and solution. *TMC Academy Journal, 3*(1), 48–62.

———. (2010). Cyber victimization in India: baseline survey report. Tirunelveli, India: Centre for Cyber Victim Counselling. Available at http://www.cybervictims.org/CCVCresearchreport2010.pdf (Accessed on 12 February 2016).

———. (2011a). Cyber gender harassment and secondary victimization: A comparative analysis of US, UK and India. *Victims and Offenders, 6*(4), 386–398.

———. (June 2011b). *Cyber crime and the victimization of women: Laws, rights, and regulations.* Hershey, PA: IGI Global.

———. (2015). Irrational coping theory and positive criminology: A frame work to protect victims of cyber crime. In N. Ronel & D. Segev (Eds), *Positive criminology* (pp. 276–291). Abingdon, Oxon: Routledge.

Jewkes, Y. (2010). Public policing and internet crime. In Y. Jewkes & M. Yar (Eds.), *Handbook of Internet crime* (pp. 525–545). Cullompton: Willan Publishers.

9 अपराधों से निपटना

जब हम अपराधों के बारे में बात करते हैं तो अपराधों से निपटने पर चर्चा आवश्यक हो जाती है। महिलाओं एवं लड़कियों को लक्षित करने वाले साइबर अपराधों के मामले में यह और ज़्यादा आवश्यक है क्योंकि भारत में पीड़ित तथा आपराधिक न्याय मशीनरी विशेष रूप से पुलिस, अपराधों की प्रकृति या इससे निपटने के तरीकों अथवा न्याय के लिए पीड़ितों का मार्गदर्शन करने के बारे में शायद पूरी तरह से अवगत नहीं हैं। महिलाओं, किन्नरों एवं लड़कियों को निशाना बनाने वाले साइबर अपराधों से तीन अलग-अलग तरीकों से निपटा जा सकता है।

संवेदीकरण (Sensitisation)

हम इस तथ्य से अवगत हैं कि कई स्कूल, कॉलेज एवं विश्वविद्यालय नियमित रूप से व्यक्तियों विशेषकर महिलाओं और लड़कियों को निशाना बनाने वाले साइबर अपराधों पर जागरूकता कार्यक्रम आयोजित कर रहे हैं। हालांकि यह पहल स्वागत योग्य है परंतु हमें लगता है कि ऐसी पहल को और प्रोत्साहित किया जाना चाहिए। वकीलों, पुलिस एवं NGO सहित साइबर अपराधों से निपट रहे शिक्षकों, माता-पिता, छात्रों और हितधारकों को इस संबंध में बड़े पैमाने पर जागरूकता फैलाने के लिए आगे आना चाहिए। ऐसे संवेदीकरण कार्यक्रमों में जिला क़ानूनी सेवा प्राधिकरण (DLSA) एवं राष्ट्रीय क़ानूनी सेवा प्राधिकरण (NALSA) को भी शामिल किया जाना चाहिए।[1] इस तथ्य को देखते हुए कि DLSA और NALSA जैसे संगठनों को क़ानूनी सहायता शिविरों के माध्यम से व्यापक जागरूकता कार्यक्रमों की शुरुआत हेतु ज़्यादा अधिकार एवं विशेषज्ञता प्राप्त है, हमें लगता है इस उद्देश्य के लिए ऐसे संगठनों का उपयोग किया जाना चाहिए। इसके अलावा जिन समूहों को ध्यान में रखते हुए जागरूकता कार्यक्रम तैयार किए गए हैं उनकी परिपक्वता के अनुसार संवेदनशीलता कार्यक्रमों की योजना अलग-अलग तरीके से बनाई जानी चाहिए। मुख्य लेखक ने अद्वितीय आदर्श नीतिगत दिशानिर्देशों (Halder, 2015a) का प्रस्ताव दिया है। प्रस्तावित आदर्श नीतिगत दिशानिर्देश निम्नानुसार है।

---

[1] DLSA, तिरुनेलवेली के पूर्व पैनल वकील के रूप में मुख्य लेखक ने शहरी व ग्रामीण क्षेत्रों में छात्रों, युवाओं और व्यक्तियों के बीच साइबर अपराधों के बारे में जागरूकता फैलाने के लिए DLSA तिरुनेलवेली द्वारा आयोजित जागरूकता बैठकों में नियमित रूप से भाग लिया था।

सोशल नेटवर्किंग साइटों और व्हाट्सएप सहित इंटरनेट के सकारात्मक उपयोग हेतु छात्रों को निर्देशित करने के लिए आदर्श नीतिगत दिशानिर्देश

नीतिगत दिशानिर्देशों के उद्देश्य और मिशन: इंटरनेट की समस्याओं से बच्चों की रक्षा करना तथा उन्हें इंटरनेट और सोशल नेटवर्किंग साइटों के सकारात्मक उपयोग पर शिक्षित करना।

नीतिगत दिशानिर्देशों का दायरा: इसका उपयोग बच्चों को कक्षा I से कक्षा XII तक शिक्षित करने के लिए किया जा सकता है। इसका उपयोग शिक्षकों एवं सलाहकारों को बच्चों की सहायता के उद्देश्य से इंटरनेट और सोशल नेटवर्किंग साइटों के सकारात्मक उपयोग हेतु मार्गदर्शन प्रदान करने के लिए भी किया जा सकता है।

दिशानिर्देश:

1. प्रत्येक स्कूल को बच्चों को इंटरनेट से जुड़े अधिकारों एवं इसके सकारात्मक और नकारात्मक प्रभावों पर बहस या चर्चाओं में भाग लेने के लिए प्रोत्साहित करना चाहिए। इसे कंप्यूटर विज्ञान के विषय या सह-पाठ्यचर्या गतिविधियों का भाग बनाया जा सकता है।
2. जूनियर छात्रों (4 से 8 वर्ष के आयु वर्ग) को जागरूकता निर्माण सत्रों में भाग लेने के लिए प्रोत्साहित किया जाना चाहिए। ऐसे सत्रों में छात्रों को यह दिखाया जा सकता है कि डिवाइसों को सही ढंग से कैसे संभालना है तथा माता-पिता की रहनुमाई या अनुमति के बिना डिवाइसों को चालू क्यों नहीं करना है। इस उद्देश्य के लिए स्कूल बड़े बच्चों एवं शिक्षकों की मदद से छोटे व्यंग्य नाटक बनाने पर विचार कर सकते हैं अथवा फिल्म की क्लिपिंग या अन्य ऑडियो-विज़ुअल शिक्षण सामग्री का उपयोग कर सकते हैं।
3. 8 से 13 वर्ष के आयु वर्ग के छात्रों को जागरूकता सत्र में भाग लेने के लिए प्रोत्साहित किया जाना चाहिए जहां उन्हें यह सिखाया जा सकता है कि सकारात्मक लाभ के लिए इंटरनेट का उपयोग कैसे किया जाए। इस तथ्य को देखते हुए कि कई शिक्षण सामग्री व किताबें विशिष्ट विषयों पर इंटरनेट लिंक या पेज प्रदान करती हैं, छात्रों को शिक्षकों की उपस्थिति में ऐसी साइटों को खोलने के लिए प्रोत्साहित किया जाना चाहिए। इंटरनेट एवं डिजिटल संचार प्रौद्योगिकी के सकारात्मक उपयोग के बारे में माता-पिता को जागरूक करने के लिए माता-पिता – शिक्षक-छात्र सत्र आयोजित किए जाने चाहिए। छात्रों को पीडोफाइलों (Paedophiles- बच्चों के प्रति यौन रूप से आकृष्ट व्यक्ति) द्वारा ग्रूमिंग, इंटरनेट पर अच्छी बात एवं बुरी बात की अहमियत जैसे मुद्दों के साथ परिचित किया जा सकता है। छात्रों को धीरे-धीरे सोशल नेटवर्किंग साइटों से परिचित किया जाना चाहिए। छात्रों को अपने खाते खोलने के लिए निर्देशित करना आवश्यक नहीं है। लेकिन छात्रों को सोशल

नेटवर्किंग साइटों, ईमेल सेवा प्रदाताओं आदि द्वारा प्रदान किए जाने वाले नीतिगत दिशानिर्देशों या नियमों एवं शर्तों पर विचार-विमर्श में भाग लेने के लिए कहा जा सकता है और वे फिर सोशल नेटवर्किंग साइटों में अपने खाते बना सकते हैं।

4. 14 से 17 वर्ष के आयु वर्ग के छात्रों को सोशल नेटवर्किंग साइटों में खाते खोलने तथा अपने माता-पिता और शिक्षकों को अपने मित्रों के तौर पर शामिल करने के लिए प्रोत्साहित किया जा सकता है। उन्हें स्वयं की सुरक्षा एवं गोपनीयता की रक्षा हेतु नियम बनाने और कक्षा चर्चाओं या जागरूकता सत्रों में छोटे छात्रों के साथ इस संदर्भ में चर्चा करने के लिए प्रोत्साहित किया जाना चाहिए। छात्रों को अधिक ज्ञान प्राप्त करने के लिए सोशल नेटवर्किंग साइटों में सूचनात्मक पेजों तक पहुंच बनाने के लिए भी प्रोत्साहित किया जाना चाहिए।
5. यदि छात्र अनजाने में साइबर अपराधों के शिकार हो जाते हैं तो उन्हें उनका सामना करने के लिए विवेकपूर्ण तरीकों के बारे में शिक्षित करना महत्त्वपूर्ण है। उन्हें सिखाया जाना चाहिए कि खुद को बचाने के लिए सुरक्षा उपकरण का उपयोग कैसे करें तथा किन परिस्थितियों में एवं किस प्रकार अपने प्रधानाध्यापक, शिक्षकों और माता-पिता से संपर्क करें।
6. स्कूलों को इंटरनेट के सकारात्मक उपयोग हेतु छात्रों को मार्गदर्शन प्रदान करने के लिए कार्यशालाओं की व्यवस्था करनी चाहिए जिसमें प्रतिलिप्यधिकार उल्लंघनों पर सत्र शामिल हो सकते हैं। ऐसी कार्यशालाओं में छात्रों को अपने विचार व्यक्त करने के लिए प्रोत्साहित किया जा सकता है। कार्यशालाओं को पुलिस कर्मियों, साइबर अपराध विशेषज्ञों और ग़ैर-सरकारी संगठनों के साथ संसाधन व्यक्तियों के रूप में आयोजित किया जा सकता है।
7. सीनियर छात्रों (16 से 18 वर्ष के आयु वर्ग के) को इंटरनेट के सकारात्मक उपयोग से अवगत कराने के लिए अपने स्वयं के ब्लॉग या वीलॉग साइटें या तो स्वयं या सामूहिक प्रयास के रूप में बनाने के लिए प्रोत्साहित किया जाना चाहिए।

इसी तरह, उन युवाओं के बीच जागरूकता पैदा करने के लिए दिशानिर्देशों का अलग समुच्चय होना चाहिए जो उपकरणों से बेहतर ढंग से सुसज्जित हो सकते हैं तथा जिनके पास साइबर अपराधों के बारे में बुनियादी जानकारी हो सकती है। ऐसे कार्यक्रमों में इस बात पर बल दिया जाना चाहिए कि अपराध क्या है और यह क्यों होता है। इसके अलावा गैर सरकारी संगठनों (NGOs) के साथ-साथ DLSA या NALSA अथवा जिला पुलिस मुख्यालय अथवा राष्ट्रीय महिला आयोग द्वारा भी पुलिस के लिए जागरूकता कार्यक्रमों का आयोजन कराया जा सकता है जो महिलाओं को लक्षित करने वाले साइबर अपराधों से निपटेंगे। ऐसे प्रशिक्षण कार्यक्रमों में ये अधिकारी NGO, विश्वविद्यालयों, अदालतों और

पुलिस से विशेषज्ञ संसाधन व्यक्तियों की व्यवस्था कर सकते हैं जिनके पास ऐसे मुद्दों से निपटने का अनुभव है। हमने देखा है कि पुलिस अधिकारियों को क़ानूनों में हालिया विकासों, साक्ष्य एकत्र करने की प्रक्रिया, पीड़ितों से निपटने के पीड़ित संबंधी पहलुओं और प्रतिवादी और पुनर्स्थापनात्मक क़ानूनों के चिकित्सकीय न्यायशास्त्र मान्यताओं के बारे में अधिक जागरूक होने की आवश्यकता हो सकती है। आवधिक प्रशिक्षण सत्रों के आयोजन के जरिए ऐसा किया जा सकता है।

क़ानूनों का विकास, क़ानूनों के प्रभावों का विश्लेषण तथा पीड़ितों और अपराधियों का मार्गदर्शन

अपराधों से निपटने का दूसरा हिस्सा नीति निर्माण के पहलुओं पर विचार करना है। हम समझते हैं कि 2000 के दशक के उत्तरार्ध में भारत में बड़े विकास हुए हैं लेकिन फिर भी मौजूदा क़ानून इस मुद्दे से निपटने के लिए पूरी तरह सुसज्जित नहीं हैं; प्रतिशोध की भावना से प्रेरित पोर्न या ग्रूमिंग जैसे कई अपराध अभी भी भारत में पहचाने नहीं गए हैं। हम एक नया क़ानून लाने का प्रस्ताव करते हैं जिसे पूरी तरह से साइबर अपराधों से निपटने के लिए बनाया जाना चाहिए तथा गैर-आपराधिक पहलुओं को शामिल करने के लिए विस्तारित नहीं किया जाना चाहिए जैसे कि IT अधिनियम करता है। इस संबंध में महिलाओं के ऑनलाइन उत्पीड़न को रोकने के लिए मॉडल चार्टर के पहले प्रस्ताव के बारे में उल्लेख किया जाना चाहिए (Halder & Jaishankar, pp. 223–228)। (अनुलग्नक देखें।) भारतीय दृष्टिकोण से एक केंद्रित क़ानून तैयार करने के लिए इस पर विचार किया जाना चाहिए। इसके अलावा, पीड़ितों की सुरक्षा एवं पीड़ितों की गोपनीयता के मुद्दों को भी क़ानून निर्माताओं द्वारा उचित रूप से निर्धारित किया जाना चाहिए। यौन अपराध पीड़ितों के लिए उपलब्ध प्रावधानों को साइबर अपराध पीड़ितों के लिए भी विस्तारित किया जाना चाहिए। यह गोपनीयता सुनिश्चित करेगा तथा पीड़ितों को क़ानून और न्याय मशीनरी में भरोसा रखने में मदद करेगा। इसके साथ ही किन्नरों की सुरक्षा पर उचित रूप से विचार किया जाना चाहिए। इंटरनेट के साथ-साथ अपराध एवं न्याय मशीनरी द्वारा दुर्व्यवहार के खिलाफ उनके अधिकार को शामिल करने के लिए उनके अधिकारों की उचित पहचान को विस्तारित किया जाना चाहिए क्योंकि जब वे ऑनलाइन उत्पीड़न के बारे में शिकायत करते हैं तो अक्सर पुलिस द्वारा उनके साथ दुर्व्यवहार किया जाता है। इसके साथ-साथ पीड़ितों पर दोषारोपण दुष्प्रभावों के बारे में पुलिस अधिकारियों और वकीलों को भी जागरूक होना चाहिए। यह समझने की जरूरत है कि पीड़ित जानबूझकर खुद के लिए परेशानी नहीं खड़ी कर सकते हैं। इस तरह के बिंदुओं पर पूरी तरह से विचार करने के साथ पूछताछ और परामर्श किया जाना चाहिए। जैसा कि इस पुस्तक के अध्यायों में उल्लेख किया गया है, अपराधों से निपटने के लिए उपयोग किए जाने वाले

प्रत्येक वर्तमान क़ानून में प्रतिशोधात्मक और पुनर्स्थापनात्मक पहलू हैं। साइबर अपराधों, पीड़ितों एवं अपराधियों से निपटने वाले वकीलों और अधिकारियों को प्रकरण के विवरण तैयार करने या पीड़ितों एवं अपराधियों के साथ संवाद करते समय इन पहलुओं का उल्लेख करना चाहिए। कई पीड़ित अदालत में मामले को आगे नहीं ले जाना चाहते हैं। लेकिन उन्हें यह समझने की जरूरत है कि उनके पास अपराधियों द्वारा किए गए नुकसान के लिए मुआवजे का दावा करने का अधिकार है। इसका उपयोग तब तक नहीं किया जा सकता जब तक कि पीड़ित वकीलों, पुलिस, निर्णायक अधिकारियों या अदालतों का सहयोग नहीं देते हैं।

उदाहरण के लिए, अध्याय IX के तहत IT अधिनियम अवशिष्ट दंड के लिए प्रावधान निर्धारित करता है जो नागरिक प्रकृति का है तथा अध्याय XI के तहत विभिन्न अपराधों के लिए कई प्रावधानों के लिए आपराधिक जुर्माना निर्धारित करता है। अध्याय IX के तहत प्रावधान पीड़ितों को पहुंचाए गए नुकसानों के लिए मुआवजे के प्रत्यक्ष भुगतान निर्धारित करते हैं जबकि परवर्ती अध्याय अपराधियों के लिए जेल की अवधि और उनके द्वारा जुर्माने का भुगतान निर्धारित करता है। यदि अपराधी को कारावास के साथ दोषी ठहराया जाता है और जुर्माना लगाया जाता है तो पीड़ित तमिलनाडु पीड़ित मुआवजा योजना जैसी विभिन्न क्षेत्रीय पीड़ित मुआवजा योजनाओं के तहत अपने साथ किए गए अपराधों के मुआवजे का दावा कर सकते हैं जो वास्तव में आपराधिक प्रक्रिया संहिता (CrPC) की धारा 357A पर आधारित है, जो अपराधियों द्वारा देय जुर्मानों एवं समाज-सेवियों द्वारा दिए गए दान से पीड़ित मुआवजा निधि बनाती हैं। अमेरिका में प्रोफेसर डेनियल सिट्रॉन जैसे साइबर नागरिक अधिकार के प्रचारकों ने व्यक्त किया है कि ऐसे मुआवजे से पीड़ितों को मौद्रिक नुकसान की भरपाई करने में मदद मिल सकती है जो उसके साथ हुए साइबर उत्पीड़न के कारण नौकरी के अचानक चले जाने के कारण हुआ था; इससे उन्हें देश के क़ानून और न्याय मशीनरी में विश्वास हासिल करने में भी मदद मिल सकती है जो उनके जैसे पीड़ितों को हालात से निपटने के लिए विवेकरहित तरीकों का सहारा लेने से रोक सकती है (Halder & Jaishankar, 2015)।

इसके अलावा हमने ध्यान दिया है कि युवाओं व बच्चों की सुरक्षा के लिए पोर्न साइटों पर प्रतिबंध लगाने के सरकारी निर्णय पर काफी वाद-विवाद हुआ था। अपने ब्लॉग 'द ग्रेट डिबेट ऑन पॉर्न बैन: माई व्यूज़' में लेखिका (Halder, 2015b) ने इस संबंध में अपनी राय और चिंता व्यक्त की।[2] इस बात का उल्लेख आवश्यक है कि भारत में शायद दुनिया की पहली ऐसी सभ्यता है जहां मूर्तियों के माध्यम से कामुक साहित्य देखना या कामुक साहित्य बनाना तथा कामुक साहित्य के बारे में दस्तावेज़ीकरण करना पूरी तरह से क़ानूनी माना जाता था। लेकिन न तो कामसूत्र, कामुक साहित्य पर प्राचीन पुस्तक अथवा अन्य कोई कामुक मूर्तिकला यौन आनंद लेने के लिए पुरुषों, महिलाओं और बच्चों सहित किसी भी जीवित व्यक्ति के दुर्व्यवहार की वकालत करती है। समय और प्रौद्योगिकी के आगमन के साथ

कामुक साहित्य के उपयोग के संबंध में मानव मनोविज्ञान को कठोर परिवर्तन का सामना करना पड़ा। औपनिवेशिक नियमों के साथ ऐसा समय आया जहां यौन आनंद लेने के लिए अमानवीय तरीकों से दासों का उपयोग किया जाता था। हमने ऐसी कुछ घटनाओं का दस्तावेज़ीकरण किया है (Halder & Jaishankar, 2014)। इसकी मदद से इतिहासकार, समाजशास्त्री, क़ानूनी शोधकर्ता एवं अपराधविज्ञानी यह बता सकते हैं कि यौन उत्पीड़न के लिए मनुष्यों के साथ किस प्रकार दुर्व्यवहार किया जाता था जो कई लोगों के लिए नैतिक और क़ानूनी था जबकि अन्य लोगों के लिए यह अनैतिक व अवैध था। फिर सिनेमाघरों और टेलीविजन का युग आया जिसके बाद कामुक सामग्रियों का उत्पादन/वितरण अपेक्षाकृत अधिक आसान हो गया। 'A' संकेतों के साथ सिनेमाघर हुआ करते थे जो केवल वयस्कों की जरूरतों को पूरा करने के लिए बनाए जाते थे। लेकिन थोड़े ही समय में इन फिल्मों ने व्यक्तिगत टेलीविजन सेटों का रुख कर लिया जहां न केवल वयस्क बल्कि बच्चे भी गुप्त रूप से इस तरह की कामुक चीज़ों को देख सकते थे। यहां इस तथ्य पर ध्यान दिया जाना चाहिए कि कई प्रयासों के बाद भी कोई भी ऐसी फिल्मों के उत्पादन और वितरण पर प्रतिबंध नहीं लगा सका। दूसरी तरफ कई हितधारकों ने यह महसूस करना शुरू कर दिया कि माता-पिता एवं बच्चों के बीच जागरूकता पैदा करने से बेहतर परिणाम मिल सकते हैं ताकि वे समझ सकें कि ऐसी सामग्री को घर पर देखने के उद्देश्य के लिए क्यों नहीं उपयोग किया जाना चाहिए खासकर जब उनके आसपास बढ़ते बच्चे हों। लेकिन क्या यह वास्तव में इंटरनेट-पूर्व युग यौन संबंधी मुद्दों को समझने में बच्चों को अधिक परिपक्व बनने से रोक सकता है?

कई किशोर बच्चे छुपकर ऐसी पुस्तक, फिल्मों आदि का आनंद अपने बड़ों की तरह लेते हैं जो वयस्कों के लिए बनाई गईं थीं। ऐसा इसलिए है क्योंकि यौन संबंधों के बारे में बच्चों के सवालों को उस समय दबा दिया गया था जब उन्हें शिक्षकों या बड़ों द्वारा इसके बारे में बताया जाना चाहिए था। फिर इंटरनेट युग आया। महिलाओं के खिलाफ सब से बुरी प्रकार की हिंसा साइबर जगत में हुई जब पोर्न बाजारों के लिए कामुक सामग्री बनाने के लिए महिलाओं का दुरुपयोग किया गया। बच्चों को भी नहीं छोड़ा गया। चूंकि बच्चों को अधिक देखभाल एवं सुरक्षा की आवश्यकता होती है इसलिए उनके कल्याण को अधिक विशिष्ट रूप से दर्शाया गया था। कुछ वेबसाइटें बच्चों को अभिनेताओं के रूप में दिखाते हुए चाइल्ड पोर्न सामग्रियां पेश करती हैं। पोर्न साइटों को पूर्णतः प्रतिबंधित किए जाने की इच्छा रखने वाले हितधारक न केवल इस तथ्य पर जोर देना चाहते थे कि इस तरह की सामग्री बनाने के लिए बाल कलाकारों का दुरुपयोग किया जा सकता है बल्कि उन्होंने इस बात पर भी जोर दिया कि ऐसी पोर्न सामग्रियां वयस्कों एवं बच्चों सहित अन्य लोगों को दूसरे बच्चों के साथ दुर्व्यवहार हेतु प्रोत्साहित कर सकती हैं। IT अधिनियम (धारा 67B) तथा लैंगिक अपराधों से बालकों का संरक्षण अधिनियम (POCSO) (धारा 13) दोनों में क़ानून बनाए

गए थे, जिसके माध्यम से इस प्रकार की सामग्रियों के निर्माण एवं वितरण और उपयोग को प्रतिबंधित किया गया था। इन क़ानूनों ने वास्तव में ऐसी सामग्री को होस्ट करने वाली वेबसाइटों तक अपना दायरा बढ़ाया। हालांकि वेबसाइटों के पास पहले से ही अपनी तत्परता नीतियां हैं जो अमेरिकी क़ानूनों पर आधारित हैं।

इसके अलावा भारत में वेबसाइटों को एक फायदेमंद स्थिति दी गई थी जिससे उनकी स्वयं की क्रियाविधि अवैध सामग्री का पता लगा सके, इसे सार्वजनिक तौर पर देखने से हटा सके तथा अपलोडर को ऐसी कोई भी सामग्री अपलोड करने से रोक सके। केवल तभी जब वेबसाइटें उत्पीड़न की रिपोर्ट और रिपोर्टिंग/सामग्री हटाने के नीतिगत दिशानिर्देशों के बाद पीड़ितों द्वारा रिपोर्ट की गई अपमानजनक सामग्री पर ध्यान देने में असफल हो जाती हैं, या जब सामग्री हटाने के अनुरोध के बावजूद या पुलिस और अदालतों द्वारा अपराधी की पहचान प्रकट करने के लिए किए अनुरोध के बावजूद, वेबसाइटें सामग्री को हटाने में या पुलिस या अदालतों का सहयोग देने में असफल रहती हैं, तो वेबसाइटें अब दायित्व (IT अधिनियम की धारा 79) से छूट के लिए दावा नहीं कर सकती हैं। इस संबंध में मध्यस्थ दिशानिर्देशों के रूप में कई नियम भी बनाए गए हैं। लेकिन पोर्न या अश्लीलता के खिलाफ क़ानून बनाने के दौरान वयस्कों पर भी विचार किया गया था। IT अधिनियम 2000 (2008 में संशोधित) की धारा 67 इलेक्ट्रॉनिक रूप में अश्लील सामग्री बनाने, प्रकाशित करने या वितरित करने पर रोक लगाती है तथा धारा 67A इलेक्ट्रॉनिक मीडिया में कामोत्तेजक सामग्री को प्रकाशित और वितरित करने पर रोक लगाती है। यह ध्यान दिया जाना चाहिए कि जब हम वयस्कों के बारे में बात करते हैं तो कोई क़ानून 'पोर्नोग्राफ़ी' शब्द को अपराध या किसी अपराध के हिस्से के रूप में स्वीकार नहीं करता है। इस शब्द की कोई क़ानूनी परिभाषा नहीं है। तो इसका क्या मतलब है? क्या पोर्नोग्राफ़ी बनाना, वितरित करना और उत्पादित करना क़ानूनी है? क्या केवल पोर्नोग्राफ़ी दिखाने के उद्देश्य से बनाई गई वेबसाइटें क़ानूनी हैं? क्या पोर्नोग्राफ़ी देखना क़ानूनी है? नहीं! जब इसे कामोत्तेजक वस्तु के अर्थ में समझा जाता है तो यह क़ानूनी नहीं हो सकती है। जब इस तरह बनाई सामग्री में दर्शनरति, बदला लेने के लिए पोर्न, सेक्सटॉरशन आदि समेत अन्य गोपनीयता के मुद्दे शामिल हैं तो यह क़ानूनी नहीं है।

कुछ भारतीय क़ानून पहले उल्लिखित मुद्दों को पहचानते हैं लेकिन इनमें से कई मुद्दों की पहचान अभी तक नहीं की जा सकी है। सवाल यह है कि क्या उपभोक्ता/दर्शक और वेबसाइट वयस्क पोर्न सामग्री जैसी सामग्रियों का उपयोग/उन्हें दिखाने के लिए उत्तरदायी हैं? यह ध्यान रखना दिलचस्प है कि यदि सामग्री कामुक है तो यह IPC की धारा 292 (अश्लील किताबों, पत्रिकाओं आदि की बिक्री), 354C IPC (दर्शनरति), IT अधिनियम, 2000 (2008 में संशोधित) की धारा 66E (गोपनीयता का उल्लंघन), 67 तथा 67A, 67B की श्रेणी में नहीं आती है। सर्वोच्च न्यायालय के अवलोकन के अनुसार दर्शक इन

सामग्रियों को निजी रूप से देखते समय इसके लिए जिम्मेदार नहीं हैं। लेकिन दर्शक केवल तभी उत्तरदायी हो सकते हैं जब यह भारत में विभिन्न क़ानूनों, जिनमें कार्यस्थल पर महिलाओं का यौन उत्पीड़न (रोकथाम, निषेध और निवारण) अधिनियम, 2013 शामिल हैं, के अर्थ में यौन उत्पीड़न का कारण बनता है; यदि दर्शक अपने साथी या पति/पत्नी को उसकी इच्छा के खिलाफ इसे देखने के लिए मजबूर करता है तब भी यह एक अपराध हो सकता है। बेशक, बाद वाली स्थिति में सबूत का बोझ बहुत अधिक शिकायतकर्ता पर होता है यदि वह इस तथ्य को स्थापित करना चाहता है कि ऐसी गतिविधियां पति/पत्नी के मानसिक उत्पीड़न और घरेलू हिंसा के दौरान की गई थीं। यह ध्यान दिया जाना चाहिए कि यदि वेबसाइटें उचित तत्परता का उपयोग करती हैं तो वे ज़िम्मेदार नहीं हैं।

लेकिन फिर हमें पोर्न उद्योग के विशाल विकास को कैसे प्रबंधित करना चाहिए जो घर पर बने पोर्न के योगदानकर्ताओं और उपभोक्ताओं पर काफी हद तक निर्भर है? हमें लगता है कि यहां समाज का सवाल आता है। यह केवल अदालत या सरकार की ज़िम्मेदारी नहीं है। हर मिनट वेबसाइटों में हजारों पोर्न सामग्रियां डाली जाती हैं। इन साइटों में विशेष वयस्क साइटें, सोशल मीडिया जैसे कि फेसबुक, यूट्यूब आदि के साथ-साथ व्हाट्सएप जैसी मोबाइल मैसेजिंग सेवाएं भी शामिल हैं। जब हम शौकिया पोर्न सामग्री के बारे में बात करते हैं तो हम देख सकते हैं कि इस तरह की अधिकांश सामग्रियां वास्तव में दृश्यरतिक पोर्न, प्रतिशोध की भावना से प्रेरित पोर्न और सेक्सटेड सामग्रियां हैं जो विभिन्न कारणों से लीक हो गई हैं। जब कोई वयस्क पोर्न सामग्री देखना पसंद करता है तो वह निश्चित रूप से यह नहीं जानता कि वह सामग्री वैध है या अवैध। सिर्फ इसलिए कि सामग्री वयस्क साइटों के माध्यम से दिखाई जाती है, सामग्री अपमानजनक नहीं हो जाती है। इसी तरह, सिर्फ इसलिए कि सामग्री फेसबुक या यूट्यूब जैसे सोशल मीडिया के माध्यम से दिखाई जाती है, यह क़ानूनी सामग्री नहीं बन सकती है।

सामूहिक बलात्कार के वीडियो पर विचार करें। उन्हें आरोपी की पहचान करने के लिए प्रसारित करना ऐसे वीडियो देखना या प्रसारित करना क़ानूनी नहीं बनाता है। यहां तक कि अगर वीडियो में पीड़ित को नहीं दिखाया जाता है तो भी वीडियो पीड़ित की गोपनीयता को उसी तरह से नुकसान पहुंचाता है जैसा कि यह तब पहुंचा सकता है जब इसमें पीड़ित को दिखाया गया है। उस स्थिति में, क्या सरकार फेसबुक या यूट्यूब या व्हाट्सएप को ब्लॉक कर सकती है क्योंकि ऐसे वीडियो उनके माध्यम से प्रसारित किए गए थे? वह ऐसा नहीं कर सकती। वेबसाइटों द्वारा इन सामग्रियों को हटाने की एक प्रक्रिया है। इसके अलावा अगर भारत में केवल भारतीय दर्शकों को कुछ सामग्रियां देखने से रोक दिया जाएगा लेकिन विदेश में रहने वाले योगदानकर्ता विदेशी IP पतों से प्रतिशोध की भावना से प्रेरित पोर्न, दृश्यरतिक वीडियो अपलोड कर सकते हैं तो प्रतिबंध लगाने का क्या असर होगा? क्या यह उन पीड़ितों के लिए अधिक उत्पीड़नदायक नहीं होगा जिनकी गोपनीयता का उल्लंघन किया गया है? ऐसे

योगदानकर्ता भारतीय दर्शकों को ऐसी सामग्रियां नहीं दिखा पाएंगे लेकिन ये सामग्रियां दुनिया में कहीं और दिखाई दे सकती हैं। ऐसे मामलों में, पीड़ित इस मामले को साबित करने में सक्षम कैसे होगा यदि उसे केवल एक लिंक दिया जाता है और यह भारतीय क्षेत्राधिकार के भीतर काम नहीं करता है? हमें यह समझने की जरूरत है कि पूरी दुनिया में पुलिस को अभी भी साइबर अपराधों से निपटने के लिए जागरूकता की जरूरत है खासकर महिलाओं के खिलाफ तथा ऐसे मामलों में पीड़ितों को भी पुलिस की ओर से गौण उत्पीड़न का सामना करना पड़ता है। हम तर्क देते हैं कि संगठनों के रूप में वेबसाइटों को महिलाओं, पुरुषों और बच्चों के उत्पीड़न को रोकने के लिए सामाजिक जिम्मेदारी साझी करनी चाहिए।

इसके योगदानकर्ताओं और उपभोक्ताओं की वजह से वेबसाइटें बाजार में विकास करती हैं। यह तभी होता है जब वेबसाइटें ऐसी सामग्रियों के योगदान पर अत्यधिक ध्यान देती हैं जो क़ानूनों का और साथ ही व्यक्तियों की गोपनीयता का भी उल्लंघन करती हैं कि अवैध योगदान हटाया जा सकता है। उपयोग की बात पर आते हुए यह कहना गलत होगा कि पोर्न सामग्रियों के सभी उपभोक्ता विकृत हैं। पोर्न सामग्रियों का उपयोग यौन उत्तेजना के रूप में किया जा सकता है और यह कारक विशेष रूप से सेक्सोलॉजी, प्रजनन विज्ञान आदि में चिकित्सा शोधकर्ताओं द्वारा किया गया है। लेकिन इस तरह की उत्तेजना का इस्तेमाल स्वस्थ यौन संबंधों एवं उद्देश्यों के लिए किया जाना चाहिए ना कि अधिकारों का उल्लंघन करने के लिए। हम इस विचार से पूरी तरह सहमत हैं कि पोर्न सामग्रियां उन युवाओं को प्रभावित करती हैं जो वास्तविक जीवन में समान परिस्थितियों से सीधे आनंद लेने के लिए बलात्कार या यौन उत्पीड़न में शामिल होते हैं। युवाओं द्वारा अस्वास्थ्यकर कारणों से ऐसी सामग्रियों का उपयोग करने के लिए कौन जिम्मेदार है? निश्चित रूप से बड़े तथा शिक्षक जिन्होंने कभी उन्हें यौन शिक्षा तथा स्कूलों व घरों में महिलाओं, पुरुषों और बच्चों की गोपनीयता का सम्मान करने के लिए बुनियादी दिशानिर्देशों के बारे में नहीं समझाया है। इसके लिए वे साथी भी ज़िम्मेदार हैं जो निषिद्ध मनोरंजक सामग्रियों को साझा करते हैं। हमें यह समझने की आवश्यकता है कि पोर्न साइटों पर पूर्ण प्रतिबंध वास्तविक जीवन में या साइबर जगत में महिलाओं, पुरुषों और बच्चों के उत्पीड़न को रोकने के लिए कभी प्रभावी नहीं होगा। पूर्ण प्रतिबंध या सभी ब्रॉडबैंड नेटवर्क उपभोक्ताओं की कुछ वेबसाइटों के लिए ट्रैफिक को ब्लॉक करने के बजाय सरकार को ऐसे रैकेटों का पता लगाना चाहिए जो वेबसाइटों पर ऐसी सामग्रियां फैला रहे हैं साथ ही ऐसी दोषपूर्ण वेबसाइटों का भी पता लगाना चाहिए जो उचित तत्परता लागू करने में असफल हैं। इसके अलावा कम से कम समय में उत्पीड़न की रिपोर्ट को संभालने में सक्षम होने के लिए आपराधिक न्याय संगठन को प्रशिक्षित करने के लिए नीतियों पर विचार करना चाहिए। हमें यह समझने की आवश्यकता है कि पोर्न सामग्रियां न केवल वयस्क वेबसाइटों के माध्यम से फैलाई जाती हैं बल्कि

व्हाट्सएप जैसे रोज़मर्रा के पहुंच योग्य तंत्रों या यहां तक कि एक साधारण MMS के माध्यम से भी फैलाई जाती हैं। ऐसा इसलिए है क्योंकि सामग्रियों को व्यक्तिगत उपकरणों में स्टोर किया जा सकता है तथा क़ानून किसी भी अधिकारी को यह पता लगाने के लिए सक्षम नहीं कर सकता कि क्या पोर्न सामग्रियों स्टोर की गई हैं और किस प्रकार की सामग्रियां स्टोर की गई हैं। यह फिर से सरकारी निगरानी एवं गोपनीयता के बारे में बहसें शुरू करेगा। वास्तव में, आप दूत को गोली नहीं मार सकते लेकिन उन शैतानों के खिलाफ युद्ध घोषित कर सकते हैं जो शांति भंग करने के लिए दूत का उपयोग करते हैं।

इसके अलावा हम मध्यस्थों के लिए 'विस्मृति के अधिकार' जैसे दिशानिर्देशों/क़ानूनों को लाने की अपेक्षा का बहुत समर्थन करते हैं। पीड़ितों को वेबसाइटों के दुर्व्यवहार तंत्र को रिपोर्ट करने, पुलिस को शिकायत करने और उत्पीड़न के लिए उपयोग किए जाने वाले सर्च इंजनों और वेबसाइटों से अवांछित डेटा को मिटाने के लिए अदालत की प्रक्रियाओं समेत उपलब्ध तंत्र तक पहुंचने के लिए उचित तरीके से निर्देशित किया जाना चाहिए। इसके अलावा हम पुरज़ोर सुझाव देते हैं कि महिलाओं के खिलाफ साइबर अपराधों सहित अन्य साइबर अपराधों से निपटने के लिए एक अलग अदालत प्रणाली होनी चाहिए। यह अदालत इसी तरह के सिद्धांतों पर बनाई जा सकती है जैसे कि POCSO अधिनियम के तहत विशेष अदालतें बनाई जाती हैं। हम समझते हैं कि वर्तमान में महिला अदालतों द्वारा कुछ रिपोर्ट किए गए मामलों से निपटा जा रहा है। हालांकि, हम सुझाव देते हैं कि अगर महिलाओं के खिलाफ अपराधों सहित साइबर अपराधों से निपटने के लिए शक्तियों वाली विशेष अदालतों को यह ज़िम्मेदारी दी जाए (भारतीय दंड संहिता विशेष रूप से आपराधिक विधि संशोधन अधिनियम, 2013 के द्वारा शामिल किए गए प्रावधानों के साथ पठित IT अधिनियम के अर्थ में) तो पीड़ितों को और अधिक फायदा हो सकता है। हम उम्मीद करते हैं कि यदि महिलाओं, किन्नरों एवं लड़कियों के ऑनलाइन उत्पीड़न के अपराधों से निपटने के लिए इस तरह के उपायों का उपयोग किया जाता है तो पीड़ितों को इस प्रकार की घटनाओं की रिपोर्ट करने का प्रोत्साहन मिलेगा तथा महिलाओं के खिलाफ ऑनलाइन अपराधों की दर भी कम हो सकती है।

संदर्भ

Halder, D. (2015a). Children of internet era: A critical analysis of vulnerability of children in the darker sides of social media and WhatsApp. Published in the Conference Proceedings on Accompanying Social Networking in Teacher Education, (6 March and 27 March). Loyola College of Education, Chennai, pp. 17–24.

———. (2015b). The great debate on porn ban: My views, 12th August 2015. Published in http://debaraticyberspace.blogspot.com

शब्दावली

आरोप-पत्र	अन्य संबंधित दस्तावेजों एवं सबूतों के आधार पर पुलिस द्वारा तैयार दस्तावेज, जिसमें प्रथम सूचना रिपोर्ट इत्यादि शामिल हैं, जो आरोपी/आरोपियों और पीड़ित/पीड़ितों के नाम, क़ानून के अनुसार आरोपी पर लगे आरोप, पीड़ित का/के बयान आदि दिखाता है, जो कि अपराध के बारे में निर्णय लेने के लिए न्यायाधीश को सक्षम करने के लिए पुलिस द्वारा अन्य दस्तावेजों और पर्याप्त सबूतों के साथ अदालत में जमा किया जाता है।
बाल अदालत	बच्चों के खिलाफ अपराधों से निपटने के लिए विशेष अधिनियमों, जैसे कि POCSO अधिनियम और किशोर न्याय (बच्चों की देखभाल और सुरक्षा) अधिनियम, 2000 (2006 में और फिर 2016 में संशोधित), के तहत बनाई विशेष अदालतें। इस तरह की अदालतों का नेतृत्व अतिरिक्त सत्र न्यायाधीशों के पद के न्यायिक मजिस्ट्रेट करते हैं, हालांकि कुछ मामलों में सत्र अदालतों को भी बाल अदालतों के रूप में प्राधिकृत किया जा सकता है।
संज्ञेय अपराध	भारत के आपराधिक प्रक्रिया संहिता द्वारा वर्गीकृत अपराध जिनमें पुलिस प्रारंभिक जांच कर सकती है और बाद में मामले का संज्ञान लेकर दोषी को गिरफ्तार कर सकती है।
साइबर अवपीड़न	डिजिटल संचार प्रौद्योगिकी या इंटरनेट संचार प्रौद्योगिकी के माध्यम से दूसरों के अपमान या उन्हें परेशान करने के लिए कठोर, अशिष्ट, अपमानजनक शब्दों का उपयोग करना।
साइबर बाल (चाइल्ड) पोर्न	बच्चों या पेडोफिलिक उद्देश्यों के लिए बनाई, वितरित पोर्नोग्राफिक सामग्रियों का उपयोग करके बनाई गई पोर्नोग्राफिक सामग्रियां।
साइबर अपराध प्रकोष्ठ	पुलिस कार्यालयों में विशेष विभाग/प्रकोष्ठ जो साइबर अपराध से संबंधित मामलों से निपटते हैं।
साइबर अपराध	राज्य, कॉर्पोरेट या व्यक्ति/व्यक्तियों या व्यक्तियों के समूहों को निशाना बनाते हुए कंप्यूटर, इंटरनेट, इंटरनेट संचार प्रौद्योगिकी, डिजिटल संचार तकनीक के माध्यम या सहायता से किए गए अपराध।
साइबर पोर्नोग्राफी	डिजिटल सामग्रियां जो शाब्दिक या स्थिर या ऑडियो-विज़ुअल तस्वीरों को दर्शाती हैं जो प्रकृति में यौन उत्तेजनात्मक सामग्रियां हैं।
विकोडन	कूट रूप दिए डेटा को वापस इसके मौलिक रूप में परिवर्तित करने का तरीका।

कूटलेखन	यह संदेश या जानकारी के एन्कोडिंग (संकेतीकरण) के एक विशिष्ट तरीके को दर्शाने के लिए क्रिप्टोग्राफी में इस्तेमाल किया जाने वाला एक शब्द है जो कि इसके वास्तविक रूप और अर्थ में केवल उन अधिकृत पक्षों को प्रकट होती है जिनके पास इस डेटा तक पहुंच करने के अधिकार हैं।
नकली अवतार	पीड़ित के बारे में गलत छवि बनाने और पीड़ित की प्रतिष्ठा को नुकसान पहुंचाने के लिए सोशल मीडिया पर पीड़ितों का रूप बदलने वाली प्रोफ़ाइलों का निर्माण।
हैकिंग	किसी अन्य व्यक्ति के कंप्यूटर, डिजिटल डेटा आदि तक अनधिकृत पहुंच।
महिला अदालतें	भारत में महिलाओं के खिलाफ सभी तरह के अपराधों से तेजी से निपटने के लिए विशेष अधिनियमों के तहत बनाई अदालतें। इस तरह की अदालतों का नेतृत्व अतिरिक्त सत्र न्यायाधीशों के पद के न्यायिक मजिस्ट्रेट करते हैं।
संपर्क निरोधक आदेश	अदालतों द्वारा पारित किए गए आदेश जो दोषी/उत्पीड़नकर्ता/अपराधी को फोन कॉल, इंटरनेट संचार या वास्तविक मुलाकात सहित किसी भी माध्यम से पीड़ित/शिकायतकर्ता से संपर्क करने से रोकते हैं। हालांकि, संयुक्त राज्य, कनाडा या यूनाइटेड किंगडम जैसे देशों के विपरीत भारत में महिलाओं के खिलाफ साइबर अपराध से संबंधित मामलों में भारत में ऐसे आदेश अभी तक उपलब्ध नहीं हैं।
अश्लीलता	कृत्य जो प्रकृति में कामी है और दिमाग को भ्रष्ट करता है।
ऑनलाइन ग्रूमिंग	भोले-भाले ICT/DCT उपयोगकर्ताओं का पेडोफिलिक प्रयोजनों के लिए या वित्तीय धोखाधड़ी के लिए या ऑनलाइन उत्पीड़न या वयस्कों विशेष रूप से महिलाओं की स्टॉकिंग के लिए विश्वास प्राप्त करने के लिए उनके साथ इंटरनेट संचार प्रौद्योगिकी/डिजिटल संचार प्रौद्योगिकी के माध्यम से अपराधियों द्वारा आपराधिक रूप से प्रेरित संचार।
ऑनलाइन उत्पीड़न	पीड़ित का उत्पीड़न करने के लिए व्यक्तिगत मेल की हैकिंग, धोखाधड़ी वाले संदेशों आदि अथवा इनमें से किसी एक या दो के माध्यम से साइबर अवपीड़न, ट्रॉलिंग, ऑनलाइन मानहानि, स्टॉकिंग, धमकी देने, नकली अवतार बनाने, डिजिटल गोपनीयता का उल्लंघन करने का सम्मिलित कृत्य।

फिशिंग	मेल, संदेश, फोन कॉल आदि, जिससे अपराधी वित्तीय जानकारी सहित संवेदनशील व्यक्तिगत जानकारी प्राप्त करने का प्रयास करते हैं जिसमें पासवर्ड, उपयोगकर्ता का नाम, जन्मतिथि और पीड़ित की अन्य बैंकिंग जानकारी शामिल हो सकती है।
प्रतिशोध की भावना से प्रेरित पोर्न	पीड़ित के चरित्र को बदनाम करने के लिए वयस्क वेबसाइटों सहित सोशल मीडिया में नकली अवतार या प्रोफ़ाइल बनाने के लिए स्थिर/ऑडियो-विज़ुअल तस्वीरों सहित किसी भी व्यक्ति की व्यक्तिगत जानकारी का दुरुपयोग करके बदला लेने का एक कृत्य।
सेक्स्टिंग	डिजिटल संचार प्रौद्योगिकी के माध्यम से खुद की नग्न या अर्ध नग्न तस्वीरों सहित कामोत्तेजक शाब्दिक संदेश भेजना।
कामोत्तेजक सामग्रियां	ऐसी सामग्रियां जो अत्यधिक यौन संकेतार्थ के साथ बनाई गई हैं और जो प्रकृति में अवैध हैं।
स्टॉकिंग	डिजिटल निगरानी के माध्यम से किसी का जानबूझकर पीछा करना जिसमें पीड़ितों को नुकसान पहुंचाने के इरादे से बार-बार फ़ोन कॉल करने, पीछा करने या यहां तक कि ईमेल/सोशल मीडिया प्रोफाइल/प्रोफाइलों में हैकिंग करने, धमकीभरी मेल/संदेश भेजने सहित लगातार संपर्क करने के प्रयास शामिल हैं।
टेक्सटिंग	डिजिटल संचार तकनीक के माध्यम से शाब्दिक संदेश भेजना जिनमें तस्वीरें शामिल हो सकती हैं या नहीं हो सकती हैं।
ट्रॉलिंग	सोशल मीडिया या न्यूज मीडिया में किसी भी 'पोस्टर' के कमेंट बॉक्स में अप्रिय, अपमानजनक राय पोस्ट करना और अन्य टिप्पणीकारों के बीच संबंधित या असंबंधित मुद्दों पर मौखिक झगड़े शुरू करने के लिए मुख्य चर्चा को बदलना।

अनुलग्नक

महिलाओं के ऑनलाइन उत्पीड़न को रोकने के लिए मॉडल चार्टर[1]

विषय-सूची

भाग I: उद्देश्य

इस नीतिगत दिशानिर्देश का उपयोग महिलाओं के ऑनलाइन उत्पीड़न को रोकने, महिलाओं के साथ होने वाले विभिन्न साइबर अपराधों को परिभाषित करने, अनैतिक, अवैध और महिलाओं के हित के खिलाफ कई व्यवहारों को प्रतिबंधित करने, महिलाओं को प्रभावित करने वाले साइबर अपराधों के बारे में पुरुषों और महिलाओं में जागरूकता फैलाने और अपराध की प्रकृति को समझने के लिए सरकारी रिपोर्टिंग एजेंसियों को प्रोत्साहित करने और इस तरह महिला पीड़ितों की सहायता करने आदि के लिए किया जा सकता है।

भाग II: परिभाषा

इन शब्दों को महिला पीड़ित के दृष्टिकोण से परिभाषित किया गया है:

1. हैकिंग: इस नीतिगत दिशानिर्देश के उद्देश्य के लिए, हैकिंग का मतलब किसी अन्य की डिजिटल सामग्री तक अनधिकृत पहुंच हो सकता है और इसमें डिजिटल सामग्रियों के मूल लेखक को इस तक पहुंच बनाने से रोकना भी शामिल है। इस शब्द में ऐसी डिजिटल सामग्रियों का संशोधन और/या गलत उद्देश्यों के लिए संशोधित या परिवर्तित डिजिटल सामग्रियों को पुन: प्रकाशित करना भी शामिल हो सकता है।
2. डिजिटल सामग्रियां: इस नीतिगत दिशानिर्देश के उद्देश्य से डिजिटल सामग्रियों का अर्थ मूल मालिक या उसके परिवार के सदस्यों की व्यक्तिगत तस्वीर/छवियों/वीडियो क्लिपिंग आदि सहित कोई भी सामग्री, व्यक्तिगत जानकारी हो सकता है जिनका उपयोग मूल मालिक द्वारा पेशेवर और व्यक्तिगत उपयोग के उद्देश्य से वेब दुनिया में उसकी पहचान के

[1] हालदर, डी., और जयशंकर के. (जून, 2011) Cyber Crime and the Victimization of Women: Laws, Rights, and Regulations. Hershey, PA, USA: IGI Global में प्रकाशित।

लिए किया जाता है; या वे मूल मालिक द्वारा वेब दुनिया में अपने विचार व्यक्त करने के लिए बनाई जाती हैं।

3. साइबर गोपनीयता: इस नीतिगत दिशानिर्देश के उद्देश्य के लिए, मूल मालिक के स्वामित्व वाली किसी भी डिजिटल सामग्री के संबंध में साइबर गोपनीयता का अर्थ 'अकेला छोड़े जाने का अधिकार'; और/या स्वास्थ्य, सामाजिक सुरक्षा, पेशेवर रिकॉर्डों या मौद्रिक डेटा के लिए मूल मालिक के बारे में किसी सरकारी कंप्यूटर या कॉर्पोरेट डेटा में स्टोर जानकारी हो सकता है।
4. ऑनलाइन मानहानि: इन नीतिगत दिशानिर्देशों के उद्देश्य के लिए, ऑनलाइन मानहानि का अर्थ इंटरनेट पर किसी भी व्यक्ति के बारे में ऐसी जानकारी का प्रकाशन हो सकता है जिस जानकारी के बारे में उसके निर्माता को पता है कि यह झूठी है; और ऐसा कृत्य उस व्यक्ति की प्रतिष्ठा को नुकसान पहुंचाने के लिए किया जाता है।
   नोट: इस संदर्भ में प्रकाशन का मतलब पीड़ित के अलावा अन्य लोगों में पीड़ित के बारे में झूठी जानकारी फैलाना है।
5. साइबर अवपीड़न: इस नीतिगत दिशानिर्देशों के उद्देश्य के लिए, साइबर अवपीड़न का अर्थ सार्वजनिक बुलेटिन बोर्ड, चैट रूम, ईमेल, ब्लॉग आदि सहित साइबर स्पेस में किसी पर कठोर या भद्दे शब्दों से हमला करना हो सकता है और इस तरह के कठोर या भद्दे शब्द विशेष रूप से किसी के शरीर के आकार, लिंग, शारीरिक या मानसिक अक्षमता, जाति, रंग, राय, शैक्षिक पृष्ठभूमि, भाषा आदि का उपहास करने के लिए बनाए जाते हैं।
6. साइबर ग्रूमिंग: इस खंड के उद्देश्य के लिए, साइबर ग्रूमिंग का अर्थ उत्तरदाता की डिजिटल उपस्थिति और/या उसकी पहचान या उसके द्वारा प्रदान की गई व्यक्तिगत जानकारी का दुरुपयोग करने के उद्देश्य से छलावरण तरीके में यौन आचरणों या अन्य अनैतिक या अवैध आचरणों पर ध्यान केंद्रित करने वाले किसी व्यक्ति के साथ निरंतर बातचीत/संचार हो सकता है।
7. साइबर स्टॉकिंग: इस नीतिगत दिशानिर्देश के उद्देश्य के लिए, साइबर स्टॉकिंग का अर्थ किसी भी व्यक्ति की इंटरनेट गतिविधि की निगरानी करना, पीड़ितों के उन साथियों को ढूंढना जिनके साथ वह सबसे ज्यादा बातचीत करती है, उसको या उसके साथियों को धमकी भरी/अपमानजनक/निन्दात्मक सामग्रियों के साथ मेल या संदेश भेजना या उसकी व्यक्तिगत साइबर स्पेस में हमला करना और उसके अंदर डर पैदा करना हो सकता है।
8. साइबर उत्पीड़न: इस नीतिगत दिशानिर्देशों के उद्देश्य के लिए, साइबर उत्पीड़न का अर्थ किसी के इनबॉक्स में अवांछित मेल भेजना, चैट करने के लिए ज़बरन किसी की आईडी शामिल करना, अपमानजनक/उत्पीड़क/परेशान करने वाले/अवपीड़क मेल/संदेश भेजना, साइबर स्टॉकिंग, साइबर गोपनीयता में हस्तक्षेप, नफरत फैलाना, वेब दुनिया में दूसरों को पीड़ितों के बारे में अपमानजनक जानकारी भेजना, वयस्क मनोरंजन के उद्देश्य से एक व्यक्ति की डिजिटल पहचान और डिजिटल सामग्रियों का अनधिकृत उपयोग करना आदि हो सकता है और इसमें ये सब शामिल हो सकते हैं।

9. साइबर ब्लैकमेलिंग: साइबर ब्लैकमेलिंग का अर्थ धमकी भरे शब्दों के साथ किसी के इनबॉक्स में संदेश/मेल भेजना, प्राप्तकर्ता को प्रेषक की मांगों का पालन करने के लिए कहना जिसमें प्रेषक उसकी निजी जानकारी प्रकट करने/उसे झूठे तरीके से चित्रित करने/उसकी प्रतिष्ठा को नुकसान पहुंचाने की धमकी देना इत्यादि हो सकता है और इसमें ये सब शामिल हो सकते हैं।
10. ज़बरन पोर्नोग्राफ़ी: इस नीतिगत दिशानिर्देश के उद्देश्य के लिए, ज़बरन पोर्नोग्राफ़ी का अर्थ किसी व्यक्ति को पोर्न-मॉडल या संभोग करने वाले के रूप में चित्रित करने के बुरे इरादे के साथ किसी वेबसाइट या ब्लॉग आदि के माध्यम से किसी वयस्क मनोरंजन साइट या खुली वेब दुनिया में व्यक्ति की सहमति या जानकारी के बिना किसी भी व्यक्ति की तस्वीरों जो बदली हुई हो सकती हैं या नहीं हो सकती/किसी के शरीर के नग्न भागों की दृश्यरतिक तस्वीरों/व्यक्ति की यौन गतिविधियों की वीडियो क्लिपिंग/निजी आवासीय जानकारी आदि का प्रकाशन या उपयोग करना और इस प्रकार उस व्यक्ति को उसकी इच्छाओं या जानकारी के खिलाफ वयस्क मनोरंजन उद्योग या सॉफ्ट कोर पोर्नोग्राफी का हिस्सा बनने के लिए मजबूर करना हो सकता है और इसमें ये सब शामिल हो सकता है।
11. नफरत भरा साइबर प्रचार: नफरत भरे साइबर प्रचार का अर्थ किसी विशेष व्यक्ति के खिलाफ उसकी राय, जाति, लिंग आदि के प्रति घृणा फैलाने के इरादे से प्रेषक और कई प्राप्तकर्ताओं के बीच अपमानजनक संचार हो सकता है।
12. अश्लीलता: अश्लीलता का अर्थ कोई भी ऐसा साइबर संचार या सामग्री हो सकता है जो वेब की दुनिया में प्रकाशित हुआ है और जिसमें ऐसी तस्वीरें, सामान, सामग्रियां आदि शामिल हैं जो 'कामी रुचियाँ' बनाती हैं और जो उस 'भौतिक' स्थान की सामाजिक मूल्य प्रणाली के खिलाफ है जहां इसे डाउनलोड किया गया या देखा गया है।
13. आपत्तिजनक संचार: आपत्तिजनक संचार का अर्थ प्रेषक और प्राप्तकर्ता/प्राप्तकर्ताओं के बीच संचार हो सकता है जिसमें धमकी भरे/अवपीड़न भरे/अपमानजनक/अश्लील संदेशों सहित आपत्तिजनक सामग्रियां होती हैं और इसमें ये सब शामिल हो सकते हैं।

भाग III: महिलाओं के लिए साइबर अधिकारों के लिए प्रस्ताव

1. **समानता का अधिकार:** समानता का अधिकार, जो किसी भी प्रकार के भेदभाव के खिलाफ अधिकार का सुझाव देता है, को साइबर जगत में महिलाओं के लिए प्राथमिक अधिकार के रूप में स्वीकार किया जाना चाहिए।
2. **गरिमा के साथ सुरक्षित रहने का अधिकार:** इस अधिकार में निम्नलिखित शामिल हो सकते हैं:
   (a) 'ज़बरन पोर्नोग्राफी' के खिलाफ अधिकार
   (b) मानहानि सहित घृणित संचार के खिलाफ अधिकार
   (c) साइबर जगत में यौन और गैर-यौन अपराधों के उद्देश्य के लिए हैकिंग के खिलाफ अधिकार

(d) स्टॉकिंग और पीछा कर उत्पीड़न करने के खिलाफ अधिकार
(e) इंटरनेट पर उपरोक्त सभी तरीकों से दुर्व्यवहार के खिलाफ अधिकार
(f) ब्लैकमेलिंग, धमकी देने और धोखाधड़ी के खिलाफ अधिकार तथा
(g) स्वच्छ आभासी पहचान के साथ वास्तविक स्थान में गरिमा के साथ सुरक्षित रूप से रहने का अधिकार

3. **बोलने और अभिव्यक्ति का अधिकार:** महिलाओं को नारीवाद और कई अन्य विषयों के बारे में उनके विचार प्रकट करने और अभिव्यक्त करने का अधिकार होना चाहिए।
4. **साइबर जगत में जानकारी का अधिकार:** इस अधिकार में कुछ विंडो तक अभिगम्यता और अन्य वेबसाइटों को देखने का अधिकार शामिल हो सकता है।
5. **दूसरों के साथ संवाद करने का अधिकार:** इस अधिकार का अर्थ स्वतंत्रता से बोलने का अधिकार और उन लोगों को चुनने का अधिकार हो सकता है जिनके साथ महिला संवाद करने में सहज महसूस करती है। इसमें अवांछित व्यक्तियों को ब्लॉक करने या हटाने का अधिकार भी शामिल हो सकता है जो उसकी इच्छा के खिलाफ उससे संवाद करने का प्रयास करते हैं।
6. **साइबर जगत से और साइबर जगत की सहायता के साथ आजीविका कमाने का अधिकार:** इसमें अपने विचार व्यक्त करने और साइबर जगत की सहायता से आजीविका के लिए अपने पेशे को जारी रखने का अधिकार शामिल हो सकता है। हालांकि इस अधिकार में संबंधित महिला की सहमति के बिना पोर्नोग्राफिक वेबसाइटों, अश्लील सामग्रियों के लिए व्यापार की वस्तु के तौर पर इस्तेमाल किए जाने या यहां तक कि इंटरनेट के माध्यम से गैरकानूनी महिला तस्करी से सुरक्षा का अधिकार भी शामिल है।
7. **इंटरनेट पर 'अपनी स्पेस' रखने का अधिकार:** इस अधिकार में डोमेन तक पहुंच करने और इसे बनाने का अधिकार, ईमेल आईडी, ब्लॉग बनाने का अधिकार और सोशल नेटवर्किंग साइटों तक पहुंच करने और प्रोफाइल बनाने का अधिकार आदि शामिल हो सकता है।
8. **एकत्र होने और संगति का अधिकार:** इस अधिकार में कोई भी वेब आधारित मण्डली, केवल-महिला मंच आदि बनाने का अधिकार शामिल हो सकता है।
9. **गोपनीयता का अधिकार:** गोपनीयता के अधिकार का अर्थ डिजिटल सामग्रियों, निजी जानकारी और ऑनलाइन प्रकाशित की गई निजी ऑफ़लाइन गतिविधियों में हस्तक्षेपों के खिलाफ अधिकार हो सकता है।
10. **आत्म-प्रतिष्ठा की रक्षा करने का अधिकार:** इस अधिकार का अर्थ बोलने और अभिव्यक्ति का अधिकार और साइबर गोपनीयता की रक्षा करने का अधिकार भी हो सकता है। यह अधिकार पुलिस या साइबर अपराध प्रकोष्ठों या साइबर सुरक्षा विशेषज्ञों और/या वकीलों से संपर्क करने के लिए विस्तृत होता है।

भाग IV: साइबर जगत में आचरण संहिता के लिए प्रस्ताव

इंटरनेट उपयोगकर्ताओं के लिए आचरण संहिता: इस नीति दिशानिर्देश के उद्देश्य के लिए हम साइबर स्पेस में महिलाओं के हित की सुरक्षा के लिए पुरुष और महिला इंटरनेट उपयोगकर्ताओं के लिए आचरण संहिताओं के समुच्चय का प्रस्ताव देते हैं। ये निम्नानुसार हैं:

1. दूसरों के गोपनीयता के अधिकार का सम्मान करना;
2. साइबर जगत में अश्लील व्यवहार रोकना;
3. साइबर जगत को एक मौखिक युद्ध के रूप में उपयोग करने से रोकना और अपमानजनक भाषाओं का उपयोग करने से रोकना;
4. उचित अनुमति के बिना दूसरों की सामग्रियों का उपयोग, संशोधन, पुनः प्रकाशन होने से रोकना।

भाग V: महिलाओं को लक्षित करते अपमानजनक साइबर व्यवहारों पर शोधों के प्रोत्साहन के लिए प्रस्ताव

इस नीतिगत दिशानिर्देश के उद्देश्यों को पूरा करने के लिए संयुक्त राष्ट्र, शैक्षणिक संस्थानों आदि जैसे अंतर्राष्ट्रीय निकाय महिलाओं को लक्षित करने वाले अपमानजनक साइबर व्यवहारों पर शोध को बढ़ावा दे सकते हैं। यह साइबर जगत में लिंग संवेदनशील उत्पीड़नों पर विचारधाराओं और टाइपोग्राफी तैयार करने में और मदद करेगा।

लेखकों का परिचय

डॉ. देबारती हालदर अधिवक्ता एवं विधिवेत्ता हैं। वर्तमान में वह यूनाइटेडवर्ल्ड स्कूल ऑफ लॉ, अहमदाबाद, गुजरात में रिसर्च ऑफिसर एवं सेंटर ऑफ साइबर विक्टिम काउंसलिंग (CCVC), भारत (www.cybervictims.org) की प्रबंध निदेशक हैं। उन्होंने कलकत्ता विश्वविद्यालय से LLB की है तथा अंतर्राष्ट्रीय एवं संवैधानिक क़ानून में मद्रास विश्वविद्यालय से स्नातकोत्तर की उपाधि प्राप्त की है। उन्होंने नेशनल लॉ स्कूल ऑफ इंडिया यूनिवर्सिटी (NLSIU), बैंगलोर, भारत से PhD की उपाधि प्राप्त की है। उन्होंने *साइबर क्राइम एंड द विक्टमाइजेशन ऑफ वूमन: लॉ, राइट्स एंड रेगुलेशन* (IGI ग्लोबल, जुलाई 2011) नामक एक पुस्तक का सह-लेखन किया है। उन्होंने विशेषज्ञ-समीक्षित पत्रिकाओं में कई लेख एवं विशेषज्ञ-समीक्षित पुस्तकों में अध्याय प्रकाशित किए हैं। उनकी रचनाएं *ब्रिटिश जर्नल ऑफ़ क्राइमिनोलॉजी, जर्नल ऑफ लॉ एंड रिलिजन, विक्टिम्स एंड ऑफेंडर्स; मर्डोक यूनिवर्सिटी-जर्नल ऑफ़ लॉ; ERCES ऑनलाइन क्वॉर्टर्ली रिव्यु; TMC ऐकडेमिक जर्नल (सिंगापुर); टेमिडा एंड इंडियन जर्नल ऑफ क्रिमिनोलॉजी एंड क्रिमिनलिसटिक्स*; और संपादित संस्करण, क्राइम्स ऑफ़ इंटरनेट, ट्रेंड्स एंड इश्यूज़ ऑफ़ विक्टिमोलॉजी, साइबर क्रिमिनोलॉजी सहित कई विद्वत्तापूर्ण पत्रिकाओं में प्रकाशित हो चुकी हैं। उन्होंने कई अंतर्राष्ट्रीय सम्मेलनों में अपने शोध कार्यों को प्रस्तुत किया है जिनमें 11–13 जून 2012 के दौरान आयोजित स्टॉकहोम क्रिमिनोलॉजी सीम्पोसियम तथा इस्तांबुल, तुर्की में 15–16 मई 2015 के दौरान आयोजित सोशल मीडिया फॉर गुड पर अंतर्राष्ट्रीय सम्मेलन शामिल हैं। उन्होंने राष्ट्रीय महिला आयोग, यूनिसेफ, फेसबुक, बाल अधिकारों की सुरक्षा के लिए केरल राज्य आयोग, राजीव गांधी राष्ट्रीय युवा विकास संस्थान, महिला क्रिश्चियन कॉलेज (कोलकाता एवं चेन्नई), लोयोला कॉलेज, उत्तर-पूर्वी पुलिस अकादमी, बाल अधिकारों की सुरक्षा के लिए असम राज्य आयोग तथा मनोनमनियम सुंदरानर विश्वविद्यालय, तिरुनेलवेली इत्यादि द्वारा आयोजित विभिन्न कार्यक्रमों में विशेषज्ञ के तौर पर भाग लिया है। देबारती की अनुसंधान रुचियों में संवैधानिक क़ानून, अंतर्राष्ट्रीय क़ानून, पीड़ितों के अधिकार, साइबर अपराध और क़ानून शामिल हैं। ईमेल: debaratihalder@gmail.com URL: http://www.debaratihalder.org

प्रोफेसर के. जयशंकर वर्तमान में रक्षा शक्ति विश्वविद्यालय (पुलिस और आंतरिक सुरक्षा विश्वविद्यालय), अहमदाबाद, गुजरात, भारत में अपराध विज्ञान के प्रोफेसर एवं अपराध विज्ञान विभाग के प्रमुख हैं। वर्तमान पद से पहले उन्होंने अपराध विज्ञान एवं आपराधिक न्याय विभाग, मनोनमनियम सुंदरानर विश्वविद्यालय, तिरुनेलवेली, तमिलनाडु, भारत में एक प्राध्यापक के तौर पर कार्य किया है। विभिन्न लेखों, पुस्तकों, पुस्तक अध्यायों, और

संपादकीय लेखों सहित उनकी सौ से अधिक रचनाएं प्रकाशित हो चुकी हैं। वह प्रतिष्ठित राष्ट्रीय विज्ञान अकादमी, भारत (NASI) SCOPUS यंग साइंटिस्ट अवार्ड 2012–सामाजिक विज्ञान और क्रिमिनोलॉजी में शिक्षण एवं अनुसंधान में उत्कृष्टता के लिए ISC–एस. एस. श्रीवास्तव पुरस्कार के प्राप्तकर्ता हैं। वह सेंटर फॉर क्रिमिनल जस्टिस स्टडीज, स्कूल ऑफ लॉ, लीड्स विश्वविद्यालय, यूके में राष्ट्रमंडल फेलो (2009–2010) थे तथा उन्होंने साइबर अपराधों के पीड़ितों पर एक शोध परियोजना पूरी की है। वह *इंटरनेशनल जर्नल ऑफ़ साइबर क्रिमिनोलॉजी* (www.cybercrimejournal.com) के संस्थापक प्रधान संपादक और *इंटरनेशनल जर्नल ऑफ़ क्रिमिनल जस्टिस साइंसेज* (www. ijcjs.com) के प्रधान संपादक हैं। वह साउथ एशियन सोसाइटी ऑफ क्रिमिनोलॉजी एंड विक्टिमोलॉजी (SASCV) (www.sascv.org) के संस्थापक अध्यक्ष और सेंटर फॉर साइबर विक्टिम काउंसलिंग (CCVC) (www.cybervictims.org) के संस्थापक कार्यकारी निदेशक (मानद) हैं। वह पहचान-संबंधित अपराध पर UNODC (संयुक्त राष्ट्र अंतरराष्ट्रीय मादक पदार्थ नियंत्रण कार्यक्रम) के कोर ग्रुप ऑफ एक्सपर्ट्स (2007–08) के सदस्य थे। वह सदस्यता एवं उन्नति समिति, वर्ल्ड सोसाइटी ऑफ विक्टिमोलॉजी (WSV); सकारात्मक क्रिमिनोलॉजी के अनुसंधान व विकास केंद्र के अंतर्राष्ट्रीय सलाहकार बोर्ड, अपराध विज्ञान विभाग, बार इलान विश्वविद्यालय, इज़राइल; साइबर अपराध अध्ययन केंद्र के सलाहकार बोर्ड, जॉन जे कॉलेज ऑफ क्रिमिनल जस्टिस, न्यूयॉर्क, USA; इंटरनेशनल साइबर क्राइम रिसर्च सेंटर, साइमन फ्रैज़र विश्वविद्यालय, वैंकूवर, कनाडा; तथा इंटरनेशनल सोसायटी ऑफ क्रिमिनोलॉजी (ISC) के वैज्ञानिक आयोग के सदस्य हैं। वह पर्थ, ऑस्ट्रेलिया में जुलाई 2015 में आयोजित 15वीं वर्ल्ड सोसाइटी ऑफ विक्टिमोलॉजी सीम्पोसियम तथा द हेग, द नीदरलैंड में मई 2012 में आयोजित 14वीं वर्ल्ड सोसाइटी ऑफ विक्टिमोलॉजी सीम्पोसियम में मुख्य वक्ता थे। उन्हें हाल ही में ब्रिटिश सोसाइटी ऑफ क्राइमिनोलॉजी (BSC) के अंतर्राष्ट्रीय राजदूत के तौर पर नियुक्त किया गया था। वह अकादमिक शिक्षण, साइबर क्रिमिनोलॉजी (2007) के संस्थापक हैं तथा स्पेस ट्रांजीशन थ्योरी ऑफ़ साइबर क्राइम्स (2008) के प्रस्तावक हैं। उनकी अकादमिक विशेषज्ञता के क्षेत्र विक्टिमोलॉजी, साइबर अपराध विज्ञान, अपराध मानचित्रण, GIS, सांप्रदायिक हिंसा, पुलिस एवं अपराध की रोकथाम हैं। ईमेल: drjaishankar@gmail.com URL: http://www.jaishankar.org